社會心理學

Social
Psychology

彭懷真——著

國家圖書館出版品預行編目（CIP）資料

社會心理學 / 彭懷眞著 . -- 初版 -- .
高雄市：巨流, 2015. 02
面；　公分

ISBN　978-957-732-422-1（平裝）

1. 社會心理學

541.7　　　　　　　　　　　　　　　104000558

社會心理學

著　　　　者	彭懷眞
責 任 編 輯	邱仕弘
封 面 設 計	Lucas

發 行 人	楊曉華
總 編 輯	蔡國彬

出　　　版　巨流圖書股份有限公司
　　　　　　80252 高雄市苓雅區五福一路 57 號 2 樓之 2
　　　　　　電話：07-2265267
　　　　　　傳眞：07-2264697
　　　　　　e-mail：chuliu@liwen. com. tw
　　　　　　網址：http://www.liwen.com.tw

編 輯 部　23445 新北市永和區秀朗路一段 41 號
　　　　　　電話：02-29229075
　　　　　　傳眞：02-29220464

劃 撥 帳 號　01002323 巨流圖書股份有限公司
購 書 專 線　07-2265267 轉 236

法 律 顧 問　林廷隆律師
　　　　　　電話：02-29658212

出 版 登 記 證　局版台業字第 1045 號

ISBN　978-957-732-422-1（平裝）
初版一刷 · 2015 年 2 月　　　　　　　　　　　定價：420 元

序 | preface

社心使我重回 20 歲，真開心

　　我 20 歲那一年，中華民國與美國斷交，國家風雨飄搖。許多一心一意想去美國的同學前途茫茫，又害怕留在台灣。我沒錢，只能選擇在台灣求發展，同時打好幾個工，又拼命唸書，每學期平均都超過八十七分，都拿書卷獎。

　　當我 20 歲時，念台大社會系社會工作組，最有興趣的既不是社會學也不是社會工作，而是心理學。對於心理學大師，從佛洛依德、佛洛姆到精神分析學派，幾乎所有的中文書都讀了。每週從徐州路法學院坐車到總區聽鄭心雄老師講心理治療學派。要實習了，選的是三總精神科，因為這領域與心理最接近，碩士班又去三總精神科，還執行了完整的精神分析個案，二十次的歷程讓我更佩服佛洛依德。直到拿到社會學博士，我還是不能忘情心理學。在補習班開了「心理學家教班」，幫助一些準備考轉學考的同學。即使進到東海社工系專任，我還去彰化師範大學輔導與諮商學系兼了好多年課，運用許多大學時期即累積的知識及實習經驗。

　　我喜歡心理學，因為我始終渴望探索自我的心理、檢視自己的生命歷程、剖析生活中的點點滴滴。但我也喜歡探索別人，十多年前，我把相當的人寫成短篇案例，有一百多篇，有些登在報紙雜誌上，讀者很有興趣，在網路裡有一些流傳，甚至好多人把我所寫的人物當成是我。每當發生重大新聞事件，我經常寫稿或在廣播中探討事件的主角，例如鄭捷、葉世文。

　　雖然我如此喜歡心理學，總覺得這領域「小了些」，做不了大事。我

非常外向，總是期盼能行動、改變、改革，因此選擇社會工作為我的職業。二十多年來，我帶領幸福家庭協會團隊做了非常多的事。單是 2014 年，推動三十多個方案服務的對象就超過四萬人。我擔任東海的系主任、學務長、教師會理事長八年多，也以「動起來、走出去」為主要策略。

　　民國一百年是我重回心理學的關鍵，離開行政職位的我決心實現 20 歲的夢。88 歲的家父在四月辭世，留下他 83 歲時寫的《老人心理學》。我用兩年的時間把這本書編寫成新書。同時撰寫《工作與組織行為》，寫的就是「管理心理學」。我開始教大一的「社會心理學」，愈教愈開心，很快的，我就決定要寫一本 20 歲的人都看得懂的《社會心理學》。

　　這本書是寫給生活在台灣的大學生看的，我始終不能理解為什麼對社會科學領域大學生入門的課程要用英文書或用翻譯的？社會科學是「扎根在自己的土地上的」，學生看到的、認識到的卻總是美國或英國。美國社會怎麼能直接轉變為台灣的？美國人的心理怎麼能當作台灣人心理的依據？美國的社會心理現象與台灣的相差太多了！

　　我在台大讀大二修「社會心理學」，老師是美國人，他舉的例子我難以理解。前些年我開始教這門課，先用國內最暢銷的翻譯教科書，但很難說服學生，總是要舉很多本土的例子。想找尋國內的實證研究，資料非常少，研究主題很窄。去年，我找了八十篇與社會心理學有關的專題研究、博士論文、碩士論文給班上學生進一步探究，又找了八十本相關中文書籍（包括翻譯的）要學生寫讀書心得。有些人寫得不錯，我整理成冊發給每一位修課的同學，學生的反應很好。

　　不能只要求學生寫，我自己更得寫，第一次寫成十二章，用這份教材來引領大一的同學。在學生出席率、各項考試與課程評鑑各方面來看，都比用翻譯書好很多，因此把編寫這本書是自己 2014 年的首要目標。

　　每當有重大社會事件，第二天聯合報或中國時報的民意論壇常有一位「彭懷真」投書，理性分析又感性分享，那個人就是我，這本書的作者。

我是生長在台灣、深受中華文化影響的本土社會科學研究者，始終扎根在這塊土地，運用社會心理學等知識，剖析台灣發生的重大事件。每個禮拜天傍晚若打開收音機或上中廣網站，會聽到「彭懷真」主持的新聞評論節目，這節目從 1999 年起播出，持續十幾年。

　　由於長年探究台灣社會中的心理現象，我能夠很快找出新聞之中該探索的關鍵點，然後加以論述成為短評。也由於長期閱讀社會心理學的專書或小說，觀賞電影或影集，我對人性、人心、人際、人道、人權等，有多一些敏感度。我也對犯人、街友、加害人、施虐者、低收入戶、酒癮者、社區居民、老人、大學生、高中生等進行研究。再加上二十多年來，我持續從事社會工作，接觸各種加害者或受害者、被社會排除的弱勢者，聆聽各種悲慘遭遇，面對種種社會現實。因此，這本書寫的不是艱澀的學術大作，希望是平凡百姓能夠閱讀及應用的知識。我已經寫十幾本教科書，一直期待引領更多學子認識社會科學領域的豐富、有趣及有用。

　　牛頓的一生持續在科學的大海邊撿石頭、撿貝殼，在社會心理學領域，已有許多前輩撿到珍珠寶石。我在台灣這大海邊及社會心理學這兩大塊，都只撿拾了一些小石頭，我歡喜繼續撿石頭，也鼓勵讀者——不論幾歲，都來探索。我在報紙上只能寫一千字的專論，這裡有二十萬字。如果讀者好好學習，日後遇到重要事件，寫一篇一千字的剖析，絕非難事。

　　這本書的出版，要感謝巨流的許多同仁：邱仕弘先生、蔡博文先生、葉哲宏先生、黃麗珍小姐、沈志翰先生、李麗娟小姐等。也感謝社會心理學課程的助教與學生，透過每一位的眼神及考卷作答，我比較能掌握 20 歲上下學子的心態及認知能力。

彭懷真　甲午年立秋

目錄 | contents

附錄（請至下列網址下載）
http://goo.gl/SmhsFm

圖表目錄 | chart contents

表次

圖次

附錄（下載網址：http://goo.gl/SmhsFm）

一、早期的英文教科書

二、21世紀重要的英文教科書

三、翻譯的社會心理學教科書

四、重要中文教科書主題比較

五、心理學導論重要中文書籍

六、社會學導論重要英文書籍

七、夥伴信任量表

八、人際信任量表

九、利社會行為的指標

十、志願服務與社會影響的指標

十一、志願服務與社會交換的指標

十二、作者彭懷真博士簡介

第 **壹** 篇

知理

第 1 章

是什麼

▶ 第一節 ▶ 根源歐美、豐富台灣

壹、這塊土地和人心

　　農曆甲午特別長，因為有閏九月，發生的重大社會事件也特別多。農曆二月十八日太陽花學運開始，熱鬧了半個多月，到清明節才收尾。在小滿那天，鄭捷在台北捷運上殺人。端午節剛過，桃園縣副縣長葉世文因為向遠雄索賄被收押。在大暑那一天，颱風來襲，復興航空班機失事。七夕情人節前一天凌晨，高雄發生大氣爆。中秋節前四天，食安風暴強烈襲台。農曆九月十五寒露當天，頂新集團被確認油品混充飼料由……。

　　如果你／妳稍微注意，會發現第一段所寫的不是「西元」也不是「國曆」，而是民間用的「農曆」。雖然台灣日益全球化，雖然政府及學校多數用「國曆」來規定，這塊土地上的人民還是少不了遵循「民間時間規則」。使用農曆的台灣人在社會心理方面，一定有許多與美國或其他國家不一樣之處。

　　但是你／妳瞭解台灣人的社會心理嗎？一定不夠瞭解！2013 年 12 月初，大陸海協會長陳德銘離台前說：「台灣如果是一本厚厚的書，我現在只是翻到一兩頁而已。」台灣的確是挺厚的書，再怎麼努力讀，依然所知有限。即使生在這、長在這，多數人的認識都如同牛頓所說：「我只像海灘邊玩耍的男孩，偶然間發現了一粒比較圓的石頭，和一粒比較漂亮的貝殼，就覺得很愉快，但是在我前面，尚未被發現的，多如大海。」台灣四面環海，豐富如同大海，值得用盡一生心力，持續瞭解。

　　在空間與環境方面，紀錄片導演齊柏林的《看見台灣》如同一粒璀璨的貝殼，讓許多觀眾珍惜與感動。不過建商、觀光業者與政客透過這部電影看到的可能是那些地方還未開發。林懷民的雲門作品《稻禾》動人，但有幾個人因此想到凋零的台灣農業？又有多少台灣人正視因為快速社會變遷所帶來的人心改變？更重要的，在人心與人際方面，無數起食品混充、食安事件、網路詐騙、各種新興的犯罪，這些在 20 世紀都罕見。

　　讀書不求甚解很難拿高分，台灣的政治與政治人物都不容易讀懂。社

會與社會心理，更不容易懂。人脈、紅白帖、利益交換等，是任何課本都寫不清楚的。人情世故、恩怨是非、關係交情等，書中都沒寫，你我心中倒是要有個探索的方向。牛頓的一生持續在科學的大海邊撿石頭、撿貝殼。我們在台灣這大海邊，繼續撿人心人際等社會心理層面的石頭吧！

在社會心理學領域，已經有好些認真的前輩撿了一些寶石。我國的發展，要從三位我在台大讀書時的老師開始介紹，台灣第一篇心理學研究報告為倪亮、蕭世朗、張肖松、湯冠英等教授於 1958 年所做「不適現役軍人智力及情緒失常的研究」，[①] 湯冠英老師就是我大一的心理學導論啟蒙恩師。張肖松指導國內第一篇社會心理學碩士論文則是我台大時的葉啟政老師於 1967 年所做的，他在論文題目是「不同文化對不同國家刻板印象看法差異的研究」，方法是利用語意差異法研究中國及美國學生對於四個國家，即中、美、蘇、日，以及四個名詞——女人、科學、家庭生活和藝術，在刻板式看法上的差異。在我 1989 年於東海大學通過博士論文口試時，葉老師也是審查委員。

第三位是中央研究院社會學研究所的瞿海源教授（台大心理學碩士、美國印第安那大學博士），是我台大碩士班時的老師。瞿老師早在 1989 年出版《社會心理學新論》，是以中文撰寫本土取材社會心理學著作開創者。瞿老師在 2004 年撰寫〈台灣社會心理學的發展〉，[②] 詳細說明這個學門如何成為如此重要，劉惠琴教授在 2006 年撰寫〈社會心理學中的熱情傳承〉。[③] 我根據這兩份報告，再參考《應用心理研究》等期刊，進一步歸納，按照以下十個重點依序說明：

1. 課程與翻譯的教科書：台大心理學系、東海社會學系、台大社會學系、師大社會教育學系等在民國四十年代陸續開辦，社會心理學都是必修課。日後，各心理、社會、社工、教育等科系，幾乎都列為必修課。

2. 學系：1993 年世新大學成立社會心理學系。該系簡介稱「是台灣首創、也是目前唯一的學系」，在台灣乃至在亞洲各國設立社會心理學系實屬罕見。

3. 學者：楊國樞教授是第一位獲得社會心理學博士的學者，1969 年獲得伊利諾大學心理學博士學位，後來獲選為中研院院士。由楊

教授開始至 2003 年，博士學位論文屬於社會心理學範圍或自己明確認定為社會心理學的心理學者共計 31 位。楊教授指導的博士如余德慧、朱瑞玲、鄭伯壎、余安邦、葉光輝、黃曬莉、黃軍義、許功餘等對台灣社會心理學有極大的貢獻。他指導碩士論文的黃光國教授日後在夏威夷大學獲得博士，是危芷芬、余伯泉、鍾秋玉等的博士論文指導教授，另有多位在政大經由陳皎眉或李美枝教授指導，獲得博士學位

4. 學術著作：1963 年楊國樞、李本華和余金芳三人在台大心理學系研究報告第五期發表英文論文 "The Social Distance Attitudes of Chinese Students Towards Twenty-five National and Ethnic Groups"，是最早的一篇本土社會心理學研究論文。研究者編製社會距離量表，測量台大學生對二十五個國家或民族的社會距離。1964 年蘇薌雨和楊國樞合著英文論文 "Self-concept Congruence in Relation to Juvenile Delinquency"，是以少年犯罪者和對照少年組進行理想自我和實際自我差距的研究。

5. 研究重點：就作者的分類來觀察，把每一篇論文歸入一個主題，自 1950 年至 1995 年，最多的社會心理研究是「婚姻與家庭」，其次是「自我」，其他較多的依序是工作、人際關係、生活適應、領導、教養和犯罪。

6. 學術研討會：「中國人的性格研討會」是台灣社會科學界最早的本土學術研討會，在 1969 年至 1971 年舉辦。日後發展出以社會心理學為主所創辦的是《本土心理學研究期刊》。

7. 主要學刊：最早的是 1958 年台大心理學系創辦《台灣大學理學院心理學研究報告》，中國心理學會於 1973 年將該刊轉型為學會期刊，15 期後又改為《中華心理學刊》。第二本代表性學刊是《應用心理研究》，該刊以創新、對話、融合為核心編輯理念，希望透過不斷地創新，刺激新的思考方向，發展新的研究主題，至 2014 年暑假已出版 60 期，是研究本土心理學的重要刊物。其他還有《中央研究院民族學研究所集刊》、《中國社會學刊》、《臺灣社會學刊》、《台灣大學社會學刊》等。

8. 主題：依照楊國樞、余安邦和葉光輝三人所編的人格及社會心理學論文摘要來看，收入社會心理學論文共有 828 篇。按照主題來分，人際關係及互動（包含人際知覺、社會認知、歸因歷程、態度及其改變、人際吸引、親密關係、社會影響、人際衝突）最多，達 688 篇；團體動力及群眾行為 56 篇；團體間互動歷程、利他及利社會行為各 24 篇，其他 36 篇。

9. 主要傳統：教育學的社會心理學最多（227 篇）、社會學的社會心理學（93 篇）、心理學的社會心理學（85 篇）、組織心理學（41 篇）、其他心理學（45 篇）。單以本土心理學研究來分析，有 19 篇論文都和文化有關，是最多的，其次是組織的研究，有 12 篇；再次為家庭研究，有 12 篇，異常行為和人際關係各有 10 篇，也是研究比較多的。總共 107 篇，占了百分之60。

10. 教科書：在我國，早在清末民初，已有人引進社會心理學著作。1920 年代出版了勒邦的《群眾心理學》、麥獨孤的《社會心理學導論》以及奧爾波特的《社會心理學》等譯本，中文的社會心理學著作陸續出版。

　　由我國學者撰寫的依照出版年代有秦汝炎等（1971）；李長貴（1973）；丁興祥、李美枝、陳皎眉（1980）；鄭瑞澤（1980）；董樹藩（1982）；張華葆（1984）；孫本文（1986）；李美枝（1987）；歐陽趙淑賢（1988）；瞿海源（1989）；張華葆（1992）；劉安彥（1993）；時容華（1996）；徐光國（1997）；林仁和（2002）；陳皎眉、王叢桂、孫倩如（2003）；陳昌文、鍾玉英、奉春梅、周瑾、顏炯（2004）；侯玉波（2003）；葉肅科（2012）；林仁和（2013）；陳皎眉、王叢桂、孫蒨如（2014）等。

　　如同劉惠琴教授所說：「回顧這些早年開創社會心理學領域的社心學家們，當初推動他們的動力來自於他們的熱情。熱情來自於他原來的生活脈絡，熱情亦在社群團體中延續開展。這些都說明了原來的社會心理學是一個有熱情的學科。早期的社會心理學家不只是要做科學研究，更重要的是能社會實踐，影響別人。」[④]

貳、根源於歐美

　　讓我們把眼光由台灣放到世界，國內的社會心理學研究從社會學角度探討的較少，從心理學角度解釋的較多，這樣的發展與美國的背景密切相關，[⑤] 美國是研究社會心理學最多且最有影響力的國家。在歐美，社會心理學的專題研究起源於 1860 年拉察魯斯和斯坦塔爾關於民族心理學的論文；1879 年馮特（Wilhelm Wundt）在萊比錫建立第一個實驗心理學實驗室，偏重研究感覺和知覺。費希納（Gustav Fechner）創立了心理物理學，提出了費希納定律，恩斯特・韋伯（Ernst Weber）則提出韋伯定律。1879 年艾賓浩斯（Hermann Ebbinghaus）開始對記憶的開拓性研究，1885 年出版《論記憶》。1898 年特裡普利特進行關於社會促進的實驗研究。[⑥]

　　1890 年塔爾德撰寫《模仿律》，透過模仿的思想解釋人的社會行為；1891 年西格爾寫《犯罪的群眾》、勒邦的《群眾心理學》等陸續出版，解釋群眾是衝動、無理性、缺乏責任感、愚蠢的，個體參加群眾之時，由於匿名、感染、暗示等因素的作用，容易喪失理性和責任感，表現出衝動、凶殘的反社會行為。艾賓浩斯和鐵欽納（Edward Titchener）注重思辨，採用內省、推理和知覺等方法。[⑦] 1898 年，美國崔比特（Norman Tripett）研究腳踏車選手在單獨騎或競賽騎的表現差異，這項社會助長研究被認為是早期的經典實驗。[⑧]

　　20 世紀上半葉，實驗心理學與行為主義緊密聯繫，特別在美國，諸如思維、記憶和注意的話題，刺激認知心理學的發展。由於實驗方法盛行，多位學者用實驗測量小型團體的現象，主題有：社會促進、社會抑制、順從、團體凝聚力、團體領導、團體思維、團體決策、團體極化等。有四位代表人物：[⑨]

　　1. 英國心理學家麥獨孤（William McDougall）在 1908 年出版的《社會心理學導論》中提出社會行為本能理論，以人有加入群體的本能來解釋人們何以組成團體，進而說明模仿、個性消失、群眾極端化等觀點。

　　2. 社會測量學是由莫雷諾（J. L. Moreno）所倡導，著重測量團體成

員之間情感面的關係，以及個人對團體其他成員的肯定評價或否
定評價。

3. 小團體研究中的社會學派，代表人是梅奧（Mayo）。他在霍桑實
   驗的基礎上，提出人際相互關係理論。分析小團體中的正式結構
   和非正式結構。

4. 團體動力學派，代表人是勒溫（Lewin）。他把場域論應用於小團
   體研究，認為團體所具有的某些特徵並不是各部分之和。團體不
   是人們的簡單集合，而是一個動力整體，是一個系統，其中某一部
   分的變化會導致其他部分的變化。因此，無法藉由分析團體中的
   個體情況來推論出對整個團體的分析。他也提出個人生活空間和
   場域的概念，認為行為是個人特點和情境因素相互作用的函數。

　　第一次世界大戰以後，美國心理學家奧爾波特（Allport）和德國一些
心理學家開創了實驗社會心理學，實驗成了社會心理學研究方法的主流。
奧爾波特的《社會心理學》問世， 1928 年瑟斯頓（Thurston）提出〈態
度可以被測量〉的專論，因而發展出態度測量法。1934 年莫雷諾以測量
法研究群體內人際吸引和排斥問題，1936 年謝里夫（Sherif）出版《社會
規範心理學》，說明團體規範的發展。1943 年，紐科姆（Newcomb）在
班寧頓大學進行研究，探討來自保守家庭的女性如何面對校園裡的自由主
義。20 世紀 40 及 50 年代，團體影響和態度方面的研究成果豐碩。[10]

　　希特勒的崛起及展現權力的手段刺激了社會心理學的發展，許多學者
都好奇：「為什麼有這麼多人會順從希特勒？」1950 年代，阿什
（Asch）等人開展順從的研究。以霍夫蘭（Hovland）為首的耶魯學派則
發表了一系列有關說服的研究。[11]

　　費斯廷格（F-estinger）提出認知失調理論，這個理論成為 1960 年代
的研究中心。到了 1970 年代，海德（Heider）的《人際關係心理學》使
歸因理論成了研究重點。1980 年代以來，認知社會心理學和應用社會心
理學日益受到重視。此外，隨著醫療科技和實驗方的進步，例如 EEG
（腦電圖）和 MRI（磁共振成像）等技術的出現，幫助認知心理學、腦
神經心理學等研究領域。[12]

自 60 年代初起，蘇聯比較重視團體心理學研究。在社會主義國家以團體生活為主，政府強調集體主義精神，團體問題就成為社會心理學中獨特主題。強調研究實際生活中的團體，而不是去研究人為的實驗室團體，需透過現實社會關係的背景上去分析，而不應孤立進行研究。分析團體從事的活動及群眾心理，探討依從於團體共同活動的關係進展情況。團體心理學理論出發點是：團體共同活動的目的、價值、內容、內部的過程、相互作用、人際關係。透過共同活動，團體才得以形成、發展、產生大量的人際關係現象。[13]

20 世紀下半頁，具有社會學背景的幾位學者提出對社會心理學影響甚大的重要觀點。例如：[14]

1. 特諾（R. Turner）與齊爾廉（L. Killian）認為群眾的集體行為，是面對新情勢或新環境時，個人行為傾向與新社會規範相互作用下的反應。特諾與羅森伯格（M. Rosenberg）合編的 *Social Psychology-Sociological Perspectives* 一書是從社會學角度探究社會心理學的重要書籍。

2. 史梅塞（N. Smelser）認為群眾的集體行為，是對經濟蕭條與自然災害等壓力情境的異常反應，像暴動、恐慌與革命行動等集體行為，可能是為了重建社會價值與社會結構的努力。

3. 麥克菲爾（C. McPhail）認為集體行為與其他的社會行為並沒有根本差別，只是聚集在一起的行為組合而已，研究時應特別注意導致集體行為的線索。

90 年代，歐陸開始出版「批判社會心理學」（critical social psychology）的書籍，美國則出版「應用社會心理學」（applied social psychology）的書籍。無論是「批判」或「應用」，都希望能持續這個學術領域原有對人及社會的熱情，走出一條具人性且對社會有幫助的路。[15]

近年來，愈來愈多學者認識到實驗方法的局限性，逐漸重視現場研究，強調應用。對實驗室研究所得的理論，加以檢驗、修正、補充和發展。實驗室研究與現場研究相互論證，電腦的廣泛使用有助於處理大量材料，對社會心理學的研究也有助益。

　　參考各社會心理學教科書、專書及學術期刊可發現：研究的議題日益豐富和擴大，從早期的社會促進到社會約束，從順從到反順從和獨立性，從侵犯到利他，從吸引到愛情，從人際知覺到歸因等，研究領域愈來愈廣闊。整體發展趨勢是：在內容方面注重個人在社會中的調適行為及社會情境的背景；在方法方面注重實際觀察與實驗；在應用方面注重各實際社會及人際問題的探討。

▶第二節▶ 學術親戚、相互豐富

壹、心理學及社會學

　　社會心理學一直有兩個不同的傳統，一個是心理學的社會心理學（psychological social psychology），另外一個則是社會學的社會心理學（sociological social psychology）。由心理學和社會學兩大的學術領域發展出來，不論是在理論上、方法上及實質內容上很不一樣的兩種社會心理學。[16] 此外，探究台灣社會心理學的研究成果顯示另外一個傳統——教育學的社會心理學。在台灣有為數甚多的教育學者看重社會心理現象的探討，論文的數量甚至超過心理學的社會心理學。[17]

　　當然，社會心理學還是以心理學及社會學為主。社會心理學在知識領域中，得自心理學的部分較多，心理學有如媽媽，給予許多柔性又細膩的解釋。如行為主義詳述情境中的客觀性質、情境對人的影響。社會心理學則偏重「人際」，但本書不處理情緒、思考、感覺、人際吸引、友情、愛情等議題。

　　社會心理學嘗試找出個人受到社會影響的通則。社會學也研究社會影響及互動，但主要放在這些社會建構的角色地位，例如不同關係位置就有不同的互動的狀況。社會學有如社會心理學的老爹，比較硬，考慮比較廣，焦點不是個體的心理，而是宏觀的社會。當然這樣對爹娘的描述不周全，在性別意識上過於傳統，但有助於認識此知識領域的緣起。

　　心理學（psychology，詞源希臘語：psyche 表示靈魂或心智，logos 表示知識）是研究心理現象（包括心理過程和個性心理特徵）及其對行為之影響的科學。心理學研究的是個人，它與各種社會科學都有關，因為在研究個人的同時，心理學也會考慮到這些個人所處的社會；心理學與神經科學、醫學、生物學等都密切相關。

　　「人的心」是多麼迷人、多麼值得探索的領域，難怪有無數學者從事各樣研究想探究。每個人的心有其基本的原則，又總是在變化。因此，心理學有豐富的研究成果，更有寬廣的應用範圍。此種學術成果豐碩的知識領域對各種人群服務提供許多知識、觀念、理論與方法。心理學的範圍很廣，依照《張氏心理學辭典》，最粗淺的分類是理論與應用兩大類。在理論心理學方面，主題有：發展、生理、學習、認知、動機、情緒、社會、人格、智力、變態、實驗、測量等。在應用心理學方面有教育與教學、輔導與諮商、人事與管理、工業與生產、商業與消費、醫藥與衛生、法律與犯罪、軍事與宣傳等。[18]

　　有些心理學領域對社會心理學特別有意義，最主要有：[19]

1. 認知心理學（cognitive psychology）：研究在社會互動中，個人的知覺、學習、注意、記憶、語言、推理、問題解決、判斷、決策、創造力與智慧的運作機制等。以實驗為主的研究方法，試圖瞭解大腦的演算法（algorithms）與資料結構（data structures）。

2. 人格心理學：在解釋社會行為時，較重視個體差異（individual differences）。社會心理學認為過於依賴人格因素來詮釋，將嚴重低估社會影響所扮演的角色。人們傾向於以性格來解釋行為，容易產生根本歸因誤差（fundamental attribution error）。又低估社會影響的力量，例如將各種加害者或受害者描述為人格缺陷的。

3. 團體心理學（group psychology）：社會團體生活是人們的基本生活方式，在社會生活中的團體心理，是社會心理學研究的主題。團體心理學也研究團體參與者的心理現象及心理活動。

　　「社會學」（sociology）一詞由拉丁文的 "socius" 和希臘文的 "logos" 組合而成。"socius" 指團體生活中的個人、伴侶等，"logos"

是知識。因此社會學一詞，依字源上說，指研究人類社會（human society）或人類結合（human association）的科學。最簡單的說法，社會學是「研究社會的科學」。研究的重點有：人類社會；社會團體與團體生活；社會組織與社會制度；人類關係與社會關係；社會過程與社會互動；社會行為等等。

從社會學整體的架構來看，社會學最重要的理論是「結構功能論」、「衝突論」與「社會變遷」，在結構的重點是探究社會的組成、單位，在功能方面，則分析使結構得以運作的力量。衝突論則說明社會常常因為人中群的不平等而有所衝突。「社會的結構」包括個人、自我、關係、地位與角色等等。個人直接參與的社會單位是：家庭、團體、組織、社區與社會。「社會的功能」主要是展現各種功能而有的社會制度、文化、社會化。「社會的衝突」主題包括階層化、社會問題、偏差行為、集體行為與社會運動。[20]「社會的變遷」如現代化，全球化，則與社會心理學的關連性較低。

社會學者從事研究，經常將社會心理變項，諸如價值、態度、行為等等納入研究分析。社會學理論彷彿是社會學知識寶藏的索引，是一種工具、一種觀念的角度、一種思考的方法，理論類型多，其中偏向微視、個人角度、日常生活觀點的兩大理論對社會心理學特別有參考價值：[21]

1. 互動論（the interactionist perspective）或稱符號互動論（symbolic interactionism），分支包括標籤理論（labeling theory）、戲劇論（dramaturgy）以及民俗方法論（ethnomethodology）等。互動論主要探討：人與人互動的性質及過程；個人與團體如何詮釋情境；個人如何經由團體生活發展其社會性；參考團體（reference group）對人格與人際關係的影響；互動中的種種符號（symbol），如語言、手勢、表情等。觀點（perspective）和互動（interaction）是首要概念，個人對外界刺激所持有的觀點不同。在某一情境裡，個人的觀點可能是某一種型態，但在另一種情境裡，其觀點可能會有改變。互動分為：競爭（competition）、衝突（conflict）、順應（accommodation）、同化（assimilation）等類型。人們的思

想、觀察、行動等常藉由符號來表達。

2. 交換論（exchange theory）：深受經濟學和心理學影響，認為社會互動就是交換行為，交換是維持社會秩序的基礎。人是自利、自我中心的，必然會考慮「成本─效益」。人們具有酬賞概念，期待社會的贊同。

社會心理學不是台灣社會學的重點，目前以此為主的學者人數不多，不及社會學理論、政治社會學、組織社會學、文化社會學、社會／政策、經濟社會學、勞動／職業／工作、性別研究、發展社會學、東亞區域研究、社會研究方法、社會階層、教育社會學、量化方法、資訊／環境／科技等領域的。但比宗教社會學、社會運動、人口社會學、社會網絡、科學／知識社會學、藝術社會學、生命歷程、法律社會學、社區研究、犯罪學／偏差、醫療社會學、人口遷移等領域的學者人數要多。[22]

貳、相關學科

社會心理學是社會工作的基礎知識之一，社會工作實務所累積出來的知識對社會心理學也十分重要。兩種學術領域有如堂兄弟，社工比較好動，社心比較安靜，另一位更安靜的堂兄弟，是「人類行為與社會環境」，這門課在多數社會系與心理系不是必修，但在社工系一定是核心課程。另有幾位表兄弟，首先是「教育心理學」，在台灣有為數甚多的教育學者的研究側重社會心理現象的探討。其次是「管理心理學」（目前多數科系用「組織行為」或「工作與組織行為」來取代）、「商業心理學」等。[23]

有些相關學科近年蓬勃發展，例如：[24]

1. 演化心理學：根據天擇原則，以長期演化的基因來解釋社會行為，人們部分的社會行為是為了適應環境。天擇說幫助有機體在特定環境中生存的遺傳特質如何代代相傳。相關的還有「社會生物學」。

2. 行為經濟學：將心理學與經濟科學結合起來，以發現關於人的理性、自利、訊息、效用最大化及偏好等現象。傳統的西方經濟學

建立在「理性人」假設的基礎上。但這是不足的，行為經濟學是心理學與經濟分析的結合，也考慮到認知不協調、社會地位、個性、情境理性等在經濟分析中的重要性。例如商品品牌的作用、商品的個性化、銷售、廣告等。

3. 社會神經科學與人體生物學：人是生物有機體，社會心理學對生理歷程和社會行為的關聯有所探討。例如荷爾蒙與行為、免疫系統、腦部神經歷程的研究。心理與生理是不可分的，瞭解心理當然需對生理有基本認識。人體本身就是一個神奇的結構，生理學是探討人體運作的學問。要認識各項人體功能的執行，從分子之間的互動到數個器官之間的協調，以完成呼吸、心跳、體溫控制等維持生命的重要功能。保持正常生理功能的任務，除了特定的細胞組織之外，還須經由神經傳導物質及內分泌激素，調控細胞組織，對外界的刺激作出適度的反應，並配合身體在特定情境下適當的工作。但行為的生理與神經學部分，不是社會心理學的重點。

4. 文化人類學，主要是跨文化研究，探討文化對社會心理歷程的影響。研究者須避免將自身文化中的觀點強加在另一個文化裡的人，在研究中要確保另一個文化的受試者能理解實驗各變項的意義。

▶第三節▶ 廣泛主題、掌握核心

壹、領域

整個心理學可以粗略歸納為一個公式：$B = f(P, S)$。B 就是 behavior 行為，心理學最簡單的定義是研究行為的科學。影響行為的主要變數有二，第一是 P（personality，人格）。第二是 S（situation，情境）。不同的人格或不同的情境都可能產生不同的行為。

　　最早對社會心理學給予清楚界定的是奧爾波特於 1924 年提出的，他強調：對社會行為的研究就是社會心理學的主題。社會行為本質上「是一種社會刺激或是被社會刺激所喚起的反應行為」。[25] 社會心理學是一門科學領域，分析在社會情境下，個人行為和想法的內涵和產生的原因，是關於一個人的思考、感覺與行為如何受到他人影響的科學研究，探究社會情境中的因素如何影響行為，採用科學的方法來研究人與人之間相互依賴、互動及影響的過程。社會心理學想瞭解並解釋個人思想、感覺與行為如何受其他人所影響，也關心人們主觀上對社會環境的詮釋。同時分析人們如何知覺、理解或解釋環境。還特別注意這些理解的根源。[26]

　　社會心理學的焦點是人們與他人處在某個情境時，會產生什麼行為、想法和感覺，進一步探究這些行為、想法和感覺背後的理由是什麼。這門學問試著瞭解塑造行為和想法的情境，造成個人獨特行為、感情、信念、記憶的條件。影響人際互動的因素主要有： 1.他人的言談行動和特徵。 2.認知的過程如何形成對他人的想法、信念、意見和判斷。 3.環境中直接或間接的影響因素。 4.產生社會行為的有關條件。[27]

　　由此看來，整個社會心理學可粗略歸納為一個公式：$SB = f(P, SS)$。社會心理學特別在乎「社會面的行為」（social behavior），因此如果偏向個人的行為，如學習、智力、情緒、潛意識、心理疾病等就不是本書重點。影響社會行為的變數主要有二，第一個 P 是 perception 知覺，尤其是社會層面的知覺。第二個 SS 是 social situation 社會情境。不同的知覺與不同的社會情境當然會產生不同的社會行為。

　　社會學比較廣泛，處處都是「化」（lization），看重較長時間演進的結果。社會心理學分析的時間單位比較短，以「此地此時」（here and now）為主。社會心理學與社會學不同之一是社會學不重視「知覺」，社會心理學處處注意個體的知覺，如社會知覺、社會認知。知之後就有「行」的考驗，心理學分析的行為主要是個人的行動（action），社會心理學則偏重「互動」（interaction），不是個別的而是與人來往的。心理學的主題是「自我」（ego），是佛洛伊德 "id, ego, superego" 的 ego。社會心理學偏重社會裡的「自我」（self），或稱為「社會我」（social self）。社會心理學不僅要「知己」（這個己主要是社會中的己，是與人

互動的己）。更要「知人」，尤其在互動時的對方。俗話說：「知己知彼，百戰百勝」，學習社會心理學的目的不是要勝過對方，而是希望因為瞭解對方，有助於追求互利。

從新聞記者、專家、社會評論者和小說家所說所寫中，我們可以學到許多關於社會行為的訊息，但不是嚴謹的知識。社會心理學對社會行為及人際關係深入剖析，而不只是對個體做簡單的分析。社會心理學也關心社會環境如何影響心理歷程，直接分析社會環境的作用力（如團體對成員行為的影響、團體規範等）。社會心理學家的任務之一，是對導致特定結果的情況，做出理性的判斷。

在主題方面，單以各教科書來分析，1980 年斯密斯（Smith）等人對 1979 年美國主要社會心理學刊物發表的文章作調查。顯示研究最多的是「歸因」及「態度」；其次是「社會和人格發展」以及「認知過程」。早期美國的社會心理學側重於研究「大型群體」和「群眾」的心理現象，如塔爾德的模仿律、勒邦的群體極端化和個性消失等，「態度」也是研究的中心。實驗社會心理學出現以後，「社會促進」的研究成為中心。在上一個世紀，整理各主要教科書（詳見附錄一）的篇章名稱，發現：「群體過程」、「說服」、「順從」、「認知失調」、「歸因」等分別成為某一時期的中心主題。

在美國出版的社會心理學教科書中，常見到分為「受社會影響的個人現象」與「人際之間的現象」兩大類，前者最常出現的概念有四個：態度（attitudes）、說服（persuasion）、社會認知（social cognition）、自我概念（self-concept）。在人際間現象方面，最常出現的也有四個：社會影響（social influence）、與他人的關係（relations with others）、團體動力（group dynamics）、人際吸引（interpersonal attraction）。

進入 21 世紀，特別受注意的主題是社會認知、演化社會心理學、社會神經科學等，「個人如何由內在去適應環境」是熱門議題。歐洲觀點影響美國心理學的最重要兩個主題是：團體間行為的研究、少數人的影響力。例如「最小團體典範」（minimal group paradigm）提供了一個合理且經濟的研究程序。[28] 本世紀出版的主要教科書有十幾本（詳見參與書目及附錄二）。分析這些歐美教科書中的章名，探討較多的議題可整理為四方

面：1.人際過程（interpersonal processes）：認識自己和他人的知覺及認知；2.人際關係（interpersonal relations）：吸引、衝突、親密關係、利社會行為；3.團體間行為（inter-group behavior）：偏見、歧視、刻板印象、團體表現；4.社會現象分析（societal analyses）：社會傳染、集體行為。在《社會心理學：歐洲的觀點》的核心主題包括：研究方法、社會認知、態度、攻擊、利社會行為、關係、社會影響、團體歷程、群際關係等。

　　陸洛認為與社會工作最有關的社會心理學課題有三方面：社會知覺（social perception）、社會影響（social influence）和群體過程（group processes）。[29] 林仁和則認為社會心理學形成自身完整科學體系之後的探索方向有三：1.群體和社會因素對個人的影響；2.關係，例如吸引、模仿、合群、利他、攻擊、團體凝聚力等；3.引起個人目的、態度和行為等變化的因素。[30]

　　國內的教科書大多數是翻譯的，詳細的書目按照出版年代整理在附錄三。整理各校採用較多的中文主要教科書，將章名整理，除了「導論」與「研究方法」之外，按照出現多寡排列的主題是社會認知、偏見、攻擊、社會影響、態度、人際吸引、社會知覺、利社會行為、與環境的關係、自我瞭解與辯護、親密連結與愛情、團體歷程、宣傳與說服、與健康的關係等主題。

　　如果從「知行」角度歸類，大致可分為四大類：

　　第一類，與社會有關的「知」，如社會認知、社會知覺、態度、自我瞭解與辯護、社會認同、自我與社會化等。

　　第二類，與社會有關的「行」，如社會交換、社會影響、人際吸引、人際知覺、人際關係、合作、親密關係與愛情、團體歷程等。

　　第三類，對社會大眾的看法及行為，負面的有偏見、嫉妒、攻擊，正面有利他或利社會行為。

　　第四類，應用色彩重，如宣傳、說服、與環境、與健康、與法律等。

貳、本書架構

　　「知」與「行」的關係是許多學術研究的主題，「知行合一」與「能知能行」都很重要。社會工作偏重「行」，是一種實踐的專業，但行要有知做基礎。專業要有學問為根基，不能憑經驗或常識或個人主觀感受。在社會心理學之中，特別提醒人們常常「行，錯了！」例如從眾、順從、社會攻擊等，因為忽略在情境的影響，誤判情勢。也可能因為不瞭解所互動對象的心理，被騙被害。

　　本書究竟該包括那些主題，實在不容易決定。最重要的原則是如何清楚呈現社會心理學的豐富，又能夠方便教師與學生在一學期之中，掌握該知道的重點。為了容納更多主題，也為了清楚呈現，容易講授、閱讀、理解。全書五篇，每篇三章，每章有三節。篇與章的主題是：

　　第壹篇　知理
　　第一章　是什麼
　　第二章　為何學
　　第三章　如何學

　　第貳篇　知己
　　第四章　社會認知
　　第五章　社會自我
　　第六章　習慣與記憶

　　第參篇　知彼
　　第七章　歸因與知覺
　　第八章　表情與欺騙
　　第九章　比較與交換

　　第肆篇　知眾

在這 15 章之中，第壹篇先說明關於社會心理學的三個基本問題：是什麼（what）、為什麼要學習（why）及如何學（how）。讀者認真研讀，就能掌握全局又建立堅實的學習基礎。第一章對此學科的發展先做介紹，第二章從健康、運動、疾病預防、公益宣導、強化專業等面向說明社會心理學的廣泛應用性。第三章簡要介紹各種研究方法及倫理。任何學習的效果主要來自「意願」及「能力」，在本章之後，第二章的首要目的是「激發學習意願」，第三章的目的是「強化研究能力」。

「知己知彼，百戰百勝」，第貳篇說明如何「知己」，尤其是知道「社會情境中的自己」，把心理學的基本概念放在社會心理學的範圍中探討，如社會認知、社會自我、社會習慣、社會記憶等。

第參篇解釋與人互動時如何「知彼」，尤其是歸因、基模、心理捷徑，這些都影響社會知覺。本書特別強調「看人讀人」的重要性，也介紹各種方法，希望能增強學習者辨識表情等肢體語言的能力、避免被騙。能剖析自己愛比較的心理，又能掌握人際互動的原則，有效互動。

如果互動的對象是一群人乃至社會大眾，就要「知眾」了。在第十章及十一章以好多種實驗的發現說明人們順從、對抗、旁觀、從眾的心理，解釋為什麼在群眾中的人會有各種奇特的表現。第十二章則從正面的角度分析可貴的「從眾」，也就是利他、利社會及志工的參與。

「害人之心不可有，防人之心不可無」。很多人有意無意以負面的態度對待他人，各種偏見、歧視、刻板化印象深植人心，甚至採取攻擊、暴力、傷害等行動，造成各種人際悲劇與社會問題，也是社會心理學所面對

的考驗。我們要面對考驗，不應該逃避，反而需「重建信任」，所以最後一章先談社會信任，尤其是司法的信任。社會心理學值得終身學習，本書最後特別用聯合國教育科學文化組織所提到的四個重點，說明如何持續學習並有效行動。

本書特色：

1. 編排清楚：這 15 章之中，每章都是 3 節，每節有 2-3 項，每一項有時分為 2-3 個目。按照「篇」、「章」、「節」、「項」等層級來呈現。從第二章起，每章都先有四百多字的引言，扼要又有趣介紹全章。
2. 強調實例：透過四十幾個實驗、六個調查、八個觀察、三個訪談、八個內容分析、幾十個新聞事件的探討、五個量表等介紹種種社會心理現象。
3. 仔細整理：參考各教科書及專論，用 19 個表、6 個圖來說明。
4. 避免偏頗：在諸多爭辯之中，沒有特定立場，廣泛引述不同教科書及研究。
5. 注意本土：大量引用國內的研究結果、新聞事件評論剖析。
6. 取材廣泛：除了五十幾本中文或英文社會心理學教科書，另引用了一百多項當代學術研究、碩士博士論文、主題專書的論述。
7. 內容精要：為避免冗長，將與內文不直接相關的整理為 11 個附錄，又將各引述的資料整理為出處，力求內容順暢方便讀者閱讀。

適合誰閱讀？

1. 偏向基礎的科系，如社會系、心理系、社會心理系、教育系等系的師生。
2. 偏向應用的科系，如社會工作系、社會教育系、大眾傳播系、廣告系、犯罪防治系、休閒運動系、企業管理系的師生。
3. 制定及執行與大眾有關政策的公務員、推動與大眾有關服務的非營利組織工作人員、行銷或廣告人員、新聞工作者。
4. 對台灣社會大眾的心理有興趣的朋友。

第2章

為何學

　　健康，人人要，但很容易就不健康。疾病，人人厭，但病痛常上身。健康與病痛也屬於社會心理議題，例如「壓力」就充滿社會意義。現代人生活步調緊湊，普遍感受到強大的壓力。壓力是健康的隱形殺手，若無法適當抒發壓力，增加生病的風險。面對壓力的考驗，有兩大策略，在治標方面，要懂得如何「因應」，在治本方面，「強化人格強度」與「尋求社會資源」各有方法。健康更要經常「運動」，運動不僅是個人的行動，更是社會心理的行為。透過運用心理學與社會心理學的理論和原則，有助於解釋、預測或改變和運動相關的種種行為。

　　有些疾病特別具有社會心理意義，要預防及治療需考慮更多社會心理因素，例如 20 世紀末期開始盛行的愛滋病。如果人們在進行性行為時使用保險套，大多數個案可以避免感染，但總有些人不願意採取必要的預防措施。社會心理學的介入可能有助於改善問題，宣導應分成「知識導向」及「行為導向」，有不同作法。

▶ 第一節 ▶ 認識壓力、喜歡運動

壹、實例

　　如果長期處在壓力下，在身體上容易引發失眠、胃痛、頭痛、肩頸痠痛等症狀。壓力會影響情緒，長期下來可能導致焦慮症、憂鬱症和各種疾病。「健康心理學」是社會心理學的應用領域，目的是改變社會生活中有損健康的行為模式，例如吸煙、暴飲暴食、酗酒、不安全性行為，瞭解人們為何會從事這些行為以及如何發展出改變的策略。[1]

　　TVBS「健康兩點靈」節目調查 907 位 20-69 歲台灣地區民眾，[2] 透過「國民健康署」的壓力量表測量，其中比例較高的包括：27%最近經常覺得未來充滿不確定感或恐懼感，25%變得健忘，25%最近經常覺得頭痛或腰酸背痛，24%最近老是睡不好，其他題目各有兩成左右民眾表示會出現這樣的情況。

　　12 項指標中回答 3 個或以下「是」的民眾，壓力在還可負荷的範圍內；4-5 個「是」為輕度壓力，應盡量紓解；6-8 個為中度壓力，應求助心理衛生專業人員，若達 9 個以上則為重度壓力，建議看精神專科醫師，並依醫生處方服用藥物或接受心理治療。受測者屬輕度壓力為 12%，9%為中度壓力，另外有 4%屬於重度壓力，合計有 13%應尋求專業人員的幫助。以此推論：20-69 歲的台灣民眾之中壓力已經大到需尋求心理衛生專業人員的幫助者，高達 215 萬人，更有 65 萬人（4%）屬於重度壓力，應找專科醫師協助。

　　若直接詢問民眾感到自己的壓力大不大時，21%民眾認為自己幾乎沒有壓力，46%認為壓力不太大，而有 23%認為自己的壓力還算大，另外 7%則表示壓力非常大，後兩者合計有 30%。自覺壓力大的民眾中，有高達 30%表示長期承受壓力，其中 15%已持續 3-5 年，9%持續 5-10 年，更有 6%持續了 10 年以上。

　　在人口群方面，處於重度壓力狀態者，女性為 6%，比例高於男性的 3%；北北基民眾高於其他地區，6%屬於重度壓力。已婚者有 5%處於重

度壓力，高於未婚者的 1%，有未成年子女者屬於輕度壓力的比例較高。收入愈高的，沒有壓力的比例也愈高。藍領工作者有壓力的比例（30%）較高；而家庭主婦有 6%目前為重度壓力。

在「壓力來源」方面，情況整理如表 2-1：有近半數（47.1%）表示壓力來自於工作，包括工作量大、薪水太低、業績壓力等等，個人經濟壓力（32.5%）也是主要的壓力源。21.2%壓力是來自於家庭，另外 17.2%壓力大的民眾，是因為整體環境造成，包括物價上漲（8.4%）、整體經濟狀況（8.2%）等。這項調查在「318 學運」發生前夕進行，如果在學運發生之後，對整體環境憂心的比例應該會更高。

表 2-1　國人壓力源的狀況

工作因素 （47.1%）		個人因素 （38.7%）		整體環境 （17.2%）		家庭因素 （21.2%）	
只說工作壓力	19.6	個人經濟壓力	32.5	物價上漲	8.4	只說家庭壓力	11.9
工作量大	9.7	健康問題	4.1	整體經濟狀況	8.2	子女問題	9.4
薪水太低	5.8	學業／考試壓力	3.3	未來發展不確定	3.4	夫妻／婚姻問題	2.0
業績壓力	4.4	只說生活壓力	1.4	國內政治情勢	2.5	家人健康狀況	1.7
來自老闆的壓力	3.2	年紀大	0.7	社會不安定／混亂	1.1	婆媳問題	0.5

資料來源：《健康兩點靈》2014 年 5 月號

在紓解壓力方面，排解壓力的方式，有近三成（28%）以運動紓壓，17%會看電視，13%則是會出去走走，另外各有 11%會聽音樂或出外旅遊。紓壓的方式存在血型差異，統計狀況如表 2-2，血型為 A 型民眾看電視或戲劇紓壓的比例略高於其他血型；B 型民眾除了運動及看電視外，聽

音樂紓壓的比例較其他血型高；而 AB 型民眾則有較高比例會以旅遊及看書來紓壓。在看電視紓壓的民眾中，有 22%會看綜藝節目，13%則會看韓劇，7%看新聞。

表 2-2　不同血型紓解壓力的方式

A 型		B 型		O 型		AB 型	
運動	24.5	運動	28.6	運動	29.4	運動	32.7
看電視／戲劇	19.1	看電視／戲劇	15.3	看電視／戲劇	16.2	旅遊	17.7
出去走走	14.8	聽音樂	13.9	出去走走	13.3	看電視／戲劇	11.4
旅遊	8.5	旅遊	13.1	聽音樂	10.9	閱讀／看書	10.7
聽音樂	8.3	出去走走	12.1	旅遊	10.6	聽音樂	8.1
睡覺	7.9	聊天／談心	9.6	聊天／談心	8.9	聊天／談心	7.5
玩 3C	7.1	睡覺	8.7	閱讀／看書	7.1	玩 3C	6.4
看電影	7.0	閱讀／看書	7.0	玩 3C	6.9	唱歌	6.1
購物	6.5	購物	6.3	購物	6.9	購物	5.8
其他	40.8	其他	37.1	其他	41.3	其他	26.3
不知道	18.7	不知道	12.5	不知道	15.3	不知道	14.7

資料來源：《健康兩點靈》2014 年 5 月號

　　壓力是一個人與環境互動之後的產物，主觀感受到的壓力更容易產生問題，覺得無法應付環境中的要求時會產生負面感受和負面信念。當一個人承受愈大的壓力時，對疾病的抵抗力就愈低，即使輕微的壓力源都可能傷害身心。

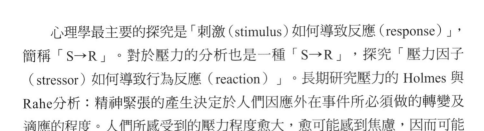

心理學最主要的探究是「刺激（stimulus）如何導致反應（response）」，簡稱「S→R」。對於壓力的分析也是一種「S→R」，探究「壓力因子（stressor）如何導致行為反應（reaction）」。長期研究壓力的 Holmes 與 Rahe分析：精神緊張的產生決定於人們因應外在事件所必須做的轉變及適應的程度。人們所感受到的壓力程度愈大，愈可能感到焦慮，因而可能生病。Lazarus分析：「壓力是一個人對環境中的人、事、物特別在乎。環境中的人、事、物被評估為造成心理負擔，超越其所能負擔的，以致危害心理與心理健康。」他將壓力歸納為以下三種類型：③

（一）刺激型：壓力被視為一種環境刺激，壓力因子產生於環境之中，對外在壓力的反應是緊張。壓力也許真實存在也許是想像的，會使一個人失去原有的平衡狀態。創傷、生活事件、嫌惡的物理環境、角色緊張及忙碌的日常生活等，皆是常見的壓力源。

（二）反應型：面對壓力產生的反應可歸納為「一般性適應症候群」（general adaptation syndrome, GAS），過程經歷三個時期：

1. 警覺反應期（alarm reaction）：因為不適應或有害的刺激，導致的生理反應，此時期又區分兩個階段：(1)震驚階段（shock reaction phase）──對於有害刺激來源產生最初與立即性反應，出現不同的傷害信號，例如：心悸、肌肉張力喪失、體溫與血壓降低等典型症狀。(2)反震驚階段（counter-shock phase）──運用防衛力量試圖復原，此時腎上腺皮質擴大、腎上腺皮質激素分泌增加。

2. 抗拒期（stage of resistance）：抗拒壓力源，希望症候改善或消失，設法減少其他刺激。

3. 耗竭期（stage of exhaustion）：若適應力不足，壓力因子非常強烈或持續時間過長時，因無法有效適應，能量持續耗竭，促使症候頻繁出現，如壓力沒有減弱，將導致疾病。

（三）交互作用型：壓力不僅是刺激，也是一種反應，是環境與個人互動的結果。若只考慮外在的刺激事件偏重環境因素；若只考慮反應結果則偏重個人因素。壓力是人與環境之間的一種特殊動態關係，彼此相互影響。

　　壓力會改變情感狀態，情感與認知也相互影響，情感形塑認知，認知又形塑情感。在情感對認知的影響方面有情緒依賴記憶（mood-dependent memory）現象，在一個特定的情緒中，自己能想起的東西，部分決定於先前在同樣情緒下所學到的。符合情緒效應（mood congruence effects）指人們傾向於注意並記得和情緒一致的訊息。訊息的性質並不重要，卻和得到訊息時的心情及試圖回想它時的心情高度相關。在符合心情效應方面，訊息的情緒感受性質（不論是正面或負面）是關鍵。④

　　許多對情緒情感與認知間關係的研究，都把焦點放在情感如何影響認知，也有證據支持相反的傾向，亦即認知對情感的影響力，稱為「情緒二因論」（two-factor theory）。「情緒二因論」說明情緒是由兩個相關卻各自獨立的認知因素所造成。公式為：「情緒＝生理反應＋情境的認知」。⑤純粹的生理反應不會引發情緒，對情境的認知才是決定情緒的主要因素。情緒取決於一個人詮釋或解釋此事件的方式，有兩方面的評估尤其重要：

　1. 自己覺得這個事件對自己而言是好是壞？
　2. 自己覺得是什麼原因導致這個事件？

　　如果總是負面看待生活中的事件，則壓力上升，因覺得無法應付環境中的要求產生負面感受和負面信念。若覺得束手無策則壓力加大，對事件產生負面的詮釋，對有困難的情境有絕望心態，縱使有成功的機會，也鼓不起勇氣去面對。

、治標——因應壓力

　　若長期身陷壓力，缺乏適當的排解與舒緩，必然會造成心理或身體上的負擔，影響到工作、家庭與人際關係。心理衛生公式為「BS＝S/PS＋SR」，BS（behavior syndrome）是行為症狀，分子 S（stress）是壓力總和，分母有兩大要素：PS（personality strength）是人格強度，SR（social resource）指社會資源。⑥ 簡單說，壓力大，症狀可能多；但是人格強度強、社會資源多，有助於減少症狀。要減少行為症狀，努力方向有三：減少壓力的總和、增強人格強度、尋求社會資源。這些都不僅是「個人心理

層面」，更與「社會心理面」直接相關。如何適時排解負面情緒，做好壓力管理，適時尋求親友、同學及專業人員協助，是現代人重要的課題。

　　因應（coping）壓力是一種認知與行為的策略，個人管理一個壓力情境與因事件引起的負面情緒反應。因應資源（coping resource）指可獲得外部的（例如社會支持）或內部的（例如樂觀）資源。⑦壓力不僅是生理的，更是社會面的。醫療社會學就提醒要有系統、從社會發展脈絡探討醫療照護提供者、醫療組織、健康服務輸送體系或制度，以及社會政策對醫病互動的發展關係。⑧

一、減少壓力

壓力的主要來源有以下幾方面：

1. 恐懼：如對於場所（如懼高症）、對於人（如怕老闆）、對於活動（如怕公開講話）、對動物（如怕貓）、對某種顏色或狀態（如懼熱症），《張氏心理學辭典》就歸納出一百五十多種的恐懼症。

2. 瓶頸：有些特別「過不去」的困難；有些人、有些工作、有些事情始終是障礙，很難超越；特別討厭有些書籍、知識、資訊、技能，不想面對和學習；有些明明知道很有意義的行動，遲遲不開始。

3. 人際：人生有許多不如意的事，尤其是來自人際關係的最麻煩。常見的困擾有：要與比自己年紀長、權力大的人相處，又要面對子女和部屬。對異性難以瞭解，許多關係都錯綜複雜。

4. 工作：嚴苛要求和種種挑戰，容易陷入情緒的「戰或逃」（fight-or-flight）反應模式，可能變得焦躁易怒、欠缺耐心、失去安全感，覺得耗盡能量。

　　有效因應壓力，有「治標」與「治本」兩大方向。在「治標」方面，重點有三：1.改變身體：如肌肉放鬆與深呼吸；2.改變思考：靠理性思維；3.改變情境：加強能力與適應環境。

二、理性面對 ABCD 法則

在面對壓力的瞬間，需先處理「不理性」的想法，借重「理性情緒治療法」，專門檢視不合理信念對情緒和行為的影響。核心主張是 ABC 理論，說明如下：⑨

A（activating events）代表誘發事件或某種經歷，可能是來自社會，也可能來自心理。如果是外部事件，確實發生了某件不幸；但誘發事件也可能只是當事人想像出來的情境。

B（beliefs）代表當事人對誘發事件的信念，包括評價型思維和有結構的觀點，可能彈性，也可能僵化。僵化的、絕對的、過分理想化等不合理信念，包含很多應該、必須、一定、必然、必定等。堅持僵化和絕對化的前提，就容易產出不合理的結論，這些結論往往是極端化的。

C（consequences）是關於誘發事件的信念所導致的認知、情緒與行為方面的結果。消極的、不合理的信念，往往引發消極的結果，不利於身心健康。

改進的方法是 D：debate，與不合理的信念辯論，從而減少情緒和行為問題。若有可怕化（悲觀的）思考，採用「樂觀的態度」去處理；若有絕對化（極端、鑽牛角尖）的想法，則彈性應對；若有愛與他人比較的想法，用「自我肯定」去化解。設法「無條件地接納自己」（unconditional self-acceptance，簡稱 USA）。

三、增強人格強度：強化自我效能

要改變習得無助感，在「治本」方面，首需強化自我效能，強化在追求目標時的反應力。美國文化看重「自我」，也因而重視「自我效能」的訓練。亞洲人普遍認為自覺控制的重要性低於美國人，因而自覺控制能力有限，心理較容易沮喪。自我效能可以增加健康行為，進而強化做事的毅力和努力程度。維持控制感可改善個人心理健康，知道自己辦得到的心態反映「自我效能」，相信自己有能力執行特定的行為以達成目標。自我效能高可預測若干的健康行為，例如戒菸、減肥、減少膽固醇攝取及規律運動等。

　　若相信自己可以控制事件的發生或相信結果是好的，有助於樂觀面對壓力。高度自覺控制有助於身心健康，相信自己可以用各種方式來改善周遭的環境。人們普遍有因應壓力的潛能，會對壓力採取溫和、暫時的反應，之後迅速回到正常的狀態，稱之為「韌性」。以美國人對九一一恐怖攻擊的反應來看，對悲劇出現長期負面反應的屬少數，多數人還是能樂觀對待如此大的悲劇。國人對九二一大地震或八八水災的反應，也只有少數人出現長期的負面反應。

　　樂觀是往好的一面看，樂觀的人能夠對壓力做出較佳的反應，因而比悲觀的人來得健康。壓力因應呈現性別差異，如照料及友善反應，女性較佳，出現「為母者剛」的現象，積極保護自己與照顧子女。女性也多半選擇對抗壓力，女性普遍長壽也與女性積極對抗病痛有關。相對的，很多男性得知罹患重病後，無助地放棄。

　　培養成長的心態有助於面對考驗，如果認為自己只擁有一些固定無法改變的能力，稱為「固定心態」，抱持固定心態者，遇到失敗較容易放棄。相對的，認為自己的能力是可以鍛鍊和成長，屬於「成長心態」，比較能化解危機。有些人生病了，並不積極治病，反而自我設下一些障礙，如此降低了改善症狀的機率。常見的障礙包括酗酒、吸煙，不依照規定服用藥物，疏於復健。聽到家人或醫護人員提醒時，編出一些理由來解釋，又不斷抱怨。

四、尋求社會支持

　　社會支持（social support）是個人透過與他人的互動，進而滿足需求的歷程，主要需求包括社會情感性（如：情感、瞭解、接納、重要他人的認同與信任）或工具性（如：忠告、提供訊息、經濟支援等）的支援。

　　社會支持具有緩衝效果（buffer effect of social support），指相較於自覺未受支持者而言，感到被支持的較少受到壓力事件或環境的影響。[10] 社會支持主要來自與他人的交流，使個人感受到被關愛、受尊重、有價值感，因隸屬某個社會網絡（social network）而獲得滿足。社會支持可區分為三類：[11]

1. 實質性（tangible）支持，指提供錢財或其他資源。
2. 評價（appraisal）或訊息性（informational）支持，指提供有幫助的知識，如提供個人新工作的機會、說明解決問題的方法等。
3. 情緒（emotional）支持，直接滿足社會情緒需求的溝通訊息，如尊重或傾聽。

社會支持是壓力的調停者，也是因應壓力的重要資源。常見的形式有：獲得語言和非語言的訊息、實質上的協助、提供有益的行動。這些支持有助於健康和幸福感。社會支持使人緩和所受到的衝擊，用積極的態度處理生活中的考驗。

感受到社會支持，獲得他人回應和接納的感覺者通常生活愉快。女性往往主動尋求社會支持，男性在這方面比較消極。當事情變得棘手時，社會支持更是重要。敞開心胸及傾吐心事有助於化解壓力，刻意壓抑或遺忘創傷事件則耗費大量的心理能量和生理能量，因此製造更大的壓力。此外，將創傷事件寫下來或者告知他人，能夠幫助自己更瞭解這個事件以便釋懷。

社會支持影響壓力感受和健康狀態，當一個人的社會支持功能健全時，對壓力的承受度較高，感受到的壓力較輕，而健康狀態也較佳。社會支持不足則無法緩和壓力對身心健康的不良影響。當事情變得棘手時，社會支持尤具重要。

參、運動領域

社會心理學已經發展很長的時間，在漫長的歷史中，漸漸累積出更多的主題及領域。其中「運動社會心理學」與健康議題最為相關。運動心理學（Sports Psychology 或 Exercise and Sport Psychology 或 Athletic Psychology）是研究人在從事體育運動時的心理特點及規律的心理學分支，也是體育科學中的一門學科，源自於 1898 年，當時美國印地安那州州立大學的心理學家 Norman Triplett 探究為何自行車選手在團體或雙人競賽時會比自己單獨騎的速度快。[12]

運動心理學研究人們在參加體育活動時的心理過程，如感覺、知覺、表象、思維、記憶、情感、意志的特點及各自在運動中的作用和意義；也研究人們參加各種運動項目時，在性格、能力和氣質方面的狀況。最常見的目的是瞭解個體的心理如何影響生理表現，分析參與運動如何影響個體的心理。主題十分廣泛，還包括技能學習、競賽心理、運動對人的意義、從事運動的動機等。

　　運動社會心理學更注意到「團隊競技」，如每四年一次的世界盃足球賽都吸引幾十億觀眾的目光，我國 2009 年辦世運，2017 年將主辦世界大學運動會，均屬大規模的國際活動，也都邀請社會心理學或社會工作背景的學者加入籌備的工作。籃球、棒球等球類競技，一直受到國人重視，我國年年辦威廉瓊斯盃籃球邀請賽，又經常舉行大型的國際棒球賽事。以下簡介運動社會心理學的主要議題：⑬

1. 運動員之間：隊員間既有合作及幫助，也有競爭和比較，同儕是運動競技中不可或缺的一部分，團隊內難免有衝突，在隊員犯錯時給予負面回饋。隊員之間的支持非常重要，是選手在團隊中找到歸屬感、依附感、情感的寄託

2. 教練、管理者與選手的關係：教練要相信每個隊員對團隊都很重要，以公平的方式對待隊友。團隊營造出來的氣氛必然會產生影響，例如教練對於選手的進步給予鼓勵並回饋，須設法培養及塑造團隊中友誼氣氛。教練和選手之間的關係複雜，隱含的特性如：
　(1) 情意屬性（彼此之間信不信任；尊不尊重；喜歡或討厭）。
　(2) 認知屬性（期待持續保持關係或是想終止關係）。
　(3) 行為屬性（由誰主導）
　(4) 態度屬性（友善或敵意或輕視）。
　教練領導整個隊伍，決定一個選手能夠出頭的機會，教練與選手之間的溝通意願及技巧都很重要，需建立彼此之間的信任。如此的團隊，氛圍才會正面，向心力也會比較強烈。

3. 觀眾對選手的影響力：每位選手都想要表現，追求掌聲，也想從觀眾的肯定中建立成就感。觀眾具有提升選手表現的效應，可以

激發選手的潛力，使選手更投入在比賽裡。主場優勢就是一種觀眾影響選手表現的情境，觀眾的支持對地主隊表現有促進作用，觀眾熱烈的吶喊鼓勵選手，讓選手會更有信心與勇氣去表現。有時觀眾也會對選手們造成負面的影響，讓選手背負更大的壓力。

　　Weinberg 與 Gould 整理運動社會心理學的主題有：成就目標理論、自我概念、運動領導、團隊凝聚力、自我效能、自我呈現和社會支援、選手關係、人際溝通、青少年同儕關係、自我設限、父母教養與生涯轉移、熱情、運動道德和跨文化議題等。[14] 以家庭的支持系統來看，父母對運動活動的價值觀會影響孩子從事運動的狀況，父母多支持，孩子對競技運動會積極，進而有更強的成就動機。

　　運動競技之中，壓力當然很大，選手對自己的心態有沒有調整好，對自己的技巧純不純熟，有沒有足夠的信心和勇氣擊敗對手等，都傷害競技運動的表現。社會支持也是面對競爭壓力的重要因應策略，包含情緒性支持——給予安慰和安全感；自尊支持——維持或提高個體的尊嚴；資訊性支持——提供建議或指導；實質性支持——具體的支援，教練、家庭、同儕及觀眾都包含在社會支持之中。社會網絡對運動員的認知、情意和行為都產生正向的影響，運動員也能知覺到其他人的支持，從實際已接收到的支援中獲得幫助。

▶ 第二節 ▶ 預防疾病、有效宣導

 、實例

　　愛滋病充滿社會心理意義，已經是美國社會心理學者關切的議題。我國衛生福利部愛滋防治及感染者權益保障會也邀請社會心理學專家參與。愛滋病（後天免疫缺乏症候群，Acquired Immunodeficiency Syndrome，簡稱 AIDS）在西元 1981 年（民國 70 年）初次被發現。病原體是人類免疫

缺乏病毒（HIV, Human Immunodeficiency Virus，簡稱愛滋病毒），我國訂有「後天免疫缺乏症候群防治條例」來防治愛滋病傳染。

以三項研究的資料顯示幾個重要數據：[15]

1. 杏陵醫學基金會在 2014 年發表「我國大學生性知識、性態度與性行為現況分析」，研究對象共 2,054 人，其中男生 856 人，女生 1,198 人，性知識的答對率不到六成。有 35.9% 的人曾發生性交行為（男：44.1%，女：31.0%）；有 9.6% 的人與同性發生過性交行為（男：10.8%，女：8.8%）；其中每次都使用保險套者僅有 29.4%（男：30.4%，女：28.5%）。 與 2007 年的調查結果比較，大學生性交行為比率上升，但使用保險套的比率皆只有三成左右。

2. 成功大學醫學院進行「網路約會（炮）文化之網路意見領袖介入策略及成效評估」，針對網路上的男男同性戀族群進行問卷調查，前測完成 1,088 份，後測完成 592 份。57.8% 的受訪者曾接受過 HIV 篩檢，9.2% 的人曾感染性傳染病，29.6% 的人曾使用成癮性藥物，11.3% 的人曾有過 HIV 感染者伴侶。84.2% 的人曾經在網路上尋找過性伴侶，70.3% 的人在過去三個月曾與網友發生性行為。網路不設防和助興藥物使用是造成年輕族群感染的催化因子，網路交友及藥物性愛趴成為年輕族群感染之主因，高達 70% 的同志透過網路尋找性伴侶，53% 近三個月曾經與網友有性行為，沒有進行安全性行為的對象也有 41% 是來自網路。

3. 台灣預防醫學學會針對「大台北地區男男間性行為者進行預防 HIV 及安全性行為介入模式計畫」，對 993 名男男同性戀者進行調查。發現：60.75% 的人並非每次性行為皆使用保險套，比 2012 年的 51.77% 為高。37.14% 的人在沒有水性潤滑劑時，會使用油性潤滑劑作為替代品，比起 2012 年的 48.01%，明顯下降。45.89% 的人使用娛樂性藥物，比起 2012 年的 25.12%，大幅增加。

再看看政府衛生福利部公布的一些數據：[16]

1. 截至 102 年底，累計通報 26,475 例本國籍愛滋感染者，其中 22,304 人存活。以 102 年新通報 2,243 例來分析，因不安全性行為感染的人數達 2,066 人，占新增案例的 92%。

2. 從新通報者感染年齡分布來看，15-24 歲有 1,059 例，占全部感染者的 47%，發生率高達每十萬人口 28.6，明顯高於其他年齡層。15-24 歲未就學的感染者，從事的工作多為服務業，25-34 歲因就學人數大減，主要行業別為服務業。男性感染人數在各年齡層皆明顯高於女性，感染途徑主要為男男間不安全性行為。

3. 公開使用非法藥物又同時進行無套邀約比例高達 85%。「男男間性行為」之愛滋感染者，使用非法藥物比例由 99 年的 8.4%上升至 101 年的 14.54%。學生濫用藥物盛行率在 1%-1.7%之間，愛滋感染者使用藥物比例高達 19%。部分年輕人在網路上以性換藥或酒吧派對入場費，用藥之後，因意識不清失去判斷力，進而發生不安全性行為，增加感染愛滋病的風險。愛滋與藥物濫用合流也是重要趨勢，因此「戒斷藥物」有助於「預防愛滋」。

　　愛滋病毒感染者的精液或陰道分泌液中含有病毒，而這種病毒經由陰道、陰莖、直腸或口部，進入人體。其中，肛門性交是最危險的行為。病毒感染後，需經過一段時間，血液才會產生愛滋病毒抗體。因此在感染的早期，可能因抗體尚未產生，而檢驗抗體呈陰性反應，即為「空窗期」，但此時已具有傳染力，空窗期是感染愛滋病毒後 6-12 週。

　　因此，政府應宣導避免從事「不安全」性行為，強調全程正確使用保險套以做好自我保護，杜絕感染，以保護自身及性伴侶的安全。知識導向的公眾宣導訊息時，主要著重解釋愛滋病、愛滋病的流行現況、傳染途徑等正確觀念。在行為導向訊息方面，須強調預防方法、提供愛滋病諮詢單位與電話、教導愛滋病毒感染者自我照顧、接納愛滋病毒感染者、鼓勵父母與孩子談性等。

　　社會心理學大師 Aronson 研究要求兩組大學生撰寫演說稿，描述愛滋病的危險性並宣導每次的性行為都要戴上保險套。一組人僅撰寫演說稿，

另一組於撰擬演說稿之後，還要在攝影機前錄影下來，並被告知這些錄影帶將放映給高中生看。結果後者購買保險套的學生人數比率，遠遠超過其他情況下的學生。[17]

宣導應以安全性行為為目標，介入可以增進人們使用保險套的知識及動機。當政府試圖說服民眾從事「預防」疾病的行為時，最好採用「獲利的包裝方式」，強調這些行為會帶來什麼好處。對保險套不同的包裝也可能改變人們看待自己健康的方式，若僅喚起對愛滋病的恐懼、只強調人們的損失，無法促使人們從事預防行為。

要說服民眾做檢查時，最好強調「不做檢查的損失」。要說服民眾預防疾病的行為，則最好強調「獲益」，說明如此做會帶來什麼好處。注重損失的訴求會使人們認為某一個健康問題可藉由檢查來處理。注重獲益則使人們覺得：「目前健康狀況良好，如果要保持健康，最好能預防疾病的發生。」[18]

貳、公益宣導

政府以各種方式宣導，但效果如何呢？宣傳要戒煙、減重、預防愛滋病、預防家庭暴力等，成效顯著嗎？以這四方面來看，都是「衛生福利部」主管的業務，戒煙、減重屬國民健康署的業務，預防愛滋病是疾病管制署的工作，預防家庭暴力是保護服務司的重點。關鍵之一是要人們改變某種行為習慣，卻不容易產生成果。

這些改變行為的作法經由「理念行銷」來達成，理念行銷也稱「社會行銷」，指為了要推廣某一社會理念或議題所做的行銷努力。政府及許多公益團體都有推動，像董氏基金會推廣健康觀念，血液基金會推廣捐血一袋救人一命。有些則是「服務行銷」，如 113 婦幼保護專線、脫貧方案等種種扶貧濟弱的服務。[19] 此類廣告可讓社會大眾或服務對象知道政府或某個非營利組織正進行該項服務的提供。傳播訊息的一方進行宣導，對社會大眾進行告知、激勵、教育，期望社會大眾在接受該價值觀念後進而認同觀念，改變行動。

民眾對廣告本身的態度（attitude towards the advertisement）顯示對廣

告本身的評價，取決於廣告的特質（例如視覺、聽覺、幽默程度）。按照「推敲可能性模式」（elaboration likelihood model, ELM），態度改變是對說服性傳播的一種反應，經由中央與邊緣的（central and peripheral）兩種不同的資訊處理模式，推敲思考訊息當中與議題的論述究竟到什麼程度。一位接收者會仔細評價論述的機率稱為推敲可能性（the elaboration likelihood），取決於處理資訊的動機與能力。若依照「快速思考－系統化資訊處理模式」（heuristic-systematic model, HSM），則假設態度改變是對說服性傳播的一種反應，要能夠經由兩種不同的資訊處理模式，快速思考的與系統化的處理，兩者同時運作。[20] 當動機與能力很高時，比較可能採取系統化資訊處理；當兩者很低時，個人會仰賴快速思考的線索來接受或拒絕別人所提出的主張。

　　說服性傳播中「態度改變的幅度與方向」是「訊息相關想法的範圍以及贊成與否」的函數。從「說服的雙元過程理論」（dual-process theory of persuasion）來看，資訊處理有兩個模式：系統的與非系統的。模式的差異是在面對訊息內的論述、要決定接受還是拒絕。認知反應模型（cognitive response model）則假設態度改變是由想法或認知反應所造成，想法是接收者在接收說服性傳播後產生，進而回應。[21]

　　政府設法說服人民採用好的行為，常採用財政手段（例如，增加香菸稅）或法律手段（例如，立法強制使用安全帶）來影響行為，又運用各種工具宣傳。宣傳的說服效果如何增強呢？首先要提供誘因，誘因存在一定的前提，行為改變的策略，需藉由增加不良行為（例如危害健康）的代價、減低理想行為（例如促進健康）的代價，來達到影響行為的結果。傳訊息的一方需掌握學習的原理，要使該訊息進入說服的中央途徑（central route to persuasion），使對方仔細並認真地考量支持某個立場的論述。學習新訊息的步驟依序是注意（attention）→理解（comprehension）→接受（yielding）→記憶（retention）。[22]「注意」的過程受到社會環境的影響，現代社會處處有大量的刺激，要使人民「注意」到政府的宣導，更不容易了。人們常常分心（distraction），當聽到一個說服性的傳播時，個人通常正在做與訊息無關的活動、接受與訊息無關的刺激。

　　Havland 和 Weiss 等人提出說服的過程為學習傳播模式，根據人們在

學習時的認知步驟，將影響到學習歷程的因素加以分類。訊息傳達，主要牽涉四方面：訊息來源（source）、訊息（message）、訊息接受者（receiver）、訊息表達管道（channel），都影響到學習歷程：依序簡要說明：㉓

（一）訊息來源方面

1. 專業性（expertise）：專家的言論影響力大，訊息觀點與一般人差距加大時，專家的影響更明顯。

2. 可信任度（trustworthiness）：說服者本身的聲望及信用。

3. 吸引或喜歡程度（attractiveness or likeability）：外貌美麗英俊則說服效果高。

4. 訊息涉入程度（involvement）：訊息的內容與己身有利害密切相關。

5. 折扣線索假設（discounting cue hypothesis）：說服者的負面特性會使說服訊息打折扣。人們將「誰說的」與「說些什麼內容」分別儲存於記憶中的不同部分，因此隨著時間過去可能遺忘訊息但記得是誰說的。

（二）訊息方面

1. 數量與品質：說服訊息中所含的論證數量多並不代表愈好，過多的訊息可能使接受訊息的人沒有時間思考。論證的品質很重要，被說服者如果處於高度涉入的狀態，他會用心思考，此時大量欠缺說服力的論證會造成反效果，不如少量卻強而有力的論證。

2. 單面訊息或是雙面訊息：只強調一個方向的訊息不如正反兩面都陳述的。

3. 恐懼訴求：強烈的恐懼訴求不一定會引起態度改變，反而可能引發人們的挫折與防禦心理，進而有意忽視該訊息。如果強烈的恐懼訴求超過接受者可以因應的程度，接受者會產生防禦反應，拒絕接受訊息，甚至反彈。

（三）訊息接受者方面

接受者的教育程度、智力、自尊心與認知需求，都影響對說服訊息的

接受程度。教育愈高，注意、理解及記憶能力愈佳，說服性佳。智力與說服性間呈現 U 型關係，智力低與高者均較難被說服。教育、智力與自尊愈高，對訊息的理解力愈強（正相關），因較有主見而減少對訊息的順從度（負相關）。訊息呈現的次序則影響不同：接近效果（較後呈現的訊息）對低認知需求者影響較大，初始效果（先出現的訊息）對高認知需求者影響較大。

（四）訊息表達管道方面

　　平面媒體適合提供理性的雙面論證型訊息，電子媒體應以簡短摘要式訊息來傳播。

　　「事不關己」是宣導難以產生效果的原因，當事件與自己利害相關時，會有動機仔細思考，產生自己的想法，這屬於「中樞途徑」。相對的是「邊緣途徑」，當缺乏理解訊息的能力與動機，處在分心的狀態。或事件不重要時，人們不會用心思考，只依賴某些與說服訊息有關的邊緣線索就如此做反應。

　　社會心理學大師，認知失調理論的提出者 Festinger 說明如何預測人們在做出行為或決定後態度的變化。失調是指態度與行為矛盾時負面的動機狀態，並造成壓力。與態度不一致的行為若符合下列條件，會誘發失調感，可能改變態度：1.缺乏對行為的合理解釋。 2.選擇行為的自由：個人的行為是出於自己的意志，或最少他覺得如此。 3.不可更改的承諾：當行為不容易或不能更改，會改變態度。 4.預見行為後果。 5.必須為後果負責。 6.認為改變態度來合理化自己的努力是值得的。[24]

參、改善宣導

　　在公益宣導的議題方面，Paisley根據「雜誌索引線上系統」（Magazine Index Online）的內容分析研究，將美國自從 1960 到 1988 年之間，所有出現在雜誌上的議題予以整理，發現有四類：第一類是已經降溫的議題：反越戰、反共產主義、小兒麻痺等。第二類是曾經達到頂峰而今已相對愈來愈不重視的議題：民權、限武、小學生搭乘校車越區上學、核能發電、節約能源、太陽能、廢棄物回收等。第三類是一直持續受到關

切的議題：環境汙染、吸菸等。第四類是日益受到重視的議題：愛滋病、墮胎、吸毒、未成年少女懷孕、虐待兒童、酒醉開車、色情、女權、就業公平、捕鯨、綠色革命、酸雨、飢荒、心臟病等。從以上這些議題來看，「健康」、「反暴力」始終是重要的社會議題。[25]

許多政府或非營利組織所發行的機構介紹、衛教安全、性別教育等光碟，多半針對特定人口群，像是透過學校的知識傳授，或是想要更深入瞭解機構服務內容的人群，多數比較理性，但普遍欠缺行動力。廣告受限於時間的短暫，通常較少使用理性層面的資訊提供和服務介紹。人口群是閱聽的社會民眾，目的是要引起大眾共鳴、認同其理念的感受性訴求。但如何在短時間內打動人心，是公益廣告應注意的。

宣「導」有引導、教育之意涵，強調預防勝於治療。宣導主要以社會教育的方式讓閱聽人產生認同或改變行為，期待其行為能夠為其本身帶來好處，如「酒後不駕車」、「婦女六分鐘護一生」等。分析公益宣導，需先確認五個重點：1.誰在宣導？2.在宣導什麼？3.是宣導誰的問題？4.是什麼樣的問題？5.要怎麼解決這些問題？

廣告訊息最主要的效果來自訊息（產品或服務）本身的說服力與訊息來源（代言人）的說服力，代言人經常是閱聽者決定訊息本身是否可信的重要判斷。代言人本身的身分、說服特質、吸引力、大眾喜好度等，都影響說服的效果。

公益廣告的表現方式主要有：1.個人導向：名人代言或證言；2.故事導向：以情境或故事的形式表現；3.科技手法導向：以動畫、卡通呈現情節，或以特效形式表現。當然也可能以多種方式結合呈現，如請名人配合演出故事劇情，現身說法。

現代社會傳播媒體發達，眾聲喧嘩，宣導訊息常被眾多包裝的商業性廣告和行銷活動所埋沒，讓閱聽大眾難以留下印象。傳播媒體多元，要先引起閱聽者的「注意」，進而產生行為改變的可能性。一個理想的訊息應該能夠引起閱聽者的注意（attention）、感到興趣（interest）、激起欲望（desire）以及誘發行動（action），這就是傳播媒體經常運用的「AIDA模式」。[26] 要設計一種有效的訊息，行銷人員須考慮訊息所能傳達的內容，非營利組織與廣告公司的各自代表對於公益廣告的內容意涵均需充分

瞭解，才不致造成彼此在溝通訊息上錯誤解讀。

閱聽者打聽他人的意見，接著注意相關資訊或觀察別人的行為，最後，才會逐漸實踐行為。廣告要能被內心存留而有印象，進而觸動並行動的話，重要的是開啟第一步，使對方注意和記憶保存。

黃俊英歸納出一個過程如下圖 2-1。為達成有效的行銷訴求，行銷人員首先應確定和分析目標閱讀者，然後決定對大眾的訴求目標、設計訊息、選擇訴求管道、設定預算和決定訴求組合，最後要評估該訴求對目標閱聽者的影響，步驟見下圖。[27]

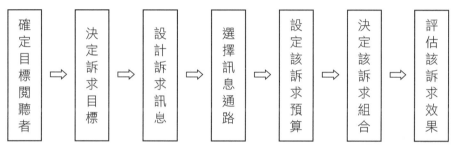

圖 2-1 有效廣告行銷的步驟

資料來源：改編自黃俊英

宣傳與宣導不同，宣傳有濃厚的意識型態、企圖操弄大眾的情緒和行為，方式常採用「不為人所熟知、暗示、隱藏意圖」，試圖去影響大眾想法和行為。公共宣導（public communication campaign）是一種社會控制的策略，目的在改變特定對象的認知、態度、行為，以遵循宣導內容所訴求的目標。從方法來看，所行銷的並非具象的有價商品，而是抽象的觀念、訊息或政令。從意義的觀點來看，「改變」是公共宣導的主旨所在，具有 3E 的意義——教育（education）、社會工程（engineering）和強制（enforcement）。透過傳播媒介像是宣導短片、媒體廣告、手冊或海報，藉以影響閱聽人的行為。

林泇瑩對宣導與宣傳做了比較，在此修正如表 2-3：[28]

表 2-3　宣導和宣傳的比較

	宣導	宣傳
傾向	正面、積極	負面、消極
表達方式說辭	告知、激勵、教育	說服、控制、操弄
目的	社會公眾利益、強調某種價值觀、長期利益	宣傳者訴求之目的、短期效益
對閱聽人的觀點〈信念、態度、行為〉	認同、改變、改革	順從、改變、跟隨
舉例	「酒後不駕車」、「關愛喜憨兒」	競選人造勢、藝人新歌發表、新片首映會

資料來源：林泇瑩

　　其次，以訊息的內容來看，可分為「知識導向」或「行為導向」，前者強調正確觀念的認知，後者強調行為的指引與行動的激勵。前者偏「理性訴求」（rationalized appeal），後者主要是「情感訴求」（emotional appeal），兩者的策略截然不同。

　　第三，從「產品」出發或從「消費者」出發？如果是「產品導向（理性訴求）」的表示法，常採用的手段如：描述生活片段（slice of life）、比較產品（product comparison）、陳述事實（factual）、解決問題（problem-solution）、實證呈現（demonstration）等。每一種手段又可細部區分，如實證呈現中常見的有：透過新聞（news）來呈現、平凡消費者（unknown consumer）推薦或專家（expert spokesperson）推薦。如果是「消費者導向（感性訴求）」的表示法，常見的有：性暗示（sex）、音樂襯托（music）、幽默訴求（humor）、卡通或漫畫人物（animation）、名人推薦（celebrity spokesperson）等。[29]

　　第四，設計公益廣告之前，應先確定所訴求的事為「預防行為」或「檢查行為」。宣導或公共宣導既然是透過傳播媒體的方式，表達特定意

圖，藉以影響其他人的信念、態度或行為；目的是告知、說服或激勵特定
閱聽人，使其行為改變，而宣導所關注的，並非商業利益。「改變」是公
共宣導的主旨所在，無非要大眾變得更好。[30]

　　態度的改變不容易，首先會面對「抗拒行為」（reactance），他人會
產生負面反應。當人們感覺到要面對抗拒行為時，有力的論點會產生對所
提議的立場更大的反抗。抗拒行為的存在，是強迫推銷的說服經常失敗的
原因。其次是對方預警（forewarning）的心理，對方認識到某人正試圖改
變自己的態度。預警會產生更多反面論點，減低訊息的影響力。有時，態
度會朝著說服者主張的立場轉移，但這種效應可能是暫時性回應。第三是
選擇性迴避（selective avoidance），將注意力從挑戰現有態度的訊息上轉
開。第四是忽視或掩蓋和當下觀點不符的訊息，對和自己觀點對立的看法
提出反駁。[31]

　　William McGuire 主張，如果先向人們提出和他們的觀點對立的看
法，同時也給予駁斥這些反面態度立場的論點，對說服反而容易產生免疫
力。人們經常改變態度或行為，轉向和力勸自己去相信或去做的相反方
向，這個效應稱為「負面態度轉變」。[32]

▶ 第三節 ▶ 強化專業、改進服務

壹、實例

　　2005 年 1 月 10 日，因為醫療機構的疏失與怠慢，以及台北市災難應
變指揮中心的指揮調度失當，導致被父親凌虐的邱小妹妹在各醫院轉送時
病情加劇，23 日過世。聯合醫院仁愛院區兩位醫生在值班時間內擅離職
守，未親自對病人加以診斷就決定轉院，致使病人錯過了急救的最佳時
機。另一個受關注的焦點是：台灣醫療資源最豐富的大台北地區，竟發生
了腦神經外科病房遍尋無著的現象，經台北區醫療網緊急應變中心調度未
果，致使重傷的小妹妹四處轉送，最後在 150 公里外的中部濱海醫院才得

以就診開刀。

　　此案的發生，凸顯出當時台灣醫療體系間轉診制度的問題；也被批評台灣醫師的醫學倫理是否出了問題。本案使衛生署重新統整台灣的急診救護醫療體系，訂立了所謂的「邱小妹條款」，將台灣六大醫療區域的醫療院所分三級，明定「院內資源調度、院外轉診」的制度規範，藉此避免「醫療人球」事件的再次發生。

　　2010 年 4 月，十二歲的曹姓女童已經求救，老師、社工人員救援行動不積極。雖經校方通報，但女童清明節後沒有返校上學，已經違反強迫入學條例，老師警覺性也不高，既然知道學童生命危險，連女童未到學校上課，也不繼續和警方、社工聯繫。跨縣市聯繫不足也是疏失，南投社工單位通報到台中縣社會處，認為「通報之後就沒自己的事」。對社工人員來說，對高風險個案應有的態度是「不分你我、全年無休」，南投縣社工單位更應該追蹤台中縣處理進度。

　　曹姓女童的狀況已屬高風險家庭，是「一一三婦幼保護專線」服務的範圍，符合二十四小時受保護的對象；台中縣的社工人員造訪沒遇到當事人，貼張公告了事，態度不積極，專業度又不足。17 天之後，鄰居發現母女身亡。

　　近年國際間提倡各種兒童權益，主因是兒童的監護權在父母手中，父母稍有偏差，就可能危及脆弱的小生命。這個悲劇事件，顯示出國內對高風險家庭、個案的通報警覺性不足，產生漏洞百出的疏失；工作人員沒有追蹤，甚至如虎頭蛇尾交差。

　　2014 年 4 月底，台北市一名八歲女童日前疑因營養不良、挨餓等原因死亡，檢警解剖發現她的身高僅 90 公分、體重僅 8 公斤，全身幾乎是皮包骨，看不到肌肉。女童與單親貧母三年來幾乎足不出戶，窩在十坪大套房艱苦度日。原本該念小二卻未報到，教育單位也未通報，女童成為沒人理的「幽靈人口」。

　　衛福部公布的女童生長標準百分位表顯示，正常八歲女童的身高應介於 115.7 至 136.5 公分，女童卻只有 90 公分，與兩歲半的孩子差不多；而正常八歲女童的體重應是 19.6 至 37.8 公斤，女童卻僅有 8 公斤，差不多是一歲幼兒的體重。

陳姓女童的父母三年前離異，由四十一歲的母親照料。陳母不讓前夫探視女兒，也不接受前夫金錢資助，在中山區娘家附近租了一個小套房，月租一萬多元，屋內僅一桌一椅及一張床，連隨身物品都不多；陳母平日靠父母濟助，生活過得相當清苦。

女童三歲前打過疫苗，之後就沒有就醫紀錄，陳母解釋：「我女兒身體很好，不需要看醫生！」據女童疫苗紀錄，女童兩歲時體重只有六公斤，已經較同齡幼兒瘦小，六年來也只長了兩公斤。

貳、避免封閉思考

每一次發生媒體矚目的家暴或性侵害案件，相關體系人員最常見的反應總是「錯，不在我！」，接著是訴苦，強調人力不足、財力有限、授權不夠、無力提供綿密的服務。這樣的心態，在社會心理學的論點中，可以找到線索。任何一個孩子在政府體系的處理若有嚴重疏忽而成為新聞事件，都可能被大眾指責，但專業體系也應檢視服務輸送系統出了什麼問題。更應強化專業訓練，以敏銳與積極的態度處理。

兒童虐待、性侵害和家庭暴力等議題都不容易處理，近年「兒童及少年權益促進法」、「性侵害犯罪防治法」及「家庭暴力防治法」等相關法律陸續的增修和制定，就是希望讓法入家門，揭發家庭內的傷害事件，以達到保護弱勢、遏止傷害持續發生的目的。然而「證據不足與難以確認」是家庭內傷害的普通現象，婚暴案件如此、兒童虐待案件更是如此。當專業人士介入保護性業務時，須在複雜的情境中做出正確的判斷，進而有效的介入。[33]

Tavris 與 Aronson 提醒：專業人士容易因為臨床判斷的封閉迴路，犯下「立意良善、方法失當」的錯誤。「沒有人喜歡自己是錯的，自己的記憶受到扭曲或捏造出來，或是自己犯下丟臉的專業錯誤。[34] 在與治療有關專業領域執業的人，面對的風險特別高。」在兒童虐待、婦女受暴的處遇中，創傷經驗的陳述特別具有震撼力。各種虐待令人髮指，施虐者簡直不是人。但這些虐待都是真的嗎？社工、心理治療師、警察、檢察官、法官等，如何判斷？社工與治療師有時要求案主述說陳年往事，各種說法，真

偽難辨。

「專業人士基於某種信念執業，但在工作中可能發現某些信念是錯的。有些錯誤會讓無辜者坐牢、撕裂了家庭、案主的問題更嚴重。」[35] 如此的狀況使專業人士或是承認錯誤、或是拒絕接受事實，或是產生心理失調。工作人員不承認錯誤以捍衛自己的現象，經常可見。以「專業」為招牌，在自己的體系內尋求溫暖與認可，則是另一個容易犯的錯誤。堅定自己的立場形成「封閉迴路」，活在自己假定的情境之中，堅持自己的臨床判斷是對的，信誓旦旦捍衛自己的立場，因此製造了不少問題，例如執業者對案主有了不必要的「面質」與「推論」。甚至有錯誤的處置，因此被質疑為「專業霸權」。

警察、社工與檢察官的專業訓練都要求倫理，都主張「正確、不偏私、尊重」地呈現事實。但都可能以欺騙式的問話挖出有嫌疑者不願意、不能主動揭露的真相。警方若是捏造物證，一旦曝光總是都被猛烈批評甚至是醜聞。只是無論蒐證的員警誠實與否，警方的蒐證常假設有嫌疑者可能撒謊，但也假設欺騙式的盤詰可能挖出個人不願甚至不能揭露的真相，社會工作者有時也如此探究人們的秘密。嫌犯與警方可以關起門來鬥智，只是在法庭的競技場中，相同的不信任假設卻是攤在陽光下的，被告有可能撒謊以脫罪。各國的審判程序都是設計來偵測呈堂證供，既然有如此假設，通常說出不實言論就是存心欺騙。「說實話，說出所有的真相，別說謊！」卻被諷刺為「法院幻想出來的理想，不然便是邏輯學研討會上的玩意」。比起加油添醋來撒謊，避而不談不一定受責難。避而不談也比較不會提供有破綻的言詞，被對手緊咬不放。

在司法流程中，各方面的人都不希望貼上「撒謊」的標籤，不認為自己是「蓄意不實陳述」，而可能以「策略性的不實陳述」（strategic misrepresentation）來掩飾。加油添醋撒謊被指責，避而不談的謊言則容易被忽略。有時，警方為了追求辦案績效而說謊；有時，社工為了宣傳，誇大了案主的悲慘。Tavris 與 Aronson 指出：「有些專業人士努力喚起大眾對強暴、兒童虐待、亂倫、家庭暴力的警覺，認定自己是個熟練、有同情心的執業者，要讓政客和大眾正視婦女和兒童的問題是多麼不容易，因此可能濫用了案主的陳述。其實有些陳述因為年歲久遠，證據有限。」[36]

因此，專家要以懷疑的精神處理所接觸到的訊息，不要隨之起舞。也不要看到某種症狀，就迅速推論為某種問題。

不同背景的人應多對話，應有不同角度、不同專業來討論議題，以降低誤判的機率。若背景過於類似、相互掩蓋事實，問題將更為嚴重。

第 3 章

如何學

　　多數的學生聽到「研究」就害怕，如果再加上「數學式的研究」，更是打從心底抗拒。其實，每個人經常在進行社會心理學的研究，看一個人、看一群人、看不同背景的人，都是某種觀察。與人聊天、大夥擺個攤，已經具備訪談的影子。看電視、看報紙、看網路新聞，分析不同媒體的報導角度，類似內容分析法。上政府的網頁查數據則是利用檔案資料瞭解社會現象。

　　政府的統計是種種數字，各種調查出來的結果主要用數字呈現，廠商要分析顧客、候選人要瞭解選民、非營利組織要掌握案主需求，都得做調查。不要小看百分比，簡單數字常有大大的道理。更精細的數據來自嚴謹的實驗情境，這些數據成為社會心理學最主要的科學材料。

　　研究不能隨性、不可造假、不該抄襲，需遵守嚴謹的流程，謹守倫理規範。社會心理學的研究絕大多數是以人為對象，稍有不慎，就可能傷害人。近年來，對研究者的要求多了，總是希望得到的研究結果能兼顧真實與友善。

▶第一節▶ 質性──透過文字

壹、觀察或訪談

一、觀察

　　老師體會學生的生活有助於教學、研究與服務，觀察學生是極為有趣又有意義的經驗。大學在社會上是很特別的地方，具備各種美好的特質，大學裡的教師與學生算是社會上比較幸福的人口群。但是，大學需要更好，不辜負社會提供給大學如此多的資源。大學裡的教學及行政問題還是很多，問題關鍵之一是「不夠瞭解」，老師不夠瞭解學生，學生不夠瞭解世界也不夠瞭解自己。每一位大學裡的師長都做過大學生，也都在大學待過很長的時間，難免會以自己當年的經驗來看待今日的大學生。大學組織在教育史上已有幾百年的時間，許多人學都有悠久的歷史，這也造成大學有眾多傳統，產生「由上而下」的習慣作法。但是，大學生變了，大學文化的整體面貌早已變了。

　　麗貝嘉・納珊（Rebekah Nathan）在《當教授變成學生》中以人類學的觀察法重新讀大一，轉換角色，由人類學教授改變為學生。她經歷了許多方面的改變：首先是改變了時間的秩序，以學生的作息活動取代教授的生活起居。時光倒流，她在 1970 年代做過大學生，又在 21 世紀初當了一年的大學新生；其次是改變空間的運用，她放棄寬廣舒適的教授使用空間，成為學生，食衣住行都不方便；第三是改變了生活方式、學習重點、看待大學校園的角度……。唯一沒有改變的，是來自人類學訓練的能力，雖然從校園中有利的位置（教授）進入被管轄的身分（學生），親身體會大學生的生活，並且詳細記錄。[①] 她以動人的文筆告訴讀者：「當今美國大學生的大致真實狀況。」

　　這本書適度回答了「學生是如何改變的」，這應該是大學校園裡的頭號問題。她精細地觀察、詳實地記錄、用心地訪問，更熱誠地參與，因而有了深入而精彩的發現。例如：她記錄了一千五百桌學生用餐的人際互動

狀況、蒐集了宿舍公告欄裡的各種資訊與標語、與不同背景的國際學生深入訪談、研究學生對課程與宿舍要求的種種問題。她也在宿舍浴室裡進行「妳們在深夜裡談什麼？」的主題分析。

　　五十歲的她住在宿舍中，修了許多學分、參加了各種同學的活動，也主動訪問與蒐集資料。在教書十五年之後，她在自己服務多年的學校重新做大一新生，卻發現自己有如「局外人」，經歷各種不適應。她觀察到的大學生文化呈現精彩多元的面貌，來自不同民族的背景形成充滿差異性的現象。多數人表面上都表示尊重其他文化與族群，但並未積極與不同族群的同學密切互動。許多本籍美國白人，對於其他族群乃至外國生的瞭解非常少，對外國生的接納明顯不足。

　　這位教授進行的也可算是社會心理學的研究，社會心理學這門實證的學科，已發展出許多研究方法來探討社會行為的問題，實地觀察（field work），也叫觀察法或田野工作，是一個人人都可以開始的研究方法。[②]實地觀察人民的實際生活狀況，瞭解其問題的方法。觀察的重點如受訪者的肢體動作、表情手勢或環境中的陳設、與其他人的互動方式等。利用「多看」、「多聽」的方式，來發掘更多實地的資料。

　　研究者對於感到興趣或好奇的現象在日常生活中加以觀察，試著解釋現象發生的原因，進行驗證。重點是觀察人們的行為又有系統記錄。研究者嘗試觀察，但不應強加自己先入為主的想法。

　　如何得知觀察者的正確性？方法之一是靠評分者之間的信度，兩名以上的評分者獨立觀察並且記錄一組資料。若得到相同的觀察結果，便能夠確定觀察結果並非單一、個人、主觀、扭曲的印象。觀察法則可看到現場的情形，直接觀察到事情的發生或情況，實地觀察所蒐集的資料，較為詳盡與可靠。在表 3-1 中呈現本書許多透過觀察法得到推論的依據實例。

表 3-1　透過觀察法瞭解社會心理的實例

章節名	相關主題	重點	研究者
社會認知	認知失調	信眾相信在某一日會有大洪水到來，所相信的守護者會駕著飛船來解救他們。	Festinger（1957）

利他利社會	情境與助人	「幸運感」可增加善行。 在十字路口擺攤向路人募捐，闖紅燈之人捐款特別多。	
社會信任	情境與行善	同城市的居民是否願意幫助陌生人。 發現「台北市」屬於最不願意幫助的城市之一。	Levine（2000）
社會大眾	情境與行善	遺失信件。 將一些信件貼好郵票，放在郵筒附近，看看有多少人會幫忙丟進郵筒。	Milgram（1970）
社會仇恨	歧視	雇主對同性戀求職者的言談較少正面內容，晤談時間較短，聊天時説的話較少，而且眼神接觸較少。	Hebl, Foster, Mannix, & Dovidio（2002）
習慣與記憶	記憶	向研究參與者展示人臉圖片時，發現在七十七呎外，只有25%的參與者可以辨識。	Loftus & Harley（2005）
社會攻擊	攻擊	當綠燈亮起後，第一輛車靜止不動，排在第二位的車輛按喇叭的比率。 如果行人拄著拐杖蹣跚走過街道，按喇叭比例大幅度降低。	
表情與欺騙	文化差異	不同民族、不同文化背景中表情具有很高的一致性。「輕蔑」和「驕傲」的面部表情可被不同文化的人們所辨識。	Ekman &Friesen（1972）

資料來源：作者整理

二、訪談

多次獲得提名諾貝爾文學獎的日本作家村上春樹花了一年時間追訪1995 年東京地下鐵沙林毒氣事件裡的見證者和倖存者，向他們提出四組問題：1.對你來說，那是什麼樣的一天呢？2.你在那裡看見了什麼，體驗了什麼？感覺了什麼？3.你從這次事件中，受到什麼樣精神上或身體上的痛苦呢？4.痛苦後來還繼續嗎？他採訪了六十多人，有人比較合作，有人比較抗拒，但毫無例外都對記憶有所遺忘、扭曲、想像、添加。他只好不斷提醒對方：「不好意思！事情好像不是你剛才所說的啊！很抱歉，你描述的細節跟警方筆錄不太吻合呀！對不起，你提及的時間地點跟其他人所說的有出入喔！……」不管村上春樹如何糾正反駁，倖存者始終不太接受。[3]

訪談法（interviewing）屬於質性研究方法，把現實世界看成複雜的現象，各現象是不斷在變動的動態事實，由多層面的意義與想法所組成，研究者試圖發現這些現象的內在意義、社會行為的關係及其影響。研究者在整個研究過程中，須融入被研究者的立場與觀點，以開放的態度深入理解被研究者的主觀經驗，從互動過程中詮釋與建構社會事實。訪談者可以藉此瞭解受訪者的思想、情緒反應、生活經驗及行為所隱藏的意義。訪談是針對特定目的所進行面對面的交談，研究者透過訪談過程，進一步分析受訪者對問題或事件的認知、看法、感受等。[4]

訪問法最主要是面對面，有時可經由電話的方式來詢問。訪問法問卷裡所使用的詞句、問題安排的順序、語氣等都影響訪問調查的成敗。在使用上，可分為「有結構訪問」、「半結構訪問」及「無結構訪問」等。

深度訪談可蒐集到研究對象的內在觀點，接近研究對象看待研究主題的角度，進而對研究主題賦予意義，藉以進入研究對象所知覺的世界。對研究現象的瞭解都紮根於所蒐集的資料，以動態的、多樣的、連續性的、過程的資料，捕捉到研究對象所經驗到的豐富又生動的生命經驗。研究者先行確認提問的方向與問題，在開始訪談後，探究研究對象所談及的內容。在強調詮釋並建構立場的研究過程中，重視脈絡與意義，藉由研究者與研究對象的對話及辨證，深度檢視研究對象的主觀意義和社會脈絡，探

究受訪對象是如何理解或經驗這個世界。研究者可透過與受訪對象建立良好的關係，在自然的情境中反應其真實的觀點與經驗，受訪者在被尊重、平等與不受控制的關係中充分表達自己的想法。

質性研究非常重視被研究現象、事件或行為的發生過程，從事件發生先後中，串連事件與事件的關係，以建構出事件或現象的完整圖像。將行為有脈絡的釐清與意義化之後，成為一組參考的知識。訪談大綱的擬定可讓研究者掌握核心問題，使訪談內容具有完整性、系統性，以減少邏輯上的疏漏，這也讓研究者可預估如何在有限時間針對問題做有效安排。若採取半結構式的訪談大綱，有助於兼顧訪談內容，又可依循訪談的狀況，如訪談時關係建立程度、問題的深入性等作彈性調整。

在社會知覺方面，有好些都是透過訪談瞭解的，如 Loftus 要求學生回憶在購物中心迷路及曾經遭到凶惡動物攻擊的經驗，有將近一半的受試者都詳加描述，其實很多記憶都是假的。又如以目睹士兵到校園槍擊的兒童為對象說出在什麼地方看到什麼來探究創傷記憶的可信度。[5]

貳、其他方法

每當發生重大新聞事件，我常常透過對報紙投書、在廣播裡發聲，對各種社會心理現象發表看法，提出社會工作專業的建言。我的材料有時像麗貝嘉‧納珊教授一樣，來自實際觀察，例如我討論鄭捷在看守所的心境，來自我在台東岩灣感訓隊一年多做心理輔導老師的經驗。有時像村上春樹，來自訪談，例如我對葉世文收受遠雄賄賂進而反省社會分化。有時來自對各種政府的資料或前人的研究，參考了內容分析法，因此整理出第十二章利社會行為的議題。就從內容分析法開始介紹吧！

一、內容分析法

內容分析法（content analysis）又稱為文獻分析法（documentary analysis）或資訊分析法（informational analysis），以客觀及有系統的方式，對所蒐集到的文件內容進行研究與分析，藉以推論產生該文件內容所代表的深層意義。以報章雜誌、書籍或網路的資料等內容來進行客觀並系

統性的分析。從這些內容，可以比較不同活動的共通與差異之處。[⑥] 在表
3-2 中呈現透過內容分析法進行社會心理學研究的實例。

表 3-2　透過內容分析瞭解社會心理的實例

章節名	主題	研究者
社會攻擊	重量級拳擊賽的隔週，謀殺率幾乎都上升，競爭比賽會使參賽者和觀眾更具有攻擊性	Phillips（1986）
旁觀與從眾	天門教	
旁觀與從眾	佛山南海	
旁觀與從眾	玻璃娃娃	
社會攻擊	在熱天發生的暴動，遠遠超過在涼爽天氣發生的	Carlsmith & Anderson（1979）
健康	1960 到 1988 年在公益宣導的議題	Paisley（1989）
社會仇恨	對美國「群族整合」進行研究，發現是否存在族群意識	Treiman（1960）

資料來源：作者整理

　　檔案資料（archives data）主要是政府及民間各機關的業務統計資料。政府的公報與統計數據等皆是可用的資料。次級資料分析法又稱作再次分析法（secondary analysis），研究者利用現有的資料或二手資料，做再次分析。透過各種關聯性資料的蒐集、檢索、歸納與分析，藉以釐清不同資料間共通的邏輯，如此有助於於解讀和詮釋。[⑦]

二、新聞事件剖析

　　每一位現代公民都可以運用社會學的知識、理論、概念、研究發現去認識社會的現象。社會科學訓練使人們知道如何蒐集資料、冷靜分析、找出觀點去評論。評論有評有論，評字的右半邊就提醒「要公平」，屬於公眾的才需要評，評也表示討論要持平，避免故意偏頗。論要以學理作基礎

加以討論，就像考試，回答申論題與回答問答題不同。問答題是出題的人怎麼問，回答者必須在問題的框架中回答，比較沒有個人發揮的空間。申論題通常比問答題占更多的分數，因為要申要論，申的部分有些像寫問答題，描述為主。可是還得加上「論」，需綜合理論、概念、證據及研究發現，發展出觀點，並進一步討論。

　　新聞記者在報導時彷彿在做問答題，但是社會學訓練後的評論者則需要做申論題。在平面媒體上寫作或在電子媒體中發聲，需先思考自己的角色，以社會學的訓練決定呈現的方式。如果是記者，主要在陳述事實，個人的意見愈少愈好。如果屬於評論，主要是分析事實，可以運用各種學理佐證，表達某些觀點。

　　研究者會選擇某個題目必然是自己價值判斷的結果，但描述研究的發現一定要客觀，需嚴守「價值中立」（value free），只能依照事實進行客觀的陳述。選擇新聞議題加以評論，難免會主觀；但開始討論了，必須客觀，就事論事，弄清楚事實再進行討論。在台灣，很多媒體人的言行都讓閱聽人認為不客觀，許多媒體名嘴弄不清楚狀況又立場偏頗，事實說明不清楚，又以主觀臆測妄加論述。因此更要強化閱讀思考能力。閱讀使人充實，討論使人機敏，書寫使人精確。廣泛閱讀以增知識，同儕切磋以焠煉辯才，下筆為文培養精確表達能力。

　　訊息簡單可分類為四：資料（data）、資訊（information）、知識（knowledge）和智慧（wisdom）。資料多而零散，資訊重要但不耐久，知識可貴但是量太大，日新月異，吸收不完。以蓋房子做比喻，資料是建材，資訊是藍圖，知識是樑柱，智慧則是建築師。各種新聞提供的是資料；相近的新聞反映出類似的事件，則提供資訊；各種社會心理學的理論是珍貴的知識，將之串連在一起，則要靠智慧。有智慧去判斷那些資料與資訊比較重要，又適合用什麼知識去解釋。本書各章針對台灣近年發生的許多重要新聞事件，加以分析探討。用「愛心」說「誠實話」是基本的立場，每句批評希望源自於愛，每句推論都基於誠實，期望能將個別的事件整理出共通的困難，多角度地討論。

▶第二節▶ 量化──透過數字

壹、問卷調查法

2010 年起，我陸續透過問卷對「低收入戶」、「復康巴士使用者」、「多元就業方案工作人員」、「志工」等，進行不同的研究。問卷調查是詢問代表性樣本有關的問題，先進行隨機抽樣，讓母群中的每個人都有同等的機會被選為樣本。其次注意反應的準確性，要求受訪者預測自己對某些假設情境的反應，解釋以往的行為何以如此。

調查可用於描述性、解釋性或探索性等研究。調查主要是以個人為研究上的單位，當然也可以採行其他的分析單位。調查研究對於社會科學家來說，也許是在原始資料的取得上最經濟的一種方法，畢竟在觀察一個現象時，常有母群體太大以致無法直接觀察的困擾。⑧

調查研究法是以抽樣的方式，探討樣本的狀況與現象（即樣本的屬性變項），把從樣本所得的資料推論到整個樣本。常見內容有三： 1.事實調查受訪者、區域、情境的現象或特質，包括年齡、種族、性別、收入和教育等，這些特質又叫作「屬性變項」。 2.意見：調查受訪者的喜愛、感情或行為意向等，這些意見可以客觀測量。 3.行為：指受訪者的行動，藉著對行為的操作性定義，確定某種「活動」或「現象」就是受訪者的。⑨

結構型問卷（structured questionnaire）是根據假設需要，把所有問題印出來。「問卷」這個字的原意是「一種為了統計或調查用的問題表格」，也可以翻譯成「問題表格」或「訪問表」。問卷的來源主要根源於理論的衍化，由理論而概念，由概念而變項，由變項而小變項（可稱為某些「標準」或「定義」），再由小變項衍化為一些可由受訪者回答的問題。

受測者只要依照自己的想法，每題圈選其中一個答案，或填上一兩句答案。又可分為兩種：一種以圖畫指示回答的方式，一種以文字指示回答的方式。限制式問卷是指受測者不能隨意回答，必須依照研究者的設計，在預先編制的幾個答案中圈選一個答案。

有關態度方面的問題，主要用在兩方面：1.意見方面：如態度、信仰、情感、動機。通常屬於表面和暫時性的看法。2.人格方面：如道德觀念、進取性格之類，屬於深層而持久性的認知。[10]在表 3-3 中呈現本書各章運用問卷調查的部分實例。

表 3-3　透過調查瞭解社會心理的實例

章節名	主題	研究者及年代
社會信任	社會裡的各個角色與職務，誰最獲得信任？	《遠見雜誌》2013 年 7 月
社會信任	台灣民心動態調查、政治信任與司法民意調查	台灣指標民調於 2012 年 7 月 27 日所做
表情與欺騙	對西歐十國進行問卷調查，詢問最想把什麼特質傳給下一代，有九國都把「誠實」排在第一位	Barnes（1981）
習慣與記憶	大學生活型態與排便習慣相關性	謝佩宸（2009）
社會信任	根據美國 FBI 的數據，列出全球 10 大最安全的國家，台灣僅次於日本，全球第 2	美國網站 Lifestyle9
壓力	壓力量表測量	《健康兩點靈》2014 年 5 月號

資料來源：作者整理

貳、量表

性格與社會心理測量已經是相當普遍的研究方法，也有大量的量表。[11] 量表是藉著一些題目（item）來測量，題目由變項轉換而來。再由變項轉換為題目的過程中，會因變項的性質而發展出不同性質的題目。我曾經根據多個壓力研究與問卷發展出「壓力檢測量表」，受測者透過 25 題來瞭解自己在生理、工作、生活適應方面的情況，也根據這個量表修正

為「大學生壓力檢測量表」，將測量工作的 10 題換成學習方面的。各種量表主要的類型有二：

1. 總加法（method of summated ratings）：由一套項目構成如假設每一項目具有同等的數值，根據受試者反應同意或不同意的程度給予分數，所有項目分數的總和即為態度分數。分數的高低代表個人在量表上或連續函數上的位置，以表示同意或不同意的程度。總加量表當中，最常用是 Likert 量表。[12]

   總加量表法主要假設有二：一為假定每一態度項目都具有同等的量，項目間沒有差別量存在，而受測者的差別量則表現在對同一個項目反應程度的不同。二是受試者態度強烈程度可以表現出來。總加量表的缺點是有些人以激烈反應方式表達其輕微的不同意程度，有人則可能以溫和的方式表達，相似的輕微不同意程度，測量結果卻可能獲得不相同的數值。

   在本書的實例如：利己行為（結構面、認知面、關係面）、利社會、利他、夥伴信任量表、人際信任量表等。由於篇幅眾多，放在「附錄」之中。

2. 累積量表法（method cumulative scale）：由單項且具有同一性質的項目所構成，說明單向某一層面的性質。若是一個量表是由單向項目所構成，項目之間的關係或排列方式是有次序的，例如某個人比另外一個人具有較贊同態度時，應該對各項目表達更大的同意程度。在此法中，一個人對第二條項目表示贊成時，就同時表示贊成第一條項目。

   累積量表主要由受訪者的回答型態來評定受訪者的等級，而不是藉著受訪者對問卷題目的回答計算總分。累積量表的問卷題目是由具有同一性質的項目所組成。例如：有關「對新移民是否友善」的態度問卷：

   (1) 我願意跟新移民結婚

   (2) 我願意跟新移民作鄰居

   (3) 我願意跟新移民作朋友

   (4) 我願意跟新移民交談

設計這種量表時，每一題都是四小題為一組，四小題的題目安排中都有程度及次序上的考慮。若對某件事同意第一題時，表示全部四題都同意。本書中的例子如 Treiman 的「群族整合量表」及 Pratto 等人發展出「社會支配傾向量表」。[13]

參、實驗法

在採用的研究方法之中，西方的研究以「實驗」居多，「調查」居次。或許讀者會好奇：作者是否有用實驗法來探究過社會心理，答案是「沒有」！不僅我沒有，在我國，嚴謹的社會心理學如鳳毛麟角，即使是博士論文或中研院的專題也很少採用實驗法。瞿海源統計「本土心理學研究」學刊共 19 期的主題，發現最常採用的研究方法是訪談和調查，分別有 32 和 29 次，其次是論述和文獻法，各有 23 次和 12 次。至於實驗法，只有 6 次。分布狀況如表 3-4：[14]

表 3-4　本土心理學研究論文所採研究方法類別統計

方法	次數	方法	次數
訪談	32	觀察	2
調查	29	內容分析	2
論述	23	病歷	2
文獻	12	人格測驗	1
實驗	6	電影	1
個案	6	三角驗證	1
歷史	3	對論法	1

資料來源：瞿海源（2004）

若想研究社會心理行為，此地此時的行為，最主要的研究法還是「實驗法」（experimental method），以系統性的和實證的方式，測試對各種社會行為的假設。以人為對象所做的研究如生物科學的人體實驗，社會心

理學的實驗主要採用人為的方法操作研究因素，進而觀察其變化情形。類型主要有二：1.研究的環境狀況都由研究者製造操作的，稱為實驗室研究（laboratory experimentation）；2.在比較真實的情況下進行研究，稱為實地實驗研究（field experimentation），研究者在現實的情況下，盡可能控制各種狀況，透過操作自變項以觀察應變項或依變項的反應或變化情形。⑮

真實實驗（true experiment）和自然實驗（natural experiment）有些不同，真實實驗是實驗者製造一組情境，此情境包含某些自變項的操作，當自變項操作完成後，實驗者再測量它的結果（依變項）。自然實驗是實驗者無法操縱任何變項或因素觀察一個情況，這自然的情況當作預測變項（predictor variable），把它和另一個情況（稱之為效標變項，the criterion variable）作比較，看預測變項對效標變項有何影響力。⑯

適於實驗法的主題是範圍有限、定義清楚的。研究者針對某一特定社會現象或行動去設計一個可控制的人為環境，有系統地控制與操弄事件，觀察在該環境中特定現象或行動的改變。經由小心改變情境裡的某項情況（譬如團體大小），研究者能夠得知這個變項是否為標的行為起因（譬如人們在緊急情況下是否會伸出援手）。田野研究則是人們的行為在（實驗室以外的）自然場地中被研究。

研究者把受測驗對象分成控制組（control group）和實驗組（experimental group），讓實驗組接受一個被認為影響行為改變的因素，而控制組未受該因素。如果實驗組成員的行為有了改變，而控制組未改變，則可以證實該因素是行為改變的原因，這兩組在實驗之前屬性需相同。採用的策略如：隨機化（randomization）、比對配合（matching），使受試者都不知道誰是實驗組或控制組。有控制組，研究者才得以控制實驗本身的效果。研究者要說明是「什麼」在影響「什麼」？檢視自變項對依變項的效果，自變項與依變項都有操作型定義，實驗目的在於檢驗假設之效度。因此須注意一個既定的變項或許在某項實驗中是自變項，而在另一項實驗中則是依變項。前測、後測之間的比較（pretest and posttest）很重要，依照最簡單的實驗設計，受試者就依變項接受測量（前測），接受了代表自變項的一個刺激，之後就依變項再接受測量（後測）。在依變項上前後測試之間的差異，歸諸於自變項的影響力。

　　社會心理學經常採用「實驗共謀」（confederate）的方式，實驗者的夥伴或助理，秘密地擔任參與者之一，並扮演一個實驗當中預先安排好的角色。[17]

　　實驗的特性包括：1.有「因」與「果」的特質：要確定時間的優先次序，瞭解何事發生在先、何事受影響在後。2.對自變項加以控制：必須設計自變項在哪個時候發生？如何發生？強度多少？3.重視隨機分配：使所有參與者有相同機會隸屬於實驗組或控制組。4.必須確定最主要的自變項與依變項是什麼，應加以分辨重要性的程度。5.嚴謹的實驗一次只能針對兩個變項。6.分析原始資料與處理過的資料相比較，須處理不尋常的現象，使研究者探查出實驗的結果和未實驗之前產生的差距，計算出變項之間所產生的關係。7.實驗剩餘變項（experiment with remaining variables）：把尚未證實的其餘變項再加以實驗，以便能把結果跟之前所得到的結果相比較。[18]

　　實驗要建立實驗的效度，內在效度是確保影響依變項的「是」自變項，而且「只有」自變項。要達到此一目的，所有無關的變項都必須受到控制。受試者被隨機分派到不同的實驗情境中，藉由隨機，研究者確定背景不同的參與者被平均分派。外在效度則是一項研究的結果能夠被類化到其他情境或其他人身上的程度。類化有兩種：情境的類化及不同族群的類化。

　　社會心理學者的基本困境常常是「內在效度」與「外在效度」之間的取捨。驗證性實驗是針對不同受試母群或不同場地重複進行某項研究，整合分析則是將兩項或更多的實驗的結果加以平均，以瞭解自變項的效果可不可靠。[19]在表 3-5 中呈現本書為數眾多的各章實驗名稱。

表 3-5　透過實驗瞭解社會心理的實例

章名節	主題	研究者及年代
旁觀與從眾	觀察線條。在大多數受試者都犯了再明白不過的錯誤時，受試者會給出不同的結果嗎？	Asch（1953）
旁觀與從眾	受試者對權威人物下達電擊命令的服從情況	Milgram（1961）
旁觀與從眾	好撒馬利亞人實驗	Darley & Batson（1973）
旁觀與從眾	旁觀者冷漠實驗	Darley & Batson（1968）
旁觀與從眾	他人發病是否伸出援手	Darley & Batson（1973）
心理捷徑	「摩西錯覺」實驗	
心理捷徑	要求參與者寫出「表現有主見」的經驗	Schwarz（1991）
心理捷徑	參與者使用研究者提供的一些詞彙完成句子	Shariff & Norenzayan（2007）
心理捷徑	受試者站在不同坡度的山腳下，估算坡道的陡峭程度	維吉尼亞大學的心理學家
社會認知	預期工作有趣是否影響工作效率？	
社會認知	測試顧客服務品質，要求女士們根據商品的吸引力及優點為若干種商品打分數	Brehm（1956）
社會認知	攔住已投注兩美元而正要離開窗口的賭徒，較為肯定下注的馬會贏得勝利	Knox & Inkster（1968）
社會認知	學生們被告知他們要拍攝一卷底片，並印出其中兩張照片	Gilbert & Ebert（1968）

社會自我	美國與日本的大學生評量二十題對自己的敘述	Heine et al.（2008）
社會自我	邀請大學生參與者自願加入定期討論「性心理學」的讀書會	A r o n s o n ＆ M i l l s（1959）
社會自我	軍中新兵被要求吃下炸蟋蟀，作為野外求生的訓練之一	Zimbardo（1965）
社會自我	兩組大學生撰寫描述愛滋病的危險性及宣導性行為都要戴上保險套的演說稿	Aronson（1994）
社會認知	小孩子對玩具偏好，指出對方最喜歡的玩具告訴他不能再玩了	Aronson＆Carlsmith（1963）
社會認知	羅森塔爾效應或皮格馬利翁效應。向學校提供了一些學生名單，並告訴校方：有些學生有很高的天賦，只不過尚未在學習中展現	Rosenthal
旁觀與從眾	對受試者要求對某小狗做出不當舉止即給予電擊	S h e r i d a n ＆ K i n g（1975）
比較與交換	囚犯困境	Luce ＆ Raiffa（1957）
比較與交換	卡車貨運遊戲	D e u t s c h ＆ K r a u s s（1960）
比較與交換	孟德森合作板。研究小孩子的競爭與合作行為	Madson（1967）
利他利社會	對大學生分成給予餅乾與不給餅乾兩組，再看二組受測者是否自願展現助人或做出尷尬的行為	Isen ＆ Levin（1972）
利他利社會	一位研究者裝扮成另一受訪同學，告訴受試者問卷的答案，另一名研究者問該同學現在可否幫助問卷的統計工作	

利他利社會	在準備室中先聽到和諧的宗教音樂者願意幫忙接受電擊測驗,而沒有音樂陶冶的人較少接受	
利他利社會	香味與換錢實驗,願意換錢的人數比例。香味芬芳地點 59%;一般氣味地點 19%	Baron(1997)
利他利社會	看見一名肚子痛的人。單獨走過走廊,上前慰問的機率是 90%。如果有幾位路人一起走過,上前慰問的機率只有 30%	
利他利社會	癲癇呼救。觀察參與者是否會離開實驗室幫忙或找人求救	Darley & Latane(1968)
利他利社會	神學院學生助人,趕時間者 10%、不趕時間者 63%	Darley & Latane(1973)
利他利社會	要求學生在寫有「請縮短洗澡時間,並在抹肥皂時關水龍頭。如果我能做到,那你一定也能!」的海報上簽名。這個方法使學生的洗澡時間明顯縮減	Aronson(1992)
社會仇恨	只要黑人做出一個負面行為,容易激發反黑人的負面刻板印象,使參與者不願再與其他的黑人互動	Henderson-King & Nisbett(1996)
社會仇恨	黑人小孩可以選擇和白人洋娃娃或黑人洋娃娃一起玩,大部分的小孩不要黑人洋娃娃	Clark & Clark(1947)
社會仇恨	對非裔美國人負面的刻板印象	Devine & Elliot(1995)
順從與對抗	斯坦福監獄實驗(Stanford Prison Experiment, SPE)	Zimbarao(1971)

社會攻擊	在有槍房間中被激怒者所施予的電擊，比在有羽球拍房間中被激怒者所施的電擊更為強烈	Berkowitz & LePage（1967）
社會攻擊	為新產品製作廣告，然後由實驗同謀來評論這些廣告。當參與者有機會報復時，受到侮辱的比起受到溫和對待的參與者，更會採取報復行為	Robert Baron （1988）
社會攻擊	波波玩偶實驗——兒童分別受到成人的攻擊性行為與非攻擊性行為的影響。將這些兒童安排在沒有成人榜樣的新環境中，觀察他們是否模仿了成人	Allport & Banoural（1961, 1963, 1965）

資料來源：作者整理

▶ 第三節 ▶ 過程——謹守倫理

壹、學術標準及過程

　　綜合上述幾種研究方法的介紹，可發現人人都設法對社會環境加以知覺、理解及解釋通稱為「解讀」（construal）。從某一個角度，我們都是「素樸科學家」（naïve scientist），藉由對生活世界主動形成假設並加以驗證，設法認識周遭環境。但要進行符合社會心理學研究的要求，還需符合一定的流程。[20]

　　首先要有「概念」（concept），概念是解釋經驗的一個單元。把抽象概念和具體事例聯想在一起，進而代表它的歷程，稱為「客體化」（objectification）。概念是理念（idea）的核心，是思考過程中的最小分

析單位；是從具體的、可經驗的世界中將相關元素抽象化而來。概念的形成需學習，簡單概念學習的過程，主要經由「分類」與「辨別」的交互作用，把對具體事物的經驗抽象化，形成超越具體對象的認識。複雜概念的學習需經由理解或假設驗證的思考歷程。其次有「命題」（proposition），是「解讀」間相互關係的陳述，命題代表實現概念化現實的獨特過程，是概念融合的，藉以代表實現真實的經驗世界中的事件。[21] 接著，有系統（systematic）是研究的要件，意思是說科學研究必須遵循一定的步驟來做研究設計和資料蒐集，符合四個特性：[22]

1. 規則性（regularity）：講求秩序和方法，能夠講述及示範。
2. 經驗性（empirical）：能夠靠知覺加以認識，是由經驗世界發展出來的知識。
3. 解釋性（explanatory）：知道「為什麼」。
4. 推測性（predictive）：經由正確解釋來推測未來或預測狀況。

研究是科學的歷程，是有系統為社會現象提供解釋的歷程，也是研究者從研究問題的提出到問題有了解答的邏輯性過程，希望建構廣泛的知識。社會心理學家對人們的社會行為非常著迷，想要瞭解不同行為的各種可能。經由科學性的研究，進入更豐富的世界。第一個是實體化世界（reified universe），透過邏輯思考的運用而獲致專家知識的「科學世界」。另一個是「共識世界」（consensual universe），也就是常識世界，在這世界裡，專家知識被轉化成常識般的社會表徵。產生象徵核心（figurative nucleus），複雜的概念被化約成較簡單且具有文化親和力的形式，讓它們能夠在實體化的世界中被認識。[23]

從社會行為的起因，有助於找出解決社會問題的方法。按照目的，首先是發掘行為的原因，單純基於好奇，不試著解決某項特定社會或心理問題的「基礎研究」。其次是「應用研究」，目的是解決某個特定問題，譬如種族歧視、性暴力、愛滋病等。許多社會問題（如暴力的起因或對暴力的反應）可以用實證的方法、觀察法與內容分析法等進行。

研究很辛苦，如同演戲，有一定的要求。演戲要有劇本，我們的生活中常常在演戲，都有各種「詮釋腳本」（interpretive repertoires），隱喻、

論點和專有名詞常常一起用來論述所發生的事件、行動或群體。論述（discourse）是日常使用的語言，包括書面的文本和口語的談話。互動中的談話（talk-in-interaction）是將談話的分析導向所發生的互動脈絡上。談話指的是「自然發生的」，並不是為了要被研究而產生的，但研究者特別注意這些話語中的意義。[24]

　　進行研究的目的大致可歸納到下列五種之一：1.找尋現象之間的因果關係（如動機與行為之間的關係）；2.簡化（將事實藉著平均數、眾數等統計來簡單呈現）；3.分類（對事實做規則的整理）；4.解釋（把難懂變成易懂；把陌生變成熟悉），常透過理論的架構來解釋；5.發現（發掘未知的事實）。[25]

　　心理學設法將知識人格化（personification of knowledge），把概念和人或團體連接在一起，進而代表它，例如佛洛伊德與精神分析。又進行「譬喻描述」（figuration），使用譬喻的意象連結某個抽象觀念，使其可被記憶和接近。社會心理學的研究有些特別困難之處，因為：1.牽涉人多方面的複雜性；2.牽涉眾多而複雜的變項；3.對研究對象缺乏控制操縱的能力；4.難免存在主觀的價值判斷。[26]

貳、謹守倫理

　　由本章不同的圖表來看，好些研究都帶著某些倫理上爭議，例如：許多參與者都沒有依照實驗標準被告知細節，離去時的面談也顯示許多參與者看起來並未理解實驗的真實情況。使受測者難堪甚至受苦，讓人不禁懷疑：有必要為了得到一些結果而傷害人嗎？有些實驗本身受到了科學的倫理的質疑，因為實驗對參與者造成強烈的情感壓力。例如知名的米爾格倫電擊實驗，米爾格倫辯護當時的參與者中有 84% 稱他們感覺「高興」或「非常高興」參與了這項實驗，15%參與者選擇中立態度。儘管這些實驗帶來了對人類心理學研究的寶貴發現，但許多科學家還是會將這類實驗視為違反實驗倫理。[27]

　　實驗所代表的意義也引發爭議，一位在 1961 年的耶魯大學參與者於 *Jewish Currents* 雜誌上寫道，當他在米爾格倫電擊實驗擔任「老師」的中

途想要停止時，懷疑「整個實驗可能只是設計好，為了測試尋常美國民眾會不會遵從命令違背道德良心——如同德國人在納粹時期一樣」。但米爾格倫在他《服從的危險》一書中辯稱：「我們所面臨的問題是，我們在實驗室裡所製造使人服從權力的環境，與我們所痛責的納粹時代怎麼會有關聯？」[28]

研究倫理不可忽略，無論何種方法，都需謹守。倫理是「專業團體共同的信約」，具有一定的約束力。科學、法律、倫理都與研究有關，科學常在乎「能不能做」、法律注意「可不可以做」，倫理則提醒「要不要做」。最高的倫理標準符合「典範」，其次是「優良」，第三級是「符合標準」，最糟糕的是「不倫理」（unethical）或「違法」（illegal）。[29]

社會心理學都是以「人」為研究對象，要避免為得到研究者期待的結果，忽略對研究對象的尊重及權益維護。有關倫理的主要議題包括：研究設計的倫理觀點、避免欺騙及利益衝突、保密及隱私、留意結果的呈現、向參與者適度告知結果等。在研究的計畫階段，就要考慮各種倫理議題，必要時須申請各地審查委員會的同意。在研究階段，對研究對象，研究者應告知：是如何被選取，說明研究主題及大致方向、研究目的、所採取的研究方法。如果是訪談，需請研究對象先看過訪談大綱，對於有異議的訪談題目事先討論，同時也說明研究對象於訪談過程中若有不舒服或不愉快的感受，可以中止訪談。

研究主題若涉及訪談對象內心私密的感受與想法，研究者需誠懇邀請研究對象做好心理準備，可以說明內心感受與想法。研究者需注意幾個要點：1.「隱私」，受試者有權選擇時間、環境，所表達的資訊不會被外流；2.「保密」，指與受訪對象達成協議，究竟會用其資料做些什麼以及不會做些什麼；協議中也應包括法律上的限制；3.「匿名」，指研究報告裡不含可辨識身分的資料，避免具體呈現哪些個人或組織提供了哪些資料。在獲得研究對象的同意後才進行研究訪談，確保研究對象是在自由意識且自主決定的狀態下參與，對研究過程及目的均有所瞭解。4.「風險」，包括身體上的、心理上的、社會上的、經濟方面的、法律方面的，研究者均需加以評估，務必使受試者的風險降到最低，詳加檢查，排除高風險的受試者。[30] 在研究發表階段，要考慮對受訪者事後告知、著作權及

出版的問題，有時要進行「同儕評估」（peer review）。研究者應該忠實報導研究的發現，不得刻意修改或隱瞞資料。研究者還應對其研究資料的真實性負完全責任。

楊國樞等提醒：在進行研究之前，研究者就研究倫理層次應注意下列事項：[31]

1. 研究者在設計實驗或其他研究方法時，應該多向經驗豐富的前輩請教。
2. 研究的利益是否超過其付出的代價與風險？如果風險大於利益則應該停止。
3. 研究者應該考量自身是否有處理風險和傷害的能力，如果被質疑，就不要進行。
4. 研究者應盡力將風險與傷害降到最低。
5. 選擇比較不易受到傷害的樣本。
6. 研究之前，受訪者應該得到有關風險的資訊。
7. 如果預期可能造成傷害，事後應該對受試者進行追蹤。

研究者於整個研究過程裡應不斷思索本身處在什麼位置上，該如何進入研究場域當中，與研究對象應保持何種關係。在研究進行中，維護研究對象的主體性，透過研究方法理解研究對象所述說的意義及主觀意識。對於可能存在的風險及可能造成的傷害，研究進行前均須設想，研擬可能的補救措失，以免最後得到了研究結果卻傷害了研究對象。

有許多社會心理學的經典研究，如今可能都無法進行。對於實驗參與者的心理學研究，需遵守更嚴謹的要求。台灣心理學會在民國 90 年「心理師法」通過後，提出關於研究的「心理學專業人員倫理準則」，重點進一步整理如下：[32]

1. 心理學家研究一個議題之前，應該思考研究這個議題的各種方法，然後選擇最合適的研究設計。研究的設計與執行必須符合「本國法律」與「研究者所屬專業團體的道德準則」。
2. 研究應尊重參與者的尊嚴與福祉。規劃研究時，研究者應先評估

該計畫是否合乎「道德」，是否會危害參與者的生理和心理狀態。當一項科學研究有上述顧慮時，研究者應先向有關人士請教，以保障實驗參與者的權益。

3. 和研究有關的所有道德事項應由研究者負全責。其他參與研究人員（如，研究合作者和研究助理）對實驗參與者的行為亦應由研究者負責；當然，行為者亦應為自己的行為負責。

4. 在一般研究中，研究者與實驗參與者雙方的權利與義務，可以用口頭方式約定。

5. 「參與研究同意書」除記載雙方的權利和義務外，應詳述可能侵犯實驗參與者人權與福祉的各種情況。

6. 如果研究可能危害實驗參與者的生理和心理狀態，研究者除了在「參與研究同意書」中說明外，在實驗參與者（或其監護人）簽署同意書前，還應該特別提醒。

7. 研究不應含有任何可能危害實驗參與者的措施。

8. 如果研究可能使實驗參與者受到傷害，應預先告訴實驗參與者（或其監護人）。

9. 在研究過程中，必須包含隱匿部分程序的目的。

10. 實驗參與者有「拒絕參與研究」和「隨時退出研究」的權利。

11. 資料收集完畢後，研究者應將研究目的告知實驗參與者，並應澄清實驗參與者對研究的疑問或誤解。

12. 如果研究可能對實驗參與者的生理及心理產生短期或長期的不良影響時，研究者應盡力去察覺並消除這些不良影響。

第 貳 篇

知己

第 4 章

社會認知

　　大學裡，老師與學生應該相互瞭解，但老師對學生存在許多認知錯誤而出現的問題，以考試為例，錯誤的評量會影響學生對獎學金申請、升學與就業的機會。學生對老師做教學評鑑，也不一定精確，這些數據卻成為行政體系的管理數據，也影響老師是否續聘或是否能講授某些課程。

　　認知處處影響師生關係，學生對課程的安排、考試的方式、評分的標準等有一定的認知，這些認知是按照老師所公布的還是上課時口頭說的還是同學傳言的？學生擔心：老師會不會像月亮，初一十五不一樣？學生對老師的認知常來自學長姐，學長姐會用各種方式形容某位老師及其教學，但這些形容與事實之間，未必一致。在臉書上、在班版裡、在平日的閒聊中所說所傳言所討論的老師，跟課堂上、研究室或辦公室裡真正遇到的，難免有差異。不同學生對老師的描述有如「瞎子摸象」，每個人的角度都可能是真的，但只是某種程度的真，不能代表全貌。這些都讓學生的認知混亂！

　　在人際關係上，認知失調帶來許多困擾。對於每一個朋友，自己都基於認知而假定對方大致是怎樣的人，一旦在相處過程中陸續接到與原本認知不同的訊息，不知如何是好？如果已經成為親密的朋友，雙方有了愛情，在深度交往中又發現新的線索，覺得對方不再是原本假定的，要維持還是要分手呢？即使走進結婚禮堂，無數夫妻也因為認知失調而爭執甚至離婚。對工作、對職業、對職場，每個人有自己的認知，會假定應該如何如何。一旦投入，有了親身的感受，接觸了大量的訊息，發現與原本所理解的有很大的差距，難免感到挫折。

　　認知這種心理現象，有一定的基模，基模未必正確。人們又愛走心理捷徑，加上了眾多社會因素，變得更複雜更容易犯錯了。

▶ 第一節 ▶ 認知

🈩、正確認知高難度

　　認知常失調，社會認知更容易失調。先透過幾個實驗來說明：

　　利昂·費斯汀格（Leon Festinger）於 1957 年與學生隱身在一群信眾之中，這些信眾相信在某一日會發生大洪水，所相信的守護者會駕著飛船來解救他們，帶他們到一個安全的地方。對此 Festinger 提出假設：「有些人十分相信一件事，並受到信仰的約束，因而採取不可挽回的行動。假如在最後出現無法否認的證據顯示自己信仰是錯的，那麼這些人不但不會消沈，反而會產生更堅定不移的信念。」當預言有大洪水的日期到來了，沒有飛船也沒有洪水，堅定不移的信眾（可能辭了工作、變賣家產）反而更相信這樣的信仰，以此來彌補信仰與現實之間的差異。他因此提出了「認知失調理論」（cognitive dissonance）。[1]

　　另有一個相關實驗：研究者要求受試者做一件無趣的工作，結束後告訴他們實驗的目的在探討「對於工作有趣與否的預期是否會影響你的工作效率？」這些參與者屬於「無預期組」，並請他們告知下一位受試者這個實驗很有趣，以形成新加入者的預期心理。這個研究想要瞭解：事後所給予的酬金，會不會減少認知失調？（一件無趣的工作，卻被要求告訴別人這是有趣的工作）

　　受試者中，有些被給予 1 美元，有些給予 20 美元。當被問到這件工作是否有趣？研究結果是：得到 1 美元的人較多認為工作是有趣的。為何如此呢？得到 20 美元的人會認為是因為 20 美元而有合理的藉口說謊；而得到 1 美元的人，卻改變自己的想法，告訴自己這個工作的確有趣，以減少認知失調的情形。[2]

　　一個人在做出決定後常常會產生失調，愈重要的決定會造成愈大的失調，因此更會為付出的努力辯護。對於努力追求得來的事物，傾向提高自己對它的喜好程度，這樣的心理稱為「決策後失調」。Brehm 於1956年假借為測試顧客服務品質，要求女士們根據商品的吸引力及優點為若干種商

品打分數，每位女士皆被告知，為了答謝她們參與調查，她們可以擁有其中的一項商品當做禮物。二十分鐘後，每位女士被要求再次對那些商品打分數。研究發現：在收到贈品之後，她們對該贈品所打的分數比第一次所打的分數高了一些。③

Knox 與 Inkster 於 1968 年研究，當攔住已投注兩美元而正要離開窗口的賭徒對下注的馬會贏得勝利較為肯定。Gilbert 與 Ebert 在同一年的研究是：學生被告知他們要拍攝一卷底片，並印出其中兩張照片。隨機分派為可以在五天期限內交換照片或選擇不交換。選擇交換的學生最後對於所選照片的喜好，低於第一天就選定且不可交換的學生。④

以領薪水來說，許多人看到公告「月薪三萬三」，以為自己的存摺到了領薪水的日子就會多出 33K，結果是：有些拿不到三萬一（扣了勞工退休提撥的 1,980 元與勞保健保自付部分），有些拿兩萬七千多（還扣勞保與健保的資方負擔部分），甚至更少或無法按月領到。

認知（cognition）是個體經由知覺、想像、辨認、記憶、思考、推理、判斷等意識活動有所認識與理解的歷程，也是獲得知識與學習的歷程，因為學習的產生需經由對情境的瞭解，是經驗的重組或已有認知結構的改變。⑤ 認知過程可以是自然的或人為的、有意識或無意識的。解讀（construal）則是人們對社會環境的知覺、理解及解釋。人是訊息的接收者與處理者，社會經驗與行為產生了新訊息，被個人知覺，並且和既存訊息加以同化的結果，通稱為「訊息處理模式」（information-processing model）。

認知科學（cognitive science）研究的範圍相當廣泛，重要的主題有集中（concentration）、選擇性注意力（selective attention）、開放意識（open awareness），指引、監督與管理自己的心智活動。其中一項是自我覺察（self-awareness），這種能力有助於自我管理（self-management）。另一項是同理心（empathy），也就是人際關係技巧的基礎。這些都是情緒智商（emotional intelligence，簡稱 EQ）的根本。⑥

認知發展有別於智力發展，對智力的測驗呈現的答案是事實（what），重視的是結果，有點類似「知其然」。認知則針對這些答案背後是如何形成的（how），重視的是歷程，類似「知其所以然」。⑦ 認知

活動的重點是「知」，分析在生活環境中究竟如何「獲知」，而知之後在必要時如何「用知」。

　　認知是心理活動，是內在的歷程，探究個體內在「知之歷程」，包含接受訊息、貯存訊息以及運用訊息。人們在遇到類似或相關的新事物或新情境時，傾向以舊經驗為基礎去辨認新事物。已有的經驗架構，就是認知基模。對人、對事、對物或對社會現象的看法，則是認知結構，包括客觀的事實、主觀的知覺概念、觀點與判斷等。

　　無法正常認知主要有三種狀況：

1. 認知缺陷：如果不能明確辨識周圍的人或物、無法從事推理與判斷、無法從事抽象性思考、缺乏記憶能力、缺乏語文表達能力或缺乏計算能力，可能受限於認知缺陷。
2. 認知障礙：指個人的認知歷程功能喪失，既不能吸收新的知識，也喪失對過去經驗中人、事、物的記憶與辨識能力。
3. 認知錯亂：指思考歷程不按理路或不合邏輯的情形；從一個觀念忽然轉到另一個毫無關聯的觀念。

影響認知的因素很多，歸納出以下重點：[8]

1. 環境與情境（environment and situation）：指所有影響行為的客觀因素，可分為社會環境與物質環境兩大方面。社會環境指家人、朋友、同事等人際網絡，物質環境如空間大小、溫度感覺和食物等。
2. 觀察學習（observational learning）：是個人在社會情境中觀察其他人的行為模式與行為結果而獲得的間接學習。學習的對象稱為「楷模」（model），學習的過程是「模仿」（modeling），因而獲得的增強屬於「替代性增強」（vicarious reinforcement）。
3. 行為能力（behavioral capability）：意思是要做某一行為，需瞭解要做什麼及怎麼做的能力。學習不表示可以把事情完成，把事情完成的技能需經過學習才可獲得。
4. 強化（reinforcement）：強化是在條件作用下提高行為發生的可能性。強化物即為條件，是引起強化作用的事件或刺激，提高了反

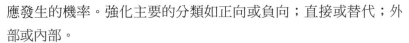

應發生的機率。強化主要的分類如正向或負向；直接或替代；外部或內部。

5. 結果預期（outcome expectations）：預期是行為之前，從事件中學習某一種行為可能發生的反應，進而預期當相同的情境發生時得到該結果的可能性。

6. 結果期望（outcome expectancies）：有如「動機」，指在特定情境要求下，判斷自己的執行能力。

7. 自我效能（self-efficacy）：指有把握做完某件事情，判斷自己執行某項行動以完成某項工作的可能性，此判斷會影響對行動的選擇、努力於該行動的程度及持續該行動的時間長度。

8. 自我控制（self-control）：簡稱為「自律」，是對自身的心理與行為的主動掌握，藉以調整自己的動機與行動，達到所預定的目標。

9. 情緒反應（emotional arousal）：指對於某一事件的情緒負載。過多的情緒會抑制學習與表現，如太過緊張而無法順利完成。

10. 交互決定（reciprocal determinism）：當個人特質、環境或行為改變時，重新評估行為與環境的關連性。

　　認知失調普遍存在，一旦注意到自己的各種態度之間、或是態度與行為之間不一致時，會不舒服。因此設法透過幾個機制加以調整，例如：改變態度或改變行為，好讓彼此一致；藉由獲得支持態度或行為的新訊息，以減輕認知失調；刻意判定這個不協調並不重要。在沒有足夠正當理由的情況下，當說出或做出違背自己真實信念的事情時，結果常常是覺得難受。

　　認知失調經常存在，在信念受到挑戰時，迫使自己去面對想法和行為之間的差距，認知系統因而會進行處理。當知覺有兩個認知彼此不能調和時，會感覺到心理衝突，通常是放棄或改變其中一個，遷就另一個認知，以恢復調和的狀態。認知失調影響個人價值，如曾經作弊的學生對作弊變得比較寬容，而抗拒作弊引誘的學生對作弊的態度通常變得更嚴厲。

　　當個體在面對新情境，必須表明自身的態度時，在心理上將出現新認

知（新的理解）與舊認知（舊的信念）之間衝突的狀況。為了消除因為不一致而帶來緊張與不適感，常採用兩種方式進行自我調適，其一是對於新認知予以否認；另一為尋求更多有關新認知的訊息以提升新認知的可信度，進而徹底取代舊認知，以獲得心理平衡。

被誘發或被迫的屈從（induced or forced compliance）表示自己或多或少被引誘去從事和真實感受相反的事情。若給人們剛好夠去做和態度不合的行動的理由時，改變的態度會比較容易。為何在發生與態度不合的行為之後，較小的誘因常能得到較大的態度轉變？因為由少得多效應（less-leads-to-more effect）。對一個行動擁有較少的理由或獎勵經常導致較大的態度改變，此效應在一個人相信自己有機會去進行與態度不合的行為特別可能發生。由少得多效應在一個人認為自己得到的報償是一種賄賂，若不付出服務就給予報酬之時，並不會發生。[9]

失調是社會思考的一個普遍面向，但其發生條件和個人選擇減輕失調的策略，必然受文化因素所影響。在西方文化裡，人們比較容易以正確的決定評價個人，但在亞洲文化中比較不會這樣。[10]

貳、社會認知更可能失調

社會認知（social cognition）主要研究一個人對自己與他人的知覺、對事情的歸因、態度的形成或改變，個人對他人的心理狀態、行為動機和意向加以推測的過程。公眾的社會認知則是指自己在人際互動中，根據交往對象的外在特徵判斷其內在屬性，考察自己的心理特質、動機、態度和情態等，主導自己給人印象的心理活動。人際交往中，人們用社會認知預測及理解他人行為背後的動機。社會認知的過程，是依據認知者過去的經驗及對有關的線索進行分析所形成的[11]。

社會認知主要是由三個要素組成，一是人際知覺，是社會認知的最初階段，人們如何對他人的特質組合，形成整體印象。二是歸因，瞭解人們行為背後的原因，觀察並探究其行為表現是導因於內在因素，還是外在環境的壓力，藉由觀察人們以分析行為的導因及情境壓力。最後是基模，基模將訊息組織起來，並使用這些訊息來進行決策。

社會認知以個人、行為、環境三者之間的交互作用來解釋人的行為。運用「象徵」、「預知」、「行為模仿」、「自律」和「自我反應」等五種個人的基本能力來解釋。經由這些能力的運作，一個人驅使、調節及維持行為。個人行為必然被外在的環境控制或被內在的意向所影響，環境因素如社會壓力、整體政治經濟環境。[12]

　　社會認知的內容或範圍主要包括三個方面，說明如下：[13]

1. 對他人外部特徵的認知：主要是儀表認知（如容貌、衣著打扮、氣質風度等）、表情認知（如面部、眼神、視線、言談等）。
2. 對他人性格的認知：只憑對方的外在特徵就去推斷對方的性格容易發生認知偏差。要認知他人的性格必須進一步瞭解對方所採取的態度以及與此相應的習慣性行為。
3. 對人際關係的認知：主要是認識自己與他人、與不同團體的各種關係。

　　「個人特質」、「個人行為」和「行為存在的環境」處於動態關係，三方面互相影響。行為不單純是環境與個人作用下的結果，也不單純是個人與行為造成的結果，而是各方面互動之下的產物。一個因素的改變可能刺激其他因素，改變了原本的平衡。

　　每個人在社會生活中形成了自己的認知結構。同樣的社會刺激，由於個人的認知結構不同，社會認知也不同，這顯示了社會認知的幾個特性，簡述如下：[14]

1. 認知的選擇性：由於社會刺激物本身的強度不同，人們對於外在給予自身的社會刺激可能有所認知也可能不加以認知。每個人基於本身的意義及價值，從自己的認知結構及生活經驗出發，對各種社會刺激做出反應。如果估計該社會刺激將帶來益處，會選擇為認知對象。如果估計該刺激將給自己帶來不利，會置之不理或逃避。
2. 認知反應的顯著性：在社會刺激下個人心理狀態所發生的變化，會隨著個人對刺激所理解的程度而不同。認知總是伴隨著一定的

情緒體驗，當理解該社會刺激與自身有利害關係時，情感等心理
狀態反應強烈。如果認為該社會刺激與自己無關，則心情少有變
化。

3. 認知的自我控制：是自我意識發揮作用的結果，使個人認知體驗
不被他人所覺察，從而使自己與外界環境保持平衡。

平衡或失衡是認知的關鍵議題，平衡論（balance theory，也稱均衡
論）解釋態度或信念的變化。一個人對人、事、物的態度信念，都有保持
平衡的傾向；否則將因失衡而感到不安。例如：若認為某人溫文爾雅，所
以欣賞他。一旦他舉止粗暴，自己在心理上將失去平衡。為了恢復平衡，
可能解釋此人行為的粗暴只是偶然現象，不得已而為之，如此對他的態度
不變，心理上也恢復了平衡。也可能推論此人舉止粗暴正代表他原本的性
格，如此就改變對他的態度，不再認定他是文雅的紳士；至此心裡也恢復
平衡。平衡論可用來解釋對人的態度，也可用來解釋對職業的態度。一個
人之所以持續敬業樂業，原因是工作者（需求與才能等）和其職業（性質
與報酬等）之間維持了平衡。

平衡相對的是失衡（disequilibrium），指個體在身體上或情緒上失去
平衡的狀態，是個體對環境無法適應時所產生的心理。適應包括兩種彼此
互補的歷程：第一為「同化」，個體以既有認知結構處理環境中所遇到的
問題，是運用既有知識的歷程。第二是「調適」，若單靠同化不足以因應
環境時，個體將改變既有的認知以配合環境的要求，從而形成適合新環境
的認知結構。在同化與調適之間，有時會發生內在的失衡狀態，因為遇到
不能同化的情境，個體在認知上即失去平衡，因失衡而必須調適，調適之
後又再恢復平衡。失衡強化了個體學習的內在動機，失衡與平衡交互出
現，由平衡而失衡，再由失衡而平衡，一直連續不斷，是個體認知發展不
可少的過程。[15]

任何人的認知能力都有限，尤其是在社會思考上多少有點懶惰，盡可
能用最少的認知心力，因此造成各種潛在的偏差。社會認知中可能的錯誤
來源有：[16]

1. 負向偏差（negativity bias）：對負面訊息過度關注，對負面訊息

比正面訊息更敏感。這方面的偏差在社會訊息上尤具明顯，例如人們在察覺負面臉部表情時，比察覺正面表情來的更快、更準確。

2. 樂觀偏差（optimistic bias）：期待事情最後都將圓滿收場的傾向。我們的信念或判斷常抱著太大的信心，這種效應稱為過度自信障礙（overconfidence barrier）。也容易出現計畫謬誤（planning fallacy）。例如過於樂觀地相信在一個時段裡能做到的事，比我們實際上能做到的更多。

3. 反事實思考（counterfactual thinking）：俗話說「千金難買早知道」，不斷出現「本來可以怎樣」的想法，在許多情境下都發生，不只發生在令人失望的經驗中。任何減低訊息處理能力的線索，都增強違反事實思考對判斷或行為的影響力。

4. 壓制思考（thought suppression）：努力避免去想某些事情反而會產生刻意去想的結果。試圖將某些思考摒除在意識外的努力，包含兩個構成要素：監督作用（monitoring process）——會尋找那些自己不想要的想法即將入侵的跡象；控制作用（operating process）——包含了耗神、有意識的嘗試，透過找到另一件可想的事情，來轉移心思。

5. 限制推論的能力：例如出現神奇化思想（magical thinking），假設自己的思想，透過某種不受科學法則宰制的方式影響真實世界。有一個原則是相似律（law of similarity），暗示彼此相似的東西會有相似的屬性。

6. 根本認知錯誤（fundamental attribution）：將自己或他人的行為完全歸因於性格的因素，以致低估了社會環境的影響力。

在資訊爆炸的時代，更容易「認知失調」。任何有權威者所展示的權威很容易就被質疑，例如父母顯示自己經驗豐富，說：「我吃過的鹽超過你吃過的米。」兒女會說：「吃的鹽太多，會高血壓。」又如老師說：「我走過的橋，多過你走過的路。」學生會質疑：「為什麼要一直走路，而不上網路？」老師所說的可以輕易被學生手機連線查詢認定有錯誤。然而，手機上 Google 到的訊息也不一定正確，因為裡面有太多筆資訊，彼此可能矛盾。

▶ 第二節 ▶ 基模

壹、基模架構了認知

想到女孩子玩具就聯想到洋娃娃，男孩子的玩具就會想到汽車或機器人、「男追女隔層山，女追男隔層紗」；甚麼星座的個性一定是甚麼樣子，狗一定忠心等說法。這其中因果關係的看法，包含社會世界如何運作的理論。知覺與記憶歷程是複雜的組織系統，都與「基模」有關。

大腦是處理資訊極其複雜的有機機器，內在結構也不斷調整改變，這內在結構的個別單位就是「基模」。基模（schema）是一種心理架構，為認知的最小單位，用來表示對社會實體（social entity）組織化的認知，存在於一個人各個判斷決策中，是基於個人過去的經驗所形成對人、事、物、團體的知識，又是吸收知識、認識世界的基本架構。認知發展可視為個體的基模隨年齡增長而產生的改變，是認知結構（cognitive structure）的靜態架構，也是組成認知結構的基本單位，由粗略而精細、由小而大、由淺而深、由簡而繁。基模與基模之間會互相組織，再形成另一個行為基模。[17]

以基模為本，心理學大師皮亞傑（Piaget）提出認知發展論，有六大要素：認知結構——是人類吸收知識、認識世界的基本架構；組織——統合運用身體與心智的各種功能，以達到目標的活動歷程；適應——調整認知結構以順應環境的需要；同化——將新訊息納入既有基模之中；調適——若既有基模不能吸收新知時，必須改變基模來整合新訊息；平衡——既有基模能同化新訊息時，心理感到平衡，否則會產生失衡，驅使個體改變既有的基模。調適歷程的發生造成心理失衡，調適歷程發生後，個體心理狀態又恢復平衡。[18]

認知發展的內在機制是從不平衡狀態到平衡狀態，涉及到同化作用和調適作用的一連串歷程。認知發展是不斷同化與調適的歷程，此歷程造成認知結構的重組。大致可分為 1.感覺動作期（sensorimotor period）——利用各種感覺與動作吸收外界知識。 2.前運思期（preoperational period）——運用思維時不一定合於邏輯，主要由於基模功能受到限制。

3.具體運思期（period of concrete operations）——推理思維能力只限於眼前所見的具體情境或熟悉經驗。 4.形式運思期（period of formal operations）——思維能力已發展到了成熟階段。新皮亞傑主義（neo-Piagetian）主張形式運思期後宜增加後形式思維（postformal thinking）作為第五階段。成年人思維的特徵之一是辯證思維（dialectical thinking）——從問題正反兩面分析研判，再選出較好的答案。[19]

基模其實是認知基模（cognitive schema）與知覺基模（perceptual schema）的簡稱，基本意義有四：內在虛擬的心理架構、具有生理基礎、保有變化與發展的特性、透過基模的運作來認識及因應環境。[20] 對於不同主題，都可能產生基模。例如戀愛基模，主要是源於自身的直接經驗、聽聞他人的經驗、閱讀言情小說、觀看電影或偶像劇而來。

基模是認知的基礎，讓一個人去組織事實與記憶也助於回憶，無須靠手頭資料就可作推論，同時也能去評估新的訊息。基模的作用有三： 1.認識：當面對情境或問題時，第一步就是以既有的認知結構與之核對，偵測各經驗中的異同。 2.解釋：進一步賦予該刺激或問題不同名字或稱呼，召喚出記憶中相近的經驗與情緒，同時賦予個別化的意義。 3.預期：會想像某些後續的發展，進而引發想法、情緒與感受。[21]

基模也塑造信念、形塑現實。對社會認知的作用則主要有三：第一步是使自己注意（attention）到該注意的訊息，其次是編碼（encoding），將所注意到的訊息存入記憶的過程，第三步是提取（retrieval），從記憶中提取資訊並以某些方式應用。基模是造成偏見的主因，是造成對特定社會群體刻板印象的基本要素。基模一旦形塑，就抗拒改變，會表現出強烈的固著效應（perseverance effect），即使出現與之相對立的訊息也不易改變。[22]

基模幫助人理解社會世界，迅速且省力地處理訊息，但也會將人捆住，以不準確的方式理解這個世界。基模使人像是開車者處於自動駕駛的狀態，是一種低費力的思考模式，這種省力的思考常以下意識、無自覺、非自主且不費力的方式運作。基模提供了訊息處理的架構，讓自己快速形成對人的印象，也能幾乎毫不費力地行駛於陌生道路之上。人們靠著基模

與自動化思考將現前面對的情境與過去經驗連結，藉以快速理解或判斷當前的情境。一個人只要相信自己的基模是正確的，他們就有理由使用這些基模去面對不明確的狀態。

每個人的認知能力必然是有限的，認知系統的要求經常會大過其負荷量，只能掌控有限數量的訊息；超過這個水準的訊息輸入會產生訊息超載（information overload）的狀態。訊息超載及自我控制都需要耗費能量，將能量花在這些方面，便限制了其他作業可用的能量。Muraven、Tice 與 Baumeister 發現：被要求抑制某個念頭（如不要想到白熊）的參與者，相較於未抑制思考的參與者，難以控制他們的情緒。原因可能是葡萄糖為腦部的重要能量來源，當人們努力控制自己時，會耗費大量能量。[23]

基模提供認識周圍世界的基本模式，此模式由學習而得的知識經驗、意識、概念等構成，是一個與外界現實世界相對應的、抽象的認知架構，包含了對外在世界的概念、各概念的屬性、屬性之間的關係。基模也是知識表徵（knowledge representation）的一種，皮亞傑用基模來解釋個體如何認識並適應環境，當個體面臨刺激情境或問題情境時，會先用既有的認知架構與之核對，產生新的認知，將所遇到的新經驗，納入其舊有經驗的架構之內，此歷程稱為同化（assimilation）。很多知識是以基模的形式儲存在人的記憶系統裡，基模跟其他知識表徵的主要分別在於它比較有組織、比較抽象、比較模糊。[24]

基模依照對象有不同的種類，對象可以是自己、他人、某種社會角色、某種特定事件。以下幾類的基模最重要：[25]

1. 自我基模（self-schema）：是個人對於自我的特徵加以組織化後的認知結構，是一個人對自己的性格、屬性、社會角色等心理表徵的認識狀況。

2. 個體基模（person-schema）：是描述他人性格的認知結構，將自己對他人的個性概念加以組織。這些認識會組成有結構的訊息，進而影響自己與對方的互動，也能預測別人的行為。

3. 角色基模（role-schema）：存在於各個職業當中，是人們預期在社會位置上的角色應該要有什麼樣的行為，用來理解及預測該角

色人物應有的行為。

4. 性別基模（gender-schema）：人們對於性別的印象根據性別基模而來。性別基模是透過所知覺到的男女性特質，來處理訊息的一種心理結構。

5. 事件基模（event-schema）：又稱腳本（script），是描述在某個情境中的一連串活動。

以性別基模與事件基模來看，有些顏色或有些事物，會容易在文化中被認為具有性別特質，例如，粉紅色、貓、長髮、芭蕾、烹飪等常被認為有女性的含意；而藍色、狗、短髮、足球、身體強壯等則被認為有男性含意。若一個文化強調男女有別，成長在那個文化下的孩童學習處理有關自己、他人、物品和事件的訊息時，都可能會根據所知覺的性別關聯程度來判斷。孩童在這些文化當中形成了性別基模後，將之融入自我概念當中，會基於性別基模評價自己與別人的表現是否合宜。在成長過程中，性別基模已融入自我概念，根據性別基模評價自己與別人的表現是否合宜。

又以事件基模來說，年輕男女聯誼，常有固定的腳本內容，像是見面自我介紹後，就相互介紹認識，再抽鑰匙，騎車出去到達定點後，再去唱歌等等，有固定的流程或相似的模式。相同的事情在不同的文化下，會有不同的腳本內容，指導人們及事情之間應有的互動準則，例如台灣的傳統結婚腳本與日本的傳統結婚腳本就有不同。

基模像是一個過濾器，將不一致的訊息過濾掉，又特別注意和基模相符的訊息，用來解釋原本接收到的訊息。尤其在訊息模糊及時間不夠時，更會依靠本身的基模加以解釋。至於要運用哪個基模？主要依照浮現速度與促發作用來決定。浮現速度是基模或概念浮上心頭的容易程度，促發作用是當前經驗會提高某些基模或基模快速浮現的方式，一個想法要產生促發作用，除了必須「容易浮現」之外，還必須「適用於」當下的情境。會影響基模快速浮現的方式主要有三：過去的經驗、牽涉目前的目標、當前經驗。

各基模的共同點並非它的內容，而是其結構化的特性及對訊息處理的能力，有助於人們簡化及組織複雜的訊息。綜合以上，歸納出重點如下：

1. 基模可以包含其他基模，例如關於食物的基模，又可以包含了水果、蔬菜等等的基模，而水果的基模之下又可包含了香蕉、蘋果、葡萄等基模。

2. 基模基本上是典型而一般性的事實，容許這些事實有所例外與變異。雖然隸屬於同一個基模中的事物具有一般性的共同事實，但還是有些許的不同。

3. 基模具有不同的抽象程度，例如一個「自由」的基模比一個「狗」的基模要抽象。

4. 只要人們有理由相信自己的基模是正確的，就有理由使用這些基模去瞭解不明確的事物。

基模必然有文化因子，每個人都在自己的文化中成長，文化是我們基模的重要來源。文化會影響人們如何自動理解所處世界。最主要的差異是：[26]

1. 分析式思考：注意主體的特徵，較少考慮周遭脈絡。
2. 整體式思考：注意整體的脈絡，尤其是重要主體之間的關係。

貳、自動化與自我實現

系統性處理（systematic processing）是說服的中央路徑，會對訊息內容及訊息包含的概念加以考慮。然而，這樣的處理需要很多心力，耗用了大量的處理能力。因而出現捷思法處理（heuristic processing）或是說服的邊緣路徑（亦稱迂迴的說服），使用簡單的概略衡量法或心智捷徑，處理的心力較少，並容許以自動的方式做出反應。此種歷程是「思考可能性模式」（elaboration-likelihood model, ELM），依照訊息的重要性做了區隔。[27]情況請見下頁圖 4-1。

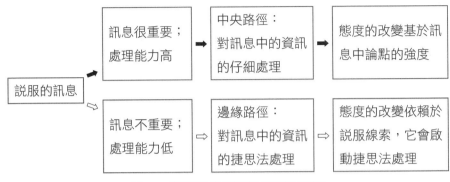

圖 4-1 說服訊息重要性的不同路徑

資料來源：梁家瑜（譯）

　　要修正過於習慣的「基模」，應改變走心理捷徑的作法，減少自動化思考，增加控制化思維。自動化過程是「沒有意圖、刻意或事先知道的，並且預期不會被其他同時的認知過程所干擾」。控制化過程則是有意圖的，刻意控制的、意識清楚的。

　　對不熟悉事物或概念，以及它們和既存社會表徵之間的關係加以理解的歷程稱為「定錨」（anchoring）。對社會世界回應的基本面向是評價（evaluation），一個事件、人物或情境到什麼程度時會被視為好的或不好的。每個人都經常以自動化的方式進行評價，不經有意識的思考或覺察。進行自動化歷程（automatic processing）或自動思考模式（automatic modes of thought）所處理的社會訊息常於屬非意識的、無意圖的、不由自主的。

　　一個過程被稱為自動，過程的發生必須非意圖、刻意或察覺（intention, effort or awareness），又不預期會干擾到其他同時發生的認知。例如騎機車、開汽車。自動產生的原因是類別化（categorization），根據人事物的共有特質，將其歸類為不同的團體，類別化偏好單純化（simplification），如此可以少花時間與精力。控制化的過程是意圖的、在個人意志力的控制下進行的，如在高速公路上設法安全超車。有些則是更花心思的過程，如刻意（deliberation）、刻板印象壓抑（stereotype suppression）與個人化印象形成（individuated impression formation）。[23]

　　一個人若以為自己具有控制行為的意識，這只是自創的幻覺，自己的行為其實是被自動化思考和外在環境所控制。如此一來，比較省力，但也容易出錯，造成「過度自信的障礙」，人們對於自己判斷的正確性，往往過於自信。改進之道須運用複雜的社會思考能力強化認知能力，策略是透過比較費力的思考方法，如：㉙

1. 控制式思考：有意識、刻意、主動去檢視。
2. 虛擬式推理：在心理上想像去改變過去事件的某個環節，以便想像事情可能有所不同。
3. 改善思考，謹慎使用自己的推理能力。
4. 思考與自己原來觀點相反的論點，用另一種方式來理解外在世界。
5. 學習正確推理的基本原則，將這些原則應用於日常生活中。

　　每個人內心的小劇場都有兩個主角：第一個是來自「衝動和直覺」；再來是「理性和謹慎」。這兩位主角是否能合作得宜、搭配順暢，直接影響思考與決策的優劣。羅森塔爾（Robert Rosenthal）和同事進行的研究可以說明。他們先找到了一個學校，從校方手中得到了一份全體學生的名單。接著他們向學校提供了一些學生名單，並告訴校方，經過一項測試發現，有些學生有很高的天賦，只不過尚未在學習中表現出來。其實，這是從學生的名單中隨意抽取出來的。結果呢？在學年末的測試中，這些學生的學習成績的確比其他學生高出很多。這主要受到教師期望的影響！由於教師認為某個名單上的學生是天才，因而寄予更大的期望，在上課時給予更多的關心，經由各種方式向他傳達「你很優秀」的信息。學生感受到教師的特別對待，因而自我激勵，學習時加倍努力，因而取得了好成績。

　　這樣的情況，被稱為「羅森塔爾效應」（Robert Rosenthal Effect），也可稱為「皮格馬利翁效應」（Pygmalion Effect），「畢馬龍效應」、「比馬龍效應」、或「期待效應」。㉚皮格馬利翁是古希臘神話中塞普勒斯的國王，性情孤僻，常年獨居。他善於雕刻，在孤寂中用象牙雕刻了一座他理想中的美女像。久而久之，對自己的作品產生了強烈愛慕之情。他祈求愛神賦予雕像生命，愛神為他的真誠所感動，使美女雕像活了起來，

皮格馬利翁娶她為妻。後人就把由期望而產生實際效果的現象稱為「皮格馬利翁效應」。

人性普遍渴望獲得他人的讚賞。對於孩子來說，最強烈的需求和最本質的渴望就是得到別人的稱讚，尤其是來自父母的鼓勵。一個人如果在童年時代很少被稱讚，會直接影響到人格發展，甚至導致個性的缺陷。延伸出來的說法很常見，例如：「人心中怎麼想、怎麼相信就會如此成就。期望什麼，就會得到什麼。你得到的不是你想要的，而是你期待的。」積極期望是贏家的態度，事前期待自己會贏，而且堅守這種看法，提高得到所期望結果的機率。對別人的期望及對自己的期望，都對生活是否愉快有重大影響，懷著對某件事情強烈期望時所期望的事物出現機率上升。

自我實現預言（或稱自證預言）使基模發生是經過三個過程：1.我對別人的行為有所預期；2.這項預期影響我對待此人的方式；3.此種對待方式又可能導致此人表現出符合我當初預期的行為。

長期依賴基模會養成「視而不見」的習慣，往往也帶領人們走向各種的「大災難」，例如組織內能做不能說的潛規則與灰色地帶；社會上林林總總的制度崩解……。許多原本可以很清楚的事情，經過複雜、困難、枯燥無聊的包裝，往往令人卻步，當事人因此做出眼不見為淨的決定，全權放任專家處理，如此視而不見往往讓這些問題更加嚴重。[31]

綜合本節的說明，重點包括：[32]

1. 「中央途徑」是當事件與自己利害相關時，有強烈動機仔細思考，並產生自己的論證想法。「邊緣途徑」則是當缺乏理解訊息的能力與動機時、分心時、事件不重要時，不會用心思考，而依賴某些與說服訊息有關的邊緣線索就做反應。

2. 「法則─系統模式」指當人們有動機與能力去思考說服訊息時，會系統化蒐集相關資料並思考論證；但是當缺乏動機與能力時，如果有可以使用的迅捷判斷法則，就會使用，以便判斷。判斷法則是指人們在訊息有限，不願用心思考或缺乏訊息來做決策時，會依賴過去有效的經驗法則做決定。

3. 經由「中央途徑」達成的說服，效果持久，因為人們會自行產生

支持性的論證以形成新的態度知識結構；由「邊緣途徑」或判斷法則形成的態度，其時效較短，隨時因為線索新的出現而改變。

4. 當經由「中央途徑」處理說服訊息時，影響態度的主要因素是說服訊息中論證的品質。如果論證強而有力，且合乎邏輯，會引發正面的思考。反之，經由「邊緣途徑」時，說服論證的品質並不重要，常依賴與說服訊息無關的外來訊息就加以決定。

5. 影響一個人使用邊緣或是中樞途徑處理訊息方式的因素主要歸納為「自我涉入程度」與「能力」兩方面，當說服主題會令人「自我涉入」時，個體會有強烈動機來處理訊息。「自我涉入」又分為三種：(1)承諾：人們初始對一件事的態度會引發承諾感，依此態度做出行為時，更增強承諾感。(2)議題涉入：「議題」對人們選擇反應方式有重要的影響，是引發人們使用中樞途徑的關鍵變項。(3)反應涉入：指一個人對說服的反應會受到他人注意與評價的影響，高反應涉入者特別注意自我的形象。能力是使用來改變受試處理訊息能力的變項，過度干擾會使接受者完全無法接受訊息，而失去說服力量。[33]

▶ 第三節 ▶ 心理捷徑

壹、心智愛走捷徑

有一位老師在考卷開頭寫了一段話：「請先把整個考卷看完，再作答！」許多考生不理會這段話，努力回答密密麻麻的考題。考卷最後卻寫了一段話：「只要看過在此簽名即可，寫愈多，分數愈少。」多數考生按照習慣作答，卻忽略了清楚的提醒。《小心，別讓思考抄捷徑！》舉了一個實驗：問身旁的人「摩西帶上方舟的動物，每個種類有幾種？」，多數人脫口而出的答案都是「一公一母」！這段文字其中有詭計，因為聖經裡帶動物上方舟的不是摩西，是挪亞！這就是心理學著名的「摩西錯覺」實

驗。㉞

　　人人都是「認知吝嗇者」（cognitive miser），都透過有效率卻不一定正確的認知捷徑來節省認知資源。又都是「機動策略者」（motivated tactician），將社會行為者視為可以依據環境要求與個人目標，策略性由有限的訊息處理策略中立即選擇處理訊息的方式。我們必須隨時過濾、篩選進入大腦的資訊；「忽略」有其正面作用，讓自己得以在過多資訊與忙亂動盪中持續工作和生活。為了更有效率，心智運作常常會走「捷徑」（heuristic，或譯為「捷思」），以快速而有效率的方法做出複雜決定或導出結論的簡單規則。

　　「走思考的捷徑」是慣例，心理捷徑是認知的經驗法則，每個人在每一天的例行決策和判斷都在使用內建心理捷徑。萬古以前當人類還停留在東非大草原上，大腦就經歷了各種變化以適應不斷改變的環境。因為環境中充滿危險，遠古時代的大腦上緊發條因應各種行動，包括發展出快速做選擇和判斷的能力。許多有用且進化了的能力持續存在，捷思就是其中之一，一如往常般的強而有力，雖然其中有許多已經不適用於現代生活，而且會導致錯誤的思考。㉟

　　每一次走進家附近的超市，必須做出成千上萬的選擇。如果真的非得比較每種優格和冷凍食品品牌，做出每個判斷，然後才做出選擇，鐵定會動彈不得。因此通常是鎖定買過的優格和冷凍食品，拿起來到收銀台付帳，然後離開超市。對急診室醫生、飛行員和足球運動員這些必須做出一連串決定以快速辨認並做出反應的人來說，也是有用的規則。

　　社會上，民眾滿意度不到百分之二十的民選首長，仍然覺得自己的表現良好，利用各種場合為自己辯護，認為聲望低落的原因是媒體、其他政黨、學者等造成的。扁迷、馬迷堅定相信自己當初投的總統候選人是正確選擇，無論對方日後表現如何，都死忠支持。

　　老師與政治領袖特別喜歡那些支持自己的人，他們覺得這些支持自己的人明理，反對自己的人則是有偏見。結果呢？選舉有奧步、民調可以操弄、老師運用手段使自己的教學評量分數上升、學生設法抄襲作業或考試作弊，懂得知己又改正的人總是少數。

　　每次社會發生重大新聞事件，總是有很多人出來罵政府。每次有重大

刑案宣辦，也會聽到各種罵法官的言論。「說政府錯」很容易，民眾常常做這種事。「罵官員錯」也不難，民意代表靠這種能力獲得一些利益，找到線索「指責國家機器」是名嘴受邀上電視的策略。近年來，罵來罵去，以辛辣的言詞與誇張的比喻來獲得掌聲或收視率，已經是常常有的現象了。但這些罵，是否為「平庸之惡」呢？是否早已住進自己心理、深植腦海之中。

　　例如 2013 年 7 月的洪仲秋案緣起於出人命，一個年輕生命的死，一定有人錯。原告與受害者家屬的立場是「有好些人錯，而且錯得離譜。」但每一個被告則一定說「錯，不在我」，社會大眾想知道「誰錯得比較大」？法官的角色不但要確認「誰錯了」，還要判斷每一個被告「錯得多嚴重」。洪案一審的判決，法官認定各被告沒有惡意，所判刑期都在六到八個月。宣判次日好些大報的頭條都是洪案的宣判，標題都有「輕判」，顯示記者與編輯都已經有假定，一旦判決與假定不符，就認定是「太輕」！

　　如果某大報用「重判」，會不會引起公憤以致被抗議、呼籲大眾退報？如果有人主張「判太重了」，會不會被咒罵，要他閉嘴？社會心理學用「錯視」來說明人們常因為無法避免心理上的盲點，以致錯誤地解讀資訊，不知不覺只看自己想看的訊息。又如對核能發電，如果有人堅持反「廢核」，是否會被認為偏頗？洪案是個案，核四則是影響廣泛的公共政策，要如何判斷這些？從眾容易，堅定理性不易。人多，聲音大，未必就是對的。追隨群眾，未必走在對的道路上。

　　納粹聽希特勒的、紅衛兵聽毛澤東的，都產生了 20 世紀的最大悲劇。在集權中，許多人成為加害者。21 世紀的集權有了新的形式，網路裡的人肉搜尋、民意與市場調查等，都可能出現某種集權。政府擁有最多資源，當然可能是霸權，媒體與社會運動團體也可能在某些時候成為霸權，強迫大眾接受某些立場，迫使政府轉變政策。

　　到底要聽誰的？須先思考，孤獨地思考。海德格說：「思考，是孤獨的。良心，經常以沈默的形式，講話。」[36] 在眾聲喧嘩之中，先孤獨，與良心沈默且對話，多想想。

　　「錯」字容易寫，「錯事」容易做，「錯誤」卻不容易改正。唯一可

掌握的，是避免因為「錯視」，思考不周密，錯上加錯。

、常見的類型

在不確定下做判斷常用的心理捷徑策略，整理為表 4-1：[37]

表 4-1　心理捷徑的策略

策略	定義	例子
代表性（representativeness）	判斷甲和乙的相關性，若相關性高，預估甲是源自乙	有一位新同學來自香港，會想到以前的香港朋友
可用性（availability）	估計某個狀況或事件發生的次數或可能性，估計的基礎是容易想到的程度	根據你想到離婚率朋友的例子有多少來估計離婚率
模擬性（simulation）	建構一個假設情境的容易程度	遇到挫折事件時，想像如果不是如此的話該有多好
定準（anchoring）	估計某一數值的過程，先從某個數值開始，然後依照新的狀況修正	按照自己用功的程度判斷室友用功的程度

資料來源：修正自張滿玲譯

系統化資訊處理（systematic processing）是完整、仔細的資訊處理，例如注意說服性傳播當中的論述，這種資訊處理有賴於辨識能力，較為耗費心力。捷思法是常被使用但並非最佳的規則，幫助自己做出評價，經常很有用，但不是每次都有用；刻板印象通常是一種捷思法。快速思考訊息處理（heuristic processing）是依賴快速思考的方式來評估傳播的正確性，也就是使用簡單的規則，像是「統計不會說謊」（statistic don't lie）、

「專家可以被信賴」（experts can be trusted）、「共識代表正確」（consensus implies correctness）等說法。[38]

　　心理策略與捷徑常見的類型有：[39]

1. 判斷捷思：為求判斷能迅速及有效而採取的，不保證對外界所做的推論正確無誤。有時判斷捷思並不適用於眼前的任務，也可能遭到誤用。

2. 便利捷思：一個訊息容易進入記憶主要建立在某些方便進入記憶的程度上。

3. 象徵性捷思：利用對象與某種典型事物的相似性來進行歸類，如兩個現象相似，就容易被歸類。

4. 基底比例資訊：母群體中不同類別成員所占資訊的相對比例，比例高者容易被歸類。

5. 代表性（representative）捷思：一個人和特定群體的典型成員愈相似，就愈可能屬於這個群體。有時基於代表性所做的判斷錯誤，因為基於這個規則所做的判斷忽略了基本率（base rates），特定或典型事件在整個總體中出現的次數其實很低。

6. 心智模擬（mental simulation）捷思：與代表性捷思法相似，對於事情發生的可能性，運用想像中的難易度作判斷。

7. 可得性（availability）捷思：愈容易想起來的訊息，愈會影響其後的判斷或決定。可得性捷思法與方便想起哪些相關訊息有關。因為與特定刺激或事件的接觸，某些訊息的可得性被提高，稱為「促發」（priming），促發效應在許多背景下都容易發生。

8. 定錨再調整（anchor-adjustment）捷思：定錨效果（anchoring effect）指在估計數字之前，先讓參與者進行其他無關的數字（稱為錨點）的比較，之後參與者回答主要問題時會受到定錨點的影響而估計錯誤。定錨再調整指人們在做判斷時，會定錨於一起始數值，再根據其他訊息比對而調整得到最終答案。調整的過程往往不足而造成定錨效果，若在判斷作業中增加認真負擔，如要求參與者覆誦數字則更加大定錨效果。定錨效果被廣泛應用，如面

試中的第一印象可被視為錨點，如在購物中以一個價格或數字作為起始點，然後加以調整。

9. 方便使用（ease-of-use）捷思：一個訊息愈易於使用，就愈有影響力或重要性。另一方面，好心情造成對可得性捷思法的某方面依賴。

10. 因果性（cause-effect）捷思：運用因果的連結性強度來評估情境成立的可能性。

11. 態度（attitude）捷思：以態度（喜好某件事物的程度）來推測某事件發生的可能性。

　　Herbert還提出了流暢性、直覺性捷思、視覺性捷思、動量性捷思、流暢性捷思、模仿性捷思、製圖者捷思、算術性捷思、匱乏性捷思、熱量捷思、誘餌性捷思、未來性捷思、設計性捷思、覓食性捷思、諷刺畫捷思、害蟲性捷思、自然主義者捷思、偵探小說捷思等類型。⑩

　　以熟悉性捷思來看，普林斯頓大學的心理學家發現：如果一家新公司的名稱好讀易懂，投資人就比較傾向購買股票，如此的選擇確實影響了短期的股價表現。密西根大學的心理學家發現：連廣告的印刷字體都會影響認知。

　　以「摩西錯覺」來看，有位心理學家找了兩批受試者，同時發下寫著相同問題的試卷，不過 A 組拿到的試卷是用黑色、黑體印刷的題目，B 組拿到的題目則是用淺灰色的草體印刷。會有什麼不同嗎？結果 B 組的受試者大部分都發現是挪亞而非摩西的謬誤。可以提出的解釋是，面對不熟悉或不清楚的字體，會迫使大腦放慢速度；一旦大腦得放慢速度辨認字體，就有時間注意邏輯上的錯誤。至於 A 組受試者呢，研究者認為過於可親、流暢的語言，會促使大腦反應走捷徑，而難以發覺語句中的謬誤。⑪

　　「夜路走多了，難免遇到鬼」，同樣的，心理捷徑走慣了，容易出現偏誤。每個人的生活都是由數以百萬計的選擇構成的，小從瑣事大到改變生命的重大事件，人人都無比理性認真做出每個選擇，而種種認知的經驗法則也讓人不必大費周章，大腦逐漸形成了能夠迅速解決一切的心理捷徑

和技巧。捷思非常節省時間，對於繁忙的生活很重要。生活中面臨的許多事不過是習慣和經驗的綜合，無須針對每天每個小選擇都深思熟慮。

　　但停止深思，總會有風險，內建的捷徑常常嚴重偏誤，也可以很危險，會以看不到的方式扭曲思維，引導做出錯誤的決策，讓自己更容易被操弄。因為無法正確評估風險和價值的障礙、難以準確預測未來而造成錯覺，也因為嚮往秩序和簡單導致了各種危險。

　　捷思非常重要，是認知的經驗法則，幫助快速判斷，產生的影響有好有壞。日常生活就是習慣和經驗的綜合，沒那麼多深思熟慮；捷思可以幫助人們以比較順暢的方式面對每日生活。但是這樣的思考不完美，通常也不夠理性。㊷

　　Schwarz 的實驗中要求參與者寫出「表現的有主見」的經驗。人們在做出有關自己或他人的判斷時，確實都用到便利捷思。例如被要求寫出六個主見行為的受試者，這麼做很容易，就認為自己相當有主見，但是當被要求回憶起十二個例子，發現要想到這麼多例子並不容易，因此都顯示自己不是很有主見。㊸

　　不要小看「下意識思考」的威力，例如「雞尾酒會效應」。在參加宴會時，雖然專注於眼前的人，與之對話，但仍下意識地監聽其他人的對話，以免錯過重要訊息。剛剛看過的字也影響判斷，例如 Shariff 與 Norenzayan 的實驗，要求參與者使用其提供的一些詞彙填空完成句子，例如 felt、she、eradicate、spirit 和 the，可完成句子 "she felt the spirit." 接著，讓參與者以為進行另一個分錢遊戲實驗。參與者領到十個一美金硬幣，並且要決定分多少給另一名參與者，剩下的自己留著。在看到與「上帝」有關之詞彙那一群受測者中，平均分給他人的錢（平均 4.56 美金）遠超過看到中性詞的人（平均 2.56 美金）。㊹

　　大家都知道「少吃多動」是減肥的好辦法，但為何不容易做到呢？因為「保留體能」是根深蒂固的想法，若要從事大量耗費體力、又非生存必須的活動，就須賦予它更明顯強大的心理誘因。但如何培養好習慣呢？有這樣一個實驗：A 組受試者拿到的說明是用簡單清楚的「每日規律運動」黑體字印刷，B 組學生拿到的則是草體字印刷的版本。心理學家等兩批受試者讀完說明後，再個別詢問讀後的感受，包括你認為每天做這些運動可

能要花多久時間、運動是否容易進行、會不會很乏味，以及你覺得自己有沒有可能在日常生活中持續運動等等。Ａ組受試者（好讀版的）會覺得持之以恆運動是容易達成的，而他們也比較願意付諸實行。相反的，Ｂ組受試者就顯得興趣缺缺。⑮

　　維吉尼亞大學的心理學家做過一個實驗：請受試者站在不同坡度的山腳下，估算坡道的陡峭程度。維吉尼亞州政府規定任何馬路的坡度不得大於９度，參加這個實驗的受試者大都是當地大學生，理應知道這個規定。但大家估算出來的結果還是大不相同，甚至有學生估計眼前陡坡的坡度高達 25 度。為什麼會產生這種誇張現象？眼前的視覺觀察蓋過理性瞭解。受試者為什麼會高估坡度？或許因為遠古生活艱苦，老祖宗已經將「保留體能」變成本能，所以害怕攀爬，自然就不自覺高估了山的坡度、高估攀爬需要的體能。這種觀察後產生的捷思稱做「視覺性捷思」，所以站在山腳會高估坡度。如果站在樓頂，往往會錯估自己和地面間的距離。⑯

參、改進社會認知

　　全然合理的行為比自己想像的還稀少，為了要增加合理的行為，下列的努力是必要的。

一、多些高費力思考

　　人們以為自己具有控制行為的意識，只是自創的幻覺，表現出來的行為其實是被本身的自動化思考和外在環境所控制。多數時候總是用「低費力：自動化思考」，它是下意識、無自覺、非自主且不費力的，快速形成對人的印象，也能幾乎毫不費力騎車或開車。自動化思考將目前面對的情境與過去經驗連結，藉以理解目前的情境。但要訓練自己改進認知的能力，訓練高費力思考。高費力是控制式思考，以有意識、刻意、主動，又分為幾類：首先是虛擬式推理，在心理上改變過去的思考框架。其次是虛擬式思考，在心理上改變過去事件的某個環節，以不同的方法想像事情。第三是抑制思考：透過監控歷程與操作歷程，避免想到該忘記的事物。⑰

二、轉換資訊處理方式

　　將以類別為主的資訊處理轉變為以個別化資訊處理，有助於改進認知。人們通常以兩類的資訊來源形成對他人的印象重點是：1.身分類別（如性別、族群、年齡）；2.個別化（individuating）詳細特質（例如誠實、健忘）等。到底哪一項資訊來源是造成印象形成的主要因素？Fiske與 Neuberg 提出印象形成的連續模型（continuum model of impression formation），重點是：知覺者對他人的評估落在連續的面向上，一端是類別身分為主的評估，另一端是個別化的反應，有時偏一端，有時偏另一端，若要偏向個別化，需強化三種特質：詮釋的（interpretation）、動機的（motivation）與關注的（attention）。當自己看到一個人時會有更多詮釋、更強動機、更關注，比較能注意到對方的獨特性。[48] 這樣的觀念對社會工作者、諮商輔導者而言非常重要，助人工作更需要用個別化面對每一位案主，不應籠統地歸類，而須多注意到個別的差異。

　　有助於引發個別化的力量還有三方面，一是結果依賴（outcome dependency），集中於一個目標，參與者和目標對象一起從事須共同判斷的工作。二是知覺者的責信度（accountability），知覺者相信他們必須對第三方合理說明自己的反應，並對他們的印象負起責任。三是精確的指引。[49] 對社工的個案服務來說，要設法與案主一起工作，共同判斷，又須強化自己的可信度，也就是「責信」。若要給予案主指導，務必要精確。

　　用沒有偏見的反應取代刻板印象的想法，可設法產生「非連結模型」（dissociation model），當出現自動化的印象時，設法不連結到刻板化印象。Macrae 與 Bodenhausen的研究顯示：如果知道下意識偏見所造成的影響，如果有減少偏見的動機，如果有足夠的時間去反應，都有助於降低偏見。[50]「時間」是處理資訊的最重要因素，如果有充裕的時間思考，通常能減少偏見。

　　我們應避免啟動自己對個人或團體的刻板化印象。這並不容易，因為已經習慣用直接簡單的思考方式，採用捷徑慣了，要調整必然有難度。Wegner 以實證研究發現：當我們壓抑不想要的想法時會產生兩種重要的心智歷程：[51]

1. 意圖運作過程（ironic operating processes, IOP）：刻意尋找讓自己分心的想法，以免想到不該想到的。

2. 反諷監控過程（ironic monitoring processes, IMP）：尋找想遺忘想法的證據，將壓抑的想法維持在前意識的水準，希望以自動化的過程使某些想法不再持續。

　　我們都知道也都有這樣的經驗：在某些情況下，愈是嘗試壓抑刻板印象，愈不容易成功。甚至被壓抑的刻板印象反過來有更大的影響力，此種作用稱為「反彈效應」（rebound effect）。不過，假如有較強的動機來避免偏見、比較快速找到替代的想法，確實可能減少刻板化印象。

第5章

社會自我

　　無數人當獨處時，理想、使命、信念等浮現心頭，認為自己應該用高標準來面對考驗，應該過一個有道德的人生，不說謊、不騙人、不卑躬屈膝……。但只要進入人群之中，很自然就說謊、騙人，刻意討好人。要不媚俗，絕非易事。例如，有空堂去圖書館看書很難，與同學聊天很容易。在宿舍裡，要持續安靜讀書很難，結夥去買宵夜很容易。週末去享樂很容易，靜下心來讀原文書很難。交作業，上網 Google 很容易，自己構思仔細找資料再用心寫下來，很難。願意把課本反覆研讀，理解其中重點的同學，總是有限。不過，每位同學總是可以找到一些說法，證明自己還不錯，「自我感覺良好」是常常出現的經驗。

　　在學校裡、在職場上、在政治圈裡，無數人遇到比自己權力更大人物時，像是小狗，搖尾巴討好對方。少有人能堅定自己的理念，說該說的話。勇氣來自信念，需時時培養，聖經裡有一位自年幼就勇敢的但以理，他被陷害丟進獅子坑，但獅子沒有吃他，也許獅子覺得這個人是自己的同類，非常勇敢。

　　自我太豐富太有趣，是心理學的核心。社會心理學特別看重「社會自我」，是在社會情境中的自我。在人際互動的環境中瞭解的自我更真實，也可以透過他人的刺激來提升自我。又要避免自我感覺良好或自我欺騙，誠實面對各種角色的考驗。

▶ 第一節 ▶ 自我

壹、豐富的自我

　　自我與認同屬於同一組概念，在美國常用「自我」（self），在歐洲常用「認同」（identity）。[①] 此名詞涵蓋了一組社會心理學概念，包含想法、感受、動機等，反映一個人對所處社會世界的理解，進而有適當的角色扮演。自我的內容包括自我的認知表現、賦予個人經驗與意義、個人與他人的關係等。它組織了過去的經驗，並解釋了社會環境中刺激的意義。

　　你我都有個人認同，又有社會認同。個人認同（personal identity）以自身為主，透過在團體內部的差異將自己定義為獨特的個人。社會認同（social identity）來自團體之間的差異，內團體（in-group）是自己所屬的團體，外團體（out-group）是自己不屬於的團體。個人認同是自我認同中，由個人經驗、個性與能力所衍生的。社會認同則是自我認同中，由個人所屬團體、類別所具有的價值衍生的。[②]

　　一個人自我概念來自社會團體的成員身分，因為不同的身分，有了不同的價值與情感依附。因為有依附感，總是認為自己所屬的團體比其他團體來得好，如此刺激團體間的歧視及衝突，許多的攻擊也因此產生。如果刻意將個人認同轉變為社會認同，加強了團體內的相似性與團體間的差異性，稱為「去個人化」（de-personalization），在集權國家，常出現這樣的做法。「去個體化」（de-individuation）則指失去認同（loss of identity）。[③]

　　個人對自己常有不同的理解，要看在特定時刻裡的位置為何。個人認同的一端，指將自己視為獨立個體的時候。社會認同的一端，指的是以特定社會群體的成員身分來思考自己。個人認同的自我描繪本質上是群體內（intragroup）的，和自身共享群體成員身分的其他個體有所比較。在社會認同層面上的自我描述，本質上是群體間（intergroup）的。

　　自我的某方面會與特定背景特別相關，背景的特徵讓自我形成自我理解的身分認同，變得特殊。有些人會以特定的個人特質，或是以群體身分和與其相關的特質來歸類自己。其他人在語言上以不同特質提到我們，會

啟動我們以不同身分的方式思考自己。

　　別人怎麼對待我們，對我們如何思考自己具有重要的意義。就算我們可改變自我中導致他人排斥的那些部分，還是會抗拒對自己不好的人。在演化歷史與個人生命歷程中，最先浮現的自我層面是主觀的自我覺察（subjective self-awareness），這種覺察讓自己和物理環境之間做出區分。接著出現的自我覺察是客觀的（objective），將自身作為注意力對象的能力。然後出現的自我覺察是象徵的（symbolic），在語言中形成抽象的自我再現能力。④

　　角色模範（role models）是自己想模仿或成為的他人，會激勵自己投注心力模仿對方以獲得成就。一個人會做出自我改變，這類改變是因為情境因素而發生的。⑤ 改變可能因年齡增長而發生，隨著扮演的角色不同，會有不同的要求加在自己身上。自我改變的發生，是對參與其他社群的回應，因為開始遵從新的規範。生活上重大的變動，也會對自我概念造成巨大的影響。

　　與「自我」有關的社會心理學名詞很多，屬於基本概念的包括：⑥

1. 自我基模（self-schemas）：是關於自我的認知通則，來自過去的經驗，引導蒐集與自我相關的資訊，這些資訊包含在個人的社會經驗之中。例如若認為「獨立自主」這個特質最能夠描述自己，「獨立自主」就是基模。

2. 自我複雜度（self-complexity）：自我層面的數目、各層面之間的關連性，以及聯合起來的部分。

3. 自我知識（self-knowledge）：關於自己特質、能力、意見、想法、感受、動機等的知識。經由對自己行為的觀察、其他人對自己的觀察、自己與他人的比較等獲得。

4. 自我類別化（self-categorization）：形成認知上的類別，在不同的建構中顯示自己的認同，是基於比較所產生的。這樣的認同是有層次的，例如某位來自大甲的同學先確定自己是台灣人，然後確定自己是台中人，進而確定自己是大甲人。

　　整體來說，自我基模是自我概念中穩定的核心部分，自我類別化確定

身分，自我複雜度是比較動態也是較為外圈的。自我知識則廣泛多了，容易持續增加。

相關概念的有自我歸類理論（self-categorization theory），解釋作為一個團體成員的自我分類過程如何形成社會認同，並促發不同形式的團體身份。在比較時，常見三種可能：首先是「上層」（自我歸類的上層）（super-ordinate level），是社會分類中的整體性層級。人們將自己和其他人歸屬於同一類別（例如：我們都是人類）。其次是「中層」（自我歸類的中層）（intermediate level）是社會分類中的團體層級，用自己的社會認同來區分自我與他人（例如：男人、女人）。再其次是「下層」（自我歸類的下層）（subordinate level），是社會分類中的個人層級，用自己的個人認同來區分自我與他人的不同。⑦

用結構功能的概念，歸類偏向結構，屬於穩定的狀態。以下三個則屬於功能的，是變動的：⑧

1. 自我調節（self-regulation）：控制與指揮一個人的行為，以求達成願望，包含了目標設定、達到目標所要從事行為的認知準備，以及不斷地追蹤、評價與修正目標導向的活動。
2. 自我評價（self-evaluation）：和某種標準相比所產生的自我看法。
3. 自我彰顯（self-enhancement）：進行對自己有利比較的傾向。

對符號互動理論學者而言，自我是極其重要的概念。顧里（Cooley）提出「鏡我」（looking-glass self），分三個階段。首先，想像自己如何出現在他人眼前。其次，想像他人可能對這些外觀的評論。第三，發展出某些自我感覺，是想像他人對自我判斷的結果。布魯默（Blumer）認為自我是一過程，而非一事物，自我幫助人們有主動的行動而不僅在回應外在刺激。羅森保（Rosenberg）認為自我概念（self-concept）是個體所擁有思想與情感之整體，包含動機和行動者希望的目標。其中，兩種動機較之其他更為重要：首先是「自我尊嚴」，想像自己優秀；其次是「自我一致性」，保護自我、抗拒改變或維持自我圖像的意願。⑨

高曼（Golemann）提醒「自我認知」應包括：坦然述說自己失敗的經驗並帶著微笑說。世界變化多，擅長控制自己情緒的人能順應變化，比

較不會驚惶失措。自我究竟有何作用？主要包含四項：1.自我認識，自我察覺是以自我為思考對象，藉此組織與形成對自己的認識；2.自我控制，藉此策劃與執行決定；3.自我呈現，藉此嘗試在他人面前維持好的一面；4.自我辯護，為自己的行為找到說詞。此外，自我與激勵高度相關，自我激勵引導去收集訊息、調整並產生有意義行動。[10] 為了確定自我概念的正確性，需先確認自己的能力及性格，追求自我概念的一致性，當自我概念受到挑戰時，再重新肯定自我或修正對自我的評價。

一個人為什麼不斷用社會比較及歸因來評估自己，為何這麼渴望瞭解自己？可歸納出三個最主要的動機。說明如下：[11]

1. 正確性：會希望跟自己理解有關的訊息是真的，此為正確性動機（accuracy motives）。
2. 一致性：當得到跟自己有關的訊息時，會希望它與已知的訊息相符合，這是一致性（consistency）的動機，意味自我概念相對穩定。
3. 自我提升（self-enhancement）：保持對自己正向的看法並追求更好的自己。

在分類方面，首先可區分為「私下」或「公開」。自我最有趣的差別是「私下自我」（private self）與「公開自我」（public self）不同，私下的來自內在，主要是身體的感受、情緒、感情、想法與他人無法觀察到的心理。公開自我如行為、動作、言論，是其他人可以觀察到的特徵。兩者間必然存在差異，公開與私下的不同刺激產生自我意識（self-consciousness），試圖將外在行為調整成與內在一致。[12]

自我監控（self-monitoring）是按照外在線索（如他人的反應）或內在線索（如自己的信念）來調整自己的行為。高度自我監控的人進入一個社會情境時，常調整自己的行為，這些人具有高度的自我意識。

其次分為理想我（ideal self）與應該我（ought self），兩者必然有不同，稱為「自我差異（差距）」（self-discrepancy）。每個人都不斷調整自己的行為以求生存，為了達成願望而自我調節（self-regulation），從目標的設定、達到目標所需的準備乃至不斷追蹤、評價與修正，都在調節。

自己想要成為什麼樣的人，這是「理想我」；又應該成為怎樣的我，這是「應該我」。[⑫]

　　個人對自我的知覺都有三方面：「真實我（actual self）」（真正的樣子）、「理想我」（希望成為的樣子）以及「應該我」（應該的樣子）。[⑬] 自己及別人在這些看法上必然有差距。如果一個人符合自己的標準，他的自尊很高，相反地，如果一個人跟自己預期的相距甚遠，自尊就會受損。各種差距引發不同的情緒，例如真實我和理想我的落差會產生沮喪、難過、失望。真實我和應該我的落差則造成不安、生氣、焦慮和罪惡感，如果這個差距相當大，可能引發心理疾病。對於自我差距所帶來的負向情緒，可以調整的方法如：改善自己的行為、儘可能達到自己期望的標準、將標準訂在自己能力可及的範圍。

　　柯維（Steven Covey）在《與成功有約》中把自我概念包括為兩大類：1.獨立的自我觀：以自己內在的想法、感受和行動來定義自我，而不是以別人的想法來定義自我。2.相依互賴的自我觀：以和他人的關係來定義自我，並知覺到自己的行為經常受到別人的想法所左右。獨立自我觀追求自己的成功，相互依賴觀則看重團隊的成功。重點呈現如圖 5-1：[⑭] 獨立自我觀比較追求下方的成功，相互依賴觀則比較追求上方的成功。

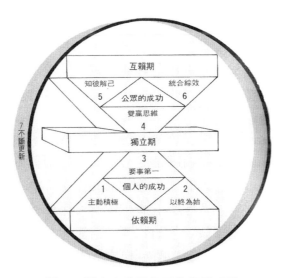

圖 5-1 獨立自我及相互依賴的重點

Kshima、Kashima 與 Aldrige分析文化差異對自我的影響，發現個人主義的文化偏向「獨立的自我詮釋」（independent self-construal），集體主義文化則偏向「相互依賴的自我詮釋」（interdependent self-construal）。前者重視「獨立我」（independent self），自我是自主性的個體，常以抽象、內在的特質來界定，如個人的能力、態度等，偏向內在觀點。後者重視「相依我」（interdependent self），個人鑲嵌在社會當中，以跟他人的關係、團體身分與社會角色來認定，屬於外在觀點。[15] Dov Cohen 認為東方人傾向對自我採取「外在觀點」，西方文化中成長的人則傾向對自我採取「內在觀點」。[16]

自我概念存在性別差異，女性比較傾向「關係相依」，較專注於親密關係；男性較傾向集體相依，較專注自己在大團體中的成員關係。公開發言時，女性較會提及私人關係，男性則較常談到大團體；女性報告較多私人關係事件，男性報告較多群體事件。[17]

▶ 第二節 ▶ 正向的

壹、自我暸解

「認識自我」是一輩子學不完的功課，社會心理學可以幫助自己學習這非常重要的功課，主要方法如下：

一、經由內省

內省（introspection）是檢視自己想法、感受、動機及特別行為的原因，不一定是關於自我的正確知識，比較像是建構概念的過程，發展出能夠被自己接受的描述。內省是往自己的內心深處探索，檢視想法、感受與動機等。如同論語中曾子曰：「吾日三省吾身：為人謀而不忠乎？與朋友交而不信乎？傳不習乎？」以此判斷自己的情況，並分析為何會有某些感受。

一個人若很少花時間想想自己，自身的感受或行為原因就受到隱藏，無法察覺。強調要注意到自己的觀點屬「自我察覺理論」，強調要集中注意力於自己時，會依自己內在的標準與價值觀來評鑑自己當下的行為。

你照鏡子，看到自己的鏡影，可能會察覺到行為與內在標準並不一致。如果能夠改變自己的行為，使其符合內在規範，便應努力如此做。如果認為無法改變自己的行為，自我察覺反而使自己不舒服，因為必須面對自我的不一致。當然，自我省察過去的行為及目前的想法，並不總是能得知為何自己如此感受的真正答案。

Heine 研究美國與日本的大學生，受試者被要求評量二十道對自己的敘述。美國人看到鏡子的影像，會觸發外在觀點，日本參與者的反應則好像「腦袋裡原本就有鏡子」，不需要真實鏡子。在鏡子前填問卷的美國大學生，比沒在鏡子前填問卷的美國大學生，更察覺到理想自我與實際自我的差異。[18]

二、經由觀察行為與情緒

一個人會藉由觀察自己的行為和該行為發生的情境，來推論自己的態度和感受。當不確定自己的感受或判斷行為是否反映自己真實的感受時，更渴望觀察自己的狀況。希望確認從事某項活動的內在動機，是源於喜歡該活動並覺得該活動有趣，而非由於外在酬賞或壓力。相對的是外在動機，指從事某項活動的欲望，是因為外在酬賞或壓力。若發現自己的行為起因於難以抗拒的外在因素（如可以獲得報酬），就會低估內在因素對引發該行為的影響力。[19]

情緒是一個人先經歷到激發狀態且感受到它的存在，接著因為難以指出自己生理狀態反應的原因，只好利用情境資訊來為自己的激發狀態做出歸因。「情緒的認知評價理論」說明：當未處於激發狀態時，情緒取決於詮釋或解釋此事件的方式。其中有兩項評價尤其重要：「你覺得這個事件對你而言是好是壞？」「你覺得是什麼原因導致這個事件？」[20]

三、經由記憶

自我在時間上必然有持續性，記憶非常重要。Klein 區分兩種記憶：

1.程序性記憶（procedural memory）：取得與保留知覺與認知的技能。 2. 陳述性記憶（declarative memory）：對與世界有關的事實與信念，又分為語意（semantic）與情節（episodic），語意記憶是一般的知識，情節記憶則是關於所經驗的事件內容是在主觀時空裡的自我（a reference to the self in subjective space and time），使個人對過去所發生的事情有意識的回憶，與自我持續性的感受密切相關。[21]

例如大學生對剛到學校那幾天的記憶特別強烈，對所遇到的人、所發生的事都特別難忘。對自己在其中所經驗的事件，格外難忘。

四、經由面對考驗

在「打地鼠」遊戲中，機器上有很多洞，地鼠從洞裡探出頭來，你拿槌子把它打回洞裡，然後又會有另一隻蹦出來，再用槌子把它打回去，很快的，另一隻再從另一個洞出現。在限定的時間內打到愈多的地鼠就愈厲害，如果在時間到之前全部的地鼠都打到了，就贏了。人生有時候就像玩這種遊戲一樣，讓人全神貫注，但又難以預測。總覺得自己應該有辦法應付人生中的每一件事，但許多問題總是說來就來，沒有規則可言。

有些人採取「固定心態」，認為自己只有一些固定無法改變的能力，對不斷產生的新情況束手無策。另一些人採取「成長心態」，堅信自己的能力可以鍛鍊，自己會持續成長。所抱持的心態導致成功或失敗，抱持固定心態者，遇到困境較容易放棄。

五、經由與人互動

人們會透過與他人的比較來瞭解自己的能力與態度，會選擇與何人做比較呢？通常會針對特定領域，跟那些背景和自己相同的人做比較，趨上型偏好和那些在某個特徵上比自己優秀的，趨下型傾向則和那些在某個特徵或能力上比自己差的人做比較，是一種自我保護。

貳、自我的提升

一、自尊

人都有自尊（self-esteem），自尊被馬斯洛（Maslow）認為是重要的需求，在需求層級中僅次於自我實現。自尊需求如：成就、名聲、地位和晉陞等，包括：對成就或自我價值的個人感覺，他人對自己的認可與尊重，積極用行動讓別人認同自己。自我實現（self-actualization，也可以翻譯為「自我充分發展」），是最高層次的需求，針對於真善美至高人生境界獲得的需求，是一種衍生性需求，希望發揮潛能。

自尊的定義是「自我能力和自我喜愛程度」，核心是自我肯定。自尊感是個體對自我形象的主觀感覺，可能是過分的或不合理的。形成的要素有安全感、個人感、歸屬感、使命感、成功感等，這些因素都與個體所處的外在環境密切相關，是個體由肯定的自我評價引起的自愛、自重、自信及期望受到他人、集體、社會尊重與愛護的心理。自尊源自於一個人對自身價值的評估，是自我概念中評價的部分。自尊也是全面性的評估，綜合了對自己各方面評價之後的結果，如果你覺得自己很好，那就是有高的自尊，與「正向的自我概念」是同義詞。[22]

自尊影響深遠，自尊較低的人對自己的看法較負向，自我概念不明確、不完整、自相矛盾，短時間內的變化起伏較大。在情緒方面，低自尊的人常沈溺在不愉快的情緒中，較容易出現的困擾包括焦慮、憂鬱、易怒、有攻擊性、憤世嫉俗、想遠離人群、不快樂、失眠、身心症狀。自尊低者的人際互動較差，不善於處理與他人的關係，自我意識太強，容易因別人的拒絕而受傷。因此，低自尊的人常常容易孤單。

二、自我效能

無數人都在持續從事自我調節，希望成為更具有影響力的社會人，至於能夠做到什麼程度與自身的信念或期望高度相關。如果認為自己有能力採取必要行動達到特定目標的信念，稱為自我效能（self-efficacy）。自我效能通常集中於特定領域的知覺及行動，例如努力讀書以準備考試。努力

固然是好事，也有代價，過於積極進行自我調節的代價很高，有時導致「自我剝奪」（ego depletion），消耗不少內在的動能。所以人在工作或讀書一陣子後需適度休息，否則會精疲力竭。[23]

自我評價（self-evaluation）是將自己行為、外表、能力或其他個人特質與內在的標準比較，也可能跟社會規範作比較。正向的自我評價或高自尊有助於培養健康的心智，可幫助自己成功。即使其中存在了一些不符合現實的「正向幻覺」（positive illusion），人們總是積極運用各種方法達到高度自尊並設法維持。Tesser提出自我評價維持模型（self-evaluation maintenance model），認為有三個變項扮演關鍵的角色：1.自己與他人相對的表現；2.自我與他人關係的密切程度；3.其他人的表現關連到自我定義的程度。[24] 首先在與他人相對表現方面，如果有一位朋友比自己出色，常採取的策略如：改進自己的表現、遠離表現比自己好的人、主觀上降低比較項目的重要性。但如果那個出色的人與自己的關係不密切，也不至於傷害對自己的評價。或者某個朋友的傑出不是自己投入的領域，自我評價也會是正面的，甚至可能覺得「與有榮焉」。

三、自我調整

「水往低處流，人往高處爬」，人們多數時候都希望自我提升（self-enchantment）與自我保護（self-protective），因此持續「自我改進」（self-improvement），為了使自己更進步、增加自己的能力，維護和保持自己的自尊。最常見的策略如自我辯護（self-justification），將自己的行為合理化。還有自我貶抑（self-disparagement process），利用低估自己的能力來降低失敗對自尊的打擊。

此外，還有以下作法，綜合學者的看法，整理為表 5-1：[25]

表 5-1　自我調整的作法

提出學者與年代	策略	概念	例子
Miller and Ross （1975）	自我偏私（self-serving attributions）	1. 將成功歸於自己 2. 拒絕為失敗負責 3. 選擇對自己有利的方式來提昇自尊	1. 我考得好是因為我用功 2. 我考不好是因為老師教得差
Berglas and Jones （1978）	自我設限（self-handicapping）	在已經知道會失敗的前提下，編造出會導致失敗的藉口。預期自己失敗，乾脆更加打混以便有藉口自圓其說	來不及準備考試反而在前一天通宵玩樂
Steele （1981）	自我肯定（self-affirmation）	常某個層面受到威脅，立即強調其他正向的部分	我雖然不是好學生，但我是值得信賴的朋友
Wills （1981）	向下社會比較（downward social comparison）	在某個部分將自己跟不如自己的人相比	我雖然考不好，還是比死當的同學好一些

資料來源：參考周海娟、郭盛哲、黃信洋譯

▶ 第三節 ▶ 負向的

 壹、自我感覺良好

一、自我中心

近年隨著 3C 產品的普及，「自拍」日益普遍。智能手機不斷進化，

愈趨輕巧的機身、前置鏡頭、能將相片輕易上傳至網絡，加上各類社交網站盛行，催化了自拍風潮。英語出版業龍頭的英國牛津大學出版社選出了"selfie" 為 2013 年的代表字，這個字尾 "-ie" 意思是「小的、可愛的」，加上 "self" 就變成 "selfie"，衍生成「自己裝可愛」的意思。「可愛的自己」當然要「自拍」，然後放到臉書上公諸於世。使用頻率單單從 2012 年到 2013 年就增加 170 倍。「自拍」由社交媒體上的時髦用語，一躍成為主流的簡略用語。

自拍是一種自戀，以及自我再創造的行為，其盛行反映了現在是一個「我世代」（The me generation），每個人都將自己看得很重要。新世代更可能自我感覺良好，由於網絡的發達，網絡上的自我很大，要甚麼有甚麼，上面有無限的自由及選擇。最主要的，在網絡中，自己必然是主角，不會是配角。

湯恩比：「人類一切的罪惡都來自我中心（egocentrism），包括生態環境上的人類中心主義。」自我感覺良好的人對自己能力的主觀感覺、看法總是與客觀事實有很大的差異。英文是 Self-complacency 或 Feeling so Good about Oneself，這個說法有時被用來揶揄一個人自戀，活在自我陶醉中，對現實有著不切實際的幻想，已經是一個流行的負面說法。[26] 一位自以為是的人，往往無視於旁人的想法，你可能會對他說：「你這個人真是自我感覺良好！」。

以往常見的說法是自戀（narcissism），形容自我陶醉的行為或習慣。narcissism 來自希臘神話，那耳喀索斯是俊美的希臘青年，他拒絕了女神厄科（意譯是回聲，是一名有絕佳嗓子女神）的求愛。那耳喀索斯愛上他自己在湖中的倒影，變成了一朵以他命名的花——水仙。自戀這個字帶有貶義，顯示誇張、自滿、自負、自我或自私。當用在一個社會團體的時候，它常代表精英感受，對他人疾苦的反應冷漠，甚至不聞不問。

在《自戀時代：現代人，你為何這麼愛自己？》中分析：自戀，是一種失控的思考。人們隨時自拍上傳網路、父母稱自己的孩子是「小王子、小公主」、名流藝人炫富、裸露，搏版面搶曝光，廣告催眠要顧客購物，職場同事無視團隊合作，政客自我吹捧，厚顏不顧民意，甚至罪犯為引人注目而公然行兇……。原因之一是將「自我欣賞」與「競爭力」這兩種美

國的核心文化價值觀結合在一起，很多人便認為，在競爭之時，永遠把自己置於最優先的地位。為了成功，必須充滿自信，專注於自己。㉗

　　自戀者喜歡自認為是無所不知的萬事通，持續出現「過分宣稱」（overclaiming）的表現。對自己的外貌、言談與消閒活動也是常「過分宣稱」，這些男性被稱為花花公子，是自負傲慢的人。英文"metrosexual"，由"metropolis"（都市）與"heterosexual"（異性戀）兩個字組合而成，指在大都市生活，對自己的外型及打扮十分注重的時髦男性。

　　自戀者熱愛勝利的滋味，可是在大部分情況下，他們其實並沒有優秀到足以獲勝。例如，自大的學生在學校，成績不見起色，也可能中途輟學。過度自信會造成反效果，自戀者難以接受批評和從錯誤中學習。由於掩飾自己的缺點，他們也喜歡怨天尤人，不檢討自己，又缺乏改進的動機，因為他們甚至相信自己已經達成目標了。

　　自戀者擅長獨自而非團體的公開表演。如果自戀者的表演能獲得大眾的認可與欣賞，會比非自戀者更加努力，也許表現得更好。有一個實驗室針對這一點進行測試，請一群學生在二十分鐘內盡量寫下刀子的用途。如果將每個人的名字標示在板子上，並寫出他們想出來的用途數目。由於是突顯個人的表現，那麼自戀者的成績很出色。不過，要是功勞只歸於團體，自戀者就不會很努力，表現相當貧乏。這種無法與團體共同努力的特質是自戀者在職場上的缺點，因為大部分工作都是靠團體的力量完成，個人成就不見得會獲得公開認可。㉘

　　台灣社會有不少自戀的人，與大眾的看法迥異。角度不同，看法有異，齊柏林的《看見台灣》，讓無數觀眾珍惜與感動。不過建商、觀光業者與政客透過這部電影看到的可能是哪些地方還未開發。林懷民的雲門作品《稻禾》動人，但有幾個人想到逐漸凋零的台灣農業？

　　考試時，學生煩惱自己讀的與老師看重的不同。月薪二十幾萬「爺們」部長的世界豈是月薪 22K 的人所能理解的？家庭主婦任勞任怨，省吃儉用，艱困地因應物價持續上漲與食用油的考驗，公務員卻不能體會。

　　每次政府出狀況，相關主管忙著「解釋」，卻難以「解決」問題。高官與奸商充滿藉口，有些說給別人聽，有時說給自己聽。成語中的例子

如：文過飾非、欲蓋彌彰、自圓其說、言之鑿鑿、言之成理等。不想幫忙找藉口稱為「推三阻四」，以各種藉口拒絕。不自量力、目空一切也可以說明這樣「自我感覺良好」的心態。

在人際互動時，心底知道別人的想法比自己高明，卻不會這麼承認，只要不是由自己構思出來的，就不值一提。一旦認定自己創造了什麼想法，會產生「所有權」的心理，高估自己的創意。此症候群有利有弊，利是我們更投入自己的想法，弊是難以接受他人提議。㉙

人們會為自己付出的努力辯護（justification of effort），為某件事情付出努力，會提高對該事情的喜愛程度。IKEA 公司就把握了人們珍惜自己努力成果的心理，認為投入了時間及精力，在完成後會特別喜愛此樣物品，因為它是別具意義的，往往還會高估自己的工作成果。但若是過程太過簡單，又會覺得這不足為奇，便不一定如此珍愛。㉚

Elliot Aronson 與 Judson Mills 的實驗主題是邀請大學生參與者自願加入一個讀書會，將定期討論「性心理學」的各種觀點。他們必須自願通過篩選，其中三分之一的參與者從事的是嚴格且不愉快的活動；三分之一則從事稍微不愉快的活動；最後三分之一無須篩選即可參加。研究結果發現：只付出一點或未曾付出努力就加入該社團的參與者，不太喜歡他們的討論內容。但嚴格篩選者，認同度、對團體的評價都特別高。㉛

Philip Zimbardo 進行一項實驗，軍中的新兵被要求吃下炸蟋蟀，作為野外求生的訓練之一。被嚴肅且討人厭的長官要求吃炸蟋蟀的新兵，對炸蟋蟀的喜好程度，遠高於被令人欣賞的長官要求吃炸蟋蟀的新兵。㉜

有些人保握了此種心理，政治人物、推銷者、演說者等都常不停說，愈說愈相信自己所說的，原本的謊言漸漸變成好像是真的。尤其是說出自認「無害的謊話」，更是振振有詞。運用「外部理由」，為解釋自己的失調行為而提出存在於己身之外的理由，是與態度相反的主張。「內部理由」則是藉由改變自己以減輕失調，為相反的態度辯護。

當一個人缺乏足夠的外部理由來解釋自己為何要克制自己，去進行自我說服，會說服自己接受此一信念，使自己對於拒絕作弊而失去某些事物產生了內部理由。

二、至尊男

人類歷史紀載許多強者，這些強者通常多是至尊族，商場中更是少不了他們。至尊族（Alphas），所謂「Alpha 人」，在社會場合或專業領域容易成為主導角色的人，或被公認具備領導所需特質和信心的人。用在職場上，代表一種強勢、權威的至尊人格型態。[33]

至尊男喜歡顯示大而無畏的領導力，至尊優勢無極限，但他的黑暗面也令人墮入深淵，這種複雜的特質稱為「至尊男症候群」（Alpha Male Syndrome）。其特質有如一條直線，一端是具毀滅性的行為，另一端是尊榮崇高的領導力。在職場中，至尊男的至尊傾向時而優異時而偏差，這也是令人又愛又恨的原因。

許多至尊男在很年輕時，就被認定是極具潛力的領導者，這個光環可能迅速產生「金童」症候群，讓他們自以為如天神般無所不能。當他們進入職場，個人成就讓他們自我膨脹，看不到別人眼中明明白白的人際問題，終致垮台。至尊男都積極進取、爭強好勝、成就導向。他們企圖大，目光遠，而且對達成目標充滿勇氣、信心。Ludeman 與 Erlandson 將至尊男分成了四類，展現特質的方式則各有不同：[34]

1. 至尊指揮官：如冷面鐵血的常勝將軍，能突破萬難，達成目標，不管在什麼賽局裡，至尊指揮官都渴望獲勝。每個至尊族都想獲得勝利，但至尊指揮官最為渴望。他們常是一流的激勵者，知道如何軟硬兼施，但風險是領導者或許因為強勢而獲得尊敬，但不肯低頭的強悍作風，卻常引發不信任、輕視，甚至報復。

2. 至尊願景家：如打造空中城堡的夢想家，胸懷大器，超出絕大多數人的想像範圍。至尊願景家運用感染力說服、影響並啟發他人。成功的至尊願景家將遙不可及的夢想和腳踏實地的執行力集於一身。

3. 至尊謀略家：如仗「識」欺人的資料王，思路清楚、判斷敏銳，擅長衡量複雜情勢。他們深謀遠慮，沙盤推演各種可能狀況，求客觀、重分析，常像章魚般同時處理許多事。但謀略型至尊男待

人接物的能力，通常遠遠不及處理資料那麼有一套。

4. 至尊實踐家：如滴水不漏的微觀管理者，生產力和效率是一流
的。他們只崇奉三件事：成效、成效、成效，只要界定目標，決
定方法，就會鍥而不捨地朝目標前進就行，但會強力鞭策別人、
緊迫盯人，誤以為懲罰比獎勵還能激勵別人。

以至尊指揮官為例，自認是超級英雄，想要看起來有自信、堅強、甚
至所向無敵。擔心自己要是不展現這副模樣，就會有損威信。至尊指揮官
習慣用威嚇做為管理工具，所以特別討厭暴露自己的弱點。因為要表現果
決，所以只根據自己的假設就行動，不去蒐集必要事證，也常忽略重要細
節。

辨識至尊男的方法有：1.別人問事情時，很難啟齒說「我不知道」。
2.我會想辦法讓別人知道我比他們聰明。3.我通常會誇大的經驗。4.還沒
找到解決方案前，我會想辦法掩飾我的問題。5.任何會破壞我形象的事
物，我會設法轉移注意力。6.對搞不清楚的事也會裝懂。7.即使不知如何
是好，我也想辦法維持果決形象。這樣的上司可能衝進你的辦公室、甩上
門、連珠砲似的破口大罵。

他們最大的挑戰是擴大關注範圍，自己要發光，也要讓別人發光；發
揮團隊力量爭取目標；用自己的能力和優點打動人心，也要用公平和同理
心贏得人心。即使站得高，也不應矮化別人；即使當家做主，也要授權；
博得喝采之時，也要表揚有功的人。除此之外，須以身作則，成為部屬的
表率，鼓勵團隊在共同的目標和資源下，和其他成員通力合作。[35]

貳、自我欺騙

但丁在《神曲》中提到七層煉獄表達七宗罪——色慾、饕餮、貪婪、
怠惰、憤怒、嫉妒、驕傲。其中，色慾、饕餮、貪婪、怠惰主要屬於
「習慣」，憤怒、嫉妒主要是人際之間的心態，驕傲的本質是「自我欺
騙」。[36]

最容易被騙的就是自己，自我欺騙（self-deception）無所不在，尼采

說：「最常見的謊言便是對自己說的謊；對別人說謊其實相對而言是罕見的。」自我不斷與自己做互動，例如控制意識與潛意識之間的訊息交換，以操控自己的行為。自我欺騙故意拒絕釐清內在的爭執，因為害怕一旦明白釐清那些爭執點的意義後，完整性會受到威脅。

　　心理分析也可能有自我欺騙的色彩，批評心理分析的人甚至認為有些剖析是靠著對自己說有關自己的謊而活著，特徵是「維生的謊言」。高曼（Goleman）從傳統的心理學觀點出發，認為許多人透過採信維生謊言，使心靈上模糊知覺意識以保護自己免於焦慮，例如以家庭和樂的神話取代不甚愉悅的真實家庭生活。他說：「你從一般人身上取走生活謊言，便等於是直接帶走了他的快樂。」[37]

　　Elliot Aronson 與 J. Merrill Carlsmith 進行小孩子對幾種玩具偏好程度的實驗，指出一種對方最喜歡的玩具，並且告訴他不能再玩了。半數被告知會受到嚴厲的懲罰，半數則只會受到溫和的懲罰。被嚴厲處罰所威脅的小孩，對受到的限制有了充分的外部理由，因此他們不需要改變對玩具的偏好。只受到溫和處罰威脅的小孩缺乏充分的外部理由，使他們需要「內部」理由，他們成功地使自己相信，不能玩那樣玩具的理由是他們並不怎麼喜歡它，如此產生了持久的改變。Freedman 的追蹤研究發現：幾週前施予溫和處罰威脅的小孩當中，絕大部分不去玩被禁止的玩具。實驗的結果呈現如圖 5-2：[38]

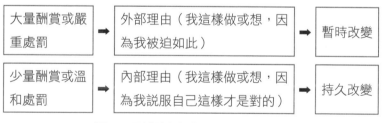

圖 5-2 影響暫時或持久改變的理由

　　與重視個人的社會相比，生活在重視團體裡的人，減輕失調的行為應該較不普遍。在日本文化中，接納不一致的態度被認為是表現出成熟與寬宏大量。Haruki Sakai 發現日本人不但在自己說無聊的工作「很有趣」之

後會試圖減輕失調，若看到一個他認識且喜歡的人說這樣的話，這名觀察者自己也會經歷失調。[39]

　　更進一步分析「我們往往只會看到我們想要看到的東西」、「我們看到的愈少，就會覺得愈安心愈踏實」、「會偏袒已知而且讓人感到安心舒適的資訊，而且相信比懷疑要省力」等心理，無數人總是活在「讓自己感到安全」的想像之中，無視於災難逼近，直到無法挽回的事實出現了。例如許多人把許多國家的財政危機當成茶餘飯後的話題，卻不在乎台灣正跟著財政出危機的國家的腳步前進。《大難時代》提醒：「我們會找藉口，粉飾太平，費盡心機保護我們的幻想，對於讓人不安或痛苦的事實視而不見，用幻想來捍衛生命。當我們不敢、不想或不能獨立思考的時候，問題將反覆不斷地發生。」各種批評踩到自己的痛處；當然，自己可以選擇不去讀它，繼續自我感覺良好。但是，有些國家直到破產的前一天，人民還是活在富裕繁華、歌舞昇平的生活之中。當老百姓陷入自我辯護的惡性循環，會失去成長與學習的機會；當政治領導者陷入此種循環，必然造成更大惡果。[40]

　　Taleb 以「黑天鵝效應」（The Black Swan）說明自我欺騙的後果。所謂黑天鵝，是指看似極不可能發生的事件，具有三大特性：1.不可預測性；2.衝擊力強大；3.一旦發生之後，人們會編造出某種解釋，使它看起來不如實際上那麼隨機，好像很容易預測。[41]

　　在應該注意普遍現象時，自己卻習慣只注意特定事件。我們習慣注意已經知道的事情，卻一而再再而三忽略自己所不知道的事情。因此，無法真正評估機會，很容易將事情簡化；而且心胸不夠開放，沒能重視那些能夠想像「不可能事物」的人。

　　欺騙自己，總是以為自己知道的比實際上知道的還多，無數人總是只看到無足輕重的事情，而忽略大的事件，以致重大危機繼續在驚嘆中出現。某些系統有很高的集中度，讓人有穩定的錯覺，其實這樣的系統有嚴重的脆弱性。例如「現代金融系統」鼓勵人們負債，要人從事借貸，這違反了反對負債的教條，無數人都被慫恿去借貸，去冒較高的風險。

　　社會上充斥著欺騙的論點，例如「規模經濟」，認為公司變大時可以省錢，變得比較有效率。這一類想法沒有證據支持，卻在集體意識裡廣為

流行。當公司變大時，看起來會比較「有效率」，但也比較容易受到外界偶發事件的傷害，金融風暴等偶發事件也屬於「黑天鵝」。某種不可預見的錯誤和隨機性衝擊，對大型組織的傷害，遠遠大於小組織。大型公司得到政府的支持而變得愈來愈大，也愈來愈脆弱，政府便在某種方式上受制於這些大企業。另一方面，美髮廳和小店家倒閉，卻沒人在乎。[42]

　　一個人在為自己得到的結果辯解時，會表現出自利偏誤。相對於抗拒接受負面結果，卻輕易接受在自己的成功中有重大貢獻的訊息。甚至人們表現出自利偏誤的不只是對個人所得到的結果，還包含了他們所屬群體的成就。

　　社會上充斥著為成功找理由的說法，因而處處出現「成功為失敗之父」的例子，人們傾向重複表現受到正向增強（positive reinforcement）鼓勵的行為。所以愈成功，收到愈多的正向增強鼓勵，也就愈容易認為：「我成功了，這就是我做事的方式。因此，我成功是因為我這麼做。」[43]。但 Taleb 提醒：在機率的觀念下，賺大錢的人可能只是運氣好的傻瓜，而賠錢卻也只是運氣不好罷了。現實生活中的成功與失敗，運氣的重要性常常被低估。一個人的大腦看到的世界，隨機性遠比實際要少，過去發生的事件，隨機性看起來總是比它們應有的水準低（稱作「事後諸葛偏誤」）。你可能有這樣的經驗：聽某人談起他的過去，會發現他所說的不少內容只是自欺欺人的心思，事後捏造出一番道理，再回頭去解釋。[44]

第 **6** 章

習慣與記憶

　　「學習產生習慣，習慣產生慣性，慣性產生性格，性格決定命運」是常見的說法，個人的習慣是學習他人而來，又受到環境的影響。近朱者赤，靠近什麼樣的人容易有什麼樣的習慣。從生活起居到環境安排乃至無助感等個人習慣，都不僅是自己的心理，也是環境的產物。從吃進去的食物到放屁、排便，都具有社會心理意義。

　　記憶也是習慣的產物，人人都常走心理捷徑，看自己想看的、聽自己想聽的、記憶自己想記憶的，因此很容易出現各種記憶錯誤。「理未易明、實未易察」，因為道理常被扭曲、事實常未被仔細檢視。各種事件都被選擇性記憶，又經過自己片面的解釋加以調整。記憶的錯誤製造無數問題，但人們總是「高估自己記憶力、低估自己犯錯的機會、錯估顯而易見的事實」。

　　無數的專業都面對記憶的議題，例如在犯罪偵防、司法審理、社會工作、心理諮商時，被告、原告、證人、案主等的說法、證詞有多少是真的？有時從初次記憶開始就是錯誤的，再加上偏袒自己的陳述，專業人士除非有夠好的社會心理學功力，否則難以判斷真偽。

▶ 第一節 ▶ **習慣**

壹、實例

2014 年 8 月最震驚的社會新聞莫過於台灣藝人柯震東和香港藝人房祖名因在北京吸毒於十四日被捕的事件，公安局在房祖名北京住處搜出大麻一百多公克，以容留他人吸毒罪遭到拘留，柯震東則因吸毒被行政拘留 14 天。原本以為是單一事件，後來房祖名透露有些大麻已持有兩年，從 2006 年開始吸毒，時間長達八年，首次吸毒在荷蘭，也獨自或和朋友多次在家中吸食大麻。柯震東也坦承第一次吸毒是在 2012 年，地點就在房祖名家。吸毒這種要命的習慣，常常是被朋友所引誘而養成的。

這說明了「鳥籠效應」，鳥籠效應（birdcage effect）此著名心理現象的發現者是心理學家詹姆斯。1907 年詹姆斯對好友物理學家卡爾森說：「你不久就會養一隻鳥。」卡爾森不以為然。卡爾森生日時，詹姆斯送了一只精緻的鳥籠。許多客人來訪，看見書桌旁那隻空蕩蕩的鳥籠，都問：「教授。你養的鳥什麼時候死了？」卡爾森一次又一次解釋：「我從來就沒有養過鳥。」然而這種回答換來的卻是許多客人困惑又不信任的目光。無奈之下，卡爾森教授只好買了一隻鳥。[①]

如果一個人買了一個空的鳥籠放在自己家的客廳裡，過了一段時間，他會買一隻鳥回來養。即使這個主人長期對著空鳥籠並不彆扭，訪客還是可能把怪異的目光投向空鳥籠，會問他這個空鳥籠是怎麼回事？終於他不願意忍受每次都要進行解釋的麻煩，只好買一隻鳥回來相配。因為買一隻鳥比解釋為什麼有一隻空鳥籠要簡便。即使沒有人問或不需要加以解釋，「鳥籠效應」也會造成心理壓力，使人主動去買來一隻鳥與籠子相配套。有時我們自己先在自己的心裡掛上一隻籠子，然後在其中填滿一些什麼東西。

另有個懶惰邋遢的人，因為收到朋友送的花瓶而啟動一連串的改變。剛開始，只是為少了點什麼的花瓶插上幾朵美麗的花，卻發現花與髒亂的桌子不相襯，於是動手清理桌面。又因為整體環境與清理過的桌子不搭

配，進一步動手清掃居家環境。看到的人都肯定他，這個人受到鼓舞，從維持環境的用心細心，拓展到生活其他面向，從此改頭換面……。一個好習慣，往往能成為帶動人生的力量。Duhigg 在《為什麼我們這樣生活，那樣工作？》討論「習慣的力量」（The power of habit）。一個人原本的壞習慣調整成較好的慣性行為，如「花瓶」般的驅動力，一波又一波產生持續帶動的力量。[2]

　　在時間的運用習慣方面，一群人的時間比個人的時間更具社會心理意義。「拖延」、「遲到」等令他人討厭的習慣，顯示複雜的心態有：自欺欺人、吸引注意、控制別人、頑固、消極抵抗、抗拒改變等。[3] 時間的運用更與社會文化密切相關，有些文化嚴守時間，如在德國，客人遲到是對主人莫大的冒犯；在拉丁美洲許多國家，準時反而是怪事。[4]

　　以「放屁」這個習慣來說，特別具有社會心理意義，每個人每天會排放大約 1.5 公升的氣體，但這普通的生理功能卻不是簡單的行為。男性通常比女性喜歡頻頻放屁，青少年尤其喜歡公然放屁，透過混濁的臭氣體顯示自己「攻擊、控制」了其他人。磨牙、大聲打噴嚏、挖鼻孔、吐痰等，也存在對他人攻擊的社會心理。[5] 在談判香港前途時，鄧小平在柴契爾夫人面前頻頻吐痰，讓這位英國首相頭昏腦脹，離開人民大會堂時還摔了一跤。

貳、習慣與社會心理

　　人是不會做自己腦海裡沒有印象的行為，習慣是刺激與反應間穩定性連結的產物，習慣的改變須改變刺激與反應之間的穩定性連結關係。重複學習才可能培養出符合要求的行為，有些行為要學習幾十遍才會養成。「習慣」（habit）表示人類行為中較固定、常出現的行為，可能是不斷學習而來，也與體質、氣質等先天因素有關。《英國牛津大辭典》認為習慣包括癖好、氣質、體質、習性、服裝……等等。習慣和個人的身分地位息息相關，不同身分、不同地位的人會養成與其社會角色直接相關的習慣……。

　　例如頻頻上廁所不只是生理現象，與焦慮恐懼有關。兒童乃至青少年

的尿床是尷尬的習慣，戒斷不易，造成困擾，家人也可能加以處罰。設法透過學習培養出好的習慣是教育的目的之一，但有些人在學習過程中頻頻遇到挫折。例如有些校園裡的霸凌，源自於施暴者對學習挫折的反彈。進入職場，老鳥欺負菜鳥，也是某些人的壞習慣。

　　習慣固然是個人的行為，更充滿社會的意義，社會壓力是引起重複行為的關鍵因素。來自身邊的人及環境的壓力促使情緒劇烈變化，某些習慣行為因此持續出現。環境也影響習慣，如果在擁擠不堪、缺少私人空間、溫度不適的環境裡，容易變得焦躁不安。「吃甜食」是普遍的現象，在 *Journal of Applied Social Psychology* 的一篇文章，作者凱森克萊發現：充斥電話鈴聲、印表機運作聲、同事說話聲的辦公室裡工作的婦女，會比一般婦女吃下兩倍的「高脂肪慰藉食品」。大量的甜食往往是需要關懷的人更渴望的，例行無聊的工作則使人希望多吃又酸又辣的食物。⑥

　　以「上大號」這人人都要作的習慣來分析，為了維持生體機能，必須靠飲食來攝取營養，當然也要靠排便來清除身體裡的毒素。有進有出，是最理想的狀態。大學生以外食族為主，離開家裡後，三餐幾乎都外食，又沒有父母會盯著幾點上床睡覺，這樣生活型態的轉變會對排便造成什麼樣的影響？「進」的時間若不規律，睡眠的時間不規律，「出」的狀況也很可能不規律。

　　有時排便無法如想像順利，造成「便秘」，外食者膳食纖維的攝取量少，導致排便次數減少、糞便乾硬，排出困難，或有便意，或糞便軟，排不乾淨的感覺；或排便量少且需費力才能排出。與便秘相反的「腹瀉」，造成的原因可分為生理、心理與社會等，生理部分引起的原因，可能是飲食或疾病；心理部分則與壓力較為相關；社會部分與環境密切關連，如廁所是否乾淨。⑦

　　謝佩宸在「大學生活型態與排便習慣相關性」的研究中發現：雖有半數以上的受試者每日有排便習慣，但排便時間並不一定。男生較女生傾向每天在固定的時間排便，而排便時的排氣、腹痛、腹脹及腹鳴程度卻比女生高。女生比男生容易排便，但是糞便乾硬程度卻比男生高。均衡的飲食是建立良好排便習慣的基礎，若飲食中的膳食纖維與水分不足時，容易引起排便問題，當膳食纖維攝取量增多時，糞便通過腸道的平均時間縮短，

排便頻率增加，而且糞便也較軟。

男女的飲食狀況上有所差別，男生在每天都吃蔬菜、油炸食物的攝取、吃宵夜次數皆高於女生；而女生則在吃瘦肉、吃早餐、點心習慣高於男生。兩性普遍存在早餐的選擇不夠均衡及多樣、鈣質與蔬果的攝取不足等問題。在生活壓力方面，當交感神經啟動後，會造成骨骼肌肉收縮增強、血壓上升、支氣管擴張及呼吸加快等現象，以強化戰備能力。此時會提供身體所需之能量，部分器官系統功能（如消化及免疫等）相對受到壓抑，而出現胃酸分泌減少，供應皮膚及腸胃的血流減少等變化，抑制胃排空及促進結腸通過時間，造成排便功能出現障礙。謝佩宸還發現：壓力與腸道不適的天數和因腸道症狀求診的次數明顯相關。壓力過大時，會使腸內菌相產生變化，造成腹瀉或便秘等症狀。整體來說，女生的壓力大於男生，主要的壓力來源為人際關係，其次為學業壓力。

習慣反映出某種控制的心理，Gadd 指出：「每當受到恐懼驅使，特別想控制他人，當內心感覺惶恐，常希望透過控制周圍的人來使自己獲取力量。讓別人做更多的事情就顯示自己愈重要。相對的，若自己是被控制的一方，也會設法消極抵制。」[8] 青少年階段，控制別人的常見行為有：說謊、批評、吵架、生氣、喋喋不休、一再插嘴、吼叫等，甚至採取更激烈的手段：自我傷害、自殘、拔毛髮、反覆摳皮膚、啃指甲、故意偷竊。

這些習慣行為的出現次數、嚴重度或持續時間增多，會妨礙日常生活的順利運作、個體主觀上感覺難為情、他人也覺得個體所呈現的習慣性動作是不文雅的。世界衛生組織（WHO）出版的國際疾病分類第十版（ICD-10）中也特別區分出以「習慣」為類別的診斷分類——「習慣與衝動障礙症」（habit and impulse disorders），包含病態賭博症、病態縱火症、病態偷竊症、拔毛症及其他習慣與衝動障礙症 [9]。ICD-10 的診斷分類中，物質濫用、飲食性疾患、社會性畏懼症……均屬於不適應習慣。[10] Gadd 提醒：「一旦我們身上出現了消極的習慣，便意味生活失去平衡，某些方面出現了問題。一再反覆的各種習慣提醒自己哪些方面過得不順，又有哪些問題需要解決。透過瞭解自己的習慣，注意這些習慣背後的『安排』，有助於認識自己，從這些『安排』中走出來。」[11]

許多助人專業的目標是幫助心理不健康的人成為心理健康的人，方法

是把心理不健康者所欠缺的良好習慣一項一項培養，另外把不好習慣一項一項減少。習慣心理學取向的心理治療透過心理衡鑑找出不適應習慣，以適應性的好習慣取而代之。

　　社會工作者面對的棘手工作，有些是怪癖習慣的案主。例如「戀童癖」，這是常見的性變態行為。患者渴望滿足性慾，認為兒童特別具有吸引力又比較不會反抗，重複出現這種令人髮指的違法行為。近年來，許多神父被揭發有戀童的癖好，讓天主教的形象受損，但社工及司法等專業的介入常遇到困難。

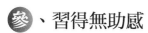、習得無助感

　　人人持續面對各種問題，需先理解各事物間的因果關係，從而學會如何適應甚至改變環境。若發覺這種因果關係不再存在，行為反應不能達到預期的效果，變得沒有意義，會引起一種不良的心理狀態，稱為習得無助（learned helplessness，或譯習得無助論、學得無助感，為描述學習態度或心理疾患的心理學術語）。最早的實驗是 1975 年由賓州大學心理系的教授馬汀塞利格曼（Martin Seligman）用了三隻狗與鞍具來試驗。第一隻狗被簡單加上鞍具，隨後解下。第二隻狗被加上鞍具之後，接受短暫但有痛感的電擊，狗可以經由碰觸槓桿來停止電擊。第三隻狗與第二隻狗並排，並也接受同樣的電擊測試，牠前面也有槓桿，唯一不同的是槓桿沒有停止電擊的作用。實驗結束後，第一隻與第二隻狗都迅速恢復原先的狀態，但第三隻狗則被診斷出有臨床慢性消沉症狀，也產生各種憂鬱的症狀。[12]

　　另一個試驗是將兩組狗放在吊床當中，第一組狗被輕微電流電擊，但牠們能夠停止電流，另一組的狗則無法停止。當這個吊床實驗做完之後，再將這兩組狗放到一個有障礙物的屋子，第一組狗在屋子中遭受電擊時，會設法跳過障礙物逃走。第二組狗在遭受電擊時，則不嘗試逃走，只會躺在原地不動。儘管狗看到第一組的逃走了，也知道自己能逃走，但牠們並沒有嘗試。在其他實驗當中，還用了不同的動物，結果都相似。在所有試驗中，歸納出造成習得無助感最主要的原因是「心理上認為自己無法控制

某件事情，進而產生了消極的行為。」[13]

　　在與人有關的實驗方面，一個人坐在一間有噪音的小房間裡，如果找到可停止噪音的開關，並能關掉噪音的來源，試驗者的心理狀況就加強了。他意識到自己可改變周遭環境的心理狀態，就與習得無助感相反。

　　「習得性失助」是經過某些事情後學習得來的無助感，意謂一種消極行為，其中被動的因子占相當多數。容易造成習得無助感的環境主要是「各種機構」，如精神病院、孤兒院、安養機構。在婚姻暴力與兒童虐待事件中，也常出現受虐者無奈持續忍受暴力的現象。[14]

　　習得無助的心理將負面事件起因解釋為於穩定、內在與全面性因素所帶來的悲觀狀態。在詮釋負面事件時有三種常見的歸因方式： 1.穩定式歸因：認為倒楣的事不會隨時間而過去； 2.內在式歸因：事件起因於自己，總是認為自己的能力或努力沒有用； 3.全面式歸因：事件起因於廣泛適用於不同情境的某些因素。[15]

　　有習得無助感時，會從三個角度來處理問題，也就是： 1.個人（personal）：將自己投射到問題上，傾向將問題歸咎來自己。 2.普及（pervasive）：問題影響了生活中不同的層面。 3.難以改變（permanent）：會認為問題是不可能被改變的。[16]

　　針對這幾個 P 如何改變呢？有四個「F」，首先是對焦（focus）：確認問題的性質，集中探討問題的關鍵點；其次是彈性（flexibility）：靈活思考，想出不同的解決方案；第三是友善（friendly）：對自己與對他人都好一些；第四是迅速（fast）：不要讓問題拖延。

▶ 第二節 ▶ 事件的記憶

壹、實例

　　Loftus 進行了一個研究，要求 24 位學生在感恩節假期中，設法讓兄弟姊妹對特定議題產生回憶，並將對話過程錄音。她為每一位準備手冊，

內容包含四則年幼時經歷的事件，其中三則需由家人提供，一則是在購物中心迷路的經驗。手冊中記載個人經歷，必且依據記憶寫出相關細節，若不記得有此事，只需寫下「我不記得了」。結果呢？其實多數受測學生並未在購物中心迷路，但有六位鉅細靡遺描述情景，憑空捏造出細節。另有一項研究主題是「曾經遭到凶惡動物攻擊」，有將近一半的受試者都詳加描述，其實很多記憶都是假的。

記憶容易錯，更容易遺忘。為什麼有時看到一張明明十分熟悉的面孔，卻記不起名字？為什麼有時會把鑰匙放到莫明其妙的地方？為什麼有些以前發生的事在腦海中無影無蹤？為什麼反覆想起其實希望遺忘的痛苦回憶？又該如何避免或預防記憶系統中這些惱人的毛病？這些人際互動都與「記憶」直接關連。⑰

貳、記憶可靠嗎？

意像（image）是指記憶中以往感覺經驗的重現，例如想到蘋果就想起蘋果的樣子。「記憶是人生旅程的深淺足印。沒有記憶，我們的過往只是一片空白，任憑他人詮釋註解。唯有記憶，才能證實從古至今，人類繁衍存續，非虛幻夢境。」⑱ 然而，記憶像詭譎多變的河流，或像狡猾的老鼠，行蹤難以掌握。

佛洛伊德對心智組織與人格結構提出「冰山理論」，劃分為意識、下意識和潛意識三個層次。意識層有如海面上可見的冰山，而下意識層相當於漲退潮時落差之間的冰山層，潛意識層則是位於深不見底的深層區域，是整體人格的最大部分。潛意識常在自己不知道的時候浮出來控制或是為自己做出決定，多半是長時期的訓練生活下某種環境或是文化裡的產物。如何避免因潛意識做出錯誤的決定，甚至控制潛意識，幫自己做出正確的判斷，有賴如何認識潛藏在意識之下的我，而這部分的我與表面上的自己，有很大的不同。⑲

在記憶方面，意識包含個體在當下隨時可知覺到的現象及可察覺的意念，是合乎邏輯的、理性的思考，占心理層面最小。下意識無法時時察覺，但只要稍加注意，藉由「專心專注」的聯想方式加以回憶，就可將它

帶入意識中，變成可知覺的意識現象。前意識以經驗與記憶為主，但一時無法想起。由於經驗或記憶的屬性有苦有樂，個體存在壓抑痛苦經驗的內在力量，使其進入潛意識而不再想起。例如對於特定經歷或特定事實的記憶，平時不會一直感覺到存在，但在必要時或出現相關線索時，便突然想起，彷彿啟動開關就觸動。

　　記憶不是錄影機，照相機或電腦的磁碟片，無法忠誠記錄自己的過去，記憶和知覺一樣，受到既有觀念和知識架構的影響，大腦會以推論方式填補故事中的漏洞和細節。記憶包含了事實和虛構，是重新建構的歷程。記憶需要足夠時間，速讀只是瀏覽，記憶需要神經迴路花時間活化。

　　傳統上把記憶（memory）分為感覺記憶（sensory memory）、短期記憶（STM）、長期記憶（LTM）。Brenda Milner 根據腦部的運作找出記憶系統的類型，包括程序記憶（procedural memory）──動作技能的潛意識記憶；語意記憶（semantic memory）──理解事物內容的記憶；陳述記憶（declarative memory）──對知識訊息的記憶等，不同類別的記憶儲存在不同的記憶區塊裡。例如即使自己想不起某個人的姓名，還是知道怎麼騎車回家。[20]

　　Larry R. Squire 區分記憶為兩大類，第一是陳述性（declarative memory，又名述說記憶、宣告記憶），與外顯記憶（explicit memory）相近，是長期記憶的一種。以事實、念頭、事件的記憶為主，可以把記憶帶回意識，可回憶出來的，如所說的話和視覺的影像。這是人們平常所謂的記憶，能夠明確想起某個事件或事實。陳述性記憶又分成兩種：語意記憶和情節記憶，抽象知識主要是語意記憶，用來儲存獨立於個人經驗的事實性知識，如對食物、地理區域的。與個人經驗有關的情節記憶，用來儲存附加於特定事件的資訊，尤其是生命中的關鍵事件，常提供語意記憶系統基本支持。第二是程序性，與陳述性記憶相對，是程序記憶或內隱記憶，屬於無意識，不能被表述的記憶形式。非陳述性記憶也是來自經驗，以行為的改變來而非以回憶來表達，是潛意識的。在學會一個技能後保留一些記憶，可以想像自己在做這件事，然而做這件事本身與意識的回憶是兩回事。[21]

　　人們由短暫記憶變為長期記憶的過程，可分為工作記憶（working

memory）、情節記憶（episodic memory）及語意記憶（semantic memory）。㉒長期記憶可分為內隱記憶（implicit memory），或稱非陳述性記憶（non-declarative memory）以及外顯記憶（explicit memory）或稱陳述性記憶（declarative memory）兩大類。兩者之間最大的差別，在於「意識知覺」（conscious awareness），指回憶的意識狀態中，意識涉入程度的多寡。

外顯記憶者是有意識去回憶過去發生的事情，掌管事件、語意，是陳述性記憶、知道事實（knowing that）、有記錄的記憶。內隱記憶是自動化和反射反應的，掌管視覺表徵，是程序性記憶，重點是知道怎麼做（knowing how）。沒有記錄的記憶無法察覺，是會影響想法與行為的知識，卻是不需意識或加以知覺的。藉由回憶之前的經驗可提升目前的工作表現，但在使用這些記憶時，並不會意識到自己正在回憶它們，在回憶過程中亦不需覺察正在使用記憶的狀態。

非陳述性記憶基本上是反射性的（reflexive），而不是反思性的（reflective）。例如騎腳踏車，剛開始要記住許多細節，一旦熟練了，就不反思，每一次都可以熟練上路。㉓籃球選手打球、鋼琴家彈奏樂曲、讀者閱讀文章時，都常無意識記起每一個步驟，很自然就使用內隱記憶。提取內隱記憶時，並未自覺自己正在「記得」如何做這些事，無需任何意識努力就可取得。內隱記憶主要是反映出先前經驗，腦部對單一子系統所產生的由下往上的（bottom up）無意識效果，也可能影響到幾個腦部子系統之間的互動。㉔

外顯記憶是長期記憶中可被提取的知識，是可用回憶法或再認法測出察覺的記憶。個體通常是處在意識的、能知覺的狀態，在回憶時需使用意識才能提取記憶（「我知道我正在回想」）。例如去找工作須填答資料時，必須藉由回憶或再認以找到答案。外顯記憶反映出從多重訊息處理腦部機制中從上而下的（top down）、同時的訊息提取。訊息的大量整合（例如知覺的、語意的、時間的、空間的）是個體在有意識回想先前經驗時所必要的。通常個體對於訊息的編碼（encode），須提取混合運用內隱記憶和外顯記憶。㉕

電腦的編碼基礎是二位元碼，就是 0 與 1。大腦依賴大量神經元的合

作，來表現並形成經驗，用來形成記憶的結構體系，也可以用來將大腦的電脈衝集合，轉換成知覺、知識與行為。人們利用強烈的事件刺激記憶的產生，然後記錄神經元的活動方式。記憶是如何編碼的？錢卓透過五個步驟來說明，首先是記錄各種經驗，其次應用模式辨識演算的法則，第三步是找出編碼單元，第四是發現記憶的結構，第五是將腦活性翻譯成二位元的編碼。每個特定事件由一組神經元簇（neural clique）來表現，編寫出不同特性的代碼。神經元簇是一群神經元，會對某特定事件產生類似反應，因此成為穩定的編碼單元。例如以 1 代表某種神經元簇的活化，0 則代表沒有活化。若將神經子群的活性轉換成二位元碼，這種腦訊號的數位化可以做為基礎，將思想與經驗分門別類編寫成心智密碼的工具書，也可用來比較人與人之間的差異。㉖

參、歷程及錯誤

整體來看，一個人能夠「記住」及「憶起」各種訊息，需要三個重要認知歷程：第一步，將訊息放進記憶中，稱為「登錄」；第二步，保留訊息，稱為「儲存」，通常先存於短期記憶系統，該訊息若經由重複刺激或練習，則會進入長期記憶系統；第三步，記憶的再現，稱為「提取」。社會心理學的研究中，更注意到記憶與社會狀況的相關性，對事件的記憶過程是：㉗

1. 登錄——人們將注意力放在環境中之資訊的歷程。例如犯罪事件經常發生在訊息難以辨識情況之時，總是快速、出人意料、視線不良。人們所注意的訊息也會受到心中期望的影響，多數人幾乎無法察覺意料之外的事情。即使注意到某個人或某件事，如果不熟悉，也無法清楚地記得。這方面存在「同族記憶偏差」現象，人們比較擅於辨識同種族者的臉。

2. 儲存——人們將獲取自周遭環境中之資訊加以貯存的歷程。一旦訊息進入記憶後，很可能就停留在那裡，不會改變，直到以後令人再次想起。也會出現「改造性記憶」現象，當再接收到其他資訊，導致某些記憶受到扭曲的歷程。當一個人目擊某一事件之後

再得到的其他資訊，可能會改變對此一事件的原先記憶。另一種狀況是「來源監控」，試圖辨識記憶來源的歷程。如果能夠記清資訊的來源，就不會產生錯誤。

3. 提取——人們喚起記憶中資訊的歷程。如同記憶的收錄與貯存可能會產生問題，人們在回想資訊時，也可能產生各種問題。例如目擊證人會從嫌疑犯群中指認出最像兇手的人，儘管兩者之間的相似性可能不高。任一階段出問題，都可能造成記憶障礙。若是在「登錄」時出了問題，若注意力不集中，連「記」都沒記好，當然「憶」的不正確。

美國哈佛大學心理學系系主任，以記憶為專攻研究重點的 Schacter 把記憶所出的差錯分為七項，參考賴其萬的整理，進一步說明如下：㉘

1. 健忘（transience）：丟三落四，隨著時間而記憶褪色或消失或減退。

2. 失神（absent-mindedness）：心不在焉，忘東忘西，因為注意力與記憶之間連不起來，沒有記住該記住的事。例如一位全美國記憶冠軍的小姐，她可以記住數千個數字、字彙、好幾頁不同的臉孔和姓名、冗長的詩篇、各式的撲克牌組合，然而在日常生活裡，她因常失神而健忘，需靠便利貼來提醒自己。

3. 空白（blocking）：腦子裡努力想找出某一資訊，卻怎麼也想不起來，但事後又突然間想回來。

Schacter 將前三者歸類為「不作為」（omission）之罪，明明希望想起來的事實、事件或觀念，卻偏偏想不起來。另有四者屬於「作為」（commission）之罪，記憶看似存在，卻是不正確的，說明如下：㉙

1. 錯認（misattribution）：張冠李戴，記錯了源頭，誤把幻想當作真實。這方面的狀況很多，例如常常會把某人錯當另外一個人，有時會「記得」根本不曾發生的事，有時會對發生過的事記得清清楚楚，但卻弄錯了時間與地點，而不自知。

2. 暗示（suggestibility）：受到外界的誤導而扭曲，在喚起過去記憶

時，因受到某種引導性問題、評論或建議的影響，而使記憶扭曲。因暗示而誘發虛構的記憶容易製造嚴重的問題。例如在刑事辦案時，由受害者從一排嫌犯中，指認出加害者的方法非常不可靠，警方應該修改徵詢目擊者的方法，又避免提出具有暗示性的問題。目擊者面對一排供指認的嫌犯所產生受到暗示的問題應深入檢視，對於催眠後所獲取的訊息也應保持疑慮。對於「虛構記憶併發症」或「記憶不信任併發症」等，許多個案指認童年時代曾經受到親友，甚至是神職人員的性騷擾，日後卻證實這完全是虛構的記憶。

3. 偏頗（bias）：根據自己目前的認知，重新編輯甚至全盤改寫以前的經驗，以「現在」的感受改變了「當時」的情景。人們很難避免有刻板印象，特別是種族歧視，往往根植於個人過去的記憶，難以有深度的檢討。

4. 糾纏（persistence）：明明想澈底忘掉的惱人事件，一直無法釋懷，卻一再反覆想起。例如出現「創傷後壓力症」（Post-traumatic stress disorder, PTSD），這種揮之不去的不愉快回憶對心靈產生莫大的影響。「失而復得記憶」是回憶起一件被壓抑或遺忘的過去事件。「錯誤記憶症候群」指人們可能會憶起過去的創傷，該經驗就客觀而言是錯誤的，但當事人卻信以為真。

記憶之罪還是有其功能，與其視之為思考系統天生的弱點或缺陷，倒不如認為它們提供了一扇窗口，使自己得以窺見記憶在演化過程中的適應狀況。記憶的錯誤會對日常生活造成干擾，令人警惕。Schacter 提醒：「我認為記憶七罪並非表示記憶系統的功能有基本缺陷，相反地，乃是因記憶所具有的適應特性所衍生出的副產品，可說是為了享受許多優越的過程與功能，而必須付出的代價。」「記憶七罪不僅是我們要努力應付的惱人麻煩，也可以讓我們明瞭，記憶如何仰仗過去來滋養現在，如何保存現時經驗的元素以供未來之用，又如何容許我們能隨心所欲地重訪過去。記憶的罪惡與美德是一體的兩面，構築了橫跨時間的橋樑，讓我們的心智得以與不同時空接軌。」[30]

▶ 第三節 ▶ 處遇的記憶

壹、實例

　　佛洛伊德探究孩童時期之性踰矩（sexual abuse，或譯性暴力），發現有些人孩童時期性踰矩的記憶，並非出自事實，多源自於想像。人們須透過記憶重組來保護自己，當受到震撼衝擊，畫面銘印於腦海眼前，只能把畫面按照自己所能接受的傷害程度來調整或理解，否則傷害太深太大。唯有刪改記憶，始能重拾勇氣。個人在災難之後判斷容易倉皇慌亂，情報解讀的失焦失準，共同構成一個「沒有指標的惡夢」。[31]

　　Loftus 探究創傷記憶的可信度（reliability），以目睹某次士兵到校園槍擊的兒童為對象，請他們說出在什麼地方看到什麼。即使是才事發一週，孩子的記憶已經模糊扭曲，同樣的問題出現不同的回答。感覺到的真確不等於正確無誤，虛假的記憶改變對真實現象的認識。[32]

貳、創傷與犯罪事件的記憶可靠嗎？

　　執行對案主診斷與治療時，牽涉「能力技巧」與「意願態度」兩方面的考驗。在能力技巧方面，社工等專業人員處理性侵害加害者或是家庭暴力施虐者彷彿是進入一個不同的文化國度。當社工人員對案主生活史、家庭狀況、藥物濫用史、精神病史等進行評估時，未必能獲得足夠的資訊，要做出正確判斷並不容易。社工人員的背後是基於專業、基於人權、基於尊重所孕育的文化，但案主背後的文化可能是父權的、男性中心的、傳統的，雙方的語言與肢體語言有很大的差別。社工員不可能寄望案主使用專業的語言或瞭解專業的文化，反而要以各種技巧去瞭解案主的，這需要更多訓練。最好在學校裡，就能接受相關的課程與實習。

　　性侵害者與家庭暴力加害人大部分沒有求助意願，多屬於非自願性案主（involuntary client）。非自願性案主有些進入司法體系，有些並未進入司法體系，不過案主有反彈的情緒是可以預料的。有些案主很明確屬於

非自願的，也有些是模糊的。還有些是部分自願、部分非自願。但是在執行家庭暴力處遇時，社工員要處理兩種根本的對立：一方面是服務對象的對立，對被害人、受虐者需要的是關懷與協助，大多數是願意被社工協助的。相對的，加害人、施虐者絕大多數不願意接受社工員的介入，通常抗拒輔導、治療與約束。另一方面，社工員又需要處理另一種對立，司法、警政等通常是威權的，而輔導與治療等需要相當的溫柔，甚至是細心的照顧。這樣的矛盾在處理性侵害受害者或兒童案件中特別明顯。㉝

保護性社會工作從來就不容易做，危險程度與警察類似。但是，社會賦予社工人員照顧與控制等角色，要求社工員保護案主以維護社會正義。在第一線處理問題時，面對的不只是案主和他們的家庭，而是複雜的社會體系。

社會工作者面對許多因法律規定或機構為執行委託而主動對案主進行的專業服務，如：保護管束少年、兒童虐待、婚姻暴力等涉入者，被迫來到社會機構者，又需要面對因為違反多項與「性」法令有關的案主。這些案主的內在世界如何，他們的心理與行為又如何，社工員進行專業服務時，該怎樣進行，如何改變他們，如何熟知法令……都是新的議題與考驗。

單以當事人的記憶來看，犯罪事件經常會發生在訊息難以辨識的情況，特徵是快速、出人意料、視線不良。Loftus 與 Harley 向研究參與者展示人臉圖片時，發現在 77 呎外，只有 25% 的參與者可以做到。㉞

記憶錯誤的現象十分普遍，主要原因包括：1.所注意的訊息會受到心中期望的影響；2.幾乎無法察覺意料之外的事情；3.即使注意到某個人或某件事，如果不熟悉它們的話，也難以清楚記住。㉟

人們比較擅於辨識同種族者的臉，但對於其他背景者，則比較難以辨認。一個人將獲取自周遭環境中之資訊加以貯存，一旦訊息進入記憶後，可能就停留在那裡，直到以後再次想起。但常出現「改造性記憶」，後來再接收到其他資訊，導致某些記憶受到扭曲。當一個人目擊某一事件之後再得到其他資訊，可能會改變自己對此一事件的原先記憶。

為何目擊者經常指認錯誤？目擊者的指認屬於社會知覺，因此也存在知覺錯誤的問題，特別是涉及記憶的偏差。要成為一位準確的目擊者，必

須成功地完成三階段的記憶處理：對目擊事件的登錄、貯存及提取。

　　來源監控是人們試圖辨識其記憶來源的歷程，如果能夠記清楚資訊的來源則不會產生錯誤。在提取方面，人們喚起記憶中的資訊。如同記憶的收錄與貯存可能會產生問題一樣，人們在回想資訊時，也可能產生問題。目擊證人會從嫌疑犯群中指認出最像凶手的人，儘管兩者之間的相似性可能不高。[36] 整體而言，當處在正面情緒時，人們傾向於記得正面的訊息，當處於負面情緒時傾向於記得負面訊息。

第参篇

知彼

第 **7** 章

歸因與知覺

　　「知人知面不知心」，完全瞭解一個人是高難度的考驗。首先應「聽其言、觀其行」，即使要聽懂對方所說的也不簡單，對方可能是「話中有話」，處處有弦外之音。更重要的，語言能表達的只占很小的一部分，肢體語言更為關鍵。手勢、動作等在人際互動中不可少，是觀察的重點。

　　有些人特別會演講，不僅講還要演，老師、藝人、老闆、新聞工作者、政治人物等都得透過語言來說服人，但他們所說的有哪些是真的？聽者要瞭解社會知覺的原則，訓練自己能夠更精準掌握說者的訊息。

　　有些職業尤其需要很強的辨識與觀察能力，例如法官、檢察官、警察、社工、諮商師，在與案主互動時要區分對方的語言。更要透過肢體動作、表情等來確認對方的意思。在會談中要抽絲剝繭，適時問對問題。男女交往、戀人相愛，表面上即使美好，實際上可能有曖昧、不忠、背叛，如何能從各種線索中察言觀色，也是難題。

　　在這重視外貌與外表的時代，人們刻意做印象處理，希望留給他人好的印象。在這些表面功夫裡，要如何探究對方的心，分辨說詞的真偽？當然，為了爭取自己更好的機會，無論是面試、簡報、交友、戀愛，自己也需適度創造有利的條件，印象管理是必要的。現代工作者在職場，常常要透過選舉與報告爭取到更好的機會以實現抱負，也要善於表達及塑造形象。

▶ 第一節 ▶ 歸因

壹、實例

　　人在激動的情緒狀態下容易過於快速歸因，對於自己的感受做出錯誤的推論。Dutton 與 Aron 請女子在兩種差異很大的狀況下主動接近公園內的男性：剛走過吊橋和走過吊橋已經充分休息者。結果呢？65%在吊橋上被要求填答問卷的男性，事後打電話給這位女子並要求與她約會，但只有30%走過吊橋已經休息者會要求約會。[①] 可見，搖晃的吊橋刺激了許多男性追求的欲望。這顯示：戀愛的開始未必是真的愛上對方。

　　Daniel Kahneman 在《快思慢想》中舉了一個例子：當我們看到「2＋2＝？」當下直覺立即可知答案是「4」；但是，換成「179×253＝？」這種無法立即解決的問題，就因為要動用大腦許多資源，覺得麻煩。需集中注意力和控制意志力是很累人的，常導致大腦的自我耗損，使自己感到精力耗損而且不愉快，進而影響反應。[②]

　　在電腦與 3C 產品更普及後，「仔細看人」變得更難了。老師在研究室看電腦螢幕不看來詢問的學生，子女看手機螢幕不看講話的父母，上班族回家看電視不看家人的臉，店員看鈔票與貨品不看顧客的臉。即使看，多半「視而不見」，不在乎，沒感覺。專注的看、凝視的看，已經愈來愈罕見。[③] 難怪 2010/08/28 耶魯大學教授許爾文努蘭教授在台北演講〈成為一個醫生最重要的事〉會感嘆：「醫師太仰賴各式的檢驗結果，無暇為病人觸診和眼神接觸。盯著電腦中的報告，不如多看病人幾眼。」多看人少看機器，對現代各種人際關係也是珍貴的提醒。

　　病人多半很挫折，生病已經不舒服了，進入醫療過程充滿焦慮地等待，有好多問題想問，終於見到醫生，卻只有很短的時間求助，醫師此時卻總是盯著電腦看報告、打資料，不怎麼看病人，也不怎麼聽病人的陳述。病人即使在醫師面前，重要性還是比不上各種資料。如果病人的陳述與檢驗不一致，病人所顯示的狀況與報告不同，醫師會比較相信哪一方面的？可能是「報告」！

　　報告是各種檢驗的結果，是醫療儀器提供的，科學性固然高；但每一位病患都是人，是充滿個別差異的人，應個別考慮，卻因為現代醫學的科學至上，淪為符號，似乎只是沒有靈魂與感覺的號碼。不僅醫院如此，大學也如此。學生去老師研究室，老師通常是看著電腦，學生問問題，老師忙著從電腦裡找答案。學生的臉、學生的心情、學生的焦慮，都被忽略了。近年來，大學更加重視研究，研究的成果是報告，所有完成報告的人都淪為配角，研究計畫主持人在乎的是研究進度但忽視研究助理的健康，有時助理的健康亮起紅燈，主持的教授仍視而不見。

　　為何如此呢？醫師與教授都是聰明人，都懂得精打細算。各種報告使老師、醫師能夠升等，獲得更高的職位、更多的薪水、更充足的資源，相對的，教導學生、照顧病人、關懷部屬卻沒有辦法得到相同的回報。對現代菁英來說，病人的尊重與信賴、學生的肯定與感謝，怎麼能與各種所謂客觀的指標相比呢？更何況，與人相處很累很麻煩，面對儀器與電腦多簡單！

　　職位愈高，愈傾向「視而不見」，在政府、企業乃至非營利組織都如此。決策者看公文不看部屬的打拼狀況，高官看會議資料不看老百姓的生活，董事們不知道生產線的人是如何工作的，位居高位者在冷氣房中看公文、在會議室中討論，所做的決策影響深遠卻沒仔細感受到決策所影響的對象、部屬的感受、老百姓的臉、大眾的身影、平凡人的互動……，這些真實都隱藏在螢幕之後或會議資料之中，更隱藏在專業與職位的傲慢之後。

　　回到家，現代人也不大看家人，看電視的時間一定比看老婆兒女的時間長，看電腦的時間一定超過與家人談話的時間。逢年過節，親人難得在一起相處，卻總是有人盯著手機或電動玩具，手機不斷又有新產品，又有好多新鮮的電動玩具，誰會認真看家人的臉？

　　在這目不暇給的時代，在這花樣無窮的社會，無論角色是病人、學生、民眾、配偶、子女，都沒什麼人願意好好看自己。人不如電腦、儀器、電視、報告、數字、文字，連花錢去看病，希望被凝視，即使是多看幾眼也好，都是奢侈的期待了！沒有仔細看自己，對方卻有歸因及結論，真讓人挫折。

貳、解釋

　　行為的發生有複雜原因，需深入觀察才可能得到正確答案。人們對行為原因的解釋會因為個人所處的位置或看問題的角度不同而有差異，歸因（attribution）是為了理解他人與自己行為背後原因所做的努力。行為歸因（behavior attribution）是分析自己或他人的社會行為，以確認性質或推論原因。最重要的是分析行為產生的根源、穩定性和可控制性，採用不同的方法來確定行為的原因，研究如何從他人的行為推論原因，探討有什麼因素會讓人覺得合理，以及人們獲致結論的方式。④

　　對歸因的主要分類有：⑤

1. 按照持續的情況，分為穩定性和不穩定性。內在歸因有些穩定有些不穩定，如個人的性格相對穩定，而情緒則容易不穩定。在引發行為的外在歸因中，有些相當穩定，如學生身分、職業角色、生活環境等，在短時間內不易劇烈變動。有些外在歸因則不穩定，如人際互動狀況、個別生活經驗等，常發生變化。

2. 按照是否能控制，分為可控制和不可控制。某些歸因在個人能力範圍之內，有些超出個人所能控制的。例如努力的多寡是個人可以控制的，而環境、運氣則不是個人所能控制的。

3. 按照產生的根源，分為內在歸因和外在歸因，前者偏專個人，歸因於行為者的內在因素，包括性格、動機、情緒、心境、態度、能力和努力程度等。後者偏重外在，把行為歸因歸於外在因素，如所處的環境、互動的對象、角色的限制、工作的性質和困難的程度等。心理學對歸因的探討以「內在歸因」為主，社會心理學則多注意「外在歸因」。

　　內在歸因是認定一個人的行為主要出於自己；外在歸因是一個人的行為是所處情境影響的結果。例如一位父親突然對年幼的女兒大罵，若認為這個父親教導孩子的技巧很差，使用不適當的管教方式偏向內在歸因。如果留意他女兒過馬路時沒有注意左右來車則屬於外在歸因。此外，對婚姻感到滿意的夫妻對於配偶的正面行為，傾向做出內向歸因，婚姻亮紅燈者

對於配偶的負面行為則容易做出外向歸因。

多數人歸因常有兩階段歷程：一開始，做內向歸因，假設他人行為的起因主要源自個人的因素。然後再試著調整，考慮他人所處的情境。如果過於忙碌或分心或無法專注，便可能跳過第二階段，而做出極端的內向歸因。

歸因理論說明和分析人們活動的因果關係，試著解釋、控制和預測環境的狀況，瞭解配合環境所出現的行為，進一步可透過改變人們的自我感覺、自我認識來調整人的行為。探究的重點有：1.因果——人們心理活動發生的因果關係，包括內部原因或外部原因、直接原因或間接原因。 2.推論——根據人們的行為及其結果，對行為者的心理特徵和個性做合理的推論。 3.預測——根據過去的典型行為及其結果，推斷在某種條件下將會產生什麼樣的行為。⑥

對歸因的主要解釋主要有三：

（一）Jones 與 Davis 的對等推論（correspondent inference）：解釋我們如何用關於他人行為的訊息為基礎，來推論對方可能擁有哪些特質。把焦點放在某些特定類型的行動上，尤其是自由選擇的行為及非共同效應（non-common effects）的行為。有時，對某個人的社會期許（social desirability）較低的行為卻給予比較大的關注。⑦

（二）Kelley 的因果歸因理論：在歸因的歷程中，會蒐集資訊或資料，以幫助判斷。重點是注意他人的行為來自內在或外在原因。把焦點放在三種主要的訊息上：⑧

1. 共識性（consensus）：是否與相同處境的眾人有一致性。如果在某一個單位的成員都表現消極，則原因可能在於工作條件。重點在分析相關的人對特定事件反應的方式和這個人相同的程度。

2. 一致性（consistency）：這個人對事件反應的方式和在其他場合下相同的程度，分析這個行為是一貫的還是隨意的。例如某人一向表現消極，還是偶爾消極。

3. 獨特性（distinctiveness）：一個人的行為是否只在某些特定環境下或特定對象上有特殊表現，這個人對其他的刺激或事件以相同方式反應的程度。

（三）Weiner 發展了關於成就的歸因理論。他認為：人們對成功或失敗所下的結論直接影響對未來的期望、動機與情緒。認知因素的三個重點是：1.場地：內在或外在；2.穩定性：穩定或不穩定；3.控制性：可控制或不可控制。據此提出的分析架構如表 7-1：[9]

表 7-1 成功與失敗的可能歸因

	內在的		外在的	
	穩定的	不穩定的	穩定的	不穩定的
可控制的	精通的知識或技術	努力	人脈或財富等持久性的情境或社會資源	諮詢或協助等暫時的情境或社會資源
不可控制的	智商、整合能力等資質	精力	工作簡單或困難	幸運或運氣

資料來源：周海娟等譯

（四）「薄片擷取」理論：每個人潛意識都有藉著些微的經驗，就掌握情境與行為的能力。例如某些藝術評論者用所謂的「直覺」來做判斷，聽起來抽象又不科學，其實在對藝術品判別時還是很重要。有本書的作者 Gladwell 原本中規中舉打扮，首次留了黑人的爆炸頭，這樣的改變讓人對他的印象完全不同，他因此收到生平第一張超速罰單、過海關時被特別挑出來盤問、走在路上被警察當嫌疑犯盤查。由於社會對黑人爆炸頭的印象加諸在作者身上，因此作者必須要花 20 分鐘來回應人們看到他新造型 2 秒鐘所產生的印象。專注是影響決策優劣的關鍵，有效歸因的重點不在於我們能夠快速處理多少資訊，而在於能否全神貫注找到焦點。[10]

文化是影響日常生活最廣泛的情境，各文化都可能出現「對應偏誤」，個人主義文化中他人傾向做「性情歸因」，容易對他人自動做出性情歸因。集體主義中的人們較喜好「情境歸因」，比較會考慮情境資訊，尤其當情境資訊特別顯著時。集體主義文化中的人們比較會注意到情境，會根據情境的不同轉變和修正第一印象。[11]

「內隱人格」與文化息息相關，在社會中代代傳承，不同文化對人格理論的解釋不同。Hoffman、Lau 與 Johnson 發現：各種文化各有一些簡單且大家一致同意的語言標籤。西方文化偏向「藝術型人格」，注意創造力、緊張、堅強以及不守常規的生活方式。東方文化就沒有這樣相對應的基模或內隱人格理論。我們的文化偏向「世故型人格」，強調要懂得處世之道、為家庭打拼、社交技巧良好，因而有點保守。三位作者進一步提出「人們所使用的語言會影響他們對世界的看法」論點，認為使用英文比較偏向「藝術型人格」，使用中文則偏向「世故型人格」。[12]

Dan Ariely 在《誰說人是誠實的！》的序言中舉了一個例子：我做過一個實驗，比較人們在群體中展現的行為——尤其觀察他們在酒吧中點酒喝的時候。連續好幾天，我在美國北卡羅萊納州的酒吧中請顧客試飲啤酒。在現場接受點酒，每個人都可以從四種啤酒中任選一種來試喝。有些客人點酒時，我們會大聲宣布他們點的啤酒名稱，所以同桌的客人都知道他們點了哪一種酒。至於另外一些客人，我們則請他們在小紙片上寫下想喝的啤酒，所以其他人不知道他們點了什麼酒。喝完啤酒之後，我們會問他們是否喜歡，以及會不會後悔點了這種啤酒。

結果發現，若在點酒時被大聲唱出酒名，客人往往都點了自己不想喝的啤酒，而且最後也懊惱自己做了這樣的選擇。公開點酒的這組只有第一個點酒的人和另外那組私下點酒的客人一樣，很滿意自己的選擇。基本上，除了第一位點酒的人之外，第一組所有客人都聽到前面的人點了哪一種酒，如果其他人正好選了他們最想點的啤酒，他們就會退而求其次，改點自己比較沒那麼喜歡的酒。但等到啤酒送來之後，他們就開始後悔了。

這種在點酒時違反自己偏好的傾向，牽涉到是否要展現個人獨特性。多數人認為自己能不能被視為獨特的個體，遠比能不能喝到自己喜歡的啤酒重要多了。所以他們不惜犧牲口腹之慾，希望能藉此對其他人傳達出某種自我形象。

Dan Ariely 在香港做相同的實驗時，發現酒吧客人也犯了同樣的錯誤，但背後卻有不同的理由。香港人也會考慮其他人點的啤酒，同時也會為了點酒的行為所傳達的自我形象，不惜犧牲自己的偏好，而且之後同樣感到後悔，覺得不該點這種啤酒。只不過在香港的酒吧中，客人不是為了

強調自己的獨特性而違背原本的偏好，反而更重視合群從眾，通常會和前面的人點同一種啤酒。因此，雖然美國人和香港人都犯了相同的錯誤（為了公眾面前的形象而違背自己的願望），在事後也同樣感到後悔，但背後的動機——希望在同桌客人面前展現的自我形象（獨特性或相似性）卻大不相同。[13]

我們經常在人群中看到這樣的差異，不過就這個案例而言，雖然在不同文化中會有不同的行為表現，促成某個決定背後的原因卻可能一致。

、歸因錯誤

歸因錯誤經常出現，影響深遠，不可不知：[14]

1. 根本歸因錯誤是將人們的行為對應或搭配至他們性情或人格傾向，稱為「對應錯誤」（correspondence bias）。即使存在著清楚的情境原因，卻仍然用性格來解釋另一個人的行為，高估個人性格的影響力。對應偏誤更容易發生在個人主義的國家，常出現在強調個人自由的文化中。為什麼人們會犯根本歸因誤差？因為嘗試解釋他人行為時，自己的注意焦點常放在人身上，而非周遭的情境。其次是知覺顯著性，在知覺上明顯的資訊，很容易被人認定是事件的起因。

2. 演員－觀眾效應（actor-observer effect）：存在著將自己的行為歸因為情境（外在）、將其他人的行為歸因到性格（內在）的傾向。個體傾向於把成功歸因於內部因素（如能力或努力），而把失敗歸因於外部因素（如運氣）。

3. 防衛歸因：為避免生命脆弱及難免一死等感受，而對行為所做的解釋，如相信：「壞事只發生在壞人身上」。防衛歸因導致「公平世界的信念」，認為什麼樣的人就當然遇到什麼樣的事。因此出現「責怪被害人」的傾向，犯罪或意外的受害者常被認為是事件的肇事者，例如認為性侵害案的被害人是咎由自取。

4. 訊息不足：若無法獲得行為者的充分資料，更容易出現歸因錯

誤。缺乏其他人的背景資料，不知道是否以前也這樣，限制「一貫性」原則。缺乏和這個人相同處境者的資料，則限制了「普遍性」原則的採用。儘管缺乏歸因的客觀依據，我們還是設法找出不同行為的原因，行為者的個人特點及歸因者的好惡會成為決定歸因結果的主導因素。當低估情境因素而偏重於人格因素，更容易出現基本歸因錯誤。

5. 知覺顯著性（perceptual salience）：指容易成為人們注意力焦點的資訊，因此被誤認為是關鍵。

6. 忙碌分心：過於忙碌，使人匆匆歸因。各種新科技產品讓人不再無聊，卻讓無數使用者生活的每一刻都處於分心狀態，也迫使人常處於「分心風暴」之中。

7. 自利歸因偏誤（self-serving bias）：來自於保護並增強自尊，將正面結果歸因於內在，負面結果歸因到外在。將成功歸於己，而將失敗歸咎於他人或情境。

8. 共變模式（co-variation model）：為了對一個人的行為起因做出歸因，對可能原因的存在或不存在與行為的發生或不發生兩者間進行系統性觀察。

歸因時，常將多種人格特質歸入同一類的基模架構。如果有個人很親切，會使自己認為對方也很大方。大部分人會盡可能地維護自尊，即使必須改變認知以扭曲事實，因為我們都希望別人覺得自己很棒。Roesch 與 Amirkhan 研究發現：經驗較少、技術性高及個人運動員更容易做自利歸因。Mezulis 發現自利歸因在美國、加拿大、澳洲和紐西蘭都常見。傳統亞洲文化則重視謙虛及和諧，中國背景的學生被期望將自己的成功歸因於他人。Markus 還發現美國媒體著重美國金牌得主的能力與才華。日本媒體就會使用較廣泛的說法來描述日本金牌選手的表現，不但包括個人能力，也包含他們過去的成敗經驗，以及其他人對他們成功給予的幫助。[15]

▶ 第二節 ▶ 知覺

壹、實例

　　哈佛大學心理系做過一個實驗。他們拍攝了一支穿白色球衣與藍色球衣的籃球隊員在球場上傳球的影片。受測者被要求一邊看短片、一邊默數白衣球員傳球次數，但不要記錄藍衣球員傳球數。影片進行到一半時，一個身穿全套猩猩服的女學生走進場中央，面對鏡頭、做出大猩猩的搥胸動作，然後走出鏡頭，全程歷時 9 秒。影帶一播完，受試者會被要求寫下他們計算到的傳球數目，但這不是實驗的真正目的。寫下傳球數字後，受實驗者會被詢問到他們是否注意到整場球賽中不尋常的事？是否有注意到一隻大猩猩出現在球場上？令人驚訝是：竟然有幾乎一半的受試者完全沒注意到大猩猩的出現。這個實驗証實了一個專有名詞「不注意盲視」（inattentional blindness），這種感知上的錯誤、源於對某個意料之外的物體缺乏注意力。[16]

　　另一個實驗是：研究者找了一群放射師，他們被告知要從電腦斷層攝影的影像中判斷這個人是否罹患肺結核（這是一個困難的作業），在影像中他們安插了大猩猩的圖片在其中的五個畫面。結果顯示，在 24 位放射師中，只有 4 位看到大猩猩，其他人都沒有看到！不過從眼動儀的資料顯示，在沒有看到大猩猩的 20 位放射師中，有 12 位其實眼睛曾經停留在大猩猩上。因為專注在數球或檢驗肺結核，完全忽略掉自鏡頭前走過或電腦斷層影像裡的大猩猩，真的視若無睹，出現「注意力錯覺」（illusion of attention）。在日常生活中，人們有多高估自己的注意力、自己對於周遭的觀察力、甚至是自己的能力。我們常相信只有聰明的自己知道真相，其他的人都被「誤導」。[17]

　　你自以為居住的地方安全嗎？2014 年 7 月 31 日，在一連串錯誤知覺及判斷之後，高雄市發生了前所謂未有的管線氣爆悲劇，奪走超過 30 個人的生命，兩百多人受傷。在各種馬路的下方，有各種管線，走在路面上，不知道有多少管線經過，也不知道各管線是怎麼運作。直到高雄氣

爆，才發現任何一條管線都可以傷害自己脆弱的身軀。在自己的身體裡，有各種管線，不清楚是如何運作的。心肌梗塞、腦中風，都是堵塞。「淚腺」有時堵住了，當遇到外界重大刺激，傷心卻欲哭無淚。有時淚腺旺盛運作，看著悲劇報導與悲慘畫面，身體劇烈變化，通常變得虛弱。眼淚，有時就流下來。

無論是丙稀或是瓦斯或是什麼氣體肇禍，都是先有一個大的儲存槽，經由管線輸送。眼淚則是情緒輸送的結果，先有內心世界大量儲存痛苦：生命中的悲歡離合、生活裡的酸甜苦辣、人際之間的恩怨情仇……，不斷注入心靈的儲存槽。現代媒體把更多的刺激送入腦海，堆積心頭。有些人因而反應減緩，對痛苦漠然。這，未必好！多愁善感、傾訴分享、尋求協助都是保持內心管線暢通的方法。

許多男人以及愈來愈多的女人都習慣大量儲存情緒，不使其表現出來。冷靜、穩健、不動聲色、抑制淚水等被肯定，哭泣、哽咽、啜泣、淚流滿面、熱淚盈框、嚎啕大哭則被輕視。眼淚是一種語言，比較感性的語言。當代社會過度歌頌理性，精緻的語言取代真實的情感。其實，眼淚所說的，比較不虛假。

社會建立各種機制，讓人們流淚不用曝光。台灣沒有哭牆，卻有各種讓人歡笑的空間。921 地震、88 水災、各次空難，乃至高雄氣爆，都是重大悲劇，都讓受傷者痛苦、罹難者家屬哀痛、社會大眾不忍。但參與者、悼念者、慰問者多半很冷靜，強忍情緒不流淚。這，未必健康！辦完集體公祭，政府能否安排一個地方讓人在此憑弔，用眼淚使內心波濤洶湧的情緒有個出口？歐美許多大城市，為重大悲劇留了紀念碑，墓地就在市中心，旁邊總有教堂或公園，不認識任何死者的觀光客可以來此深刻的學習。人生太苦，有太多不可測，更有太多的功課等待學習。自己能一息尚存、家人能個個平安，都感恩不已。

為了避免「觸景傷情」，台灣社會把某些地方隔離甚至刻意希望人們遺忘。其實，社會如同個人，需要面對悲傷、痛苦、無助、混亂，也須不斷調整，預防悲劇，又在大禍臨頭之時有更好的危機處理。社會上需要提供人們療傷止痛的情緒出口，學習苦難給予的功課。生命中的不可測，如同種種管線，既然逃不了，需多加認識，不時疏通。

貳、解釋

人之異於禽獸者幾兮？單單是腦部就有重大不同！人腦有各種智能又有巨大潛力的器官，科學家透過無數的實驗探討人腦的運作，有了不少發現和解釋。人腦內部的連結透過動態的過程進行，不斷接收刺激，又迅速回應。腦彷彿是無數大小電腦在有效率地持續進行，「接收－回應」從不停止。有些表現在對外的行為中，有些隱藏在潛意識之中，有些會在某個夢裡成為劇情，有些影響了自己的決定。

腦具有極大的可塑性，不斷學習性，持續提供豐富材料。現代人面對無數有趣的知識、資訊、資料，需有更好辨識與處理能力，神經學、心理學、教育學等領域的研究成果使我們能夠「更多方面都更聰明」。例如，過去偏重用左腦習慣以邏輯去分析事務的人，不妨加強用綜合、直覺、感性地方式看待外界，這是右腦比較擅長的。大腦中每一個部分都獨特，又相互影響，只要找到方法，就可以對各種現象有更多認識，也能對環境作更有效因應。

人人不斷求生存，這點與動物植物一樣。但在求生存的過程中，人也同時在尋求意義，持續尋求更有意義的人生。人有遠見，想得很多很廣；人有變化，不同的人因為不同的經驗有差異；人能討論，所以可以透過與人互動，經由他人的見識來增長見聞；人的行動力強，可以在不同空間移動，透過各種方式爭取機會。最重要的，人有強烈不滿足感，渴望知道更多、學習更多、貢獻更多。所以人是萬物之靈，人的潛能無窮，對於行為奧秘的認識，更不是任何動植物所能比擬。

看物品、看自然、看環境，都依靠知覺，看人更要注意知覺。社會知覺專指對人的知覺或人際的知覺，包括對要求、願望、目標、社會生活等的認識，還有人與人之間的各種關係、自己在團體中的地位、角色等。社會知覺是社會認知過程的第一步，是關於他人和自我各種屬性和特徵的整體性知覺，在此基礎上形成印象與判斷。與生理最有關的生理學是對知覺的探究，在訊息處理方面的重點有以下三方面：[18]

首先是訊息處理的觀點，須注意上行與下行的處理系統。外界的訊息是從周邊的器官傳至中央的大腦，稱為上行處理。但是人絕對不僅被動接

受訊息，而會主動的詮釋外來訊息。昔日獲得的知識與經驗扮演一個相當重要的角色，其過程則是下行處理。

　　維生系統（regulatory system）負責個人情緒、動機、生命延續及種族繁衍，認知系統（cognitive system）則負責個人學習、認知及智慧的運作，這兩系統並非截然分開。當把人視為學習與認知的系統，特徵包括：1.人是符號運作與計算的系統；2.腦中有多階段訊息處理的系統；3.每一階段運作有其「能力或通路的限制」（capacity or channel limitation）；4.學習與作業都是相當複雜的；5.人必須發展有效的「認知策略」，以從事複雜的學習；6.人在從事一項學習時，已具備了某些知識與經驗；7.人對自己的認知與心智具有「自我監測」（self-monitoring）與「自我控制」（self-control）的能力，這些能力統稱為「認知的自我監控」（meta-cognition）。

　　認知神經科學（cognitive neuroscience）探討認知歷程的生物學基礎，主要目標為闡明心理歷程的神經機制，也就是大腦的運作如何產生認知功能。認知神經科學為心理學和神經科學的分支，橫跨眾多領域，如神經科學、認知心理學、生理心理學、神經心理學，主要以認知科學、神經心理學、神經科學及計算模型（computational model）等實驗證據為基礎。

　　特定腦部區位負責特定的認知功能，可透過對於頭皮的電生理測量等觀測而得知，行為表現是由不同腦區共同參與。穿顱磁刺激、功能性磁振造影、腦電圖、腦造影技術（如正子斷層掃瞄造影和單光子電腦斷層掃描）、微神經圖、臉部的肌電圖、眼球追蹤儀（eye tracking）等科學技術都有助於瞭解腦部運作。其他方法如行為科學的動物或人體實驗；造影技術如功能性核磁共振造影與正子放射斷層造影；藥理學利用基因的改變，為神經傳導物質 NMDA 受體製造蛋白質以改善記憶，神經解剖學有關顳葉內部的海馬體、杏仁核以及早期癲癇外科手術引起的記憶障礙等等。

　　整合神經科學試著將不同領域和不同尺度（如生物學、心理學、解剖學和臨床經驗等）所得到的研究成果整合成一個統合的描述性模型。認知神經科學的主題包括：注意力、意識、決策判斷、學習、記憶等，各項主題與社會心理都有關連。[19]

要用心去體驗事物，更要透過心去感受其他的感官，再由感官去體驗不同事物。一般人都以為心智必定位在腦部，但生理學發現顯示，「心智」並不真的存在腦中，而是跟著荷爾蒙與酵素大軍旅行全身，忙著理解那些人們稱之為觸覺、味覺、嗅覺、聽覺，和視覺的神奇複雜現象。[20]

Ackerman 舉例說明感官如何限定了意識的界線，一出生就喜歡追尋不同事物和新鮮感，有些人因為好奇心去抽菸、吸毒等，不但危害了身體，更有可能因此送命，但也有老饕甚至會願意冒生命的危險品嚐美味的食物，例如河豚佳餚，除非細心烹煮，否則還是會含有劇毒。不過有名的廚師卻會在河豚肉中留下適量的毒素，讓品嚐的老饕嘴唇刺痛之餘，好知道自己是如何九死一生的。當然也有人因為吃入過多的毒素而越過生死界限，每年都有一些河豚老饕因享用美食而死亡。[21]

感官像「描繪機」，把種種資料送到腦中，一個人還沒完全看到某件東西時，就可以馬上把整件東西先描繪在腦海中了，例如只看到牛的輪廓或兩個眼睛、耳朵、和鼻子，腦子裡就已經出現一整隻完整的牛了。感官也像「發信器跟接收器」，就像摩斯密碼一樣複雜，但是感官可以把它馬上傳達到腦海裡，進一步整理成訊息。

知覺是生理更是心理還是社會的，每個不同地方的人會依文化而有不同方式取悅自己的感官，東非「馬塞族」的婦女用糞便裝飾頭髮，從我們的角度來看又會覺得很怪異，在他們卻很平常。有些地方的人則認為以薄荷使口氣清香很怪異。

用 Ackerman 的分析為知覺做結論吧！「古羅馬詩人浦洛柏夏斯寫了許多關於情婦賀絲夏性反應的詩，我們會訝異自西元前二十年迄今，調情的方式實在沒多少改變。更驚人的是對方的身體就和現在住在聖路易的女人身體一樣，幾千年也沒有改變。賀絲夏對感官知覺的解釋或許與現代女性不同，但傳送至她感官的訊息，及由其感官傳送出來的訊息，卻是同樣的。」[22]

▶ 第三節 ▶ 看人

壹、基本認識

媒體常做態度調查（attitude survey），態度是對社會現象的評價，態度通常是強硬的，抗拒改變。有些態度彼此矛盾，因為建立在互相衝突的信念上，並不容易從這類態度來預測行為的一致性。經過觀察學習（observational learning），一個人藉由觀察他人的行動學到新的行為或思考類型，態度因而調整。另外有「第三人效應」（third-person effect）現象，對他人態度與行為的影響加以高估，而對自己的影響卻被低估。[23]

態度是一個人對於某個人、事、物的一般性的評價，包括正面或負面。也是對某一特定事物的喜好或厭惡，是經由後天學習所產生的反應。一個人的價值觀比較穩定，而態度則比較會隨著環境和情境而改變。對社會心理學來說，更注意「社會態度」，也就是對於「人」的態度。[24]

態度與價值觀對行為的影響並不一樣，價值觀影響個人所有行為，態度指針對特定的人、事物與情境，價值觀與態度大致相符。態度包含四種主要的成分（components）：1.評價（evaluative）：是對於人的好惡，屬於個人的感受。如喜不喜歡某個特定對象？2.認知（cognitive）：如相信某個鄰居是誠實的。3.行為（behavioral）：指對人的評價與認知所產生的行為傾向。4.情感（affective）：對人的情感，喜歡或厭惡。[25]

社會態度的形成主要有三種來源：經驗、聯想、社會學習。首先是經驗，一個人透過各種生活的經驗瞭解到人、事、物的特性，經驗的累積提供了態度的各種訊息。其次，聯想的過程會將某一種態度移轉到另一種態度上。第三是社會學習，為另一種態度形成的來源，一個人的態度形成受到其他人的影響。透過對外在事務的學習，使人們不一定要親身經歷，就可以形成某種態度。

態度對行為的影響不一定是直接的，Festinger 發現有五個與態度有關的變項更能預測行為：Importance 重要性；Specificity 具體；Accessibility 印象深刻；Social pressures 社會壓力；Direct experience 親身經驗。[26]

貳、態度改變

　　態度改變特別被注意的指標是「方向」和「強度」。以一種新的態度取代原有的態度，是方向的改變。只是改變原有態度的強度而方向不變，則是強度的改變。若某人從一個極端轉變到另一個極端，既包含方向上的轉變，又顯示強度上的變化。凱爾曼（Kelmen）於 1961 年提出了「態度形成或改變」的模式，他認為社會態度的形成或改變經歷三個階段：[27]

1. 順從階段：順從是改變態度的開始，也可稱為服從，只是在表面上改變自己的觀點與態度。一方面模仿著自己所崇拜的對象，另一方面也受外部或權威壓力而被迫接受對方的觀點，但內心不一定接受該觀點。

2. 同化階段：也稱為認同，在思想、情感和態度上主動受他人影響。不是被迫的，而是自願接受他人的觀點、信念、行動或新訊息，使自己的態度和他人的態度接近。

3. 內化階段：在思想觀點上與模仿對象的觀點一致，將自己所認同的新思想與自己原有的觀點結合起來，構成一致的態度體系。從內心發生了真正的變化，把新的觀點、新的情感納入自己的價值體系中，形成了新的態度。

　　一個人在群體中的活動方式，既決定他的態度，也會改變他的態度。在群體中的活動可大致分為兩種類型：一是主動型，積極參與群體活動，選擇性接守群體的規範，另一是被動型，被動參與群體活動，服從權威和已制定的政策，遵守群體的規範等。

　　當人們被問到對某個人口群的態度時，會想到過去是否有和該人口群相關的行為，從中推測態度。在有了事實後，態度讓自己當時的行為合理化，而不僅是用來預測行為，相關的解釋通稱為「自我覺知」（self-perception）。[28] 社會態度產生的功能廣泛，以下列幾方面最為重要：[29]

1. 身分認同或自我表達（identity or self-expression）功能：能夠表達核心價值觀和信念。

2. 自尊（self-esteem）功能：抱持著某種特定的態度有助於維持或增強自尊，提升自我價值。在感到自己既正常又有道德之時，做出和態度相符的行為。

3. 自我防衛（ego-defensive）功能：在面對和自身有關卻令人討厭的訊息時，保護自己不受其擾。藉由辯稱自己的觀點和別人並無不同，執行自我防衛。

4. 印象動機（impression motivation）功能：希望給人良好的第一印象，刻意說出配合對方意見的看法。

當態度執行其功能時，人們更會去製造支持態度的論點，想讓人留下好印象的動機愈強烈，它會引導所建立的論點，並因此難以改變。在採取行動時，強硬的態度更影響行為的表現。態度的「強烈程度」或「極端性」是兩大重點，分析在不同情境下，某個態度有多容易在腦中出現。若該態度建立在極端的信念或是個人特殊經驗時，容易變得強硬。態度的極端性顯示一個人對某個議題感受的強烈程度，重要決定因素之一是「既得利益」，該態度和自己的利害關係程度，既得利益愈大，態度對行為的影響力就愈大。當態度目標物存在時，比較容易被想起，因此增加了態度影響行為的可能性，建立在個人關聯上的態度比較可能被用於支持性的論點闡述，使之抗拒改變。

態度對行為有不同程度的預測力，要看該行動的公開程度及其可能的社會影響。有些情境限制自己表達真實態度的意願，使自己避免冒犯他人，會多考慮他人可能會怎麼想。也可能出現「人眾無知」現象，錯誤地相信他人持有和自己不同的態度，如此或許會限制自己公開表達態度。

態度產生並刺激認同，社會認同理論（social identity theory）解釋個體尋求對所屬群體的正面感覺，而自尊有一部分建立在對社會群體的認同之上。由於認同群體的人最可能表達對自己所屬群體的偏好，因此在評價各群體時難免帶有偏見。[30]

改變態度首需基於理性思考，為了配合特定情境，一個人會仔細而謹慎考慮自身的態度及其對行為的涵義。這稱為理性行動理論（theory of reasoned action），經過進一步發展後有了計畫行為理論（theory of planned behavior）。根據計畫行為理論，意向是由幾個因素所決定： 1.對行為的態度：對進行這項行為的正面或負面評價； 2.主體規範：對他人會贊同或不贊同這項行為的認識； 3.知覺行為控制：即人們對他們進行此行為的能力的評估。Fazio 則提出「態度對行為的過程模式」（attitude-to-behavior process model），主張某些事件激發了某種態度，而態度一旦被激發後，則決定如何感知目標物的意義及重要性。[31]

第 **8** 章

表情與欺騙

2013 年，聯合報選出的代表字是「假」，無數食品都摻假。知名廠商也玩弄 GMP 標章，被發現了立刻提出各種說詞。大學裡，有些老師上課時，只有很少的學生在聽，即使聽課的也不一定理解老師在講什麼，老師本人還覺得自己教得很好。學生呢？期中期末考時考很多科目，有些同學產生強烈焦慮，因此腦中一片空白。作弊嗎？被抓到的機率很低，要不要試一下？此外，「下載免費音樂既方便又省錢，為什麼不可以？」「在學校被欺負、看到別人作弊，我應該保持沉默嗎？」「男朋友想要跟我有更進一步的關係，我該拒絕嗎？」......這些都是常見的道德考驗。

我們常是某個人的「粉絲」，對方是政治領袖、民意代表、體壇高手、影星歌星等。沒想到一旦親眼見到或在媒體上看到對方「沒形象」的表現，深刻體會到「幻滅是成長的開始」，為何無法早些「正確讀人」呢？每次到選舉，就有很多的民意調查，在政黨裡提名要看民調，大選時考慮民調來調整選舉策略。但哪一項結果接近事實？民調的方法很多，做民調的單位也可能有偏誤，以不精準的訊息作判斷，就像是沒有準心的槍，如何射得準？

劉墉寫過《我不是教你詐》，社會心理學則是教你辨識別人是否耍詐。從肢體語言、微表情、談吐中找到線索。在工作中，辨認案主或顧客的言詞，更是不可少的能力。

▶ 第一節 ▶ 讀人

壹、多重訊息

在中文裡，簡單的字往往很複雜，「人」字的筆畫只有兩畫，可是人最難懂，「知人」是何等大的問題，又是每一個人都感受到的困擾！做為大自然界中的人，總是得和動物植物相處，在和動物植物的對比中更認識自己。動植物比人類單純，人與人之間的差異性又比任何一類動物之間更大，認識人要比認識任何動植物要難多了，也必須透過更多學習才可能有多一些瞭解。

知覺比較單純，社會知覺就複雜多了。看人遠比看東西複雜，當我們嘗試解釋他人行為時，注意焦點常放在人身上，而非周遭的情境。知覺顯著性是在知覺上顯著的資訊，很容易被人認定為事件的起因。Shelley Taylor 與 Susan Fiske 做了一個研究：兩位男學生進行一段對話以互相認識。每一回合，另有六名真正的參與者參加，他們坐在指定的位子上，圍繞著兩名對話者而坐。本實驗的焦點議題是各參與者視覺上最顯著的人。參與者傾向將自己看得較清楚的人認為就是主導對話的人。如果同時面對兩位對話者，則通常認為兩位是同樣重要。①

知覺看的對象主要是物品，社會知覺則以看人為主，兩者有四點不同：

1. 物品的存在相對穩定，人則動態、複雜、多變化。
2. 對物的知覺較少受到環境的影響，對人的知覺必然受到社會角色、地位、名望等影響。
3. 不同的人對物的知覺相近，對人則複雜的多。知覺者自身的經驗、態度、需求等因素都造成差異。
4. 看一樣物品，物品不會與自己互動，人會。知覺者與被知覺者處於雙向互動的過程，彼此交流，自己的知覺也會在過程中調整。

人與人的互動具有幾個屬性，首先是「直接」，面對面接受到的是直

接的刺激，生動、具體、真實。其次是「整體」，人在情境中，情境裡的行為與獨自的行動顯然不同。個別的知覺可能只用有限的感官，社會互動則是不同神經系統都加入。第三，互動受到習慣的影響較小，個人知覺通常是習慣的產物，受心理習性所左右。社會知覺則變化較大。第四是「選擇性」，個人的主觀意識影響知覺的內容與結果，對自己有興趣的積極互動，也會將對方的訊息予以正面解讀。對索然無味的則視而不見、聽而不聞。同樣的，互動的對象也有選擇性釋放及接收訊息，如此產生的知覺必然不同。

　　選擇性知覺（selective perception）指收訊者在訊息接受過程中，依據自己的需要、動機、價值、目標、經驗、背景和其他個人特質等來作選擇性去看聽。在解碼時，也會加進個人的興趣和期望來詮釋訊息。影響接受與捨棄訊息歷程的因素，主要有：1.與個人的直接經驗有關的訊息，最能夠被認知；2.與個人的價值和目標有關的訊息，容易被注意和反應；3.合於個人基本態度的訊息，容易被認知及接受；4.與過去不愉快經驗有關的，易被捨棄；5.引起情緒或與其動機相衝突的訊息容易被忽視，甚至被捨棄；6.個人不願看不願聽的訊息，容易被捨棄。②

　　有三個詞說明社會知覺比知覺更複雜，「社會知覺」對認知對象加以辨別，「社會印象」進一步描述和複製，「社會判斷」則是客觀評論認知對象。判斷確定後，有了定見。社會印象是在社會知覺的基礎上形成的社會心理現象，是人們透過與認知物件的接觸產生知覺，不僅對人的外表記憶，也包括了對其行為、人格及情緒特徵等的記憶。

　　社會印象與社會知覺有以下幾點不同：

1. 間接性：一般社會知覺比較簡單、直接，社會印象則複雜、精緻，可能是參與者精心設計出來的。
2. 綜合性：社會印象是對影像的整體塑造，讓人有整體的看法。社會知覺以過去的經驗為主，社會印象則希望對未來有利，期盼對方能重新組合知覺的內容，對自己產生好感。
3. 固著性：印象一旦產生就不容易改變，也不容易被理性所說服，演變成刻板印象。刻板印象是籠統、不精準的看法，卻根深蒂固。

　　知覺必然建立在文化基礎上，運用社會心理學可對情緒加以編碼，以準確詮釋不同的情緒。編碼包括解釋別人所表達語言及非語言行為的意義，解碼則是表達或做出非語言行為。每一種文化的表達規則都很特殊，指導人們應該表達出哪種情緒。清楚易懂的手勢，稱為「標記」，如「OK」、「勝利 V 字」。標記並不是共通的，每種文化都有各自的標記，其他文化的人不見得充分瞭解。例如身體的距離很重要，一個人對另一個人愈友善，就會與對方愈靠近。朋友比陌生人接近，情人比朋友更接近。如果對某人有興趣會往對方靠近，但距離的遠近受到文化影響。

　　動作是肢體語言，例如手張開是邀請，手臂交叉是防衛（當然在不同文化裡有所差異）。音調、大小聲、韻律、抑揚頓挫、吞吞吐吐等副語言（paralanguage）也值得注意。嬰兒無法說出完整的言語，但親生父母往往能從孩子的聲音裡分辨肚子餓、生氣或有其他需要。

　　溝通的對象會接收影響較強的非語言訊息，會因語言和感覺的不一致，產生不協調感。非語言訊息的影響比語言要大，如果兩者不一致時，人們通常會選擇相信非語言訊息。社會工作近年來重大的考驗是「如何面對非自願性案主」，另一個考驗是「福利依賴者不斷來尋求資源」，還有許多案主不擅長或無法透過言詞來說明，面對這些人都特別需要透過觀察肢體語言來分析。社工無權要求案主接受測謊機的測試，因此更要留意「非語言洩漏」（nonverbal leakage），意識或無意識的、語言或非語言的，隨時隨地都在傳達訊息。非語言訊息可表現個人情緒的深度，是語言文字做不到的。

　　中華文化裡有許多「生理」與「心理」合在一起關於態度的說法，可見古早的人已經有些許社會心理學的觀念。例如形容冷漠的成語如：1.鐵心石腸：心腸很硬，很無情；2.冷心冷面：冷酷無情；3.鐵心腸：心腸如鐵；4.冷肩膀：待人冷淡無情；5.木心石腹：冷酷無情。這些都用了「生理的器官」來形容心情。另一個成語「口是心非」，嘴巴說得很好，心裏想的卻是另一套；指心口不一致、言不由衷、陽奉陰違。又如：1.背槽拋糞：比喻人反臉無情，忘恩負義；2.郎心如鐵：形容對女子無情狠心的男子；3.薄倖：薄情、無情；4.冷語冰人：以冷淡的言語對人；5.冷酷：對人苛刻、毫無感情；6.心如古井：心情平靜而無欲望；7.刻薄寡恩：殘酷無情。

　　仔細觀察人的一舉一動，真的能充分暸解一個人嗎？很難很難！「知人知面不知心，畫虎畫皮難畫骨」，很難從一個人的外表判斷他真正的為人。但如果不觀察肢體語言，錯誤的機會更大。在天下雜誌的網路書店打入「肢體語言」，出現 86 筆資料，在博客來網路書店打「肢體語言」，也出現很多種書，可見這領域是如何熱門！

　　肢體語言是「知人」重要甚至是不可少的方法，這也是比較容易在日常生活中就進行觀察的社會心理學主題。讀人需把握七種特性：1.外表；2.肢體語言；3.聲音；4.溝通方式；5.溝通內容；6.行為；7.環境。讀人的時候運用這七種特性，可以獲得大量線索，有助於確認他人的行為。但要掌握這七方面，要花極大力氣，也無法百分之百正確。③

貳、線索

一、辨識表情

　　電腦中有很多 QQ 表情提供人們點閱，也可以傳給親人朋友，真實的世界裡，人的表情有多少種呢？難以數算！眼睛和口腔附近的肌肉群是面部表情最豐富的部分，達爾文就注意到人的表情，他在《人類和動物的表情》中指出，表情是人類進化的軌跡，從情緒表現可以進一步論證人類和動物心理有連續性進化的現象。書中提出了有用的聯合、對立作用和神經系統的直接影響等觀點。達爾文解釋人類主要的表情有：④

1. 憤怒時張牙露齒，恐怖時毛髮豎直、心臟急跳等，這些表情動作對人類原始祖先具有生物學意義，是動物長期生活下來的有用習慣。這些顯示鬥爭的表情因遺傳保留在人身上，成為人類普遍的表情。
2. 各種彼此對立的表情，如悲哀與歡樂、敵視與友愛等，依照對立原理而鞏固。
3. 有些表情動作強烈而不可控制，由神經系統所直接影響。

　　要暸解他人的情緒狀態，得依靠非口語溝通，包含臉部表情、眼神接

觸、肢體動作與姿勢等，可透過別人的眼睛得知他們的感受。非口語線索方面，瞬間即逝的神情、表達管道的矛盾、眼神接觸、誇張的臉部表情等，都很重要。當語言（說話）與非語言（肢體或表情）不一致性時，自然會出現困惑的感覺。肢體語言常透露情緒狀態，大部分的動作，尤其是身體某部分對其他部分所做的動作如觸碰、摩挲、抓住，都顯示情緒起了波動，這種行為的頻率愈高，緊張的程度就愈高。

　　鼻子也充滿表情，厭惡時聳起鼻子，輕蔑時嗤之以鼻，憤怒時鼻孔張大，緊張時鼻腔收縮及屏息斂氣。超速讀人法用「速度」（speed）的五個單字的第一個英文字母有助於說明瞬間做出正確判斷的五個步驟：⑤

　　Scan 掃描：以宏觀角度看整件事情。先看全貌，再從綜合印象進入特定線索。先看背景，注意在場景中有哪些具體特徵，然後觀察有哪些人、他們在做什麼，他們彼此之間的關係又如何？

　　Pare 篩選：找出五到六個特別顯眼的事情或特質，思考自己最關切的是什麼？瞄準直接有關的特質。

　　Enlarge 放大：專心、減少干擾的態度去放大最重要的幾條線索，讓它們清楚呈現。

　　Evaluate 評估：重點在找出偏離常情的異常行為；留意極端情形、能否合理解釋這些行為嗎？再試著歸納出模式。

　　Decide 決定：如果不做決定，就得當心被情勢所決定。各種情況都可能出錯，但迅速選擇安全還是關鍵。

二、辨識眼神與眼淚

　　面部是最主要的表情器官，表情十分豐富，主要為眼、眉、嘴、鼻等的變化。面部各器官是一個整體，通常會協調，表達出同一種情感。當人感到尷尬、有難言之隱或想要有所掩飾時，五官會出現複雜而不和諧的表情。面部表情可以分為：感興趣─興奮；高興─喜歡；驚奇─驚訝；傷心─痛苦；害怕─恐懼；害羞─羞辱；輕蔑─厭惡；生氣─憤怒等等。

　　先以「眼睛」來分析，孔子說：「視其所以，觀其所由，人焉廋哉，人焉廋哉！」眼睛是心靈的窗戶，最直接、最完整、最深刻、最豐富地表現人的精神狀態和內心活動，眼神常補足辭彙的貧乏，促成無聲的對話。

眼睛常直接、自動自發表達。透過眼神可以推斷一個人是歡樂還是憂傷，是煩惱還是悠閒，是厭惡還是喜歡。從對方的眼神中可以推測是坦然還是心虛，是誠懇還是偽善。例如正眼視人，顯得坦誠；躲避視線，顯得心虛；斜眼看人，顯得輕視。

瞳孔反映心理變化，當看到有趣的或心中喜愛的對象時，瞳孔會自然擴大；看到不喜歡或厭惡時，瞳孔會縮小。目光可以委婉、含蓄、表達渴望或推卻、允諾或拒絕、詢問或回答、譴責或贊許、譏諷或同情、企盼或焦慮、厭惡或親密等複雜的想法。眉間的肌肉皺紋表達人的情感變化，柳眉倒豎顯示憤怒，橫眉以對顯示敵意，擠眉弄眼顯示戲謔，低眉順眼顯示服從，揚眉吐氣顯示暢快，眉頭舒展顯示寬慰，喜上眉梢顯示愉悅。⑥

涙水研究的先驅是明尼蘇達州聖保羅－拉姆塞醫療中心的生化專家弗雷。他給一組志願參試者看兩個多小時悲劇電影，收集各人因動情而流下的涙水。為取得因刺激物而產生的涙水，又讓志願參試者聞剛切的洋蔥三分鐘。發現：兩種涙水都含有精神緊張時體內分泌的各種蛋白基激素，包括催乳激素、促腎上腺皮質激素和天然止痛劑亮氨酸腦啡狀。分析兩種涙水後，發現涙腺對情緒的反應與對洋蔥的不同，情緒引起的涙水所含蛋白質比刺激物引起的多。弗雷認為發現涙中含有催乳激素，可用來解釋何以女性比男性善哭。催乳激素就是刺激乳腺泌乳的激素，女性血液含這種激素較多。女性在停經後哭得較少，因為催乳激素濃度降低了。不論男女，涙水有助於沖出因精神緊張而積累體內的毒素，所以許多人哭泣後會覺得舒服些。分析涙水可能有助於診斷疾病，由於血液與涙水成分相似，分析涙水可能與驗血一樣有用。眼淚能夠表達許多情感，如悲痛、歡樂、委屈、思念、溫柔、依賴等。⑦

人們會用同樣的方式表達情緒，有些面部表情是世界各地皆相同，尤其是憤怒、快樂、驚訝、恐懼、嫌惡及悲傷等方面。這六種主要表情跨越文化、也是嬰兒最先出現的表情。1972 年埃克曼（Ekman）與弗森（Friesen）的研究發現，在不同民族、不同文化背景的人類群體中，表情具有很高的一致性。「輕蔑」和「驕傲」的面部表情容易被不同文化的人們所共同辨識。⑧

由於面部只有有限的活動範圍，面部特徵常微不足道，比例差異和相

對位置差距不大，讀懂表情得具有相當的敏感性。有些面部情緒經常被錯誤解讀為表達另一種情緒。Joshua Susskind 發現：「恐懼」和「嫌惡」的肌肉動作完全相反，恐懼表情可以提升感知能力，而嫌惡表情則降低感知能力。單一表情容易辨識，但有時會被錯誤解讀。若同時表露出混合的情緒則不易正確解讀。⑨

　　面部表情基本上屬於自願行為（voluntary action）。不過由於表情與情緒密切關聯，也可能不自願。要避免某些情緒的表情幾乎不可能，即使自己努力控制也難以做到。一個人若想避免侮辱某人，需高度注意，否則在採取中立表情之前，仍可能出現短暫的厭惡感。

三、嘴與笑容

　　嘴部也是重要的訊息來源，表情表現在口形變化上，例如傷心時嘴角下撇，愉快時嘴角提升，驚訝時張口結舌，忿恨時咬牙切齒，忍受痛苦時咬住下唇。點頭微笑時，是否表現善意呢？面帶笑容未必就是彼此順利進展的保證，看似相同的笑容亦代表著許多不同的涵義。對於「笑」，在《一見面，就看穿人心》及《笑的研究》中如此分析：⑩

1. 最常見的是自然微笑、優雅的微笑可以給對方帶來好的觀感。若對象是交情不深或往來時間不長的人，輕描淡寫的笑容多能留給對方良好印象。對彼此熟識的朋友而言，則須留意這樣的笑容可能給對方疏遠或冷淡的印象。

2. 抿嘴而笑，容易招致誤解，須注意使用時機。因為帶有諷刺意味，或顯示希望與人保持距離。為了避免留給對方負面印象，使用前應先確定對方的個性。若面對身分地位高於自己的人時尤須避免，會使對方產生受到嘲弄的負面感受。

3. 爽朗大笑，毫不掩飾情緒地發出「哈哈哈」的豪邁笑聲，在面對困難時，大笑可以激勵自己，也帶給人正面訊息。當議論嚴肅話題或聆聽他人說話時，則應避免大笑。在聽見有趣的談話內容後發出笑聲也該適可而止。若不懂得考慮場合，過度展現自己的笑容，容易招致不懂察言觀色的批評。

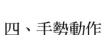

四、手勢動作

　　語言主要用於輸送信息，而非語言則可以表達更多情感。基本手勢遍布世界各地，但有很多更細微的肢體動作，代表了一些語言無法表現出來的情緒，在每個文化裡肢體語言所代表的意義不全相同。從嬰兒期起，嬰孩就使用肢體語言。例如當寶寶已經喝夠奶，把頭從一邊到另一邊，搖搖頭，直到他的父母停止餵奶，嬰兒因此很快學會使用搖頭的姿態表達否定的態度。

　　女性通常比男性更敏銳、更常使用非語言及直覺。許多女性善於注意非語言信號，對細節有精確的觀察力。男性常看不太懂別人的肢體語言，不確定對方究竟在表示什麼，因為不太會察言觀色，說話時比較不會看著別人的眼睛，所以有時對方生氣了還不知道。

　　同樣是比手勢，比大拇指者，常得到對方的微笑招呼。若是比中指者，則會招致對方的憤怒責罵。雖然都是動作，卻得到截然不同的反應。比較可以確定的例證有：[11]

- 當幸福時展現笑容。
- 當感到悲傷或憤怒時皺眉。
- 點頭用來表示「肯定」。
- 頭從一邊搖到另一邊表示「否定」。
- 大量的眼神接觸常被解釋成喜歡或正面感受。
- 如果某人持續瞪著自己，詮釋成憤怒或敵意的信號。
- 對於喜歡的人可能輕輕碰他的手臂。
- 令人討厭的手勢是用手指人，顯示不友善。
- 指尖對指尖的塔狀手，展現自信。
- 手指交錯或是雙手緊握的人，說謊的機會大。作證時，應避免手指交錯，盡量雙手相抵或是雙手交握成杯狀，因為這兩種手勢被認為比較權威、有自信、真誠。
- 臉上肌肉放鬆表明心情愉快，肌肉緊張表示痛苦或嚴肅。

　　人們常隱藏自己的情緒，臉上顯示再怎麼和顏悅色，身體反應還是流

露出真實的情感。腳是身體較誠實的部分，當一個人和你交談時，腳指向別的地方，就表示他想離開；遇到不喜歡的人，腳自然呈現要離開的方向。身體常洩漏非語言訊息，如果在和喜歡的人交談時或意見一致時，身體會自然朝彼此前傾；如果遇到不喜歡的人或不同意見時，會往後靠，設法遠離。感到不安時會下意識地用手或是其他物體當作屏障，當遇到壓迫的環境時，會用手摸著自己的鎖骨，在交談時下意識摸脖子。⑫

　　一個人外在的穿著打扮、舉止習慣等都顯現出個人潛在的性格。看人與讀人之時，要多加觀察這些特點，掌握細節，進而瞭解對方的個性與心理，容易獲得對方的好感及信任。

▶ 第二節 ▶ 謊言

壹、實例

　　謊言無所不在，但謊言發生的機率與職業密切相關，某些職業盛行說謊。不實商家、金光騙術從未消失，為了一己之私、犯罪者撒謊實屬家常便飯，間諜必須具備撒謊技術，位高權重者說過的謊也不少。在戰場上，在政壇中，謊言幾乎是必要的手段。政治領袖撒謊的情況，不勝枚舉，大部分謊言沒被揭穿。不過最近拜媒體進展之賜，今天民眾對政客的撒謊比較容易辨認。政治總是讓民眾不信任，若有訊息碰巧是真實的，它會被傳播，當權者也許因此在往後的時日裡能執行更成功的欺詐。

　　減錯肥、吃錯食物、選錯市長或總統、用錯藥、買錯東西、造假的調查數字等現象，無所不在。人民有知道真相的權利，但無數披著科學研究外衣、經過人為操縱的各項調查數字、各種消費行為調查、醫學研究報導、廣告策略、食品研究、公共政策研究等；在真實與謊言交錯的左右大眾信念，影響人們的判斷與決策。

　　說謊的方式主要有兩種：說假話及沒說真話。如果研究結果不符合贊助商的需求，將資料束之高閣，使資料歸檔消失，也是沒說真話。如果結

果正如所願，贊助商便會加上精美包裝寄送各媒體，藉發布新聞的機會甚至誇大研究結果。

　　人與人相處的過程中，往往伴隨謊言，有人因為過度在意是否與對方的眼神交會，導致說話速度不自覺地加快。有些人因缺乏自信，刻意藉由注視對方的表情以獲取對方的信任。要如何知道對方是否在說謊，肢體動作絕對是重要的判斷線索之一。若對方出現以下 8 種小動作，表示可能在說謊：⑬

1. 快速改變頭部位置：當你問對方一個很直接的問題，對方卻突然出現轉頭或出現類似的動作。
2. 全身筆直站著：在正常情況，人的身體會自然地放鬆，偶爾會變換姿勢或動作。若發現對方身體僵直，沒有任何動作，刻意保持警覺，就不自然。
3. 本能用手遮住身體較脆弱的部位：喉嚨、胸部、腹部，代表情緒緊張。
4. 用手碰觸或遮住嘴巴：當人們不想回答問題或發言時，通常會自然而然用手遮住嘴巴。
5. 對方愈來愈不願意說話：一個人有壓力時，自動神經系統會降低唾液的分泌，導致嘴部乾澀，不想說話可能表示對方感到壓力。
6. 對方眼睛直視，卻很少眨眼睛：這不自然，對方希望藉由長時間的眼神接觸，試圖要控制操弄。
7. 對方提供太多訊息：說謊的人，通常會多說話，希望藉此表示沒有任何保留或隱瞞。
8. 手指著你：當人們產生敵意或有防衛心時，會不自覺地用手指著對方。

貳、測謊

　　2014 年 7 月 29 日聯合報頭版有一則新聞：我駐美軍事代表團前團長今年三月返國接受例行的「忠誠儀測」，結果在四個測驗題的其中一題出

現反應，四月又重新測謊，連測幾次在同一題沒有通過，因此被要求留在台灣接受調查，團長一職也遭到撤換。測謊可以使一位擔任要職的將軍下台，靠的是什麼？

測謊機藉著量度和記錄血壓、脈搏、呼吸和皮膚導電反應（galvanic skin response）等由交感神經引起的生理反應，來判斷正在回答問題的受測者是否說謊。由於此類反應難以自主，說謊所引起生理反應的變化被認為能透露出受測者是否說謊。

首先，調查員會向受測者講解測謊的程式，強調測謊機可測出謊言，告誡受測者要誠實回答問題，然後受測者開始回答問題。測試大致可分為以下四類：[14]

1. 相關－無關測試（relevant-irrelevant test）：比較受測者在回答與案件「有關的問題」和「無關的問題」生理反應的差異。前者問受測者是否犯案，是否知道犯罪者的身分；無關的問題不會引起情緒變化（如：「今天是星期三嗎？」），犯案者對與案件「有關的問題」產生的反應應會比「無關的問題」反應強烈。相對的，非犯案者對兩類問題的反應應該差不多。此類測試的可信性常被質疑，因為測試以質問的形式進行，可能使各受測者都緊張，生理反應可能會與因撒謊而引起的反應相近。

2. 按照一定程序問題測試（control question tests）：比較受測者對「與案件有關的問題」和「會引起非犯案者生理反應的問題（對照問題）」生理反應的差異。對照問題包括一些負面的行為，通常是與案件同類的行為，例如在偷竊案中，對照問題可能是「你曾否偷竊？」非犯案者會對「對照問題」的反應較強烈，而犯案者則對與案件有關的問題反應通常較強烈。

3. 罪知感問題測試（concealed information tests, CIT or guilty knowledge tests, GKT）：受測者會被問及與案件細節有關的問題，而這些細節只有犯案者和警方才知道。例如「你從窗戶或大門或陽台進入案發現場」，犯案者應會對有真正答案的問題產生較強烈的反應。此類測試只能應用於已發生的案件，難以在詳情未明朗時實施。

4. 緊張高點法（peak-of-tension test）：與 CIT 類似，分別在於問題是順序發問（如：「被盜的金額是 $1,000？$2,000？還是 $3,000？」依此類推），犯案者的生理反應，會隨著正確答案的逼近而漸強，又隨著正確答案的遠離而逐漸平復，調查員試圖根據測謊圖譜找出真相。

即使測謊，已經證實有偏誤。例如「江國慶事件」，1996 年 9 月 12 日一名女童於空軍作戰司令部營區內遭到姦殺身亡，偵辦單位對可能涉案的士兵江國慶實施測謊檢測，結果江國慶未通過，他在 1997 年 8 月 13 日遭執行槍決。但這是誤判。

參、微表情

《謊言終結者》（*Lie to Me*，直譯為對我撒謊）是一部是 2009 年美國福斯電視網播出的影集。片中主要故事情節來自心理學專家保羅‧艾克曼（Paul Ekman）博士關於面部表情的辨識、情緒分析與人際欺騙等方面的研究。艾克曼還在網頁上解釋每一集的劇情及所代表的意義。網頁的刊頭是 "Separating facts from fiction"，提醒閱讀者要能區分什麼是事實，什麼又是虛假偽裝的。

片中主角有兩位：一是卡爾萊特曼博士，他擅長透過人們的肢體語言，特別是面部的「微表情」，來判斷對方的心理活動。他創立萊特曼集團，為政府部門和私人提供調查服務。他有如「人類測謊機」，各種臉部表情和身體語言透露出的訊息都逃不過他的眼睛，一個聳肩、微揚的嘴角、飄移的眼光都暗示著表達的潛意識。另一是姬蓮‧佛斯特博士，兩人利用「臉部動作編碼系統」（Facial Action Coding System）分析被觀察者的肢體語言和微表情，進而向他們的客戶（包括 FBI 等美國執法機構）提出被觀測者是否撒謊等分析報告。

有幾位配角：第一位是芮雅‧桃樂絲，她原本在機場安檢部門任職，因安檢工作能力出色而被聘用。她有與生俱來（natural）的能力，可透過觀察他人的微表情而看透人心。萊特曼博士初期對此反感，擔心她不願意

接受足夠的專業訓練，又擔心她會意氣用事。第二位是伊萊・洛克，他經過專業訓練獲得了閱讀表情的能力，屬於技術型人才。他堅持不說假話，如此做有時令談話對象感到不舒服。

這幾位主角配角從說話時的遣詞造句、思路結構等判斷一個人的心理狀態。以談判者為例，觀察對手的動作或表情是必要的能力，藉此判斷對手的真正實力。「微表情」包含了這些部分，又加入細微的部分，例如說話時嘴角微微上揚片刻，代表的是輕蔑。除了面部表情外，微表情也重視肢體動作，例如講話時如果右肩聳起，就是在說謊。微表情是一個人在試圖隱藏某種情感時無意識做出的、短暫的面部表情。

對應著厭惡、憤怒、恐懼、悲傷、快樂、驚訝和輕蔑等情感。經過「微表情訓練工具」（micro-expression training tool, METT）的訓練則更容易識別微表情。[15]《決斷 2 秒間，Blink》是以同樣的道理，指我們日常所作出的決定，依靠日常生活中對無意識的幾分之一秒的變化即可作出反應，而這些變化就好像微表情一樣。微表情的產生來自人與人的互動，一般人看不見時，自己便能隱藏心中真正的想法或情緒。在走路時，可輕易告訴路人他正被騙，或是不要再欺騙別人。[16]

▶ 第三節 ▶ 作弊

 、實例

2013 年 8 月，國防部長楊念祖因為論文涉及抄襲在上任後第六天辭職；2014 年 7 月，教育部長蔣偉寧辭職，原因是他捲入了指導研究生投稿學刊的爭議。為了進行學術研究，也有非常多的學者以假發票核銷陸續曝光，涉案的老師超過千人，媒體大幅度報導學術界各種造假的新聞。許多大學老師在研究工作中作弊的現象，不僅是個人的道德操守出問題，也反映社會心理意涵。大學是追求真理的地方，要追求真理就不能說謊作假。

　　傅斯年先生擔任台灣大學校長時強調老師和學生要「不扯謊」，他說科學家扯謊，不會有真的發展；政治家扯謊，必然有極大的害處；教育家扯謊，最無法教育人。這樣的提醒有用嗎？偷竊大家都知道不對，但如韓非子所說：「竊鉤者誅，竊國者侯」，小偷被處罰，偷竊國家可能當選，甚至成為元首。學生考試作弊不應該，老師做研究不誠實則長期被忽略。

　　作弊與說謊都是很容易發生的行為，背後存在文化及社會的因素。在《作弊的文化》中，作者卡勒漢舉例：免費看第四臺、憑空冒出來的所得稅扣抵支出、下載電影與音樂、企業舞弊案、體育選手施打禁藥、記者抄襲他人作品等。為何作弊之風如此普及？為何當代更嚴重？卡勒漢將作弊歪風歸咎於過去二十年來的「人吃人氣候」。由於擺脫桎梏的市場機制與前所未有的貧富失衡腐蝕了價值觀，威脅到平等機會。「贏家階級」自創道德現實，恣意作弊而不受制裁。尚未成為贏家的「焦慮階級」則認定，在這個贏家通吃的社會，選擇不作弊的人將坐失成功的唯一機會。[17]

　　2001 年 11 月，有 2100 名員工，市值超過一千億美元的安隆（Enron）公司爆發醜聞，檢調人員揭發弊案，將許多企業主管辦公室內的惡性貪慾公諸於世。股市聞訊後急轉直下，道瓊指數跌落將近三千點，投資人的血汗錢瞬間蒸發七兆美元。這一類高層級的舞弊特徵是處處加以合理化，可以用好聽的字眼來稱呼詐欺，方式之一是重新詮釋會計規則，給予財務困難的公司更多空間。涉及舞弊的公司高層自我辯護：「我是為了全公司上下才做出這種事。我其實沒有暗槓，只是借錢而已。」

　　安隆是一家由「絕頂聰明者」組成的公司，但高層銷毀公司帳目，因而爆發財務醜聞，是自戀者垮台過程的縮影。葛拉威爾在他的文章〈人才迷思〉（The Talent Myth）中主張的，「安隆是一家自戀公司——一家為了成功而接受超出合法範圍貸款的公司，它不承認自己失敗的責任，還說服大眾相信它的能力。」[18] 這是自戀者長期下來無法非常成功的另一因素：他們寧可獨攬所有榮耀，不願與團隊共享。他們在答題成績上與其他人不相上下，可是對自己的答案比較有信心，因此往往下注太多，也太常下注。自戀者也展現他們偏離現實的註冊商標：一開始就強調自己的表現會比別人好，結果卻是更糟。勇往直前的自戀者又繼續宣稱自己在測驗上的成績比別人優異，未來表現還會更好。自戀者至少有一段時間活在幻想

世界裡，認為自己成功了。他們甚至能在面對失敗時依然抱持這些信念。自戀能精準預測想像出來的成功──卻達不到真實的成功。[19]

贏家通吃的自由經濟體系擺了誘人的大獎，金額之大前所未見。企業崇尚極端的競爭力，贏家階級致力削弱政府在關鍵領域的管制力，重訂遊戲規則，希望能在觸犯經濟罪後逍遙法外。

碰到是否要抄捷徑之時，當事人考慮的因素不只是潛在的得失，置身於作弊成為常態的環境，或是為生存而作弊，或是作弊可獲得極大利潤之時，會有比較多人傾向為非作歹。但是有些人仍會堅守道德，即使這樣做傷害了自身利益也不背離原則。

耶魯大學法律系教授史蒂芬・卡特（Stephen Carter）在所著《道德風骨》（*Integrity: The Courage to Meet the Demands of Reality*）中指出，道德包含三個步驟：分辨對錯、依照分辨的結果行事、自圓其說。當然，為了表現出道德心，必須先明瞭對與錯之間的差異，但「明辨是非」說得容易，做起來可不簡單。[20]

對錯的觀念不只由親朋好友塑造，不只受到工作或就學環境影響，也接受更廣義的文化耳濡目染。從小到大，文化裡普及的價值觀或社會準則塑造了你我的觀念，影響自己對成功的定義，影響到工作應該多辛勤、應該達成什麼目標、應該穿什麼樣的衣服、如何整理儀容等決定。有些人也許因為從小接受宗教教育，或是有幸碰到少數能闡明品格與道德重點的家長與老師，因此培養縝密的道德觀念。

知名道德發展理論家柯爾柏格（Lawrence Kohlberg）提出「原則良知」一詞，藉此描述道德論證的最高層次。令人感嘆的是，他的結論是絕大多數的人都無法達到這個層次，多數人還是傾向將對錯的觀念設定在贏得他人的稱讚、避免自己惹禍上身。只以這兩種考量做為行事準則的人，通常培養不了道德骨幹。[21]

一個文化的價值觀主要由改變社會的重大外力來塑造而成：戰爭或和平、繁榮或蕭條、人口結構的變化與科技變革等。塑造價值觀的因素還包括社會運動、宗教啟蒙、知識分子訴求、影視名人帶動的風潮，由「重量級人物」帶頭倡議某一種生活方式。大眾媒體也讓社會價值觀轉變的速度比任何時代都來得快速。著有《動物農莊》、《一九八四》等知名作品的

英國作家歐威爾如此分析人性：「我們都有能力去相信明知是錯的事實，然後我們終於被證實是錯的，但我們會毫無顧忌地扭曲事實，以顯示自己是對的。」[22]

　　作弊者的說詞有一個普遍的重點：「錯，不在我！」理由如：政府的規定不清楚、政策宣導不足、工作很辛苦所以忘了一些必須做的流程。錯，永遠不在我。多數人遇到自己闖禍了，第一件事也是最主要的事：「自我辯護！」先設法保護自己，證明自己是對的，然後以傲慢的態度對抗任何的指責，認為別人對自己是心存偏見，害自己犯錯或沒有把事情做好。多數單位都討厭媒體、抗拒外界的批評，認為外人不暸解我們多辛苦。

　　錯，是事實，眾所周知，已經被證實了。當事人可能也知道自己錯了，但毫無顧忌地扭曲事實，這樣的心態比錯誤本身更可怕。犯錯者不願意冷靜去面對事實，更不願意平心靜氣地聆聽批評或力求改進，只想找對自己原有想法與作法有利的證據，持續強化自己的信念。外界提醒他們面對現實，他們或是暴跳如雷地對抗，不斷指責他人，或是找各種理由，設法自圓其說，固執於盲點成為唯一重要的。充斥在各處的是「只要有人錯得比我更多更嚴重，就能證明我沒錯，我才是受害者」的心態。他們堅信：「錯誤已經發生了，但絕對不是我造成的。」[23]

　　歐威爾上述那一段話的下半句是：「這樣的過程可能會一直持續下去，唯一把關的是錯誤的信念遲早會撞上冰冷的現實，例如戰場上的慘敗！」殘忍的現實，未必能喚醒犯錯者，也難以有效改善。因為不覺得自己有錯的人怎麼會改過？把問題都推給其他體系的單位，怎麼會痛下決心改革？因為人們習慣不理會批評自己的訊息。即使看完，也可能覺得批評者多管閒事，根本搞不清楚狀況。[24]

貳、白謊及放屁

　　人們總是把撒謊視為令人遺憾的人性弱點，父母、長輩、師長、宗教領袖總是諄諄教誨「要誠實、要誠實、不要說謊、不要說謊」。1981 年 Barnes 在西歐十國進行問卷調查，作答者被問到最想把什麼特質傳給下

一代，有九國民眾都把「誠實」排在第一位。但是，父母親努力的成果有限，大多數人仍一再說謊。有些人認為：「這世上說實話的，大多是孩子。」但發展心理學拒絕接受這種觀點，小孩說謊也很普遍。當然，孩子長大會愈來愈不誠實、持續說謊。㉕

說謊在人類歷史中源遠流長，是演化的產物，兼含文化演化與生物性演化的雙重意義。例如人們常為了顧及對方感受說出「善意的謊言」，也為了激勵自己而自圓其說。說謊具有多重的目的與功能，在古今歷史、不同文化、不同人口群之間各有不同意義。例如「戀人為了劈腿而說謊」與「丈夫背地找小三而對妻子說謊」，意義和責任顯然不同。從社會心理學的角度，特別注意到「騙人與被騙」的心理機制與社會環境的影響。

說白謊的例子如：保護他人的說詞、增進大眾利益的言談、向病人或瀕死的人講鼓勵的話。在某些社會科學的實驗中，對參與者所講的話有些並非實情。許多作家都造假或欺騙，有些是假故事，有些讓外行人誤以為真，有些以間接而狡點的方式說明。史書充滿「成者為王、敗者為寇」的論述，對成功者歌功頌德，把某些不實的事蹟刻意宣傳。

人都有為自己找藉口的時候，「說話不算話」、「辜負他人的期望」、「不得不拒絕別人的請託」，都很普遍。無論事情大或小，常常得承受失敗或尷尬，常需給自己找個好藉口、好理由。當期待完成某件事卻無法順利如願時，也需要一個合理的交代。許多人在為自己的立場辯解時，不愛動腦筋，也不太認真聽別人的解釋。願意花時間思考合理藉口的人很少，許多人隨機應變，憑著腦中閃過的靈感瞎掰。如此一來，藉口更欠缺說服力，直接影響對方對自己的印象，有時候即使失敗了，倘若即時能提供一個具有說服力的理由，同樣能贏回對方的信賴。相反地，假如藉口欠缺說服力，不僅會失去眾人的信賴，還可能從此被貼上「無能」、「不守信」的標籤，也會失去平日所建立起來的印象。該注意別人所說的藉口，進而檢視自己的感受，以免自己也犯了相同的錯誤。㉖

「氣」是普遍存在的大問題。任何人都要面對天、面對人、面對自己。天有天氣，天也有天命，命有命運，運有運氣。運氣好的人比起運氣差的順利，多運動則容易氣順，常常散步自然就放屁，打球也可以不憋氣，腦筋靈活則腦裡的氣順暢。

　　美國文化很看重「吹氣」，在各種競技中少不了「加油打氣」的現象，啦啦隊的普及就是明證。父母講到子女的成就、老闆對外宣傳、政治領袖說到自己的政績，難免加油添醋。美國是澈底的資本主義社會，看重行銷的能力，口才不好、不會吹牛則降低成功的機會。美國是民主大國，候選人必須善用三吋不爛之舌去爭取選票，設法演練為語言的高手成為菁英份子的捷徑，多數語言高手往往也就是擅長說屁話的人。

　　中華文化原本不是特別重視「嘴巴放屁」，在以農立國的民間，巧言令色不是好事，但官場和商場處處屁話，以符合「黑暗舞弊、臭氣沖天」的大環境。民間很看重「氣」，氣要旺、氣要順。各種「氣功」教導人們調氣，在天地之中與大自然和諧相處。也有許多智慧之言提醒人們「和氣」，和氣生財的觀念深植人心。

　　氣有好有壞，有香有臭，有的有益，另一些則危害身心，身體的放屁總是臭的，言詞的放屁更臭。放屁可說是「損人利己」的行為，在私下放屁是快樂的經驗，身體中不好的氣排出去，很舒服，也有助健康。但在公眾放屁則難為情，放屁的聲音與味道都讓他人不愉快。不過，在人際關係中受到放屁的傷害有限，倒是來自他人口裡的「放屁」，令人受害更深。做部屬的，經常要忍受主管的屁話；在行政部門工作，有時得聽民意代表無的放矢；老百姓，更可憐，日以繼夜接受政治人物藉著國家機器所傳播的屁話。

　　人們言詞中的屁話，是基於自私心理所說出的。這些屁話比身體的放屁甚至是大便更傷害人，就像耶穌說的：「豈不知凡入口的，是運到肚子裡，然後排泄，但從口裡出來的，是發自內心，才會使人污穢。因為心裡出來的，有惡念、兇殺、姦淫、淫亂、偷盜、假見證和毀謗。」

　　在我國的歷史傳統中，宮廷裡有更多屁話：領導者虛假，部屬阿諛諂媚，大家一起吹牛打混。屁話天天有，在高位者更嚴重，人們用忠於自己來代替。隨意表達，只要有利於自己即可。人人一把調、說溝通重要卻拒絕誠實的互動，大家忙著講，意義眾多，莫衷一是。無數人儘管所作所為沒道德、不理性，卻總是懂得包裝，能夠講出奇特的屁話，對種種現象做扭曲的解釋。如此符合後現代社會價值多元、隨意解釋、動態彈性、生存至上的特質。好些人的成功因擅長行銷，能提出動人的說詞，但沒有能力

把所說的認真執行，多數是空中樓閣，少數執行的也無法落實，就像放屁，消失在空氣之中，卻讓聽者難受。

　　在公眾場合大方放屁是自我中心的表現，任意放屁實在噁心，但不嚴重，口出惡言卻是種種政治、商業、人際問題的核心。當理性與文雅不被在乎時，野蠻的行為詮釋日益普遍。強詞奪理隨處可見，臭氣難聞充斥在空氣之中。高自尊和欺負弱者、自戀、暴露狂、自吹自擂及人際間的侵略行為有更高的關聯。當有高自尊的人經歷挫折時，潛在的自我懷疑會因而出現。

第**9**章

比較與交換

　　睜開眼，看到人，就想與對方比來比去。打開報紙、電視或上網，都常想到自己與報導的人物有何不同。即使作夢，也與人比較。「人比人，氣死人」，可是人人愛比較。比較固然有正面功能，卻產生偏見與嫉妒。社會比較是自己與他人比較，以便判斷自己對社會現實的認知是否正確？比較之後決定如何與對方互動，如何參與團體的生活。

　　比較之後，羨慕嫉妒比自己強的人，「水往低處流、人往高處爬」，特別希望自己能融入強者的生活圈。各種權力、資源、美貌、財富都稀有，如何能多得呢？偷拐搶騙不是正道，只好設法交換。每天與人互動的過程中都在換，用自己的時間、專長、能力甚至是感情，希望換到更多珍貴的頭銜、名聲、權力甚至是愛情。我們在真實乃至網路世界都好忙，因為忙著交換。

　　綜合了經濟學、行為心理學、人類學、社會學、心理學等知識，社會心理學將人與人間的互動視為一種計算得失的理性行為，探究人們處心積慮與他人來來往往的過程。

▶ 第一節 ▶ 社會比較

壹、實例

　　2014 年 5 月底爆發的桃園縣副縣長葉世文收受遠雄集團鉅額賄款，震驚各界。葉世文的名字與「夜市的文化」相近，夜市是台灣重要的文化，卻也是最剝削從業者的領域。無數人違反「日出而做，日落而息」的生理定律，黑夜裡疲憊在夜市工作，賺取蠅頭小利養家活口。他們的配偶、子女，跟著犧牲，無法享受闔家歡樂的夜晚。每晚勞苦，只期盼有一千兩千的利潤。葉世文的生活則與「夜市」有如霄壤之別，很多年來，他生活在氣派的辦公室、吃喝在高檔的餐廳、住在不同豪宅的溫柔鄉裡。一拿錢，就是一千萬兩千萬……。

　　遠雄集團的數字單位不是「千萬」，而是「億萬」。遠雄多麼積極，到處蓋房子、蓋大樓、蓋各處的地標。這些雄偉的建築，展現大老闆趙藤都的雄心。但市井小民往往只能看、只能羨慕、只有感嘆。相對於該公司的「雄」，卻是無數想購屋者愈來愈「虛」，流汗打拼、領 22K 的年輕人，連顧好眼前的，都很難。

　　「葉世文—趙藤雄」是一個世界裡的人，「領 22K 的年輕人—夜市攤販—無殼蝸牛」是另一個世界裡的人。「大官」是一個世界裡的人，「斤斤計較買菜—計畫少吃一樣菜的外食族—等公車不搭計程車」的是另一個世界裡的人。在選舉之前，有權者向後者謙卑，彎腰微笑討選票。選後呢？常常忘記要幫助選民的承諾，總是靠近大老闆，總是不懂選民的困境。所以，台灣社會內的分化情況，逐漸惡化。

　　從社會面來看，多年的教改使台灣的貧富差距加大，窮人更窮，更無法翻身。在多元入學的設計中，補習要錢，到處考試要錢，考上了學費雜費等又要一筆筆的開銷。「貧窮文化」逐漸形成，窮困的人長期處在挫敗之中。當有錢的孩子為不斷補習、旅遊、電玩而忙碌時，窮困家庭卻是有等待農作物收成才可能有讀書機會的孩子。有些孩子在現實的壓力中自暴自棄，覺得別人對不起自己，自己也無力突破。有些人在嫉妒中走上報復

之路，甚至以犯罪作為謀生工具。

　　「貧窮文化」包含幾個要素：一是代代相傳，子女繼續上一代的貧困；二是產生了匱乏循環，下一代持續窮困；三是阻礙其中的人接受現代知識以及參與經濟活動決策的機會；四是兒童很小就接受了貧民的價值、觀念和態度，容易產生宿命的想法，聽天由命。①

　　窮人家的子弟看到有錢的孩子要什麼有什麼，而自己要多一些發展機會卻得不到，難免嫉妒羨慕。他們為了升學、為了多一些在社會上能競爭的機會，非常辛苦，同樣年齡的有錢人子弟則無須承受看人臉色的苦。對貧困者而言，窮是眼前的苦，發展受限還很可能是未來難以逃脫的苦，心中的委屈難以平復。在過去，人們可避免遇到和自己所得差距大的人，如今在傳播與交通如此便捷的時代，大量優勝劣敗的資訊傳到眼前，讓貧困者無法逃避，更加痛苦。貧困者想到自己和下一代在未來仍然難以追上領先群的人，愁苦更多了。

　　無數資源欠缺者都有內在痛苦，這是深層而長期的，窮人被環境壓迫到必須長期忍受困境。他們當然渴望有一天能從弱勢的地位中翻轉，但多數都得不到機會，難以發揮才華與理想，更無法突破。窮人因為欠缺使下一代具備參與競爭的籌碼，所以出現「貧窮的代間循環」，一代又一代忍受痛苦。貧窮困境中的被剝奪感和挫敗感使部分窮人借酒澆愁或吸毒，甚至下一代也在年幼時就染上壞的習慣，如此更難脫離貧窮了。

　　貧窮不只是一種客觀現象，也是心理上的主觀感受，已經成為一種非常多人都有的經驗。當一個孩子在學校吃營養午餐時想到的不是食物的美味而是交不起午餐費時，挫敗感有多深呢？貧窮文化中的人長期處在極低的生活水準中，由於持續匱乏，逐漸損壞身體健康和心理尊嚴，影響到生活水準、財富分配、地位體系和心理期望。在對拉丁民族窮困者的研究中明確發現此種現象，許多人在無助中走上犯罪之路，使治安惡化，外資因而卻步，整個國家當然難以進步。

　　窮困者的志氣小了，子女的知識技能又不足，很難在短時間重新振作。財富就像是一輛車子的動能，富人家的子弟有用不完的動能，能夠驅動到各種他想去的地方，能快速行駛。窮困者無法得到足夠的動能，往往看著其他人以很快的速度向前衝，而自己只能望塵興嘆，很委屈很無奈。

貳、解釋

　　人們經常改變自己的態度，以便和他們所重視或認同的人持有相近的看法。當自己認同某個群體時，會接受針對該群體而發的訊息。相對的，當自己並不認同某群體時，則不在乎該群體有關的訊息。社會比較可能激發鬥志，提高自信心，但不實際的比較則產生副作用。社會比較理論（social comparison theory）是利昂・費斯汀格（Leon Festinger）在 1954 年提出來的，重點是「一個人會在缺乏客觀標準的情況下，透過他人進行自我評價」。費斯汀格區分為向上比較與向下比較，向上的比較是跟更社會化的人比，向下的比較也可稱為逆向比較。向上比較產生的主要是「嫉妒」的感受，向下比較則容易產生「偏見」。發現他人比自己優秀、能力更強、擁有更多……等，都可能產生嫉妒的情緒。不論是什麼關係，都可能產生嫉妒，例如師徒之間，對於弟子的成就，身為老師的當然於有榮焉，但心中難免嫉妒弟子的成就高於自己。②

　　構成社會比較有三個基本條件：首先，有清楚評價自己意義和能力的動機。其次，如果已經有評價自己意義和能力的客觀方式，就先使用。如果找不到客觀方式，常透過與他人進行比較來判斷自己的能力。第三，因為與自己類似的人對評價自己很有用，所以容易被選取為比較的對象。進一步說明社會比較理論的核心議題如下：③

1. 不明確性與關連性：不明確性往往導致更多的社會比較。如果某個對象與自己的關係不大，則不可能比較。有的事物雖然與自己有關，但每次涉及這個對象，就引發痛苦、恐懼等不良情緒，因而寧可迴避，不願相處。

2. 對自我的評價：一個人透過社會比較進行自我評價，進而為自己定位。社會比較具有雙重性，不僅確認自己的屬性，也顯示自己的積極願望，希望得到肯定。在比較中強化努力的動機，自我增進常來自社會比較。一個人即使已確認自己的某種屬性，還是要藉助比較來獲得肯定。表現不佳之時傾向跟比自己較差的人相比較，出現「比上不足比下有餘」的心態。

3. 與不同的他人比較：社會比較主要是和自己類似的他人相比，但這不是全面的。在人際交往中所進行的比較分成兩類：首先是以類似的人為比較對象，用以確認自己與他人相同背景的屬性。其次透過與不同的人群比較，以確認自己的屬性，又能提高自我評價的可信度，同時有利於自己發展社會行為。明智的人善於把不同層面的社會比較結合起來，因而對自我有較為精準的評價。

4. 暫時比較和團體間比較：個人與他人的比較是橫斷面的，個人與自己的比較屬於縱斷面的。一個人透過和他人的相互作用而評價自我能力等屬性，以形成自我概念。為了使自我概念更明確化，有必要超越時間而形成自我同一性，使現在自我、過去自我、將來自我在社會生活之中有所延續。在自我同一性所形成的過程中，必然有現在自我屬性與過去自我的比較。團體與團體之間也比較，我們在社會生活中屬於不同團體，自我概念有一部分受自己所屬團體的屬性所規定，認為自己各種團體的屬性都是經由和別的團體相比較以便確認。

社會比較處處發生，社會心理行為的發展和改變都與社會比較有關。人們經由比較覺察到社會行為的方向性，從而改變自己，加強對社會的適應。社會比較可作為一種內驅力，促進自身行為的發展和改變。實際的作用包括：[4]

1. 態度的變化和傳播：我們容易記住與自己態度和意見一致的人，經由社會比較，提高了對團體屬性的確認，從而促成團體成員態度和意見的一致，以形成強有力的團體規範。規範又產生壓力，是改變態度和行為的動力。團體成員因為透過社會比較發現自己跟他人的態度和意見不一致，因而有了三種常見的社會行為：(1)試圖改變其他人的態度；(2)改變自己的態度，以配合其他人；(3)如果對方一直跟自己相異，則對其疏遠，甚至排斥，也就是「道不同，不相為謀」。

2. 團體內的競爭：團體內成員間的競爭，一定包含能力的競爭。在進行能力比較時，「向上比較」很常見，人們往往選擇比自己稍

微強的他人作為比較對象，也希望超越對方，競爭因而成為進步的動能。

3. 人際的吸引或反感：人際交往中的吸引或反感是透過社會比較產生的。若確認他人與自己的類似性大，則他人對自己有吸引力；如果他人與自己少有類似性，就會疏遠。例如在臉書之中，將之刪除。

4. 形成非正式團體：在正式團體中，某些成員由於意見、性格、能力等的比較，使彼此的類似性得到確認，因而自然組合，形成非正式團體。非正式團體可能有很強的凝聚力，甚至超過正式團體。

5. 對社會事件的評價：在評價某一社會事件時，受到有關人士的影響，決定了個人的觀點、立場。一個人對某一事件的評價，往往是與他人社會比較的結果。

　　人人都想要瞭解自己的地位如何、自己的能力如何、自己的表現如何。在與他人比較之中，可進一步認識自己和他人。只有在社會的脈絡中進行比較，才可認識到自己的價值和能力，正確評價自己。社會比較使人清楚瞭解自己和他人，找出自己和別人之間的差距，有助於發現自己的長處，也可發現自己的不足。

　　人人也始終存在兩個深具影響自我的面向：1.自我評價維持：適用將自我歸類之時，將自己當作個體和其他個體做比較；2.社會認同：適用在將自我歸類到群體層次之時，而將拿來做比較的他人歸類到某個共屬類別。⑤ 另一個群體動力對於如何評價我們自己與他人有重要意涵，反映在諸如「害群之馬」現象時，會排斥威脅群體正面形象的成員。

▶第二節▶ 羨慕嫉妒

壹、實例

「我要當歌手」、「誰是接班人」等電視節目，每個系列都有幾萬幾十萬甚至是數百萬人報名，不斷淘汰，最後只有一位贏家。NBA 或 MLB或 SBL 或中華職棒，每年只有一個總冠軍隊。無數人注視總統大位，只有一人能獲選。競爭激烈，但贏家真的最出色嗎？戴上冠軍戒指的實至名歸嗎？贏得總統寶座的確實最優秀嗎？都不一定！輸家誰都不想當，但是，輸的人總是多而又多，輸家羨慕嫉妒贏家，是常見的現象。嫉妒是由比較而生，比較是人之常情，比地位高低、財富多寡、能力差距，在比較的過程中總是凸顯差距，設法分出高低優劣，優者歧視劣者，強者輕視弱者。

當我們小時候，遇到兄弟姊妹因為以熟練的口才討好父母而得到額外的獎賞時，心中很不是滋味，有了嫉妒的感覺，氣自己說不出類似的取悅言語。上了學校，從小到大，總是看到某些同學因嘴巴特別甜而人緣奇佳，甚至在升學之路上多些助力。當兵時，會逢迎拍馬的同僚假期特別多，苦差事又比較少。到了工作場域，臉皮厚、心黑、敢不要臉的同事，令自己不齒，卻也讓自己羨慕，為何他們能靠這樣的能力升遷而我只能總是等待？

在感情路上也常如此，那些把肉麻當有趣的人能左右逢源，而自己因為沒法說出讚美討好的話，做不出取悅異性的動作就得忍受孤獨？即使結婚了，許多人也嫉妒好像很恩愛的夫妻，對於他們能公開「曬恩愛」、大方表示彼此的情愛十分羨慕。有些父母就是能在眾人面前大聲鼓勵子女，即使他的孩子做的只是很普通的動作。「公開表達肯定」這回事，為什麼就有人能很自然地說出來，並因此享受對方的肯定？

會讚美是一種能力，卻是很多人學不好的，多數人在這些方面疏於練習，也就吃虧。《厚黑學》強調：「人世的功名富貴、宮廷妻妾、衣服興馬，無一不是從臉厚心黑這區區之地出來。身有至寶，棄而不用，可謂天

下之大愚。」⑥ 不分時空，到處都是因懂得討好他人而飛黃騰達的例子，人人都瞭解，卻只有少數人輕易操弄。

有些人不僅讚美，進而巴結奉承，刻意討好，甚至不顧形象地阿諛諂媚。一心討好人，不斷取悅人，其本質建立在「以他人為中心的人生觀」。依照《政壇兵法》一書中有關諂媚之術的說明，舉凡諂媚對象的一切：門第、相貌、品德、才華、政績、能力、言語、行為、子孫後代，甚至生理缺點，都可以做文章，吹捧一番。如果對方放個屁，都可能被描述為具有馨香之氣。⑦

但是，奉承者刻意扭曲自己討好對方，正足以顯示他不追求獨立自主，忽略了自身的感受，抹煞自己的需要，而把主要的力氣用在「為別人活」這件事上。諂媚者所看重的，是別人對自己給了好臉色，或是對方說了幾句好聽的話。這些人生命的主題是「依附」，人際關係重點是「取悅」，事業的目標不是自己的理想而是「名利」。他們少了獨立的人格，當然也不會有獨立的情緒，因為心情的好壞取決於討好對象的一舉一動。

在中華文化中，這一類的問題特別嚴重。中華文化一向不重視一個人的獨立，甚至故意壓抑人的自主需求。對於有個性的小孩，父母通常的反應是「他不乖」；對於有自己想法的學生，老師即使不處罰也少有讚美；對於在工作中有明確主見的人，上司非常賞識實者屬罕見。即使談戀愛，男生也總是喜歡聽話的又抗拒自信的現代女性；進入婚姻，妻子被迫馬首是瞻，老公最大。

有些人，不願意接受社會的既定規則力求發展事業，不肯低下頭說些取悅有權者的話，被認為是怪胎，難道要「敬酒不吃吃罰酒」？也可能承受來自家人朋友的壓力，要求他臉皮厚、心狠手辣、力爭上游。自己就是做不來，就是堅持自己獨特的想法，結果通常不好。四面八方都是「識時務為俊傑」的聲音，完全不願讓步者是多麼心酸！

貳、解釋

羨慕的英文是 envy，envy 是名詞時，英文的解釋為 "the feeling of wanting to have what someone else has"，是一個人意識到自己的身分、成

就、財產等不及別人，渴望得到，因此希望其他人也得不到。envy 是動詞時，英文的解釋為 "to feel a desire to have what someone else has"。羨慕在中文裡並沒有否定、壞的意思；而嫉妒卻隱含著憤怒。envy 在負面上也可以翻譯為嫉妒，嫉妒常用的英文是 jealousy，英文的解釋為 "an unhappy or angry feeling of wanting to have what someone else has"。羨慕因此可以定義為一個人意識到自己的身分、成就或財產等不及別人，因而渴望得到或希望其他人得不到。

從情緒的觀點分析嫉妒主要有三方面，在生理面，為了生物性的繁衍及占有慾，有嫉妒情緒。從心理面來看，嫉妒本身就是一種情緒，若能有效處理，會使人際之間增加動能。從社會面，社會地位、文化等會影響嫉妒情緒的強烈。[8] 嫉妒情緒可能在這三者之間都存在，若僅以單一面處理偏頗必然出問題。

嫉妒存在於每一個角落，人是嫉妒的動物，不同哲學家都加以探究。亞里士多德定義羨慕是別人的好運所造成的自身痛苦。康德將羨慕定義為一種不願看到自己的福祉被他人所掩蓋。羅素說羨慕是最容易使人不快樂的原因。嫉妒是一個普遍和人性最不幸的一面，因為是羨慕的人因羨慕而變得不快樂，甚至希望別人不幸，因為危害他人。雖然羨慕通常被視為負面的，羅素還是認為羨慕是民主運動背後的一種動力，必須忍受，以實現一個公正的社會。

嫉妒是基督教會認為的大罪，十誡就特別提醒不可如此。出埃及記第20 章 17 節說道：「你不可貪戀人的房屋，也不可貪戀人的妻子、僕婢、牛驢，並他一切所有的。」嫉妒絕對是「歷史」的主題，是戰爭的主因。是戲劇常見的體裁，如白雪公主、歌劇魅影、鐘樓怪人等。在社會卻不是常被討論的主題，但與偏見、歧視、攻擊等有密切的關係。

嫉妒心重的人具有比較強的攻擊性及反社會的傾向，扭曲事實使自己有利，也可能參與暴力事件，變成加害者。羨慕可能源於負面自我評價，因為與比較強的人作比較，從而讓人自慚形穢，導致自我意像的貶損。有一派的看法認為羨慕別人是好的，如果羨慕者希望自己成為被羨慕者，便會將被羨慕者作為模範，設法擁有被羨慕者的特質。

站在性別的角度，「同性相斥，女人嫉妒女人，男人嫉妒男人」是普

遍現象。哲學家沙特以進地獄來形容對愛情與婚姻中的劈腿現象，原來做主角的女人不甘心，受不了內心的嫉妒，採取各種的方式來對付讓自己墜入地獄的第三者。法國作家安妮艾諾在《嫉妒所未知的空白》一書中描寫一位女人渴望知道那闖入她與男人世界中的女人是誰，因為她的生命已經被對方所占領（占領正是這本書原來的書名），對方是未知的，是個窟窿，造成了自己無助的空白。她始終不明白那女人是誰，後來逐漸領悟唯有透過文字才可能去填補。[9] 文字是相對客觀的，能使一個人從主觀的情緒中適當脫離，整理一切，這是在任何人際互動中做不到的。敵人是誰已經不重要了，真正要填補的是自己的生命。

　　嫉妒別人還是有好處，或許能更積極面對及整理自己，將心事透過文字的整理來填補。當女人覺得「情敵是誰已不再重要」之時，她會體認真正重要的是自己。別人就算是要把地獄搬來，自己也不一定要進去。所以有的第三者走了，女性才發現這段不為男人活的日子是多麼有意義，她也要重新出發，例如用文字出發。

　　用文字報復並整理自己的經驗，男人更多了。史記的作者司馬遷是典範，他被迫成為不完整的男人，他可以嫉妒所有的男人，更恨那個擁有無數女人卻不允許他做個平凡男人的皇帝。司馬遷犀利的文字嘲諷了欺負他的人和那人的祖先，後代透過他的文字去瞭解歷史，他成功主導了歷史的解釋權，這是多麼難的事，但他以堅強的生命力做到了。這一點令無數歷代文人佩服，好些失意的人都在文字中找到生活的重心，透過編寫歷史、寫詩寫詞、甚至寫小說，把心中的苦轉移到半真半虛擬的人物身上。這些文人可能有些自戀，因為只有最像自己的那人才是主角，而且往往是缺點最少、優點說不完的。這種心理達文西應該明瞭，很多人都認為「蒙娜麗莎的微笑」是達文西認為自己若是女人的容貌。

　　在歷史上，有許多人物都因嫉妒對歷史產生很大的改變，嫉妒在歷史上扮演重要的催化力量，鬥爭、反叛、立國、亡國……等都因嫉妒而起。即使一群人打天下時團結，得天下後嫉妒部屬的才華而殺害的例子，不勝枚舉。許多君王與領導者在任用人才時，雖然想選賢舉能，但又嫉妒此人才能出眾，害怕對方超越自己，因此即使任用了，還過河拆橋，迫害人才，無法知人善任。

不是當事人的我們無從得知他們的內心想法，究竟是固執己見、自我好強、政治考慮？在追隨主政者的屬下之間，也普遍存在著嫉妒的現象，受到寵幸並不是福，常是遭到禍害的開始，人無法接受自己應獲得的權力被他人侵占的痛苦，為了政治權力彼此互相陷害鬥爭的情形屢見不鮮。「嫉妒」在重要人物身上對歷史發展造成莫大的影響，是政治鬥爭的主因，導致政治體制中的政黨鬥爭、國事的耽誤甚至國家的衰亡。

源自嫉妒來的「鬥爭」行動，從史前部落間的爭奪到國家的爭鬥，從家族、團體到政黨、階級的鬥爭，在歷史上不曾間斷，許多歷史人物因為嫉妒而鬥爭，官員因此壓迫人民，君王因而迫害人才，導致誤國衰亡，由於嫉妒產生鬥爭。在鬥爭中，平民當上皇帝，小官成為大官。階級的鬥爭也改變了歷史，人在此成就或衰敗，獲得地位或遭壓迫，許多人因此得到權力而崛起，當然也有相對的失去地位的人。直到現今社會，嫉妒與鬥爭仍然存在，政治、商人……對各種事物的掠奪仍不斷發生。

▶ 第三節 ▶ 社會交換

壹、實例

一、羊與狗

「黑山羊與白山羊、黑狗與白狗」的故事可描述人際狀況：

東村的黑羊要到西村去，來到河邊準備要過窄橋。西村的白羊要到東村看朋友，帶著禮物也走上了橋。兩隻羊同時走到橋中間，白羊說：「黑先生您急著辦事情，我後退讓您先過。」黑羊說：「白先生，您手上拿那麼多東西一定很重，還是讓您先過吧！」兩隻羊你讓我、我讓你，最後在彼此的道謝聲中，兩隻羊都愉悅過橋。

過了幾天，在同一座橋卻發生不可挽回的悲劇。原來西村的黑狗要到城裡買用品，急忙跑上了橋。東村的白狗要到公園去約會，打扮得漂漂亮

亮也走上了橋。兩隻狗同時走到橋中間，黑狗吼道：「快快快！快給我讓開，別擋住我的去路。」白狗也不甘示弱：「憑什麼要我讓你，趕快退後，我要先過。」兩隻狗你爭我吵互不相讓，最後咬了起來，一不小心全掉進河裡。

如果往事能夠倒帶，黑狗和白狗還會做這樣的選擇嗎？黑羊和白羊能互相禮讓，各自退一步，看似吃虧其實都占了便宜，你成全我、我幫助你，多美好啊！可是黑狗和白狗為了逞一時之快，非得你死我活不可，到頭來每個都是輸家。

二、開卡車

卡車貨運遊戲（the trucking game）[10] 是 Deutsch 與 Krauss 以控制權的角度切入所做的實驗，探討當互動中的一方或雙方均具有某種控制權時，所可能採取的互動策略。研究者邀請成對的受試者扮演甲乙兩個卡車貨運行的負責人，兩貨運行的出發點與目的地都是相對的。甲乙各有一條較遠較彎曲但不衝突的路線，還有一條都可以走但寬度只能容許一輛車通行的捷徑。如果雙方競相開進捷徑，結果會雙雙受損。有時候實驗給予其中一人或二人控制柵門的權力，擁有開關柵門權力的人對另一方的通行具有控制力。結果發現：

1. 在未給予任何一方控制權時，雙方確實是以合作的方式在進行，而且運作良好，雙方均獲利。
2. 當只給予單方控制權時，擁有控制優勢的一方往往不再合作，會採取威脅的策略。
3. 當雙方均擁有控制權時，通常是最惡劣的一種。雙方均想使用控制權來威脅對方，結果是兩敗俱傷、虧損累累。

三、孟德森合作板

Madson 設計孟德森合作板（Madson Cooperation Board），常用於研究小孩子的競爭與合作行為。四位受試者分別坐在板的四個角落，每人手拉一條繩。四條繩共繫住一個可以移動，中間插有筆心的圓柱體。板上畫

有四個圓圈，分別屬於四位受試者。研究者透過指導語製造四人的共同利益關係或分歧利益關係。需要四人合作，調和拉繩的力道，使筆心進入圓圈的方式來獲得分數。結果呢？合作當然是聰明有效的選擇。⑪

 、解釋

　　社會交換理論（social exchange theory）創始者是何門史（George C. Homans），他在 1958 年發表「社會行為：其基本型式」，認為人際間的互動行為是一種過程，過程中雙方執行一些與對方有關的活動，交換有價值的資源，有效的溝通會使得交換雙方的關係較為順利。⑫

　　交換理論學派認為以經濟行為來探討人們日常生活是合理可行的，行為心理學認為個人的動機才是真正決定行為的主要因素。交換理論從經濟學的角度，探討人如何以理性選擇來決定行為。注意人與人之間相互交換的報酬，包括實質的報酬及能滿足對方心理需求的語言或非語言活動。人與人互動包含各種報酬（reward）與成本（cost）的互換，但交換理論所講的報酬或獎勵超越傳統經濟學的範圍，趨利避害還包括社會面的、情感的以及價值的，包括義務、聲望、權力、友情等方面。相對於報酬的是成本，包括為了維持關係所必須付出的時間、金錢、精力，因互動關係所引起的不愉快、挫折及為了參與目前的互動關係而犧牲和其他人互動可以得到的報酬，與經濟學的「機會成本」概念相近。⑬

　　共同的利益關係（帶給對方報酬或降低自己的成本）促成合作，分歧的利益關係（增加對方成本或降低自己的報酬）則引發競爭，大多數的人際關係都屬於混和狀態，包含合作與競爭的成分。如想要維持二人的關係，有賴於相互給予報酬和降低成本。

　　在社會交換關係之中，個人傾向於選擇報酬大、成本少的活動。要與人互相依賴，會綜合考慮、評估各自的報酬與成本，選擇比較能同時滿足雙方的活動。如果兩人相互競爭又強求對方遷就自己的偏好，即使對方屈服，長期累積的不愉快成本，還是可能使對方忍無可以忍，減少互動，甚至斷絕關係。

　　何門史將研究集中在人和人之間的互動上，也就是交換的本質上。論

述可濃縮成一個重點：「行動者是一理性的利潤追求者。」他進一步提出六大基本命題如下：⑭

1. 成功命題：在一個人所做過的行為裡，若某一特定行為經常換得報酬，則該行為就會一直出現。

2. 刺激命題：在過去某一刺激情形曾經帶來報酬，若當前的情形愈類似過往所發生的情況，人仍會做出過去所做的決定。

3. 價值命題：如果某個行動所帶來的收穫對一個人愈有價值，則此人愈會執行相同的行動。

4. 飽和命題：若某一報酬於過去一段特定時間內常被取得，則該報酬對於此人的價值愈低。

5. 攻擊－贊同命題：如果一個人常受到不公平待遇，有可能展現出憤怒的情緒。此命題又分為兩個子命題，命題一是當一個人的行動未能獲得他所期待的報酬，或是相反得到他所不期望的懲罰時，他會生氣，於是可能表現出攻擊行動。命題二是當一個人的行動獲得他所期望的報酬，特別是較之他所期望的更大報酬，或並未遭受他所預期的懲罰之時，他會愉快。因此，他較可能表現讚許的行為，此種行為的結果對他較具有價值。

6. 理性命題：當一個人挑選時，他會選擇一種成本較低及較有可能達成該目標的方法。

各式各樣的條件影響著社會交換過程。以「交換關係」、「報酬的性質」及「發生交易時的背景」三點最關鍵，解釋如下：

1. 交換關係：交換關係的建立涉及對另一方的義務。要求對方報答，須先證明自己值得信賴。雙方都從一種穩定的交換關係之中獲得利益，但一方的較大承諾讓另一方產生了好處。類似於某種混合遊戲的情境，有些共同利益帶有某些衝突，涉及誰做了較大的承諾，選擇較少的一方會比對方更加依賴和受制於此種交換。

2. 報酬的性質主要分三方面：(1)內在的報酬：某些社會報酬不能在交換中易手，尤其是對一個人的吸引力、對他意見的贊同、對他

能力的尊敬等。(2)外在的報酬：對決定贊同和工具性贊同，報答行為可能在交換中易手，各種服務及對他的服從都是報答。(3)單方面的報酬：與相互提供不同，只有單方面聲望、尊重或權力。[15]

3. 發生交易的背景：背景直接影響社會交換。在交換時產生主要的影響條件包括：角色關係、團體規範對交易關係施加壓力的程度、團體中潛在聯盟的數目、權力差異等。

有關社會交換之合作與競爭模式中最有名的是囚犯困境（prisoner's dilemma），[16] 反映個人的最佳選擇並非共同的最佳選擇。情況是警方逮捕甲、乙兩名同夥，但沒有足夠證據指控二人有罪。於是警方分開囚禁嫌疑犯，分別和二人見面，並向雙方提供相同的選擇：若一人認罪並作證控訴對方（就是「背叛」對方），而對方保持沉默，此人將即時獲釋，沉默者將服刑 10 年。若二人都保持沉默（也就是「互相合作」），則二人同樣服刑半年。若二人都互相「背叛」，則二人同樣服刑 2 年。用表格概述如下：

表 9-1　囚犯困境的選擇

	甲沉默（合作）	甲認罪（背叛）
乙沉默（合作）	二人同服刑半年	甲即時獲釋；乙服刑 10 年
乙認罪（背叛）	甲服刑 10 年；乙即時獲釋	二人同服刑 2 年

假定每個參與者（即「囚徒」）都是利己的，即都尋求最大自身利益，而不關心另一參與者的利益。囚徒到底應該選擇哪一項策略，才可將自己個人的刑期縮至最短？兩名囚徒由於隔絕監禁，並不知道對方的選擇；即使他們能交談，還是未必能夠盡信對方不會反悔。就個人的理性選擇而言，檢舉背叛對方所得刑期，總比沉默要低得多。推論困境中兩名理性囚徒會如何作出選擇：

1. 若對方沉默、我背叛會讓我獲釋，所以會選擇背叛。
2. 若對方背叛指控我，我也要指控對方才可得到較低的刑期，所以也是會選擇背叛。

兩人面對的情況一樣，若彼此合作，都堅持不說實話，可為雙方帶來最佳利益（無罪開釋），但在無法溝通的情況下，因為出賣同夥可為自己帶來利益（縮短刑期），也因為同夥把自己供招可為他帶來利益，因此背叛雖然違反最佳共同利益，反而是自己最大利益所在。所以兩人的理性思考都會得出相同的結論——選擇背叛。因此，唯一可能達到的就是雙方參與者都背叛對方，結果二人同樣服刑 2 年。Luce 與 Raiff 進一步說明兩人在混和動機的情境中合作或競爭的型態，當事人視之為利益關係或分歧關係取決於信任對方及被對方信任的程度。如果一方守信，一方不守信，吃虧的往往是守信的一方。

由上述理論與實驗，歸納出影響競爭或合作的主要因素包括以下幾點：[17]

1. 互動的次數：以囚犯困境遊戲為例，只讓受試者玩一次，絕大多數的人都優先選擇競爭。如果玩很多次並讓彼此知道對方的選擇，則合作的反應一開始會增多，但最終還是會走向競爭。

2. 獎賞結構：使受試者產生不同獎賞的認知而引發不同的反應。

3. 訊息溝通：溝通是傳達心意的主要手段，有助於建立相互合作的關係。然而，一旦雙方產生敵對態度，即使溝通也很難改善關係。

4. 考慮對手之後的策略：當遊戲進行幾次以後，受試者的反應具有溝通的效果，因為自己決定採用合作或競爭的反應，是比照對方反應而定。

5. 人格因素：多疑、不信任或貪婪的人總是以小人之心度他人之腹，認為多數人都心存不軌，不能不加防備。為了自我防衛，自然選擇競爭的反應，進而採取報復或保護自己的措施。

6. 權力的擁有：兩人都沒有權力時，合作得最密切，而兩人都有權力時，競爭最為厲害。

7. 文化的因素：社會文化是影響競爭與合作傾向的重要因素。例如美國強調自由競爭與個人成就，因此競爭傾向大於合作傾向。另外，比較出生於不同次文化背景的孩子，發現城市中產階段的兒童比城市貧民區的兒童具有較強烈的競爭傾向。

　　社會交換型態眾多，最主要有三種：[18] 第一種為談判或協商（negotiation），雙方在有條件之下彼此進行交換；第二種為贈送禮物或執行某種利他行為，比較強調一方的貢獻，另一方是否有回報行為則只能取決於對方的想法；第三種為合作型（incorporation），是生產性的交換關係。合作型的交換是種特殊的交換型態，因為交換的雙方無法分開去單獨獲得報酬，唯有雙方在彼此互動的過程均有貢獻，才可獲得利益。

　　購物是一種社會交換行為，你／妳一定有這樣的經驗：「為什麼我要的是這個，最後卻買了那個？」，[19] 因為銷售人員用了一些促使你／妳順從的技巧，對方利用了一些要求策略，因此自己容易順從：[20]

1. 語言上的請求：被一些措辭簡單的要求卸除武裝，有些要求可能看起來沒有理由，卻也能使人順從。

2. 得寸進尺法（foot-in-the-door technique），又稱為以退為進法（door-in-the-face technique）、互相讓步程序（reciprocal concessions procedure）：指先向對方提出一個較小但不易被拒絕的要求，當對方答應後，再接著提出一個較大，較困難的要求，此時對方同意的可能性會提高。因自我覺知有了改變，在答應第一個要求時，其實已開始思考自己為何會願意幫忙？結果是傾向認定自己的本性是樂於助人的，所以在面臨之後較難的要求時，仍會盡力協助他，以維持自己觀點的一致性。此為「得寸」又「進尺」現象，例如有人請你填問卷，一開始他告訴你問卷的題目只有六題，當你填完時，他又拿出另一分更多題目的問卷。

3. 低飛球法（low-balling），也翻譯為「低空拋球技巧」：在昂貴且較不利版本的要求之後，隨之而來對於原初意圖的順從（compliance）。先讓對方低估他所需付出的代價，當對方動心後，再揭露真正的代價。此時對方多因已經動心或承諾，難以放棄，而願意付出較高的代價。因心理上的承諾感，一但作決定後，就會思考它所帶來的種種好處，而使自己覺得非如此不可。

4. 以退為進法（door-in-the-face technique）：指先提出讓人為難的大要求，當被拒絕後，隨即提出較小的要求，此時獲得同意的可能

性大為提高。其實後面的小要求，才是真正的目的。採用此法要注意二點：第一個要求的代價必須非常高，高到當對方拒絕時，不會產生負向的自我知覺，否則拒絕後繼續拒絕也是常態。第二個小要求必須立即提出。例如之前有人跟我要求買他的口香糖時，由於他的價格比別人還貴，所以拒絕。後來他又說不然買一包面紙好了，我就答應了，之後發現買面紙比買口香糖還吃虧。

5. 不僅如此法（that's-not-all technique）：如果要讓對方接受自己的要求，與其從一開始就把所有條件都攤開，不如先公開部分，再一一追加有利的條件，以逐漸增加誘因。例如推銷的人，一開始先說一個很貴的價錢，當自己不同意買的時候，又說一些優惠方案，吸引顧客接受新方案。

加深並維持夥伴的關係有助於交換，常被提到挑選夥伴的準則有：具有專業能力與經驗、文化相近、價值觀一致、樂於溝通、誠信、正直。孫隆基在《中國文化的深層結構》分析：「仁」是「人」字旁一個「二」字，只有在「二人」的對應關係中，才能對任何一方下定義。[21]在傳統中國，這類「二人」的對應關係包括：君臣、父子、夫婦、兄弟、朋友。這個對「人」的定義，到了現代，就被擴充為社群與集體關係，但社會交換的「深層結構」，意義上則未明顯改變。

第 **肆** 篇

知眾

第 10 章

順從與對抗

　　我講授「社會心理學」課程，請學生選一個印象最深的實驗並分享，超過半數的學生都選「斯坦福監獄實驗」，難怪好萊塢會將這個實驗搬上銀幕，請兩位影帝參與演出。模擬的監獄情境在很短的時間就使人性劇烈改變，充分說明社會心理學比心理學在社會環境中更具解釋力。

　　許多斯文的學者當立法委員後照樣打架，平日謹言慎行的讀書人擔任要職後大膽說謊貪污，父母眼中的乖孩子在朋友慫恿之下任意妄為，因為團體的壓力使人不再守規矩。保守的人格在混亂的情境中不再保守，個人的心防被種種誘惑攻陷。所以不必太早對一個人下結論，群體中的他與獨處的他，不相同！

　　有時團體比個人強，有時相反。有時獨木難撐大樑，有時一群智商都超過一百二十的表現卻很糟糕。「眾人皆醉我獨醒」，英雄或先知都寂寞，但能扭轉情勢的終究是少之又少。勇敢、正義、堅持等之所以不容易，是因為個人的力量畢竟有限，很難擋住團體的集體壓力。集眾人之力的團體形成使成員必須服從的氛圍，但也有些人勇於揭弊，使情勢迅速改變，形成社會變遷的動能。

▶ 第一節 ▶ 影響

壹、實例

　　路西法效應（The Lucifer Effect）指受到特定情境或氛圍的影響，一個人的性格、思維方式、行為方式表現出不可思議的一面。路西法效應呈現了人性中惡的一面，早在希臘與希伯來的傳統中都有類似的角色。路西法（Lucifer）是拉丁文，意思是光明使者，被認為是天使中最美麗的一位。在古希臘神話中，路西法指晨曦之星，即黎明前除了月亮之外在天空中最亮的星體。古羅馬天文學家發現金星、維納斯實為同一顆星，因此有詩人將愛神「維納斯」稱為「路西法」。路西法是七名墮落天使之一，後來成了墮落天使的代名詞。聖經以賽亞書 14 章 12 節如此記載：「明亮之星，早晨之子啊，你何竟從天墜落？你這攻敗列國的，何竟被砍倒在地上？」

　　菲利普·津巴多（Philip Zimbarao）在《路西法效應：好人是如何變成惡魔》一書中詳盡描述了 1971 年他所做的模擬心理斯坦福監獄實驗（stanford prison experiment, SPE），主題是「監獄生活如何影響其中的獄警與囚犯」。[1] 為了驗證環境對人的行為究竟會產生何種程度的影響，以及環境以何種方式控制個體行為，又主宰個體人格、價值觀念和信念，津巴多將斯坦福大學心理系的地下室改建成一個模擬監獄，透過報紙廣告而來的志願者酬勞是每天 15 美元。

　　有 70 人報名，經過一系列心理學和醫學測試，挑選出 24 名身心健康、情緒穩定、遵守規範的年輕人人選。他們被隨機分成三組：9 名獄警、9 名囚犯、6 名候補。對獄警配發了警棍、手銬、警服、墨鏡，他們很快就制定了六條規矩並命令囚犯遵守。囚犯由真正的警察從家中逮捕，之後換上囚衣、不許使用自己的名字，只能使用數字代號作為身分的辨識、戴上手銬、要求服從監獄的管理。

　　每個受試者都有一天來適應這種生活，情況很快就變得瘋狂，所有人都融入這種模擬的情境或氛圍中，獄警行使管理職權，折磨、羞辱敢於挑

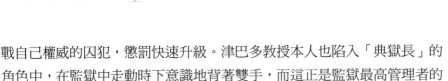

戰自己權威的囚犯，懲罰快速升級。津巴多教授本人也陷入「典獄長」的角色中，在監獄中走動時下意識地背著雙手，而這正是監獄最高管理者的典型肢體語言。

囚犯們開始時還嘻嘻哈哈，但迅速出現了和真正監獄中首次入獄的囚犯相似的反應，變得服從，逐漸認同了自己的囚犯身分。囚犯在父母接見時間到來時，會怯生生地問獄警「我可以開始講話了麼？」在得到肯定的答覆後才會開始交談，獄卒開始使用權力維持秩序。沒過多久隨著時間推進，兩組人之間的和平關係逐漸緊張，零星的小毆打轉為大規模的嚴重打鬥，獄警和囚犯開始為權力而鬥爭，獄警者濫用私刑、發洩情緒，囚犯則不惜性命，全力反抗。

第二天，囚犯就在這人為設立的監獄裡發起暴動，用床鋪在牢房裡設立障礙並譏笑獄警。獄警因而找到了向囚犯開火的理由，使用滅火器替代。斯坦福監獄很快就有如地獄，不斷上演暴亂。獄警開始逼迫囚犯裸睡在水泥地上，並以限制浴室的使用做威脅。不斷強迫囚犯做被羞辱的活動，如用雙手去清潔馬桶。令人不可思議的是：囚犯沒有因法律上的原因而被監禁，這僅僅是角色扮演的實驗，但當「囚犯」被告知他們有機會被假釋、但假釋申請又被駁回的之時，他們並沒有要求終止這不人道的實驗，有人繼續赤身裸體地坐在自己的排泄物上，頭上套著袋子。

另外有 50 名以上的非實驗人員觀察這一監獄，紊亂的情況卻從未遭到質疑，所有人都過度投入這種氛圍中。津巴多的女友克裡絲蒂娜‧馬絲拉終於強烈抗議，為了防止更嚴重的問題發生，實驗不得不在第六天終止了。但是獄警們卻不願意這麼快就結束實驗，他們很享受自己在過去幾天中的角色，立即對此決定表示失望。

角色明顯影響對現象的認知，扮演囚犯的角色預謀造反，扮演獄警的角色則變得有暴力傾向。試問：扮演被暴動折磨的獄警們都很壞，不問是非嗎？當然不是！假如角色互換，很可能會採取同樣的方式。當自己比其他人擁有絕對權力或者來自上級的種種授意時，也可能執行變態的折磨。

津巴多用路西法效應來形容人受到情境或當時氛圍的影響，而在性格、思維方式、行為方式各方面表現出人性中渴望攻擊的一面，人性中的惡的確在特定的情形下會被釋放。這個實驗讓我們瞭解人性陰暗的一面，

理解邪惡可以輕易創造。也驗證了權力會令人腐敗，擁有愈大的權力愈可能做出越矩的事。路西法效應不僅存在於實驗室中，也可能存在於我們身邊的人或自己身上。環視周圍，即使是曾經和我們關係非常要好的人，當有一天我們和他們在社會經濟地位、職位權力發生較大的改變時，雙方交談的強調、語氣、肢體語言都會發生微妙的變化。

扮演囚犯的角色預謀造反，扮演獄警的角色則變得具有暴力傾向。難道說因為扮演被暴動折磨的獄警們都很壞，不問是非就對人隨意擺佈嗎？研究顯示：假如角色互換，很可能會採取同樣的方式。由此可知，出於對方反擊的恐懼使一個人對其他人百般折磨。一個人的角色會明顯影響對現象的認知。

2001 年，德國導演奧利弗西斯貝格以斯坦福監獄實驗為題材拍攝了電影《死亡實驗》；2010 年，美國導演保羅舒爾靈從獄卒和囚犯的視角拍攝了電影《叛獄風雲》，這兩部電影生動地再現了 1971 年斯坦福監獄實驗的情形。

貳、影響力

社會影響（social influence）指由於他人的態度、信念、意見、價值及行為等影響，自己產生在態度、信念、意見、價值及行為上的改變。[②]每個人都是他人社會影響的對象，他人也嘗試影響自己的態度、信念、知覺或行為。界定社會影響，主要有互惠程度、社會認可程度兩個構面，互惠指人比較願意順從先前協助過自己的人，會覺得有義務補償他人先前的協助；社會認可則指人們會比較願意順從與他人一致的行為要求，希望能與他人一致。

整理社會心理學入門書，歸納出與社會影響最重要的主題有四，先扼要說明如表 10-1：

表 10-1　社會影響主題彙整表

主題	定義
從眾	起因於處在多數人的意見之下
順從	一個人改變行為以便符合他人的期望、要求或命令，但不包括信念與態度的改變
服從	接受他人的命令或指令，而做出某種行為
團體極化	團體成員傾向團體早已認定的方向，做出比團體原初立場平均值更為極端的決策

資料來源：作者整理

　　人並非在任何情境下都會表現服從，而且在不同情境中常出現不同程度的服從。影響服從的主要因素有：凝聚力、團體大小、社會規範、規範性社會影響、資訊性社會影響、與團體一致的認知結果等。「凝聚力」和「團體大小」是影響人們決定服從或對抗團體壓力的最重要因素：[3]

1. 凝聚力：願意被自己喜愛的團體所影響，理由主要是團體對自己有吸引力。當團體的凝聚力高時，從眾的壓力會增加，大部分人比較接受朋友或崇拜對象的影響，而較不會受到陌生人的影響。當自己喜歡某人，特別希望得到贊同時，愈可能接受對方的影響。當規範壓力來自好友、愛人及所珍惜的對象時，力量就更強。

2. 團體大小：人們何時容易從眾，順從規範或社會影響？可以運用「社會衝擊理論」解釋，一個人屈服於別人施加社會影響的可能性，決定於強度、接近度和團體人數。當強度和接近度愈高，從眾可能性便愈高。團體人數的作用力不同，當團體人數從三人增加到四或五人的時候，從眾效果便達到最高。之後即使人數再增加，也不至於產生更強的效果。但 Edwin Hollande 也發現：順服團體一段時間之後，會使一個人獲得特立獨行信用。某個人過去對團體的順服，可容許他於未來某一時刻偏離團體的規範，稱為「特殊信任」或「性格信用」（idiosyncrasy credit）。[4]

其他有顯著社會影響的團體情境變項，還有：⑤

1. 任務的困難度：任務愈困難，成員愈會去請教或觀摹別人，尤其是和任務有關的意見。
2. 刺激的性質：順從行為取決於人們必須做的是哪一類判斷。
3. 來源的確定性：一個人愈確定外部影響力的可靠性與正確性，愈會順從。
4. 團體判斷的一致性：團體內的判斷愈趨向一致，順從的人就愈多。然而在大多數人意見一致的情況下，極少數人的不合作可能大幅降低順從的機率。
5. 團體性質和吸引力：地位崇高的團體及擁有權威者容易讓別人順從；團體愈具吸引力，對個人的影響力愈大。
6. 身分地位：身分高的人，容易堅持己見，身分太低或被排擠的成員則偏向不在乎；身分不高不低的人通常傾向順從。
7. 私下或公開的行為：在被要求發表意見時比較會順應眾意，在公開行動時會比較順從，在私下則不一定如此。
8. 團體成功或失敗的前例：會比較順從戰績輝煌的團體，對失敗連連的團體則比較不情願順從。
9. 少數人的一致性：主張堅定而貫徹的次團體可以形成次文化，而對大多數人的意見發揮影響。當然少數人若想對大多數人有任何影響力，必須立場堅定。
10. 對方的權威：人們比較容易被有權威的人說服，不過服從比從眾要少發生。即使是有權威的人，最好藉由提出請求而非直接下達命令的方式，來改變他人的行為和態度。

▶ 第二節 ▶ 順從

壹、實例

Skeeter Davis 所唱的「世界末日」（The end of the world）是讓無數人感動的悲傷之歌。世界末日預言不時出現，反映怎樣的社會心理？在此舉幾個例子：1997 年美國天堂之門、2011 年台灣王老師和仍在網路上流傳的訊息。

1997 年 3 月 26 日，美國發生有史以來最大的集體自殺「天堂之門」事件。警察據報趕到，在屋內發現了 39 具服毒身亡的屍體，現場整整齊齊，黑衣、黑褲、黑運動鞋、蓋著紫色的布，就像正準備要出遠門。死者全是信奉「天堂之門」的成員，包括六十六歲的教主。

「天堂之門」（Heaven's Gate），又稱天門教，1975 年由美國人 Marshall Applewhite 於俄勒岡州創立。教主自稱是外星人下凡，宣稱人的軀體不過是一個靈魂的載體，鼓吹成員集體自殺。主張幽浮、飛碟、外星人存在，認為外星人就是上帝和救世主。人類的靈魂是從外星球來的，為了追求物慾享受，才進入了軀體。因此，通過嚴格的禁慾修煉可以達到更高境界，重返宇宙。這些教徒之所以選擇那時候集體自殺，是因海爾波普彗星靠近地球。他們認為慧星後面有一艘「高人類一級」的太空船飛碟，將載他們離開。因此要趕在彗星來之前，擺脫人類軀體。部分男性教徒更在自殺前閹割，好為他們無性別之天堂旅程作準備。

天堂之門的教主臨死前留下的錄影帶下達的指示：「你應該追隨我們，你不能留在這裡，你要跟著我們走。」仍有部分未參與自殺的教徒繼續宣揚該教教義。在美國像天堂之門之類的新興宗教不計其數，有一位四十歲的保險公司從業人員宣稱在密西根州西南方曾目睹幽浮著陸，又有一位二十九歲的法律系學生則深信帶在身上的印第安人草藥包可以保佑他平安無事，另外有商業顧問主張必須在家裏擺置水晶以改善個人磁場。[6]

511 末日預言是台灣一位南投縣埔里鎮自稱「王老師」的人士根據易經推算後所提出的地震預言。他警告在 2011 年 5 月 11 日 10 點 42 分 37

秒會發生 14 級的大地震，台灣會由北回歸線分裂為兩半，170 公尺高的海嘯會侵襲，台北 101 會被地震斷成三截等。為了提供避難地點，他向某地主承租土地，搭設近 200 多間貨櫃屋，陸續存放多項物資，包括三年份的米糧。被媒體大肆報導後，各界議論紛紛，造成一些民眾的恐慌，政府部門及許多科學家出面澄清，希望民眾不要恐慌。但還是發生了一些悲劇，許多民眾花大錢跟著王老師買組合屋。另外住在台北市北投區的一位七十多歲的男性因擔憂過度，選擇跳樓自殺。

然而到了 2011 年 5 月 11 日這天，預言卻在民眾與傳媒的見證下不攻自破。媒體都走了，留下許多組合屋，日後王老師因詐欺被起訴。此外，如真道會的陳姓教主多次預言各樣大災難發生，地球人類將會滅亡，上帝會派飛碟來搭救真道會的信徒。他向媒體宣告，飛碟將在某日在美國降臨，信徒們將赴美準備等候飛碟的迎接。網路上仍有類似外星人是上帝的教義持續宣揚，相信高等外星生物的存在，人類應靠著科技力量，尋求外星人的智慧來拯救地球，幫助人類的演化進行大跳躍。信奉者特別偏愛通過電腦網路交談，引人入教。

一個社會的某些極端事件就像凹凸鏡一樣，反應出被扭曲和誇大的部分。天堂之門所利用的傳教方式及 511 末日預言掌握民眾的幾種社會心理：對歸屬感的渴望、對未知的恐懼、希望與比自己還大的力量有所連繫、希望找到能保護又讓自己心安的依靠。教主個人心理偏差或妄想，所有依附的信徒無法辨識因而面臨致命性的傷害。

針對上述現象來檢視，末日是一種「大家都完蛋」的狀況，有某種公平性。從某個角度看，人人確實都有離世的一天，在殯儀館的冷凍櫃是一樣大的。地球與太陽系甚至銀河系也有生命週期，哈伯望遠鏡照了一些星系逐漸衰敗的鏡頭，與那些年輕的恆星就是不一樣。但在所有結束之前，還有太多的差別。就像有些人永垂不朽有些人遺臭萬年，有些人理性思考有些人衝動盲從，有些像太陽照亮他人生命有些如流星稍縱即逝，有些星球如地球般美麗另一些星球欠缺吸引力。

毫無建樹的人最渴望世界末日，一切歸零可以掩飾自己的馬虎。不過，台灣 2011 年的 511 沒發生什麼，因為絕大多數百姓認真生活，不在乎末日預言。更深入去看，台灣人民已經被許多沒建樹卻常吹牛的人騙

過。所謂的王老師亂蓋的功力比起好些政客、股票分析師、宗教神棍、暢銷書作者、媒體名嘴，還差一大截。缺新聞填塞版面與時段的媒體幫腔造勢，也無法持續產生作用。

　　還是有些人希望 5 月 11 日是世界末日，雖然這些人很可能知道預言的王老師是在亂蓋，但如果時間真的停在當天早上十點四十二分，他們會比其他人高興。因為如果大家都完了，自己的痛苦與問題也不用煩惱了。成績單不必給父母看、失戀與結婚都一樣、罹患絕症與健康開朗沒差別、破產失業與成功得獎差不多、落選與高票當選沒兩樣……世界都末日了，還管誰住帝寶誰是無殼蝸牛？誰讀台大誰落榜？誰意氣風發誰霉運不斷？

　　不知如何是好的人、挫折多的人比較希望世界靜止，過度悲傷的人無助絕望，因為不知如何是好。忙碌積極的人，每天忙東忙西，沒時間流淚、沒時間嘆氣，討生活多麼不容易，哪有心情去想世界何時末日？人人都得繼續奮鬥，社會必須維持一定的機制去對抗地震、海嘯、颱風、缺水、經濟不景氣、金融危機、政治風暴……，畢竟還有太多的考驗等在前面。必須打拼，不必留什麼心頭空間給世界末日那自怨自艾的旋律。

　　接著看一個知名的實驗：1961 年米爾葛蘭實驗。當屠殺猶太人的納粹追隨者在紐倫堡審判中遭到起訴時，許多被告的辯護多圍繞著「我不是真正的兇手」這樣的論點，認為「我只是單純服從命令」。因此，耶魯大學的米爾葛倫（Stanley Milgram）以受試者對權威人物下達命令的服從意願進行測試。⑦

　　在實驗中，受試者被告知將扮演「老師」的角色，所要做的是給隔壁房間的一位「學生」（這位學生是實驗人員假冒的）進行記憶力測試。受試者被告知，只要「學生」給了錯誤的答案，他須按下一個按鈕，控制器將使隔壁的「學生」受到電擊。一名身穿實驗室工作服的工作人員會在旁邊作指導和監督（必須指出的是並沒有真正的電擊發生，當然受試者並不知道這一情況）。受試者還被告知，實驗中的初始電擊為 45 伏特，每逢作答錯誤，電壓值將隨之提升。每次按下按鈕，「學生」都在隔壁房間發出尖叫聲，請求受試者停止測試。

　　「學生」的反應情況簡要整理如次頁的表：

電壓	「學生」的反應
75 V	低聲呻吟
120 V	痛苦喊叫
150 V	大聲說，他想退出試驗
200 V	大叫：「血管裡的血都凍住了。」
300 V	拒絕說話
超過 330 V	靜默

在進行實驗之前，米爾格倫曾對他的心理學家同事們做了預測實驗結果的測驗，他們全都認為只有少數幾個人——十分之一甚至是只有 1%，會狠下心來繼續懲罰直到最大伏特數。

在實驗進行到某一程度（如電擊 330 伏特）時，許多受試者表示感到不舒服，並質疑是否要繼續實驗。然而穿工作服的工作人員在每一次的暫停請求時仍鼓勵他們繼續。若是受試者表示想要停止實驗時，工作人員會依以下順序這樣子回覆他：1.請繼續。2.這個實驗需要你繼續進行，請繼續。3.你繼續進行是必要的。4.你沒有選擇，你必須繼續。如果經過四次回覆的懇惠後，受試者仍然希望停止，那實驗便會停止。否則，實驗將繼續進行，直到受試者施加的懲罰電流提升至最大的 450 伏特並持續三次後，實驗才會停止。

得到無須承擔任何責任的保證後，大多數的受試者都選擇繼續提升電擊電壓，給予「學生」一次又一次的電擊。一些受試者則在聽到「學生」的尖叫聲後笑了出來。隔壁的「學生」開始痛苦地敲打牆壁，甚至懇求檢查自己的心臟狀況。在電擊繼續提升後，來自「學生」房間的聲音將突然消失，暗示他已經死去或失去知覺。假如你加以猜測，此後有多大比例的受試者將會繼續給予電擊呢？

在「學生」可能已經陷入昏迷或者死亡的情況下，有 65% 的受試者還是選擇繼續實驗，直到電擊達到最大電壓 450 伏特。重複的實驗研究表明了相同的結果：只要實驗室裡的那名工作人員認為沒有問題，受試者會繼續對一個無辜的陌生人施加痛苦。更重要的，沒有受試者在電擊達到

300 伏特之前提出質疑或反對，0%的受試者在此前要求停止實驗（請注意，在某些情況下 100 伏特的電壓就足以使人喪命）。那些沒有達到最高伏特數的受試者卻也都沒有堅持這項實驗本身應該結束，也沒有至隔壁房間探視「學生」，離開時也都沒有詢問實驗人員。

　　此實驗下達命令的若只是一般人，此實驗中給予最大電擊的順從比例，從 62.5%降到只有 20%。然而，參與者一旦同意執行第一次電擊，就會產生壓力迫使他們繼續執行下去。中止實驗的人，內心其實還是面臨一股要他們繼續的巨大壓力。米爾格倫進行了另一項研究，一切和原先的實驗都相同，除了實驗者告訴參與者，他們可以任意選擇施予學生的電擊強度，也允許他們使用最強的電擊。結果呢？參與者大多選擇微量的電擊。

　　這些研究顯示：社會壓力以隱藏的方式結合，使人們表現出不人道的行為。順從指一個人改變行為以合乎於他人的期望、要求或命令，但信念與態度並未改變。一旦人們遵從了某項規範之後，就很難中途掉頭。上述的研究中，實驗者採取的是一種「先誘導再轉變」的策略，先讓「服從權威」的規範看來恰當，然後逐漸悖離這項規範。

　　米爾格倫為整個實驗過程和其結果錄製了紀錄片，紀錄片名是「服從」。他接著與 Harry From 製作了 5 部一系列受到這次實驗影響的社會心理學影片。受試者都表現出不太舒服的狀況，每個人都在伏特數到達某種程度時暫停並質疑這項實驗，一些人甚至說他們想退回實驗的報酬。

　　後來米爾格倫自己以及許多全世界的心理學家也做了類似或有所差異的實驗，都得到了類似的結果。人們之所以很難抗拒「服從權威」的規範，牽涉到實驗情境的兩個關鍵特徵：1.實驗進行的很快，阻礙了人們思考究竟在做什麼。2.若要消除由於困難決定所產生之失調，有效方式之一就是認為這項決定完全正確。

　　米爾格倫在《服從的危險》（1974）裡寫道：「在法律和哲學上有關服從的觀點意義重大，但他們很少談及人們在遇到實際情況時會採取怎樣的行動。我在耶魯大學設計了這個實驗，是為了測試一個普通的市民，只因一位輔助實驗的科學家所下達的命令，而會願意在另一個人身上加諸多少的痛苦。當主導實驗的權威者命令參與者傷害另一個人，更加上受試者所聽到的痛苦尖叫聲，即使受試者受到如此強烈的道德不安，多數情況下

權威者仍然得以繼續施加命令。實驗顯示了成年人對於權力者有多麼大的服從意願，去做出幾乎任何尺度的行為，而我們必須儘快對這種現象進行研究和解釋。」⑧

Thomas Blass 博士（也是米爾格倫的傳記——《電醒全世界的人》作者）在重複進行了多次實驗後得出了整合分析（meta-analysis）的結果。他發現無論實驗的時間和地點，每次實驗都有一定比率的受試者願意施加致命的伏特數，約在 61% 至 66% 之間。工作人員的想法是否足以令受試者堅持，身後的工作人員總會令受試者堅持那些想法，即使那只是一個身穿實驗室工作服的工作人員。試想假如他身穿著制服或佩戴著徽章，給予的壓力應該更大。⑨

查理斯・謝裡丹（Charles Sheridan）和理查・金（Richard King）對此作了進一步的實驗，但對受試者的要求改變為一旦某個小狗做出不當舉止即給予電擊。與米爾葛倫實驗不同的是，這種電擊是真實的。實驗結果表明，26 名受試者中有 20 位（接近 80%）達到了最高電壓值。有 80% 的都對一隻小狗施以極端酷刑，只要一個穿著實驗室工作服的人要求他們這樣做。⑩

在日常生活中，人們常不自覺地順從，例如「購物」。2002 年，心理學家丹尼爾・康納曼（Daniel Kahneman）獲得諾貝爾經濟學獎。⑪ 從那時起，結合經濟學實務與心理學實驗結果的行為經濟學（Behavioral Economics）聲名大噪。行為經濟學揭露了消費者怎樣看待不同的價位，價格訂高一點再殺價是不是比較好？消費者願不願意為了月租的方式付更多錢？怎樣說服顧客為他們獲得的價值付費？行為經濟學提醒人們怎樣購買產品或與服務，以及願意付多少錢，心理學是影響定價成功與否的重要力量。對許多公司來說，顧客怎麼想，比算成本重要，所以定價絕對不僅是「成本＋利潤」，而是一門「心理學」！生意定價時，銷售的一方總是在揣摩顧客的心理。⑫

貳、技巧

在團體中普遍存在「去類屬化」（decategorization）現象，為了要建

立人際間的接觸而降低內、外團體區別的顯著性。也呈現「去個人化」（deindividuation）情況，一種個人被去除其身分認同感，傾向做出極端，且經常是反社會與有違規範的行為狀態。順從指面對他人的請求或期待時，即使不樂意或不同意，仍會表現出接受要求的行為。方法之一是「利用遊戲規則」，經由「規範」使對方順從。規範即使從眾行為「合理化」。當人們決定從眾後，接著會改變自己對事實的認知，通常這種認知的改變是將從眾行為合理化，又可分為不同規範。應先注意情境中的不同規範，進而掌握社會影響的形式，以做出有利社會的事。規範又分為：[13]

1. 描述性規範（descriptive norms）：對他人在特定情境中實際行為的認知，不論該行為是否受到他人贊同。描述性規範指引自己在情境中該如何做，透過告知對方適當行為的方式，影響對方的行為表現。當人處在大部分人都表現適當行為的情境時，描述性規範能強化這些好行為。

2. 強制性規範（injunctive norms），也稱為「訓諭式規範」：比描述式規範更能引發受讚許的行為，此種規範指當事人認定其他人對行為的贊同與否，明確表示在情境中被接受或不被接受的行為。當大部分人都缺乏好的行為時，使當事人注意「強制性規範」，提醒「應該」如何表現正面的行為，以有效減少不良行為。使用規範改變行為仍需小心「反彈效應」。針對社會不讚許的行為（例如飲酒），強迫宣傳可能導致反彈效應。例如公益訊息本來是為了降低飲酒量，卻可能產生反效果。

3. 互惠規範（norm of reciprocity）：一個簡單的、未明說但非常有影響力的法則。從負面角度來看，這個原則會讓人作為報復之用，就像以牙還牙，以眼還眼。從正面的角度而言，自己覺得有義務要報答別人的恩惠，當我們接受到別人的禮物時，就會做出一些回報。互惠規範有助於社會互助的可預測性與公平性。然而它也可能被用來剝削、控制。

　　規範性社會影響（normative social influence）是透過改變自己行為以符合他人期待的社會影響，渴望被人喜歡，刻意要向他人表示同意，因此

表現和對方相同的行為，讓對方喜歡自己。從眾的重要原因是渴望得到讚賞和接納，希望被接納是主要原因，一個人會順從團體的規範表現出可接受的行為、價值觀和信念，因為異常分子可能會遭到其他成員的嘲笑、懲罰，甚至排斥。有時候則是為了獲得他人的喜愛和接納而從眾，此類從眾導致個人公開順從團體的信念和行為，但私下不見得立場一致。Asch 的線段判斷研究顯示即使正確答案已明顯擺在眼前，人們依然可能會去附和別人錯誤的答案。即使其他參與者都是陌生人，人們也會因為強烈擔憂自己成為單獨異議者而從眾，至少是暫時從眾。因為人們不合群和反對團體時，會產生負面情緒。

其次是「資訊性社會影響」，指將他人視為指導行為的資訊來源而順應其行為時，接受由他人所得來的訊息作為事實證據所產生。以他人的意見和行為作為引導的途徑主要有二：1.私下接納：因為真正相信他人言行的正確性，而順應他人的行為。2.公開順從：某人雖然在公開情境時從眾，私底下卻不見得相信團體中多數成員的言行。人們會彼此依賴以判斷現實情境，而對私下接納團體做估計。當情境模糊且難以做出正確選擇時，會看看其他人的反應，以獲得所需要的額外資訊。

人們何時特別容易順從資訊式社會影響？首先，當情境曖昧不明時，模糊性是最主要的因素，愈感到不確定，愈會依賴別人的判斷。其次，當處於危機情境時，沒有時間停下來好好想想應該做什麼，所仿效的人可能同樣感到害怕和惶恐，而且他們的行為也不見得合乎理性。第三，當其他人是專家時，某人的專業或知識愈豐富，對方的指引在模糊情境中就愈有價值。

「資訊式社會影響」的機制，使無數女性接受所處文化於特定時期對美麗身材的看法。媒體傳送的所有訊息暗示：「身材纖瘦就是美麗的！」對女性的「體重歧視」在各國與日俱增，2000 年的美國女性比 1990 年代更強烈地認定「瘦就是美」的標準。日本女大學生比美國女大學生有更高比例認為自己過重，也比美國女性更不滿意自己的身體。[14] Ida Jodette Hatoum 與 Deborah Belle 的研究發現：閱讀男性取向雜誌都頻頻出現「肌肉超發達」的男性身材，與對自己身材的負面觀感顯著相關。青少年和年輕男性受到來自父母、同儕和媒體的壓力，認為自己要有更好的身材。[15]

　　隨著網際網路的出現，網路對於線上或離線衝動購買的影響也應該被注意。美國 National Endowment for Financial Education 2010 年的調查，過去一年內有 80%的受訪者從事過衝動購買。以「網路口碑」對於衝動購買行為的影響來看，何宜蓁透過網路問卷進行研究資料的蒐集，調查 528位對象為過去半年內曾經閱讀過某一商品網路口碑的網路使用者。她發現：1.消費者的網路口碑資訊從眾程度，對於其閱讀商品網路口碑之後所產生的商品慾望有正向影響。當網路口碑資訊從眾程度愈高時，消費者閱讀口碑後的商品慾望程度也愈高。 2.消費者受口碑影響後所產生的商品需要認知，並不會干擾資訊從眾程度對商品慾望的影響。 3.消費者對於商品的慾望愈高、衝動購買的意圖也愈高。衝動購買意圖愈高時，消費者衝動購買行為從事衝動購買的可能性也愈高，並且只要稍加提高消費者的衝動購買意圖，衝動購買的可能性就大幅上升。 4.購買制約因素對於消費者的衝動購買意圖發展為衝動購買存在阻止效果，當消費者感受到制約因素時，衝動購買的發生可能性將降低。主要阻止消費者衝動購買的因素為「可運用購買預算的限制」。[16]

　　陳韻如則透過問卷發放的方式，探討職場女性日常的「面膜」購買行為，以實證研究瞭解職場女性是否會因從眾特性進而引發衝動性購買行為，並納入產品因素（產品能見度及產品品質）作為干擾變數，觀察其中的影響程度，檢視從眾行為與衝動性購買行為之間是否存在顯著的影響。[17] 她以平日有面膜購買習慣的 354 位職場女性為調查對象，發現：職場女性在工作群體當中，確實會因為彼此的互動接觸而產生從眾行為進而引發衝動性購買，團體的影響力及無形壓力確實影響女性的購買行為。女性容易聽從團體所給予的訊息或建議而降低對商品應有的評估，衝動做出購買決定。女性消費者追求流行及自信的程度，也對從眾行為產生顯著性的影響。業者常利用女性消費者的從眾特性來拓展商機，策略上透過持續開發流行性商品來滿足女性對於潮流跟隨的心態；利用口碑行銷來強化團體對女性購買行為的影響；此外，有效經營網路社群，讓企業從中獲得實質效益。[17]

▶ 第三節 ▶ 對抗

壹、實例

史諾登、深喉嚨、烏鴉嘴

在政府體系，公務員為了所謂的國家利益未必能處處誠實。特別是在具有強大控制性的國家機器，如情治、警政、司法、軍事等原本就具有濃厚神秘色彩的組織之中，成員有強大的壓力去服從紀律以致沒法說誠實話，這些組織因而更容易出現種種弊端缺失。

以愛德華・約瑟夫・史諾登（Edward Joseph Snowden，1983 年 6 月 21 日生）為例，在 2013 年差一點被時代雜誌選為年度風雲人物，又被提名競逐 2014 年諾貝爾和平獎。他原本是美國情治體系裡的工作者，2007 年美國中央情報局派他到日內瓦維持電腦網路安全，給予他外交身分作為掩護。2009 年他離開中央情報局前往一個駐日美軍基地中的國家安全局設施工作。2013 年初在夏威夷的一個國家安全局設施內擔任系統管理員，有高達 20 萬美元年薪，與女友一起過著舒適的生活。但他對美國政府的秘密監控良心過不去，他說：「因為美國政府利用他們正在秘密建造一個龐大監視機器，正摧毀人們的隱私、網際網路自由和世界各地人們基本自由，這些行動讓自己良心不安。」

2013 年 5 月 20 日，即將滿三十歲的他在香港將美國國家安全局關於稜鏡計劃監聽項目的秘密文檔披露給媒體，此計畫是絕密文件，原本要到 2038 年 4 月 12 日才可解密。史諾登也指 2009 年倫敦舉行二十國集團峰會期間，倫敦當局在特設的網吧利用電腦安裝軟體程式截取電郵及監控資料，又入侵手機保安系統，監視與會各國領袖及官員通訊和電郵文件。宣布後，史諾登立刻遭到美國和英國通緝。2013 年 6 月 23 日，俄羅斯給予他臨時難民身分。[18]

早在 1972 年，一位國家機器中的人物為了不讓「水門事件」的調查不了了之，持續提供訊息給華盛頓郵報的記者，兩位記者因而獲得眾多訊

息。一個以「深喉嚨」為代號的神秘人物加上充滿道德勇氣的媒體挑戰了尼克森總統和他身邊的人，甚至使尼克森黯然下臺。直到三十多年後，這位被稱為「深喉嚨」的前聯邦調查局副局長費爾特才曝光。[19]

「說誠實話的代價如何？勇於揭發弊端的風險又如何？」費爾特當時對抗的是全世界最有權勢的人，面對的是美國龐大的情治安全體系，隨時可能惹上殺身之禍，但是他堅持了，持續爆料給記者，因而產生了極大的迴響。他的動機是否秉持「誠實」此一高尚的原則，很難斷定。費爾特或史諾登是否為了政治權力的鬥爭而違反了情治體系裡的諸多內規，也很難說。他們究竟是政府體系裡的叛徒還是使美國總統等當權者不敢任意妄為的關鍵人物？各界的看法也不相同。不過，歷史上有這樣的人物，終究是正面的，他們讓有權者心中多了壓力，讓各種情治安全體系在從事不正當任務時多了顧忌，也間接阻止了很多違法犯紀的事情。

水門事件裡的「深喉嚨」改變了美國歷史，史諾登也影響了無數掌權者的權力行使。各組織裡也需要「深喉嚨」，不是因為權力之爭，而是為了道德、為了真理。像是「烏鴉嘴」，這被用來形容某人的嘴特別可惡，好事說不靈，壞事一說就準確，也指多話而令人討厭的人。但這樣的人物十分重要，在不同社會都有他們獨特的角色。「忠言逆耳」，在中國歷史上，皇帝權力極大，少數忠臣本於良知提出諍言。在舊約聖經裡，「先知」扮演要角。古希伯來的眾先知秉持上帝的啟示，洞察事理的真相，雖有明晰無誤的洞見，卻也因此被攻擊、被迫害甚至殉道。聖經歷代志下記載了一位先知米該雅，亞哈王討厭他，如此說：「我恨他，因為他從來不對我說吉祥的話，他總是說凶險的話。」但米該雅「凶險的話」是真的。

在希臘神話裡，卡珊德拉（Cassandra）成為「烏鴉嘴」的代表。她是特洛伊國王布萊姆的一個女兒，擔任神殿女祭司，被阿波羅賦予預知命運的能力。但阿波羅要求性關係，她拒絕了。阿波羅向她施以詛咒：「妳說出口的預言百發百中，然而誰也不信以為真。」她說出的預言都是不吉利的預言——背叛、過失、人的死亡、國家的陷落。人們不但不相信她，還嘲笑她並憎恨她。

在美國歷史上，「珍珠港事件」、「水門事件」、「挑戰號太空梭爆炸事件」乃至 21 世紀諸多金融弊案，都存在團體迷思現象。以甘迺迪總

統決定入侵古巴所造成的「豬羅灣事件」來說，執政團隊正處於勝選的興奮期，是一個緊密度強、同質性高、很會選舉的團體，但尚未做過任何國際事務的重大政策性決定，也還缺乏一個良好的議題決策機制。所幸甘迺迪政府很快做了調整，在接下來的古巴飛彈危機中避免了團體迷思，化解了重大的危機。

　　在台灣，已經有愈來愈多學歷出色的人，組成政府或大學的領導團隊，但是績效未必出現，決策還常常出狀況。用「團隊迷思」的概念去分析，可以找到蛛絲馬跡。許多領導者被諷刺是「在鏡子裡找人」，總是找與自己相近的人，如此團體迷思發生的機率更高了。

貳、各種效應

一、社會助長

　　社會助長（social facilitation）是人們習慣組成團體的動力，透過彼此的刺激強化績效。Zajonc、Heingartner 與 Herman 設計了一個裝置，將其他蟑螂放在走道旁邊一個透明塑膠盒裡，也就是牠們在露天看台裡，觀察一隻孤獨的蟑螂執行作業。結果呢？單獨的蟑螂在其他蟑螂面前的速度比獨自進行時更快，因為其他同類在場提升了牠的表現。[20]

　　然而人們進行困難的工作時，他人在場也可能會使他們表現的較差，他人的存在增強生理的反應，此種狀態助長了簡單的工作，但對複雜的工作或新的學習則變得較為困難。他人的存在，有時對個人有利，使個人表現更好，明顯增進個人的工作表現，稱為「社會助長」。有時卻對個人有害，稱為「社會抑制」，因有旁觀者存在時，會使人的效率降低，需更多次的練習才可記住所要學習的材料。社會助長的驅力是因為當激發程度增加時，容易產生優勢反應（dominant responses）。當焦點集中在激發或驅力，在個人具有執行該任務的高超技術時，他人的在場會增進個人的表現，但在個人技術不佳時，則會干預其表現。針對這些現象，社會助長的解釋主要有：[21]

　　1. 激起說：有旁人在時，通常對自己熟悉的工作產生社會助長，而

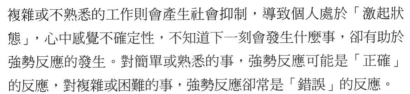

複雜或不熟悉的工作則會產生社會抑制，導致個人處於「激起狀態」，心中感覺不確定性，不知道下一刻會發生什麼事，卻有助於強勢反應的發生。對簡單或熟悉的事，強勢反應可能是「正確」的反應，對複雜或困難的事，強勢反應卻常是「錯誤」的反應。

2. 評價說：從學習驅力理論的角度，別人必須先是一個「可能的評價來源」，才會對個人的行為表現產生影響。

3. 分心說：旁人存在時，會產生分心作用，干擾其注意力。對較困難的工作，倘若加倍努力仍不足以克服干擾影響的話，就會產生抑制的效果。

4. 分心—衝突理論：因為別人存在時，當事人一方面注意工作本身，又要注意在場的人，產生了注意力上的衝突。另外，當事人的注意力一定會被任務與其觀眾所分裂，造成激發的提升及認知的超載。認知超載會導致限制個人將注意力的焦點集中在關鍵的線索或刺激上。

二、社會閒散

社會閒散（social loafing）現象普遍存在，也稱為「林格曼效應」（ringelmann effect）。林格曼發現：拖拉重物等體力勞動的情況下，團體規模愈大，則團體成員的平均表現愈差。每個成員的貢獻被組合到單一團體成果任務時，稱之為「累加性任務」（additive tasks）。當許多人集體工作時，相較於單獨工作，會出現動力與心力均減少的社會性懶怠現象，他人的存在使自己鬆懈。他人在場而隱藏自己時，在簡單的工作上會表現的較差，在困難的工作上有可能表現的較好。[22]

當團體裡的表現無法辨識時，人們變得比較鬆懈。女性出現機率比男性稍微小一點，在集體文化中比較不會發生，許多亞洲國家的文化將集體利益看得比個人成就來得更有價值。相較於亞洲文化，西方文化的社會懶怠傾向比較嚴重。[23]

在一群人共同工作的過程中，不適當的互動導致閒散，稱為過程損失。主要的原因是：1.協調不當：當成員一塊工作時，可能會互相干擾，甚至力量互相抵消。2.降低動機，因為處於團體中，覺得個人的努力，別

人不會知道，因此就偷懶，較不努力。 3.可以隱藏在團體中，個人的可辨認性降低，別人難以確認自己做了多少，不易精確評價，因而較為偷懶。 4.團體中的人數愈多，個人愈看不出自己的努力與團體成果之間的關連性，因此不會全力以赴。 5.由於個人覺得多人工作容易達成目標，因此認為別人也不會很努力。

三、其他效應[24]

1. 生產阻擋（production blocking）效應：面對面團體進行腦力激盪（brainstorming）時出現的過程損失。由於某個時間點只有一個人能發言，所以其他成員在該時間點無法表達他們的想法。

2. 傻瓜（sucker）效應：是一種團體裡的動機損失，發生在成員感覺到或預料到其他成員出力減少的狀況。為了避免被他人利用，也會減少自己的出力。

3. 搭便車（free-riding）效應：因為團體成員覺得個人貢獻對團體表現的影響似乎很小，所以在任務方面減少出力。

4. 發言階層制（speaking hierarchy）效應：根據團體內誰發言最多而形成的階層制，階層低的自覺無須盡力。

5. 去個性化（depersonalization）效應：從個人認同轉變到社會認同，加強了團體內的相似性，又強化了團體之間的差異性。

6. 答案揭曉（eureka）效應：即使經過冗長的辯論，花費了很多時間，一旦解決問題的方法出現，馬上會被團體成員確認為是好的、正確的方案。

參、吹哨揭弊

　　團體的優點之一是交換記憶，許多夫妻藉著彼此分工來記得不同的訊息，兩人相加的記憶要比其中一人的記憶來得有效率。這個方式在團體中，如果發展成一個系統，讓不同的人分別負責記憶不同的任務，也同樣可行。在團體中，團體任務產生新點子時的一種能力稱為認知刺激（cognitive stimulation），當別的成員提到一個點子時，刺激了大家，讓

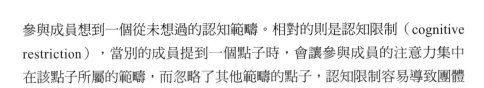

參與成員想到一個從未想過的認知範疇。相對的則是認知限制（cognitive restriction），當別的成員提到一個點子時，會讓參與成員的注意力集中在該點子所屬的範疇，而忽略了其他範疇的點子，認知限制容易導致團體迷思。㉕

　　雖然團體常可作出比個人適當的決定，但有時候一個成員背景出色、看來非常理性的團體，卻可能作出極端錯誤的決定。在高凝聚力的團體更容易出現團體迷思，因為成員排斥不同的意見。若成員背景太相似，或與其他人隔離孤立的團體、或有過於強勢的領導，也易陷入團體的迷思中。若在高壓力或急迫的情境下，團體迷思的情況增加。當凝聚力達到極高時，易形成團體迷思。決策對某一決定在認知上「一致對外」，假定團體不會犯錯，而其他成員非得強烈支持這個決定，任何與之相反的訊息都被拒斥。

　　有些人能獨排眾議，堅持正義。告密、爆料、揭發組織內部隱私的人被稱為「吹哨者」（whistleblowers），後來廣泛指「組織中提出尖銳不同意見的成員」，對組織內外「吹哨」。在媒體如此活躍、網路如此發達、通訊如此便利的今日，有些小規模的吹哨行動瞬間產生不可預料的效果，使違法濫權之事曝光。英國有「公眾利益披露法」，保護吹哨人個人資料不致外洩，以防雇主或者機關秋後算帳。美國政府制定「吹哨者保護法」，又設立直屬總統的「特別檢察官辦公室」，對吹哨人的保護更細緻，如檢舉人的工作、薪水和人身安全皆獲保障。我國的民意代表也主張制定「吹哨者保護法」，但遲遲未通過。不過有些法令增加相關條文，如「水汙染防治法」、「食品衛生管理法」修正，新增「吹哨者條款」，鼓勵檢舉不法。

　　當企業成為資本社會經濟運作的基本單位後，愈來愈龐大的企業更需嚴密監控，不僅在內控上避免員工做出有礙股東利益的行為，更因為企業行為本身就影響到社會大眾的生活，而必須有外控制度建立。所以公司組織必須有監事的職位，也有內控部門的設立。近年開始引入獨立董事及勞工董事，而主管機關也依照法令進行監察。這些制度在政府及公司官僚化下降低效能時，更需要組織內部的知情者基於良知出面揭發。

　　基於公共利益勇敢揭弊或提出警告，2002 年躍登時代雜誌年度風雲

人物的就是吹哨者，分別是世界通訊的 Cynthia Cooper、安隆企業的 Sherron Watkins、聯邦調查局的 Coleen Rowley。她們三人將大企業及政府內部不堪聞問的事蹟向大眾揭露，短期間雖然造成公司信譽破產甚至倒閉，但長期來看，卻讓美國檢討會計制度，大幅縮小各企業內惡搞的空間，對於散戶權益、大眾利益、經濟運作的貢獻不小。[26]

whistleblower 一詞源自英國員警吹哨子示警的行為，日後演變為內部人員基於公益而挺身揭弊的代名詞。某些個人針對政府部門、企業、非營利部門中違法或不當的行為，向外界或相關主管單位採取告發的行動。這些不當的行為包括違反法律或行政規章、貪汙舞弊、對公眾健康與安全造成威脅等。

吹哨者的行動固然可能對倫理有益，同時也在挑戰管理階層的決策或至少影響機關的形象。因此，可想而知，吹哨者即使自認為是在做「對的事情」，仍然會在心理上感受到各種風險，包括：

- 害怕受到報復；
- 擔心個人或家庭的隱私曝光；
- 害怕被視為不忠誠；
- 被批評為神經質、懦弱或幼稚等有缺陷的人格；
- 害怕所提出的證據不足；
- 不知該信任誰或向什麼單位求助；
- 害怕相關單位會置之不理；
- 感覺自己沒有足夠的能力來促成改變；
- 害怕傷害熟識的人，有些吹哨者可能只是希望消除事件的威脅，而非針對個人。

在許多可能的威脅及沈重的心理壓力之下，仍然有吹哨者願意採取行動去制止不法的行動或告發違反倫理的行為，原因之一是有肯定吹哨的制度環境。當適當的申訴系統與法律上的保護設計（包括對吹哨者身分的絕對保密）存在時，組織中的人員比較傾向願意採取吹哨揭弊等行動來對抗不法。

第**11**章

旁觀與從眾

　　個人在群眾中，有如水滴在江河裡，非常渺小，能夠產生的作用，更是有限。偏偏人們就是喜歡加入各種群眾，有時還想主導情勢。社會學家注意「群眾」整體的狀況，社會心理學家做了很多「人在群眾之中」的研究，試著發現某些個人行為表現的原理。也希望探討真的存在「當局者迷、旁觀者清」這一類的現象嗎？

　　平日我們都知道要堅持真理、要重視真相，但身邊的人說詞一致，自己即使知道大家說的不是真理，還能夠勇敢說出真相嗎？從眾比較簡單、省事又討好人，但卻可能昧著良心。問題是「良心值多少錢？」社會心理學的實驗顯示殘酷的事實：多數人會選擇「好漢不吃眼前虧、視時務為俊傑」。

　　群眾的類型多元，不同群眾有共同的心理，也有各種情勢中的獨特之處。參與不同群眾帶來不同情緒，讓人在劇烈變動中，感受到在獨處時所無法得到的經驗。

　　「眾聲喧嘩」，影響了自己的選擇，即使是滿足個人日常生活的食衣住行育樂，也還是會考慮其他人的眼光。在亢奮或冷漠的群眾之中，有各種社會心理現象，令參與者迷惘，令旁觀者不解，都值得探究。

▶ 第一節 ▶ 旁觀

 、實例

一、兩岸多個實例

2011 年 8 月 2 日中午，新竹一名 65 歲的江姓男子在路上昏倒，許多人看到，但沒有人報警，一位女子從地下停車場開車出來，輾過路倒男子。這是多重悲劇：昏倒的男子死了，駕車的女子被移送法辦，看到這新聞的人難過。這悲劇，絕對可以預防！

時時刻刻，街上都在發生事情，有些事乍聽屬匪夷所思，但對有經驗的人來說，比較知道該如何處理。各殯儀館中常有無名屍體，他們的身體存在，但與社會的連帶斷了，殯儀館的管理人員對此非常頭痛。人，也不能裝晶片以便搜尋。冰存遺體的地方很冷，更冷的可能是：人心的冷漠與疏忽。莎士比亞名著「如你所願」中，一位耿直的大臣被驅逐到森林，森林成為他的家。他感嘆：「這裡雖冷，不會比朝廷中好些人說的話那樣冷！」

倒在新竹大馬路上的男子，外面是酷熱，但他的內心想必是無比的悲涼。緊接著，生命就無奈地結束了。天氣很熱，但人心熱嗎？會不會普遍冷漠呢？整體而言，政府體系裡愈來愈不敢冷漠，已建立各種熱線及後送的服務體系。但是，這些服務要有民眾先打電話，才可展開服務流程。各處也裝了不少監視器，但警方也不可能主動知道街上所發生的一切。

街上人來人往，每個人都有顆心，都有張臉，都有自己的生命故事，都是某個家的成員，都有自己的需要。如果路過的人能稍微注意一下，打一通電話，那顆心、那張臉、那段生命故事……，就延續下去了，不致成為冰冷的軀體。

2011 年 10 月 13 日下午 5 時 30 分佛山南海黃岐發生一起車禍，兩歲小女孩悅悅被一輛車撞倒輾過，之後七分鐘一直孤零零躺在路邊，18 個路人經過都當沒看見，而其間悅悅又被一輛貨車輾過。最終被第 19 名路

人抱到路邊，隨後被送往醫院急救。這名路人是一名撿破爛的阿姨，因為她的善行，悅悅才被送到廣州軍區總醫院急救。

為什麼不幫忙呢？2006 年 11 月 20 日，南京市民彭宇陪同一名在路上跌倒的徐壽蘭老太太前往醫院檢查，檢查結果是徐壽蘭股骨骨折，需進行人造股骨頭置換手術。徐壽蘭隨即向彭宇索賠醫療費，彭宇自稱是樂於助人，怎麼反倒被指成是肇事者，拒絕了老人的要求。在各種調解失敗後，徐壽蘭於 2007 年 1 月 4 日在鼓樓區法院提出民事訴訟。老太太跌倒時在場的陳二春先生回憶稱，當時整個過程很平和，他自己也上前幫忙，一起把徐老太太扶到路邊，老太太神志清醒，還借了電話給她兒子和侄女打了電話，徐壽蘭對他和彭宇連連感謝，還說「不會連累你們的」。但事件的發展讓幫助者倍感困擾。

2000 月 9 月 13 日下午 1 時 40 分台北市景文高中發生一個意外事件，引發了「好心是否也需量力而為」的爭論。顏旭男為景文高中資料處理科 2 年級的學生，因為先天性染色體異常，患有成骨不全症（俗稱玻璃娃娃）。因此無法行走，行動不便，全身骨骼忍受外力衝擊的能力較正常人差，即使是輕微的碰撞，也會造成嚴重的骨折，特別需要避免碰撞。當天顏姓少年的班級下午原本於操場上體育課，因為下雨，體育老師便將上課地點自操場改至地下室，而原本並不需要上體育課的顏姓少年在同班同學的詢問之下，表示願意前往地下室。陳姓同學詢問顏生是否願意讓他抱下樓，顏生說「好」，陳同學因此單獨抱顏旭男下樓梯。然而在陳同學抱顏生時，由於下雨，樓梯地板溼滑，導致顏姓少年在過程中自樓梯上滑落，進而造成頭部鈍創、顱骨破裂及四肢多處骨折。

事發後，顏生經同學立即送至該校醫護室，此時身體並未有明顯外傷，還與老師及同學交談，意識清楚，一再向老師要求切勿處罰陳姓同學。該校通知醫院救護車到場，並去電告知顏生家長，顏生家長指示不要救護車送，將在大約十分鐘後到達，因此導師告知救護車人員，將之遣回。顏生家長約於 50 分鐘後始到學校，顏姓少年的意識仍然清楚，提到腳痛，經校護檢查仍無外傷。後來經家長自行於當日下午 3 時送至恩主公醫院急救，因顱內大量出血，於同日晚間 8 時 20 分不治死亡。陳姓同學當時已滿十六歲，日後曾被台北地方法院少年法庭認定觸犯刑法第 276 條

第 1 項之過失致人於死罪。

　　再看一種常發生的校園現象：在霸凌事件中不只有被霸凌者會受到傷害，旁觀者也可能產生害怕恐懼的心理或創傷後症候群，造成無法彌補的陰影。對於學生的霸凌問題，以往偏重研究霸凌者以及被霸凌者，但在霸凌的情境中，旁觀者所占的人數比例最高。有些人害怕被同學報復或覺得跟自己無關，認為自己說了什麼也沒有用，而採取消極冷漠的態度。旁觀者因而產生負面情緒，也會增強霸凌者繼續霸凌別人的行為。陳怡君透過問卷調查北部、中部、南部九所國中 958 位學生，發現霸凌者人數主要為 2-3 人；旁觀者人數平均高達 11.24 人。當目睹霸凌時，旁觀者行為反應類型按比例依序為「隱性保護者」（36.2%）、「保護者」（32.8%）、「局外者」（10.4%）、「增強霸凌者」（8.9%）、「隱性霸凌者」（7.4%）、「協助霸凌者」（4.3%）。旁觀者知道老師較希望他們成為保護者，父母、朋友較傾向只做「局外者」即可。

　　旁觀者目睹霸凌類型以「言語霸凌」為主，國中校園中以普通程度的霸凌為主，霸凌最常發生的地點在教室內；霸凌者與受霸凌者均以男生居多。男生與女生旁觀霸凌的行為反應有差異，女生的行為反應類型傾向成為保護者、隱性保護者或局外者，男生則傾向協助或增強霸凌者。

　　霸凌類型與旁觀者行為反應類型有差異：在肢體霸凌時，旁觀者傾向支持協助霸凌或保護受霸凌者；在言語霸凌時，旁觀者傾向不介入。同儕關係與旁觀者行為反應類型有差異：旁觀者傾向幫忙與自己同儕關係較為友好的一方。旁觀者人數與旁觀者行為反應類型也有關連：當旁觀者人數愈多時，旁觀者愈傾向不介入、不制止。這一點結論與多數研究旁觀者的發現相近。[1]

　　霸凌行為中，因為社會情境的影響，而出現從眾的行為，不敢表達自己真正的行為想法，就算知道那些人的行為是錯誤的，也不敢伸張正義，只當個隱性保護者，沒有任何做為。旁觀者中隱性保護者比例最高，國中生已經能分辨事情的對錯，也多半有同情憐憫之心，但多半無法採取行動去保護那些被霸凌者，少有人為受暴者伸張正義，讓受暴者免於被傷害，阻止更嚴重的悲劇的發生。

二、美國的實例與實驗

美國在 1964 年發生一起女子謀殺事件，新聞報導稱，現場有 38 個人親眼目睹或聽見案件的發生，卻沒有採取任何行動。因此約翰‧達利（John Darley）和比伯‧拉坦納（Bibb Latane）進行「他人發病是否伸出援手」實驗，希望驗證人們處於群體環境中時，是否比較不願意施以援手。他們邀請志願者參與試驗，告訴受試者，鑑於會談可能涉及極其私人化的內容（諸如討論生殖器的大小之類的話題），因此每個人將被分隔在不同的房間，僅使用對講機來相互溝通。在會談中，一名參與人員假裝發病，被其他受試者所注意到，諸如「我的癲癇發作了」之類的話會被受試者聽到。

結果呢？當受試者認為除發病者外，自己是參與討論的唯一一人，85%的人會在對方假裝病發時自告奮勇離開房間去提供幫助。當實驗環境改變，受試者認為還有另外四個人參與討論時，只有 31%的人在對方發病後提供幫助，剩下的受試者猜測會有其他人去照顧此人。在緊急情況下，假如你是當事人身邊的唯一一個人，參與援助的動力將大大增加，你感覺到對此事具有 100%的責任。然而，當自己僅是 10 個人中的一個時，只感到很小的責任。

這便給無人援助被謀殺而受傷女子提供了解釋。假如受傷的女子躺在荒無人煙的高速公路旁，原本視若無睹的司機比較願意停下來幫忙。當然他們也可能棄之不顧，因為他們知道無人在旁監督（這與本實驗的受試者不同，因為至少受試者知道有人在記錄和分析他們的舉止）。這個問題也可被歸結於為自己找到藉口的合理性。他們會說：「這條道路上總會有人路過去救她的」。②

「好撒馬利亞人實驗」提供更多線索。耶穌說過一個比喻：有一位猶太人被強盜打劫而身受重傷、躺在路邊，祭司和利未人路過且目睹卻都不聞不問，惟有一個過路的撒瑪利亞人不顧族群的隔閡，動了善心幫助了受傷的人，這是「好撒馬利亞人」（the Good Samaritan）的故事。約翰‧達利（John Darley）和丹尼爾‧巴特森（C. Daniel Batson）在 1973 年進行一項實驗，對宗教信仰在助人行為上的影響加以測試。

　　受試者是一組神學院學生，要求其中一半在另一所神學院裡講「好撒馬利亞人」故事，另一半則要求在同一地點針對就業機會的問題進行演講。受試者被要求在不同的時間內到達佈道的地點，因此他們可能在路上會很匆忙。同時，在到達指定地點的途中，受試者會經過一個癱倒在小巷中的路人，看上去急需幫助，這位可憐的路人為事先安排好的，表現十分逼真。

　　結果呢？比起那些準備演講就業機會問題的神學生，必須說「好撒馬利亞人故事」的並沒有因為寓言的教育意義而更多地伸出援手。真正起作用的因素是他們在路上究竟有多匆忙。假如時間緊迫，僅有 10% 的學生會停下來提供援助，即使他們即將佈道的話題是停下來給予援助是多麼重要，不趕時間者則高達 63%。有無時間是關鍵，演講題目則沒有影響、個人的宗教虔誠度也沒有影響。③

　　別人的做法必然影響我們的行為，有一實驗是心理學家在一條走廊裡裝扮肚子痛！參與實驗者做好問卷後，必須經過這條走廊，看見一名「肚子痛」的人。如果參與者單獨走過走廊，上前慰問的機率是 90%。但如果有幾位「路人」與參與者一起走過走廊（其實是另一些心理學家裝扮的），而那些「路人」對肚子痛者多半不理不睬，上前慰問肚痛者的機率只有 30%！此現象也反映：人們普遍都害怕他人不接受自己。即使覺得應該做的事情，如果其他人都不去做，他們也不敢去做；反之，即使一些行為有問題，如果是普遍人所做的，他們也可能跟著做。人們總是希望得到社會接納，因而不想太突出自己。④

　　癲癇呼救實驗是約翰達利在 1968 年所做的，參與者被帶領通過長廊，進入隔離的實驗室。然後使用對講機，與另一人或一群人聊生活問題。似乎是每人輪流發言，其實每組都只有參與者是真的在發言，其他發言都是預錄的錄音。發言過程中，參與者會聽到某一發言者提及自己患有癲癇，接著不久聽到他的哽咽與呼叫聲（都來自預錄錄音）。重點是觀察參與者是否會離開實驗室幫忙或找人求救？隔多久時間才行動？或是坐而不管？

　　結果呢？未提供救助參與者的個性並非比出面救助者更冷漠。事實上，當研究者事後進入房間時，這些參與者都相當緊張，並詢問是否已有

人提供幫助。顯示他們心中有所掙扎，不知道自己是否應該作些什麼。換言之，旁觀者在緊急事件中是否會出面援助，至少部分取決於他們對情境的知覺，以及周遭是否有其他人。⑤

貳、解釋

旁觀者為什麼會或不會伸出援手？Latane 與 Darley 進行「旁觀者為何無反應」（unresponsive bystander）的研究，歸納出願意幫助陌生人歷程的五個階段：首先是注意到（noticing）某種需要幫助的情形出現。接著解釋（interpreting）該情況十分危急，第三步驟是覺得自己應該承擔責任（taking responsibility）；第四步驟是決定如何幫助（deciding how to help），覺得自己有能力時，會設法給予直接救助，或設法呼救，提供間接救助。然而若覺得自己毫無辦法幫忙，則可能放棄救助。第五步驟才是確實提供幫助（providing help）。五階段的考慮狀況呈現在下一頁的圖11-1之中。⑥

但在每一個步驟發生前，都有一些阻力，使幫助的行動無法真正發生。如果只顧自己，根本不會注意到周圍有人需幫助；如果情勢不明朗，無法確定情況危急；如果覺得應該由警察或其他有公權力的人才可處理；如果評估自己無力伸出援手；如果代價太高，擔心自己的好心會惹麻煩……，都可能使幫助無法發生。所以，一件幫助他人的行為要確實出現並不容易。可以確定的是：不同地區、不同文化對助人有截然不同的表現，如果一個地方的文化鼓勵旁觀者「雞婆」、「願意管閒事」，則幫助行為較容易出現。

人們如何決定是否涉入一件緊急事件，此效應所產生的影響即會發生在每個步驟之中。但如果旁觀者在其中的步驟之一遇到重大阻礙，就不會伸出援手。⑦

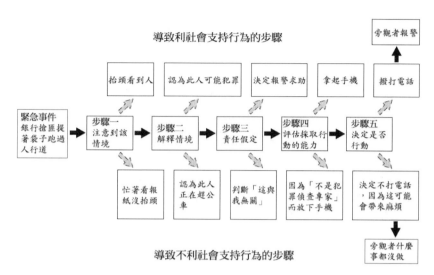

圖 11-1 導致利社會或不利社會的路徑

資料來源：梁家瑜（譯）

為何危機發生時，常常有冷漠的旁觀者？主要的解釋有：⑧

1. 人數效應（number effect）：出手相助的可能性出現因人數遞減的情況：旁觀者數量愈多，任一旁觀者會出手相助的可能性就愈小。在群體中，通常會視而不見，獨自一人時反而會立即行動。當自己是唯一的目擊者時，比較會採取行動，一旦有其他目擊者，便會考慮別人的眼光，選擇靜觀其變。就算每個人都有責任，但多數人都傾向先等別人去處理。

2. 責任分散現象（diffusion of responsibility）：現實環境中，處於匿名狀態通常容易出現責任分散現象。多數旁觀者未必是冷漠，而是責任分散，愈多旁觀者在場，每個人所感受到的責任就愈少。在一個社會情境脈絡裡的促發行為，包含了人們對他人在場的考慮，導致在一個後續、不相關的情境裡做出較少的幫助行為。此外，某些職業角色容易增加個人責任感，例如醫師、警察、社工等。

3. 人眾無知現象（pluralistic ignorance）：若每個旁觀者看起來都面無表情，毫不擔憂，以致大家都以為沒有發生嚴重問題。暴力事

件中，若認為攻擊者認識被害者，人們較可能不介入。當旁觀者看到一名男性攻擊女性時，若以為兩人是夫妻，比以為兩人互不認識，伸出援手者的比例為較低。

4. 群眾抑制（audience inhibition）：害怕自己在大眾面前出糗，可能放棄救助。成本利益考量則認為付出代價太高，而不願救助。

5. 鄉愿的內在模式（implicit modeling of nothing has happened）：由於旁觀者在緊急事件發生時被突如其來的狀況驚嚇，所以起初會較遲緩，之後才準備展開行動。但他們看到其他旁觀者也不太積極的時候，會產生錯誤印象，以為別的旁觀者也覺得這個意外沒什麼大不了，這種現象稱為「群盲」（pluralistic ignorance）。

6. 當事者與旁觀者之別（actor-observer difference）：當事人看自己行為時，多傾向於解釋受環境影響，情非得已。旁觀者則多認為，該一行為係出自當事人的本意。畢竟當個冷漠的旁觀者還是不好受，所以有些人乾脆眼不見為淨。

　　責任分散不只會被他人的在場所啟動，認知過程也會構成內隱旁觀者效應（implicit bystander effect）。英國黛安娜王妃發生死亡車禍後，當時跟蹤她的記者就被調查是否違反了「好撒馬利亞人法」。在美國和加拿大，急救人士在搶救傷者過程中或其後對方死亡，可以運用此法案撤銷死者家屬對急救者的法律起訴，從而鼓勵旁觀者對傷病人士施以幫助。義大利、日本、法國、西班牙，以及加拿大的魁北克，好撒馬利亞人法要求公民有義務幫助遭遇困難的人（如聯絡有關部門），除非這樣做會傷害到自身。德國有法令規定「無視提供協助的責任是違法的」，在必要情況下，公民有義務提供急救，如果善意救助造成損害，則提供救助者可以免責。在中國，「深圳經濟特區救助人權益保護規定」於 2013 年 8 月 1 日正式生效。我國衛生福利部也在規劃對「自動體外心臟電擊去顫器（AED）」使用者，無須負擔導致傷亡的責任。

▶ 第二節 ▶ 從眾

、實例

一、冰桶挑戰

從 2014 年 7 月 29 日開始，冰桶挑戰（Ice Bucket Challenge）這一項由社群網路上所發起的活動，席捲美國與台灣。參加者需要讓一個注滿冰塊及水的水桶倒在自己頭上，將整個過程拍成視訊、並上傳至社群網路。參加者接著可以提名三名其他人士，要求其仿效，被提名者需於 24 小時內回應，可選擇接受相同挑戰，或捐款 100 美元給慈善團體作為代替，當然也可以兩者都做。已接受挑戰者則同樣可以作捐款行為。

這項活動主要是美國肌萎縮性脊髓側索硬化症（簡稱 ALS）協會籌款而發起的，獲得不少人的注意和參與，而各地相關的 ALS 協會亦開始協助宣傳。中華民國運動神經元疾病病友協會（簡稱台灣漸凍人協會）和香港的香港肌健協會亦分別展開了推廣宣傳。

美國不少知名人士均響應，上傳了各自的視訊。不少人完成後均指名美國總統歐巴馬，但歐巴馬決定改以捐款代替。在台灣，起先由林之晨等人發起，之後不少政界人物也參與。運動界、影藝界亦加入。總統馬英九及民進黨主席蔡英文不參與挑戰而以捐款形式代替。

這一項流行性活動，加上名人的宣傳效應，冰桶挑戰在很短時間受到了各地民眾的倣效，在 8 月 19 日，中廣訪問我是否願意接受邀請參與。我說：「如果漸凍人協會有更好的文宣與訴求，我才參加。」否則只是幾秒鐘的畫面，對漸凍人的關懷有限。更有幾項風險：1.身體及皮膚會在極短時間感受到極大的溫差影響，導致心臟受到刺激，因而造成突發性身體不適。2.趕流行：網上發表了短片後，因附有「不接受挑戰豈不沒有面子」的留言，可能是以「趕潮流」的心態去參與。各候選人通常立即參加，可能為了選舉造勢。3.浪費水資源又不環保。

二、歷史的教訓

戰國時代，各國互相攻伐，為了使大家真正能遵守信約，國與國之間常將王子交給對方作為人質。《戰國策‧魏策》中記載：

魏國大臣龐蔥，奉命要陪魏國王子到趙國去作人質，臨行前求見魏王說：「現在有一人來說街市上出現了老虎，大王相信嗎？」魏王表示不相信。龐蔥說：「如果有第二個人說街市上出現了老虎，大王相信嗎？」魏王說：「我半信半疑了。」龐蔥又說：「如果有第三個人說街市上出現了老虎，大王相信嗎？」魏王道：「我當然會相信。」

龐蔥接著提醒魏王：「街市上不會有老虎，這是很明顯的事，可是經過三個人一說，好像真的有老虎了。現在趙國國都邯鄲離魏國國都大梁，比這裡的街市遠了許多，議論我的人一定不止三個。希望大王聽到議論能明察才好。」魏王滿口說好，龐蔥放心陪太子而去。後來，魏王還是聽信讒言，沒有再重用龐蔥。

街市上當然不會有老虎。說街市上有虎，顯然是造謠、欺騙，但許多人這樣說了，自己無法從事物真相上看問題，往往會信以為真。後世引申這故事為成語「三人成虎」，比喻有時謠言可以掩蓋真相的意思。判斷一件事情的真偽，必須經過細心考察和思考，不能道聽途說，不能人云亦云，誤把謠言當成真相。有的謊言重複一千遍，便彷彿成了真理。

三、外食與追星

消費習性易受同儕影響，包括大專學生的外食行為。陳乃瑜以大專學生從眾行為對外食購買決策影響發現：影響大學生從眾行為最大者為「群體特性」層面，其餘依序為「情境特性」、「個人特性」、「品牌特性」等層面，而「從眾行為」對於「購買決策」具有顯著的影響。「個人特性、群體特性、品牌特性、情境特性、從眾行為」對於「購買決策」都呈現顯著的影響。⑨

觀眾特別容易受到所觀賞節目的影響，以 2014 年上半年最受矚目的電視節目來看，在台灣，「來自星星的你」、「風水世家」等都有很高的收視率。在美國，則以「紙牌屋」最受注意。劇情是主角凱文史貝西一步

步登上總統大位，包括表面示好卻毀掉好酒好色同事，以便副總統回鍋當州長，讓自己成為副總統那一段。

電視反映真實，民意機關裡也有毀掉同事讓自己攀上高位的事情，正副總統有用心機才可以掌握大權。以權力為春藥、以鬥爭當維他命的正副總統、立委、部長、縣市長，人數不少。真實，永遠比戲劇更精彩，也比戲劇重要。但媒體對探究、追蹤、分析、報導真實，尤其是「權力舞台」的真實，卻很馬虎。觀眾也只以「看星星」、「看風水」，就滿足了。

美國人就不從眾了嗎？一項研究針對 1953 至 2001 年的最高法院決議進行內容分析結果顯示，最常見的決議是九比零無異議通過。顯示即使在個人主義當道的美國，順從還是普遍的。[10] 平日即使自己沒聽懂一個笑話，我們也願意跟著大多數人一起笑；當發現自己不被大多數人認可時，難免會懷疑自己的觀點。

貳、意義及理論

某些特定的觀念和想法刻意藉由群眾心理發揮影響力。例如，當百貨公司週年慶，無數人就大肆搶購；當某個公眾人物爆發醜聞時，自己會毫不遲疑相信媒體；原本自己覺得好看的造型，因為某個人的批評就讓自己失去自信；看到鼎泰豐的人潮，就認定它們的小籠包最好吃；當 7-11 推出集點活動時，就算不愛 Hello Kitty 也會跟著蒐集……。我們常以為自己是理性的動物，然而上述這些看似不理性的行為卻是天天在發生。究竟是為什麼呢？好像自己的大腦不受控制，莫名地受人擺布。[11] 這些群眾活動，大致有三類：[12]

1. 時髦（fad）：是一群人暫時的流行，產生表面或無關緊要的行為，與先前的趨勢無關，也通常不會引起後續的趨勢。

2. 時尚（fashion）：是愉悅的大眾傾注於特定事物的現象，具有相當程度的社會接受性，足以吸引較多人參與。它的情緒雖無時狂那麼強烈，發展也較例行化，仍可能成為日常生活的一部分，或是身分與品味的表徵。

3. 時狂（craze）：是興奮的大眾狂熱投入的行為，持續一段時間，使人群投入大量金錢、情感與時間，暫時放下許多日常的活動，甚至缺乏理性、扭曲事實，做出富戲劇性的情緒反應。例如宗教份子的狂熱、足球迷的激情。

　　阿什（Solomon Asch）的從眾研究是社會心理學知名的實驗。[13] 阿什作了一系列驗證從眾效應的研究，其中一項是實驗者以大學生為受試者，每組 7 人，坐在一排，其中 6 人是實驗者的助手，只有一位是真正的受試者，他並不知道其他 6 人的身分。實驗開始之後，實驗者向所有人展示了一條標準直線 X（下圖左方），同時向所有人出示用於比較長度的其他三條直線 A、B、C，其中有一條和標準直線 X 長度一樣。然後讓所有人（其中包括 6 位助手和 1 位真的受試者）說出與 X 長度一樣的直線。實驗者故意把真的受試者安排在最後一個，前面 6 位由實驗者的助手偽裝，都按照事先的要求說出統一的錯誤答案，最後由真的受試者判斷哪條直線和 X 長度一樣。

　　受試者要求回答的「難題」如下圖所示：

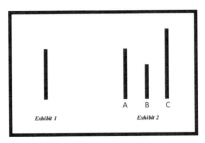

　　受試者所需做的僅是指出右側中的哪一條線段與左側的線段等長。很少人會在這題答錯。但在大多數人都犯了再明白不過的錯誤時，受試者會給出與其他人不同的結果嗎？

　　實驗結果：受試者做出所有回答中，大概有四分之三的人至少出現了一次從眾，只有四分之一的人保持了獨立性，自始至終沒有一次從眾。當聽到參與測試的其他三個人給出錯誤的回答時，仍有 32% 的受試者也給出同樣錯誤的答案，即使線段長度的差別達到幾個英寸也依然如此。

　　結果分析：當某個問題的回答不是那麼黑白分明、顯而易見的時候，

這個比例將會上升更多。由於在阿什的試驗中，並沒有給不從眾者任何處罰，也不會對從眾者進行任何獎勵。所以從眾的原因主要有兩種：第一是在面對多數人完全一致的回答時，受試者開始相信自己的想法是有錯誤的。在實驗之後，實驗者詢問那些在回答錯誤的受試者，有少數人聲稱自己看到的就是那樣。另外一種情況是：受試者屈從於多數人的判斷，做出和其他人一致的回答，以便被多數人所接受。在另外的變形實驗中，受試者單獨回答問題時，就很少看到被試者屈從於其他人的判斷。

在另外一些修正試驗中，如果實驗者的助手偽裝成的受試者回答的答案不一致，哪怕只有一個人回答了不同的答案，也會顯著降低受試者從眾的機率。這證明了在團體中不同意見的重要性！

從眾行為會隨著多數成員的人數由一人增加至三人而急遽增加，但三人以上多出來的成員則影響力下降。如同 Bond 與 Smith 對於阿什的從眾研究典範進行了後設分析，發現集體主義式的文化對於他人判斷的接受程度較個人主義式文化來的高。文化的影響力比起其他任何團體影響的要素都大得多。[14]

從眾（conformity）是由於真實或想像他人的影響，而改變自己的行為。一旦處在強大的社會壓力之下，個人通常順應團體的行為。從眾的情況非常廣泛，可能產生高尚的助人行為，也可能造成瘋狂的悲劇。處在多數人的意見之下自然會產生社會影響，主要來自於情境中明文規定或默許規範，使人們在情境中決定適合表現的行為。

感到安全的歸屬感常讓人看不見危險，以致可能冒更大的險。一個團體為了維持共識的壓力，容易思慮不周，成員不一定會尋求資訊來澄清疑慮。一種同在一起的親密與舒適感，降低了每個參與者的警覺性，對於錯誤和危險的決策變得更沒有抵抗力。[15]

人們之所以習慣對權威服從及聽命行事，是因為幸福有一部分來自超越個人，對大我有所貢獻，以為同心協力可以促成更大的成就，因此願意放棄一些自我以換取更大的機會，可是過於服從卻讓人墮入錯誤或犯罪的深淵。歷史上這樣的錯誤，不勝枚舉。

其實，百分之百堅守原則不犯錯，比百分之九十九來得容易，下不為例的心態與說法會讓人慢慢步向罪惡的深淵。在一些犯罪的例子中，問題

不是出在犯錯者被要求做一件很大的壞事，而是服從了許許多多小小的罪惡而未能及時說「不」。⑯

解釋從眾行為主要有以下三個理論：⑰

1. 認知失調理論：指個人的信念與行為產生矛盾衝突，無法長期忍受這樣的不協調感，會採取某些行動以資因應。例如：改變某些信念或行為，來消除認知的不一致，使信念或行為獲得合理的解釋。

2. 社會角色理論：指個人所扮演的角色是根據個人在群體中的地位，表現出某些被群體期待的特定行為。通常個人在群體中會被設定出所應扮演的角色，並被期許行為與角色相互一致。無論本身認同與否，個人為了獲得與群體良好的互動，設法表現出和群體期待一致的行為。一個人若扮演「追隨者、服從者」的角色，在群體中更容易出現從眾行為。

3. 歸因理論：個人在觀察他人某一行為時，會將該行為發生的原因歸結為內在或外在，例如：青少年認為群體吸毒是為了裝酷是外在歸因，比較不會出現從眾行為。如果認為群體吸毒是為了享受快感的內在歸因，從眾行為的可能性會提高。

參考《大難時代》裡的說法，可以歸納出從眾的原因：⑱

首先，人們習慣順著本性跟同類群聚在一起，因此減少了接觸不同人群、價值觀和經驗的機會，漸漸只侷限在自己的小天地，看不見外面的世界。許多現代人擁有比過去更多的選擇，但依然卻侷限在自己的生活圈裡，將非我族類排拒在外。其實一個人對差異的接受程度，遠比自己想像的還低。更糟的是，就像溫水煮青蛙，我們對視野的萎縮通常不知不覺……。

其次，大腦不喜歡衝突，所以會想盡辦法避免衝突。當我們跟志同道合的人在一起時，喜歡尋求共通點，而不是差異點，原因是這種感覺很好。我們也會覺得所有的共通點都是對的，即使事實並非如此。因此，當我們想盡辦法保護某種信仰的同時，也可能讓我們看不見足以證明自己錯誤的證據。

　　第三，「鴕鳥心態」。在群體中，大部分的人習慣選擇沉默，沉默是慣性的語言。一項針對「員工沉默」的調查發現，在跨領域的高階主管訪談中，有百分之八十五都說他們曾經有過「無法對老闆開口講出問題或憂慮」的時候，只有百分之十五表示他們從來不覺得無法公開表達自己的意見。大家都不深入探究難以回答的問題，又都同意沈默是金。

　　第四，人類的幸福有一部分來自於能夠超越個人，對大我有所貢獻，同心協力可以促成更大的成就，因此願意放棄一些自我。在組織中，問題不是出在自己被要求做一件很大的壞事，而是一路上有很多小小的錯誤，卻沒有累積到足夠的量勇於說「不」。

　　從眾終究有很大的風險，刻意尋求安全的歸屬感會讓自己看不見危險，也因此冒了更大的險。一個群體在維持共識的壓力下容易導致思慮不周，成員不會尋求正確資訊來證實他們的疑慮。大家同在一起的親密與舒適感，降低了每個人的警覺性，對於錯誤和危險的決策變得更沒有抵抗力。歷史上很多悲劇，都由此產生。

　　1960 年，一名前納粹的高幹阿道夫被猶太特工找出來、綁架帶走。這位前納粹份子是負責大屠殺命令的執行者；他被帶到以色列，接受審判。多數人都認定這名戰犯特別殘酷、兇猛，而且很清楚自己做過什麼壞事情，是萬惡不赦的狡詐份子。可是原籍德國的猶太裔思想家漢娜・鄂蘭目睹審問過程，仔細比對無數資料，冷靜又理性地對她所見、所聞、所感進行邏輯性的推論與整理，她發現阿道夫不過是一個普通又盲目服從的人。她提出了一個新的思想——「邪惡的平庸」。這個新觀點因為爭議性太大，致使她成為眾人的標靶，並讓她就此進入人生中的「黑暗時期」……。然而她的看法是真知卓見，讓後人欽佩。

▶第三節▶ 集體

、實例

一、世界盃足球賽

2014 年 6 月到 7 月，全世界瘋足球。7 月 13 日隨著德國隊抱走大力神盃，無數人有種失落感。「沒有世足可以瘋」，酷熱的夏天要怎麼過下去？看美國大聯盟、注意 NBA 球星的異動、去看中華職棒或海碩盃……，這些是「跟著運動新聞過日子」，在球隊的輸贏之中，找尋一些類似觀賞世界盃的樂趣。但是對於「世界」，認識多少呢？有多少人閱讀資料，瞭解各國的歷史、地理、人文。例如 F 組的波士尼亞與赫塞哥維納，該國的首府塞拉耶佛是第一次世界大戰爆發事件的地點。2014 年正好是一次世界大戰一百週年的日子。

球迷的心情跟著球隊的勝敗而起伏，這是「感性甚至激情」的一面，「理性甚至做研究」的一面則可以成為沒有比賽時的重點。「看熱鬧」的日子結束了，「看門道」可以成為生活的一部分。

二、太陽花學運

2014 年 3 月的「太陽花學運」說明了群眾的抗爭及網民串連的影響多麼廣泛。[19]「政治力式微、社會力崛起、經濟力被邊緣化」。許多政治力的代表，都被質疑、都被羞辱、都受重傷。不可一世的政治人物，在抗議者的眼中沒什麼了不起。在公開場合，透過國家機器開多少次記者會的總統、院長、經濟部長，都無法說服抗議者，連許多原本無所謂的民眾也加入「貶損政府」的行列。在私下密室協商的立法委員，更被鄙視。國民黨雖然是執政黨，在行政與立法兩權都束手無策。民進黨的天王驚訝發現：昔日呼喊崇拜自己的民眾已經在喊「林飛帆，選總統」。

林飛帆等人掌握了 21 世紀社會力演變的特性，就是「公民社會」、「網路社會」、「傳播媒介」都對政治力不滿。這些學運領袖單單選擇

「學生對抗國家機器」這目標，巧妙避開了「學生對抗老師和學校」的危險，使無數老師靠到學生運動的行列。原本擁有發言權優勢的學者，鮮少替政治力講話，批判的聲音卻愈來愈高，民眾愈檢視愈發現政治人物其實沒什麼了不起。

政治運作的遊戲規則已經改了，傳統階層早就變了。以往「天地君親師」、「學而優則仕」，已不合時宜。當馬總統邀請大學校長到總統府商量，他或許認為自己比校長高，校長比老師高，老師比學生高，地位低的應該會聽地位高的。其實在抗爭之中，沒有誰比誰高，溝通必須站在平等的地位。一大群學生，足以和任何力量平起平坐，如果某些老師加入抗爭行列，抗爭力道更大。

太陽花學運發生的第一個週末，行政院江院長到群眾抗爭的場合，與總指揮林飛帆等人對話，借用「考試」現象來探討這樣的對話。江院長是學者出身，學者通常傾向用比較長的論述來探討現象，以社會科學來說，往往要用很多文字才可回答一個小問題，要說好多話才可以解釋一個看似單純的現象。當江院長開始說的時候，做了一些澄清、表達一些關懷、陳述了一些論點，但很快就被林研究生打斷，林先生只要江院長立即回答兩個是非題。江院長說了一段話，還沒有回答完，林先生認為那不是回答是非題，就終止了江院長繼續說話的機會。

「程序正義」在抗爭中成為一種說詞，不斷出現，在學校裡考試，程序正義很重要。在抗爭中，卻總是被漠視。考試題目的常見形式有：是非、選擇、簡答、解釋名詞、問答、申論，到了大學，是非與選擇比較少見，問答與申論的比重增加。江院長在回行政院的路上，或許會感嘆：「我要寫申論題，你只要我畫個〇或 X。我還沒完整作答，你就說找馬總統來答這份考卷。」

深入檢視太陽花學運，發現各種力量的變動。原本的台灣被年紀大的政客與年紀大的老闆所主導，政治力完全偏向經濟力的優勢者，服貿協議的主要受惠者是老闆，是政治勢力的金主。由於經濟力多元甚至分裂，勞方想的與資方不同、小企業與企業集團不同、做不做兩岸生意也有差別。當平日被欺壓的人倒向抗爭學生那一方時，3 月 30 日凱道遊行時，人山人海。

遊行結束不久，學運散場了，四月的第一天是「愚人節」，這時代聰明人太多，掌握了政治與經濟，愚人只好團結，做些聰明人看來的傻事。但，傻事必然有散場的時候。群眾與媒體都很現實，又會去參加或注意別的活動，繼續尋找無奈的小確幸。

　　以太陽花學運的落幕來看，雖然社會力可能突然很重要，政治力與經濟力總是能反撲，權力世界多元而動態。費孝通在《鄉土社會》裡提醒：總是有四種力量的運作在主導人民生活的世界。這四種權是：皇權（代表政府）、紳權（地方領袖與民意代表）、幫權（黑道勢力或結社）、民權（人民的組織或民眾的力量）。四者之間相互較勁，以各種方式結盟或對抗，每一股力量從內圈向外擴散，由親而疏、由近而遠、由濃到淡、由交情深到泛泛之交，呈現清楚的差序。

　　以學運來看，粗略說，從三一八到三三〇是民權的展現，皇權則亂了章法、因應無力。接著，紳權與幫權結合，在民權與皇權中穿梭。很有趣也最關鍵的是商人郭台銘的角色，他目睹皇權無力、善用各種權的結盟，為自己也為政局創造新機會。他主動扮演關鍵角色，學運立即宣布收尾。

　　學運散場，比較尷尬的是「大學校長」，有幾位曾穿梭於總統府及立院抗爭現場，但努力的效果顯然不如郭台銘。其實這有結構的限制，慣例是學而優則仕，但秀才遇到民權，手上沒牌可打。所謂的「產官學」說明了「產大於官、官大於學」，學者沒錢沒權，只能說說寫寫勸勸，無法以更大的力量改變皇權更不可能改變學運的走向。

　　「胡雪巖傳奇」說明了傳統社會裡的運作方式：君靠近官、官靠近商、商靠近幫、幫靠近民，依序連結。君不宜直接與商打交道，官不宜直接與幫打交道，商則要靠幫與民，民最卑微，但集合起來聲勢浩大。胡雪巖掌握這原理，從錢莊收帳小咖成為二品紅頂商人。「信任格局」在台灣難以建立，依然是關鍵人物各自以差序格局合縱連橫。尤其在變局中，毫無信任可言，只有綿密的關係網在穿梭，每一種權都無法單獨改變什麼，唯有結盟才有機會。

貳、解釋

一、分類

法國學者 Gustave Le Bon 在《烏合之眾》中分析：「群體的運作不同於個體單獨的行為模式。群體在組織化的過程中，成員的觀念和想法會漸趨一致，個性逐漸消失，取而代之的是集體的群眾心理。例如當獨立個體受到刺激時，大腦會告訴他不要衝動，但是成為群體一員後，可能覺得自己無所不能。透過匿名、傳染、暗示等的作用，人們容易喪失理性和責任感。表現出一些平常被視為不理性的特質，像是瘋狂、衝動、偏執、盲目、狂熱、易被鼓動，使人們在無意間變成了群氓之族，身處在一個盲從狀況之中。」[20]

有幾個相近的詞公眾、集體、群眾、大眾，都是社會心理學關心的領域。研究集體的是集體心理學（collective psychology），研究群眾的是群眾心理學（crowd psychology），研究大眾的是大眾心理學（mass psychology）。

公眾（publics）最廣泛、是最無組織的集體行為形式，無須聚集在一起，也不必具有團體形式。集體（collective）範圍其次，有群眾與大眾之別，群眾（crowd）指同受某一事件吸引而臨時聚集的人群，大眾（mass）指對某一刺激事件或議題而有相近反應的人。群眾是在相同時地而有身體的接近，大眾無需身體的接近，可能分布在社會各角度。大眾與群眾又可各依三種基本情緒——恐懼（fear）、敵對（hostility）和快樂（joy）之差異，共分為六類，如果情勢嚴重，甚至出現暴民（mobs）。

表現群眾（expressive crowds）指某些團體的主要功能在於釋放或展現情緒。群眾關注的是某一特殊對象，表現群眾往往展現出高度的情感，超出個人或一般團體的作為。當某一對象或客體成為群眾的關注焦點，被參與者帶著一種深入，甚至如宗教的情感時，表現群眾即已存在。[21]

群眾是聚集在一起、可以面對面，在有限空間裡的一群人，為了某一特定事件而聚集在一起，相同團體的這一群人將來未必會再聚集。其次，群眾是易變的。當群眾形成時，人們的行為可能突然地改變。群眾中的人

們行為不同於其他社會背景下的行為。最後，群眾通常具有迫切感，人們強烈關注於某個單一事件。

　　集體行為（collective behavior）指在人群聚集的場合下，不受現有社會規範控制，沒有明確目的和行動計畫的多人行為，亦稱集合行為。在某種特殊場合下會發生一種無規則、以當時場景為基礎的互動現象，如追求時尚、趕時髦、騷動等。集體行為是在集體共同推動和影響下發生的，充滿情緒衝動。在參與集體行為時表現出對某種行為共同的態度，表現出類似的行動，共同的態度和類似行動是人群在相互交往過程中經由彼此情緒的感染而形成的。有一些比較讓民眾不高興的集體行為，包括：[22]

1. 恐慌（panic）：指人們在危機情境中所爆發的，人們匆忙逃離某種事物，是沒有秩序的、爭先恐後的集體逃避行為。例如：2001年的美國九一一事件後炭疽熱恐慌、銀行擠兌等現象。

2. 歇斯底里傳染（hysterical contagion）：指某地區內的許多人對潛在威脅情境做出普遍性、高度情緒與歇斯底里反應，傳染病最容易引起歇斯底里傳染。

3. 災難行為（disaster behavior）：突然的或崩解的事件造成某個地區資源無法負荷，必須依賴外來的援助，例如：1999年九二一地震、2001年納莉颱風造成大台北淹水、2009年的八八莫拉克風災、2014年的高雄氣爆。天災是與自然關連的大變動，但在工業社會裡，天然災害常與科技災難結合。緊急處理小組增加了，決策也應該比平時更集中。

集體行為的特徵有：[23]

1. 人數眾多：是同一時間內採取相同行動的許多人共同做出的，一群人聚集在現場，參與緊急事件。

2. 無組織性：通常是自發的、非理性的、變化無常的，很少處於均衡狀態，但也可能導致更有組織的社會運動。集體行為經常先於正式的社會運動，自發性以抗議某事物的人群可能會發展出支持其他抗爭的社會運動。

3. 自發性：參加集合行為的人是自願的，整個集合行為在人群聚集場合情緒相互感染。抗議團體與社會運動的成員總是試圖影響政治、文化與價值體系。

4. 狂熱性：成員缺乏理智，採取奔跑、呼叫等感情衝動的非常規方式。

5. 短暫性：集體行為比其他社會行動的形式更新穎、動態，持續時間短、聚散快，目的主要是應付突發性事件。

6. 行為者相互依賴：個人都不是獨自行動，而是與他人相互依賴、相互影響的。集體行為可能不是狂熱個人非理性、非常情緒的行為，表面看來，恐慌事件好像是人們面臨反社會的與解組的情境，但所遵循的卻有某種秩序。

7. 有不尋常或非預期情境下所產生的緊急關係：通勤的上班族行為並非集體行為，因為搭捷運是其日常生活的慣例。但若捷運暫停，每個人都走出車外一看究竟，即構成集體行為。

集體行為期間，人們會透過謠言傳達廣泛的訊息。集體行為中，幾乎都會出現謠言，因為這種行為的重要特色就是不明確，謠言也因為不明確而蔓延。集體行為之中經常存在各種謠言，謠言（rumor）是未經證實的訊息，傳播速度極快，經常透過非正式的管道來傳播，以口頭傳播為主。

近代通訊器材的發達，如手機、電話、電腦、網際網路等的大量使用，更提供了謠言滋生的有利條件。謠言有四個特徵：1. 模糊混亂的情勢，謠言快速蔓延：當人們缺乏自己關心的清楚訊息時，謠言快速成長。謠言有時是一種嘗試界定實際狀況的方法，用非常有限的訊息就做了判斷和傳遞。2. 不確定的內容：人們傳播謠言時，會配合對自己有利的部分加油添醋、更改內容，使謠言更多，訊息更不確定。3. 很難制止：當每一個人告訴很多人謠言時，謠言呈幾何速度增加，「謠言止於智者」只是理想。謠言可能會隨著時間拉長而減少，或是因足夠清楚的訊息而終止。4. 傳播過程精簡：謠言的內容如果簡單明確，容易加深人們的成見和刻板化的印象。

謠言的多寡與兩個因素密切相關，一是事情的重要性，一是事情的不

確定性，當事情又重要又不確定時，謠言最容易滋長。在集體行為中，謠言是一種經常被利用，能發揮相當大的破壞力量。因此，有心運用集體行為的人會在危機時期建立「製造謠言」的管道，以便產生有利的情勢。

與謠言相近的是「閒話」（gossip），閒話主要存在於小團體之中，傳播速度不如謠言快速。但是閒話經常針對特定人物加以褒貶，而且是「圈內人」的說法，所以會產生直接的殺傷力。

二、理論

因為人的群居天性，總要與他人形成一定的社會關係，又脫離不了群體生活。學者研究人們在團體中的心理狀態，從中找出「群眾心理」與某些非理性行為之間的關連，因而可歸納出對群眾心理的解釋，包括：[24]

1. 暗示模仿（suggestion-imitation）：強調催眠（hypnotism）與暗示作用（suggestibility），認為置身群眾中的個人比較容易受暗示所影響，因此在群體的鼓動與心理的傳染作用下，往往不自覺融入集體的心理狀態。在群眾裡的人顯得比較情緒化，心智能力與道德意識減低，較可能發生不理性與不負責任的行為。

2. 傳染（contagion）：解釋情緒的迅速傳播以及不加批判就接受指揮的行為反應。認為群眾沒有理性，正常人與之接觸，受到對方情緒傳染的影響也會喪失理性，呈現出原始暴力的狀況，容易受到暗示和被控制，甚至成為暴民。在日常生活中，人們的反應通常是經過思考後產生的詮釋性反應，但在集體行為時，容易出現循環式的反應，感染力更強。佛洛伊德以「原慾」（libido）的觀點為基礎，認為群體的形成主要是成員們將領導者理想化，視為父親的替代者，強化成員間的彼此認同，表示人們回歸到由男性強人統治的原始社會型態。英國的麥獨孤（W. McDougall）與池特（W. Trotter）等則主張群性本能是群眾心理的重要成因。

3. 聚合（convergence），也稱為趨同現象：集體行為的參與者具有相似的傾向、觀念和目標，群眾的聚集提供人們一些機會，做出平常想做但受限制而不敢做的事。暴民是具有相同潛在衝動的一群人，縱容自己表達出反叛行為。

4. 緊急規範（emergent-norm）：當人們面對不尋常的情境時，會設法創造出意義以界定和導引情境。規範是人們形成以引導行為的共同理解。在集體行為期間，新的規範也出現。在特殊情況下出現了規範調整現象，認為集體行為中並不是沒有規範，而是依照新的、就地取材的、緊急性的規範來運作，當然與日常規範不同。在混亂中，群眾欠缺可資遵循的規範，只好在摸索與考驗中發展出新的互動方法。

5. 遊戲論（game）與「理性決策論」（rational decision）：認為集體行為的參與者其實是理性的決策者，已考慮行動的代價——如可能受傷、被捕和判刑，但同時也計算到行動可能獲得的回報——如渲洩壓力不滿、報復警方、成為媒體報導重點、擔任臨時領袖等。參與者並非沒有收穫，因而持續投入此一危險性極高的遊戲。

6. 去個人化（deindividuation）：在群眾中會弱化自我覺察，淡化個人身分。在群眾中做一個匿名者，會讓人們感到對其行為較不具責任或義務，可能出現反社會行為。在人群中會放鬆對行為規範的遵守，因而增加衝動及偏差的行為。Brian Mullen 分析美國 1899 至 1946 年間報紙上的六十件私刑報導，發現暴徒人數愈多，他們殺害罹難者的方式就愈殘忍與邪惡。兇手覺得在團體中，個人較不須為自己的行動負責，在團體中個人也較不會被單獨挑出來責罰。㉕

　　上述理論中，傳染論、聚合論和去個人化偏重心理因素，另三種偏向社會因素，單一理論都不能充分解釋集體行為。

　　社會不平等使人們胸中鬱積憤怒，遇上人群聚集的場合，易造成情緒感染；突然事件的發生使人們始料不及，一時欠缺應變的良策和規則，便容易發生從眾性的集體行為。集體行為是社會變遷過程中的一股力量，對於現存社會生活秩序來說，具有破壞作用。在社會變革過程中，對衝破陳舊的、探索建立新的社會關係和規範，集體行為又具有一定的積極意義。

　　暴動的類型主要有：1.商品暴動（commodity riots）：財產成為攻擊

的目標。 2.團體間或族群間暴動（communal riots）：暴力針對其他特定團體，在自治體或族群暴動中，某一團體與另一團體的衝突源自於以敵意對待其他團體。 3.政治暴動（political riots）：指某一團體發起反抗政府政策或政府官員的激烈方式。㉖

　　容易發生的社會情境包括： 1.環境條件：如群眾聚集的公共場所。 2.結構性社會壓力：如經濟蕭條、自然災害、失業等因素對人們產生心理壓力，部分社會成員企圖擺脫這些壓力。 3.誘發因素，常見的是民眾對政府的信任程度愈來愈低。例如 2013 年暑假洪仲秋事件成為一連串抗爭事件的導火線。 4.宣傳鼓動者：各種訊息使旁觀者經過鼓動而參與。 5.產生激烈情緒：參與者產生憤怒、悲傷、失望、興奮、恐慌等情緒。 6.國家控制能力，包括政府的警察、調查、司法審理體系，也受到報紙、電臺、廣播電視等輿論工具所影響。如果國家控制能力較強，比較能避免。

　　集體行為發生於公眾場合，常見的階段依序是：㉗

　　第一階段：接觸與摩擦。在人群聚集的場合，人與人之間距離很近，身體直接接觸，互相摩擦、擁擠、碰撞，製造了情緒容易感染的機會。

　　第二階段：情緒感染。由於接觸與摩擦，群體中的個人極易接受他人的情緒感染又迅速作出相應的動作，出現連鎖式反應，以致感染更多人。

　　第三階段：群體激動。情緒感染及蔓延達到高潮，使龐大人群處於情緒異常激動的狀態，少數人可能會做出種種越軌和違法的行為，其他處於激動狀態的人或許是他們的後盾。

　　當突發事件發生時，有重大心理壓力的人會去尋找解決問題的辦法，但突如其來的事件使成員來不及分析對策，而匆忙相互尋求應付的辦法。在過程中，眾人的激動、七嘴八舌的意見，成為一個複雜互動的場面。因在面對面的互動中，情緒互相感染，如果有人率先採取了某種大致符合眾人信念取向的行動，可能會被尋找答案的人們所效仿，進而形成眾人的共同行為。也許，群眾的怒火就熄滅了，大眾又歸於平靜。

第 12 章

利他利社會

　　「助人為快樂之本」大家都唸過，「日行一善」很小就學過也都知道，「人人為我，我為人人」更是簡單的道理。如何將這些格言落實，少不了兩個因素，一個是自己有利他的心態，一個是適合利他的社會環境。助人的美德在某些情境中更容易具體展現，結合個人的善心及環境的條件，助人更容易些。志願服務是志願的行為，多些助力可使服務更持續。

　　利他與利社會有些許不同，前者有具體的「他」，後者則是對籠統的「社會」。利他比較單純，效果明確。利社會比較動態，成果好壞牽涉到諸多變數。用「差序格局」來解釋，幫助自己喜歡的人是人之常情，幫助與自己相近的人則是第二圈，這兩者屬利他；幫助自己毫無責任的人則是第三圈，具有利社會的色彩。利他還有些許「私心」，利社會主要為了「公」。如果要說服一個人做好事或從事志願服務，先把握這些許差距，分別加上適合的動力，就能產生更好的成果。

　　個人的善念是一時的，利他的人格則可以持續表現善行。比較常被提到的利他人格特質包括：同理心、具有正義世界信念、強烈的社會責任、內控性格、低自我中心。學習社會心理學時，如果能多培養這些特質，又具體從事志願服務，從「助人行動中學習」，效果更好。

▶第一節▶ 利他

、實例

　　在險惡的環境中能生存的，通常是能夠彼此幫助的人。多納隘口事件是美國移民史上令人難忘的一段，也是研究「互助」的重要史料。1864年底，包括好幾個大家庭、獨行旅客和幾位熟悉地理環境的嚮導共81人原訂要穿越內華達山脈，但凍困在某座山的山腳。駕著遮棚馬車的他們，缺乏適當裝備，又遭遇突然提早來襲的冬季，至此已寸步難行，大雪封路，進也不是，退也不得。冰風暴形成旋風，幾乎每天從他們身邊橫掃而過，也埋沒了他們大部分的家當。

　　山的另一頭有人等著這群移民，左等右等，遲遲不見人影，於是派了一組救難隊伍，但他們也過不去，被迫回頭。救難隊不知道移民已經折損多少牲畜，因而誤判他們的糧食還夠撐四個月。受困者情勢日益危急，希望渺茫。數週後，當中一小隊人馬離開大家繼續前進，但之後音訊全無。

　　那群人困在冰天雪地裡長達六個月，日子一天天過去，他們也一步步邁向離存活所需的絕對底限。結尾是死了40人。誰劫後餘生？多數讀者都會猜，活下來的是成年、強健、獨立、單槍匹馬旅行的15位男性，但只有3名倖存。雖然舉家上路者也有失去家人的，但多數情況宛如奇蹟：家庭當中的死難者以老人、病患或小孩居多，但也存活了頗久。如葛瑞福斯一家，全員12人，8人撐了下來；布林一家9口則全都生還。整件事是有法則，就是能夠緊密互助的，比較可能在險惡環境中活下來。

　　Schirrmacher 對上述現象的分析是：「在極端恐怖的困境中，也就是處於『底線』的無助時，有什麼關鍵因素使人能夠掙扎到可以存活的程度？無論是長期暴風雪、突然的大火乃至二次大戰後的一貧如洗，都是靠著家庭的力量，才找到新生。單獨行動絕對比不上家人間相依為命。」[①]

　　蘇格蘭有句諺語：「慈善源自於家庭，但不會停在家裡。」（Charity begins at home but shouldn't end there）近代人們總認為政府很重要，最能夠幫助自己。但是，各國政府的財政普遍緊張。Schirrmacher 提醒：「當

國家再也無法履行援助承諾時，該怎麼辦？形勢危急時，誰來救誰？飢荒出現時，誰來養誰？狀況不妙時，誰能相信誰？臨終時，誰指派誰來繼承？最要緊的莫過於：即使沒錢得領，誰要為誰工作？」這些問題的答案，都很清楚。政府不那麼可靠，國家可能改朝換代，但是家庭的生命力，絕對超越政府。領袖欠缺「利他」精神，這些精神在祖母與外婆身上，卻自然展現。

18 世紀美國政治家班傑明・富蘭克林（Benjamin Franklin）有一次很想獲得賓夕法尼亞州立法院一位難纏又鐵石心腸議員的合作，富蘭克林知道這個議員有一本絕版的藏書，於是問議員是否能把那本書借給他看兩天。議員同意了，接下來發生的事正如富蘭克林所描寫的，「當我們再次見面時，他對我說話了（他以前從來沒有這麼做過），而且很有禮貌。後來，他還向我表明他隨時願意為我效勞。」因此他歸結為一條簡單的原則：「曾經幫過你一次忙的人會比那些你幫助過的人更願意再幫你一次忙。」換句話說，要使某個人喜歡你，那就請他幫你一個忙。這被稱為「富蘭克林效應」（Ben Franklin effect），重點是：「比起那些被你幫助過的人，那些曾經幫助過你的人會更願意再幫你一次。換句話說，讓別人喜歡你的最好方法不是去幫助他們，而是讓他們來幫助你。如果想得到別人的好感，主動開口是沒壞處的。」俄國小說家列夫・托爾斯泰（Leo Tolstoy）則說：「我們並不因為別人對我們的好而愛他們，而是因為自己對他們的好而愛他們。」[2]

Jon Jecker 與 David Landy 安排第一組參與者在實驗中贏了一些錢，等參與者們離開實驗室之後，一個研究者追上其中幾個參與者，請他們幫一個忙。研究者解釋說他是用自己的錢來做這個實驗的，現在他沒錢了，能否請那些參與者把錢退還給他。第二組參與者則被另一個研究者追上搭話，這個研究者是心理學系的秘書，他向參與者們提出了同樣的要求，只不過這一次他的說法是，這是由心理學系贊助進行的實驗，用的不是私人的錢，現在系上資金短缺，所以能否請參與者把錢退還出來。過後，所有參與者都被要求給兩個研究者打分，表明對他們的喜愛程度。結果參與者對獲得私人幫助研究者的喜歡遠勝過了對以心理學系名義接受幫助的研究者。[3]

　　Williamson、Clark、Pegalis 與 Behan 則發現若正在趕時間而無法幫助對方，會使得那個人對自己的吸引力降低。[④] 人們比較容易同情一個人的不幸遭遇，對於集體的苦難卻無動於衷，容易捐獻給一個捱餓好幾天的女孩，對大型的災難則吝於付出。許多機構會強調統計數字來證明事情的嚴重性，例如：世界上有一百萬人正面臨飢餓，這樣的宣傳無法有效激發眾人的同理心，難以讓大眾捐助資金。但若將焦點聚集在遭受捱餓的兒童如何無法自行生活等狀況，最好再附上他的照片，如此一來，各地愛心會源源不絕湧現的機率大增，還可能超過這位兒童的需要。[⑤]

　　利他主義（altruism）也稱利人主義，與利己主義相對，指以增進他人福利為自身行動的重點。利他主義者在思想上與行為上秉持兩個原則：其一，視利人重於利己；其二，犧牲自己以利於他人。利他行為（altruistic behavior）泛指有利於他人的行為。可分為三個層次：1.把人與己的利益視為同等重要，如「己立立人，己達達人」與「己所不欲，勿施於人」等觀念。2.把利人置於利己之上，實踐「先天下之憂而憂，後天下之樂而樂」。3.犧牲自己以利他人，實踐「捨己為群」與「殺身成仁」。[⑥] 互惠利他主義（reciprocal altruism）指人們會出於期待他人同樣的善意回應而幫助別人。對這樣的恩惠在未來得到的報償有所預期。

　　另有「社會彌補」（social compensation）現象，是團體裡的一種動機，如果實力比較強的團體成員更加努力，為的是彌補較弱成員的次佳表現，那就是社會彌補。脈絡貢獻（contextual performance）則指一個員工的額外角色行為，例如，幫助同儕，並不是工作內容的一部分，但可有效提升組織的功能。[⑦]

　　在「共有關係」中，一個人關心對方的福祉；不只是所得到的不同而已，比較不在乎助人得到的回饋，而在乎滿足對方的需求。在「交換關係」中，人們最在意的是公平，看重自己在關係中的投入和收獲是否相稱。因此，交換關係基本上出自「利己主義」，而共有關係的動機傾向「利他主義」。和好友之間，較可能建立共有關係，因此即使沒有什麼回報，也較可能提供幫助。人們通常喜歡幫助共有關係中的同伴，而不是交換關係中同伴。[⑧]

　　做人是一輩子的事，做人的功夫一輩子也學不完，學習如何做人必定

是終身的功課。人無法離開其他人獨自生活，都需要彼此的相互扶持與協助。因此，培養適度的利社會行為，有助於人格健全的發展。利社會行為是以增進他人利益為目標，利他主義是助人者自身並無獲益甚至需付出代價時，仍願意幫助他人的意念。利他主義者幫助他人，並非考慮對自己的好處，還要因此付出一些代價。

、理論

常被用以探討利他行為的理論，以下分別說明：

1. 演化心理學（evolution psychology）：從物競天擇原理，根據長期演化而來的遺傳因素，解釋社會行為與心理現象。達爾文的演化論存在潛在的問題是：如果生存目的是為了確保個體生存，何以人們會付出代價助人？助人而使自己付出代價甚至陷入危險的人，他們生的後代應比自私者少。反過來說，長久下來，與自私行為有關的基因應更可能傳遞到後代。為何現實中仍有許多生物會犧牲自己幫助他人？從遺傳因素的角度解釋，隨著時間演化而出現的社會行為，例如「親屬選擇」（kin selection），物競天擇作用會偏好那些有利於血親的行為。增加基因遺傳機會的方式，不僅透過生兒育女，也應藉此確保親屬的生存。既然血親與自己有相同的基因，他們的生存若能確保，與自己接近的基因盛行於未來世界的機會變大。整體適宜性（inclusive fitness）是個體在後代中傳播自身基因的力量，能提高整體適宜性的行為較可能留傳下來。但不只是通過自身繁殖，若幫助基因相似的親族生存，亦可提高自身基因留存的可能性。[9]

對個體而言，「行為」固然是一種支出和成本，「下一代相同基因的總和」則是一種獲利。成本總是有限的，以同樣的成本得到較多利益的行為，就較易在演化過程中留下來。將演化邏輯推論到人類：如果在養兩個自己的孩子與養兩個弟弟的孩子做抉擇，由於「付出」相同，但所得到的「利益」卻相差一半。換言之，

在可能環境下，「養兩個自己孩子」的整體適宜性較高。

道德、照顧與同情等的演化（evolution of morality, parental care giving, and empathy）與自私的基因（selfish gene）是高度相關的。從生理的角度，「適者生存」，那些比較能與人合作的人活得比較久，成為我們的祖先，因此我們身上有做好事的這種基因。⑩

2. 交換理論：人在與他人交往時，基本動機是以最小「成本」獲得最大「酬賞」。成本和酬賞不一定是具體有價物，可包括任何導致快樂或不愉快的事物。針對助人行為，社會交換的基本預設是人只有當酬賞（或利益）高於成本（或損失）時，才可能幫助他人。⑪ 追求個人利益是人性，如同從事商業活動的人總是拉大利潤、減少損失，人們也會努力拉大社會利益和社會成本之間的比率。看見別人受苦時，心情會受到波動，因此伸出援手相助有一部分是為了減輕自己的痛苦。經由助人而獲得他人的社會讚許，自我價值感也會提升。但助人須付出代價，當代價太高時，助人的行為就會減少，例如助人有可能身體會疲累或遭致痛苦或花時間。真正完全的利他主義——即使必須付出高昂代價仍願幫助他人終究是罕見的。通常在某種利己之時，更容易出手相助，若代價比回饋大時，利他行為不易維持。

幫助他人可以交換到哪些「好處」？預期他人可能會回報幫助自己。如相信「好心有好報」；獲得社會讚賞，或增加正向自我概念；看見別人受苦時，心情會受到影響，幫助受苦者是可以減輕自己的痛苦感受。

3. 同理心理論：發展心理學對兒童的研究發現四歲左右的兒童已開始從他人的角度思考事情，漸漸可從他人的行為意圖來判斷後果責任。自閉症兒童常見的症狀之一是缺乏「揣度他人心智」的能力，亦即無法體察他人的感覺和想法，不易瞭解他人說話或行動背後的意圖。

一個人會因為想要體驗他人的感受、產生類似感受，站在對方的立場而產生同理心。理解與關懷他人的認知與情緒狀態包括兩種

成分，一是認知成分：從對方的觀點看事情；二是情緒成分：感同身受、想要關懷對方。在少數狀況下，助人行為可能純粹源自毫無私心的動機。同理心是站在他人立場，以他人觀點去體驗事件和情緒（如快樂或悲傷）。產生同理心與當時所感受的依附程度相關，如一個人會考慮到利他行為是否被自己所屬團體所接受。⑫

高曼說：同理心不是「妳／你好，我好」的濫情，而是在決策過程中周詳考慮對方的感受。同理心包含考慮他人觀點的能力，稱為角色觀點取替（perspective taking）：即「站在對方的立場思考」的能力。包含三個重點：(1)「想像的他人」，採用這種觀點體驗到相對純粹的同理，會激發利他的行為；(2)「想像的自我」，激發他們的是自我利益，有時會妨礙利他行為；(3)「需要認同一虛構角色」，即同理故事或新聞事件中的某人。⑬

4. 社會責任規範（norm of social responsibility）：一個人學習社會責任規範因而培養適應行為。人會去學習各種責任規範，其中一個規範是利他主義，每個社會成員幫助那些需要自己幫助的人。利社會行為具有形塑在情境中知覺及採取行動的功能。⑭

5. 互惠規範（norm of reciprocity）：在幫助他人時，會預期未來可能得到對方幫助，預期助人的行為在未來會有所回報。當一個人得到他人的協助產生了正向感受，進一步回饋。從互利觀點來看，幫助別人是對未來的投資。Gouldner 提出互利規範包含兩個前提：一是人們會幫助曾幫助過他的人；二是人們不會傷害曾幫助過自己的人。互利規範是不同文化中普遍存在的要素，當人們受到幫助，想要協助他人當作回報時，利社會的互利性即產生。⑮

6. 利己（egoistic）的觀點：助人最終是為了增進自己的利益。利他與利己究竟孰是孰非？利他動機可能存在，所有助人行為都包含利他動機。即使有利他動機，也不保證必然出現助人行為（例如可能因代價極高等原因而未伸出援手）。當助人需花費大量時間精力時，利己動機較能使人持續。例如長期協助慢性疾病患者之志工，若有自我成就動機（學習個人技能），會比純粹利他動機

者持續投入。[16] 換個角度想，待人如己時，他人的需求正如自己的一樣，利己與利他動機的區別也不太重要了。

7. 利他人格（altruistic personality）：是一種人格特質，帶有高度利他人格特質者在各種情況中都樂意幫助他人，但只靠人格特徵不易預測個人在不同情境中的助人行為。即使是利他人格測驗得分較高者，也並不一定比得分低者更會助人。[17]

　　整體而言，情境因素比人格因素更能預測一個人的利他行為。換言之，僅注意人格因素仍不夠，一定要探討情境因素。整體來說，利社會行為是雙方，即助人者與受助者兩方均獲利。親屬選擇使助人者在助人的過程中，以親屬為主要對象，背後隱含種族持續與繁衍後代的動機。互利規範促使人們善意對待正向的反應，在相互學習之下，產生具有社會意義的行為，即是利他行為中的一環。同理心使助人者站在受助者的角度，在不同的情境中給予幫助。積極的情緒亦催生助人的行為，擁有好的心情更容易做好事。

▶ 第二節 ▶ 利社會

壹、定義

　　多接觸到利社會模範會增加利社會行為，在影響助人行為的可能性角色中，受害者的特徵影響吸引力（attraction），若受害者的痛苦是自己的責任，以及當下的情境或旁觀者過去的經驗中接觸過利社會模範（prosocial models），則更可能採取幫助的行動。利社會行為（prosocial behavior）是任何以他人利益為目的之行為，在施恩和互惠的循環中進行。廣義而言，利社會行為指對社會有積極影響力的各種行為；狹義而言，利社會行為指增進他人利益的行為。[18]

　　整理各學者對於利社會行為的條件界定，主要有：1.不受外力逼迫，出自於自己意願做出有利他人而不求回報。2.表現出正向的社會行為，如

友善、親近他人、幫助他人或與他人分享等，不論其動機是否包含利他或自我需犧牲。 3.是一種自發性的行為，其目的是幫助他人或使他人受益。利他主義是利社會行為的一種，也是一種自發性行為。 4.受個人內在本質所激勵而非個人利益的獲得，例如關心、同情、價值和自我獎賞。 5.能增進他人、團體或社會正向影響力的行為，不論其行為的動機是利他或利己，或是否有內、外在報酬，皆屬於利社會行為。 6.是一種正向行為，範圍包括幫助、分享、安慰和給與。 7.個體在與他人或社會的互動中，以他人利益為主要考量且自願表現出有益於他人的行為，雖不求外在酬賞，但有時亦能對自己有利，包含助人、合作、關懷、志願、服務等正向積極的行為等。[19]

上述定義主要涉及「行為」、「動機」兩方面。如就「行為面」探討，利社會行為泛指在不受強迫的情況下，個人做出對他人或群體有益的任何自發性行為，尤其是行為者無私關切他人的福祉，如同情心、關懷。如就「動機面」進行探討，強調個人行動的目的在於增進他人的利益，不考慮行為者本身是否能於行動後獲得任何報酬，可以犧牲個人利益為了達成利他的目標。

Carlo 與 Randall 於青少年利社會行為測量因素的發展中，將利社會行為分為六類，說明如下： 1.公眾的（public）：在公開場合或他人面前做出的。 2.情緒的（emotional）：在情緒高度緊張或情緒化的情境下做出的。 3.急迫的（urgent）：在面臨緊急的狀況下做出的。 4.利他的（altruistic）：在關心他人福祉的情境下做出的。 5.順從的（compliant）：配合外在要求做出的。 6.匿名的（anonymous）：在他人不知情狀況下做出的。[20]

如何刺激「舉手之勞」？許多個人行為都牽涉到「自己方便」或「公眾利益」的兩難，如「隨手關燈」、「主動關掉公園裡龍頭的水」、「不丟垃圾」、「遛狗時為狗綁上鍊子」、「遛狗時處理狗的糞便」、「資源回收」等，都屬於舉手之勞，雖然對大眾有利，對個人而言卻有些許不方便。要如何達到這樣的目標呢？可以透過社會心理學去改善，方法是：

1.記錄追蹤：Aronson 要求學生在寫有「請縮短洗澡時間，並在抹肥

皂時關水龍頭。如果我能做到，那你一定也能！」的海報上簽名。這個方法有效使學生的洗澡時間減為三分半鐘。Graham、Koo 與 Wilson 追蹤節省哩程數的學生比沒有追蹤的學生更少開車。透過大眾傳播對觀眾進行宣傳也是一種方式。[21]

2. 增加競爭：看過有人撿起垃圾的人，會被提醒規範的重要性因而降低亂丟垃圾的機率。些微競爭可提醒人們在工作場所節約能源，例如冬天要記得關窗，離開房間時記得關燈等等，若員工每週會獲知行為回饋，透過圖表瞭解他們在節約能源行為上的進步情形，忘記關燈的比例減少了 27%。該工廠的另一個單位也參與了同樣的計畫，但是有一點不同：除了每週的行為回饋，他們還會得知另一單位的表現狀況。結果是，員工忘記關燈的比例更減少了 61%。[22]

3. 運用描述性規範：傳達描述性規範的方式之一是告訴人們「大多數人如何做」，尤其是在無法直接觀察他人行為的情境中。最直接且能清除環境中垃圾的方式，是宣傳說「此地無人會亂丟垃圾」。增設社區資源回收桶、設置路邊資源回收桶、允許民眾不做垃圾分類而將各類垃圾混合放置，也都能提高民眾的資源回收行為。要讓人們形成履行意圖產生成效，就需提供人們訂定有關何處、何時和如何達到目標的具體計畫。[23]

4. 刺激行善動機：Lyubomirsky、Sheldon 與 Schkade 要求大學生在一天之內對他人做五件好事，具體例子包括捐血、拜訪年長親戚和幫助朋友整理資料。「善行」組持續維持幾星期的好心情，如果人們用金錢來換取能夠增加快樂的物品，像是高品質的社會關係、追求有意義的目標和幫助他人——他們就會更快樂，即使沒有很多錢的人也能擁有。[24]Orbell 發現讓參與者互相談論十分鐘後，捐出錢的比例也會增高。[25]

Kassin、Fein 與 Markus 歸納出關於利社會行為的基本問題為五方面：1.為什麼要研究？2.什麼是？3.什麼樣的現象屬於？4.利他主義扮演什麼角色？5.在緊急狀況，什麼行為會優先出現？[26]

同理心與利他的、順從的、急迫的、情緒的及匿名的都與利社會行為

有正相關。負向狀態解除假設（negative-state-relief hypothesis）是把利社會行為當作情緒管理的方法。在社會化過程中，人們學習到利社會行為是一種自我強化。當一個人感覺不好時，或許會透過利社會行為來改善自己的感覺狀態。[27]

　　許碧真研究發現：公眾的利社會行為與同情心呈正相關，又與攻擊行為呈負相關。在性別因素方面，受到傳統思維影響，女性較常被賦予關懷照顧的角色，使人認為女性較男性常出現利社會行為。但性別是否具有顯著差異，尚未有定論。[28] 多數研究仍然較為支持女性比男性有較多的利社會行為表現。[29] 女性確實比男性表現出較多的利社會行為（如林玉萍的研究）。[30] 鄭淑俐研究指出同儕關係與正向利社會行為之間呈現顯著相關，與負向社會行為之間則呈現顯著負相關。[31] Wentzel 與 Barry 經過兩年的縱貫式研究中，獲得友伴和個人的利社會行為之間有正相關的結論。[32]

　　做好事還是存在差別現象，「給予者與接收者的速配」（the fit between giver and receiver）有助於好事的發生。如果受助者與自己有某種相似（similarity），是內團體的成員、彼此接近（closeness），則自己更容易做出好行為。

、決定因素

一、個人面

1. 性別差異：某甲奮勇跳下河流拯救失足落水的孩童，某乙每天陪肢體障礙的鄰居孩童去上學。你認為上面兩件助人行為中，某甲與某乙的性別較可能為男性或女性？人們傾向提供幫助的類型與性別角色的期待一致。[33] 如男性容易在伴隨危險的英雄或俠義的情境下伸出援手，女性比較會在需要養育、照顧與情緒支持的情境下提供協助，如女性比男性更能持續照顧孩童與老化的父母。男性助人者的理想典型（或說刻板印象）是英勇騎士，緊急危難中救助陌生人、有旁觀者時、受助者多為女性。女性助人者的理想典型（或說刻板印象）是慈愛照顧、需長期花費心神照顧、非

緊急狀況、無旁觀者、受助者較親近熟悉。

2. 人格特質：利他性格（altruistic personality）是指在毫無回收報酬的期待下，表現出志願去幫助別人的心態。由五種人格特性共同組成：(1)具有同理心；(2)具有「公平世界的信念」（belief-in-a-just-word）；(3)具有社會責任感（social responsibility）；(4)自我中心傾向（ego centrism）低；(5)具有內控性格（internal locus of control）。[34] 這有助於解釋為何不同個體在面對需要幫助人時，會有不同程度的反應。利社會人格與利社會行為之間有很強的關連性。

3. 心情的影響：幫助人的回報主要有感覺很好（feeling good）、覺得自己成為更好的人（being good），是愛心的擴大，也會考慮不幫助人的成本（the cost of not helping）可能更高。家人、親戚、朋友、同事、鄰居等有需求，自己難以漠視。[35]

好心情效果（good mood effect）以正向觀點解釋他人行為。一個人的心情好壞影響到是否會幫助他人。好心情不但會促進自動自發助人，還容易順從別人的請求。但心情可能轉變，當一個人的好心情不再，助人行為也會減少。不過，負面的心情也可能引起助人的意願，例如「罪惡感」。許多人相信好的行為會抵銷壞的行為，假如做了某件事而有罪惡感時，幫助另一個人可以減少罪惡感。

心情維持假說（mood maintenance hypothesis）認為一個人希望藉由助人來延長或維持好心情，然而處於負向情緒狀態下的個人未必不會助人。若不幸發生在自己身上，此時沉浸於自身痛苦悲傷的人，自然無暇他顧，助人的可能性就大為降低。若發生在他人身上，當看到他人身陷困境時會心懷不忍，因此產生悲傷的情緒。因此，為了消除悲傷的情緒會願意去幫助他人。[36]

負面情緒消除假說（negative-state relief hypothesis）解釋為了消除自己的難過與不安，也可能幫助他人，尤其是為了消除自己的罪惡感。罪惡感是自己違反了內在道德規範而產生的負面感受。在教堂門口，向進出教堂的人慈善募款，發現人們在告解前比告解後更願意捐錢。從社會交易論

來看，消除罪惡感也是一種「好處」。[37]

幫助他人是自我獎勵的一種形式，可增強一個人維持此欣喜的狀態。Isen 與 Levin 針對正向心情與助人行為做實驗，以費城地區的大學生為受測對象，將受測者分成給予餅乾與不給餅乾兩組，給受測者餅乾是為使其產生好心情，之後再看此二組受測者是否自願展現助人行為或請求其做出有些尷尬的行為（如：在圖書館內發出噪音等）。結果顯示；相較於未拿到餅乾的受測者，拿到餅乾的受測者會較自願去幫助他人，而較不願意去做會令人尷尬的事。一個擁有好心情的人比較願意展現助人行為，使其能繼續維持好的心情狀態，但若做這件事情會影響他的好心情，則較不願意去做。[38]

楊梵妤、張文哲探究「心情與助人」的關連性，歸納有助於心情愉快的正向事件包括：成功完成分配的作業、得到好運、閱讀愉快的文章、回憶愉快的事件、讓受試者聽到好消息、看到陽光、接收到他人的微笑、撿到錢、收到禮物、考試成績好、聽到好聽的旋律、想起快樂的事等，都可產生好心情效果。[39] 對促進助人行為特別具有影響力的事件包括：慈善捐款、幫忙撿東西或找東西、捐血、幫同學做事等。

進一步區分心情與助人的類型，有四種情況：[40]

- 為何好心情會導致做好事？
  1. 希望繼續維持好的心情
  2. 對助人有正面的期待與解釋
  3. 強化積極思考的能量
  4. 正面肯定社會參與行為
- 為何好心情不一定導致做好事？
  1. 幫助他人的時間與經濟成本過高
  2. 有其他的社會活動比助人更有價值
- 為何壞心情使人們更不願意幫助他人
  1. 負起責任能改善關係
  2. 幫助比自己慘的人可以使自己覺得不太慘
  3. 幫助他人使自己重新獲得存在的價值

‧為何壞心情使人們更不願意幫助他人

　　1. 他人就是使我心情惡劣的原因，我為什麼還要幫忙？

　　2. 我如此沮喪，更要專注在自己身上

　　3. 我不覺得幫助他人有什麼重要的價值

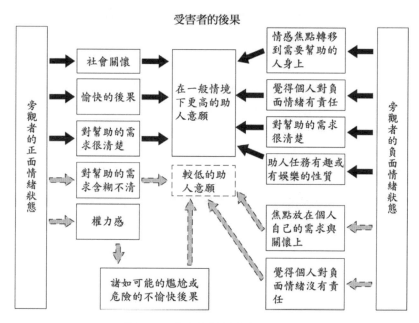

圖 12-1 助人與情緒狀態的變化

資料來源：梁家瑜（譯）

二、心理因素

　　什麼因素令人們的助人行為有所增加？掌握關鍵因素，一方面可瞭解自己心理層面的運作，另一方面能知道別人的感受及想法。Myers分析從事助人行為（helping behavior）的常見心理有三：[41]

1. 罪惡感（guilty feeling）：罪惡感表面上看似一種負面情緒，但也是使人增加助人行為的一大原因。實驗中任意邀請了幾百位大學生，將其分成兩組：一是 A 組（實驗組），另一組是 B 組（對照組）。A 組（實驗組）同學進入室中接受問卷調查之前，一名便衣心理學家裝扮成另一受訪同學，與其談話，還告訴這組同學，

問卷的正確答案大部分都是 B！此組同學進入實驗室後，被問及有否聽聞過這個實驗的內容，大部分同學都否認有所聽聞。完卷之後，另一名實驗員便問該組同學現在可否幫助一下問卷的統計工作。另一方面，B 組（對照組）同學沒有遇到那便衣心理學家，所以沒有聽過關於實驗內容的言論。此組同學也要做問卷，及被問及能否幫忙統計問卷的資料。

結果顯示，A 組同學平均願意幫助問卷統計工作的時間為 60 分鐘，而 B 組則只有 5 分鐘！怎樣解釋這個巨大的差異呢？因為 A 組同學經過這種刻意製造的騙局，曾聽到有關問卷的內容，又再否定曾經聽聞，於是大部分同學的內心都產生了一點罪惡感。因情緒令內心有所失落，所以還是希望做一些好事以彌補這種感覺！

2. 幸運感（lucky feeling）：心理學家在十字路口擺攤募捐。美國有些地方交通警察在執勤時，先要吹一下哨子。過馬路者通常有兩種人：一是遵守交通規則，綠燈亮才過馬路的人；一是闖紅燈之人。原來這些心理學家選擇了一些闖紅燈的人，在其過馬路之時吹哨子。這人當然被嚇一大跳，再看沒有警察，頓時如釋重負！緊接著，他們經過攤位而被邀請捐款。那些闖紅燈、被嚇、再釋懷之人，捐的善款是最多的！顯然，「幸運感」使善行增長。

3. 悲憫心（compassion）：判斷是否幫助眼前的事故，很大部分依據該事物是否令人產生悲憫的感覺；同樣的刺激，如果缺少了情感衝擊，反應及幫助的行為就會減少。

有一個實驗測驗「悲憫心與犧牲精神的關係」。在準備室中，參與者首先聽到非常和諧的宗教音樂（這種音樂事先經過測試，認為這種音樂使人產生悲憫的情懷）。然後他進入一所電擊室，測試員說受測試者身體不舒服，請求他幫忙接受電擊測驗，其中會受到輕微的痛楚。在準備室聽到和諧宗教音樂的人，過半數都肯代替接受電擊，而沒有音樂陶冶的卻少有人接受。

三、情境因素

　　儘管有些人顯然比其他人更樂於助人，只靠人格並不足以決定行為，情境的力量更有影響。以下就環境氣氛、旁觀者效應、關係的本質、示範效應、文化因素等進一步說明。有一個「香味與換錢實驗」是在街上找兩個地點，一個地點有香味，另一個地點沒有特別氣味。除此之外，這兩個地點的條件都要差不多。分別在這兩地請求路人幫忙換零錢。結果願意換錢的人數比例是香味芬芳地點 59%，一般氣味地點只有 19%。[42]

　　在緊急情境下，潛在的助人者會受到自己與其他旁觀者的關係所影響，是否得到幫助取決的要素是參與者認為有多少人知道這個緊急事件。緊急事件的目擊者愈多，任何一人出面幫助遇難者的可能性就愈小，稱為旁觀者效應（bystander effect）。相關的概念有尷尬恐懼（fear of embarrassment），當一個人的行為被旁觀者所觀察時，產生了緊張感受。特別是處在不熟悉的情境時，產生社會焦慮，因而減低了幫助受害者的意願。相對的有「評價憂慮」（evaluation apprehension）現象，擔心被他人評價而產生行為反應，進而促成社會助長，因為人們已經學會對他人評價感到憂慮。[43]

　　示範效應也具有影響力，增進助人行為的重要方法是有一個正在助人者的存在。情境中如有助人行為的示範，會使他人去模仿，受暗示去仿效。示範行為具有多重效果，包括說明情境中何種行動是可行或有效的，凸顯社會責任規範能提供助人行為的成本與風險的相關訊息。

　　文化差異也須注意，在特定社會場景中，既定的社會規則是學習內化的結果。一旦養成了，會持續存在於規範的系統之中，利社會行為乃受到文化設定而來的因素所影響。當然在所有的文化中，人們都較可能會去幫助他們認為屬於內團體的成員的人，而他們認為屬於團體外的人通常要等到「行有餘力」之時。與利社會行為有強烈關連的特殊文化價值是「同情」，在重視「同情」文化的環境中，助人比例較高。[44]

　　整體而言，情境是影響利社會行為表現的重要因素，因旁觀者效應、關係上的不同、有無示範者、文化上的差異，對利社會行為皆產生作用，都影響人們從事助人的行為。

▶ 第三節 ▶ 志願服務

壹、實例

　　《T Life》是高鐵車上刊物，內容以報導台灣在地的人文風情為主。這本包含多項 T 字首意涵（Taiwan、Train、Travel、Taste…）的刊物，在 2014 年 8 月介紹一位持續推動志工的花蓮縣青少年公益組織理事長黃榮墩。畢業於輔大歷史系，原先為國中歷史老師的黃榮墩因為對教育體制感到失望，卻又想為青少年的教育盡一份心力，因此成立了青少年公益組織。

　　他平日奔波於台北與花蓮之間，協助將花蓮的農作物運送到台北販賣，成立「善哉市集」幫助台灣農業。號召大眾組成「好人幫」，一同進行公益活動。善哉市集是一個交易空間，有網路的購物平台，也可直接向青少年公益組織接洽購買，產品主要為花蓮的農產品，目的是增加農民販售的管道。除了購買農產品外，好人幫還完成許多公益活動。好人幫與其說是一個特定的組織，還不如說是一種概念，一個地方有一群人共同在從事幫助人的行為就可以稱為好人幫。黃榮墩陸續發起了許多稱為「好人運動」的公益活動，到處號召志工參與，而這群志工也都屬於好人幫。多數活動與農業有關，像是「喝柚子汁助農」、「路邊賣高麗菜」等，協助過剩的花蓮農作物以特殊的管道銷售或捐助出去；也有一些別的活動如「臨時孫子」、「洗腳運動會」。

　　2014 年 5 月，他在臉書上號召成立「蒜頭銀行」，他如此寫：「駛過縣道的時候，在新港媽祖廟前看到許多農民蹲在地上賣蒜頭，一大包約兩斤重的蒜頭賣五十元，失去信心的農民已經按耐不住，紛紛拋售。我的心裡很難過，這種不計成本流血削價的情形說明了農民無以為繼的困境。蒜頭銀行決定繼續購買第二批、第三批蒜頭，而且拉高採購價。也就是大家先出錢給農民，讓農民安心，同時拜託農民代為存放，將蒜頭存放在產地農家中，需要時再由大家全年度提貨。這樣蒜頭的價錢就會進一步穩定起來。蒜頭與薑都是大家需求的東西，一定會回復正常價格。這時出資助

農的人，既幫助了農民，又得到較便宜的蒜頭。」有許多個非營利組織及公民團體組成蒜頭銀行聯盟，出手共同維護蒜價。

黃榮墩每次發起活動時，參與及合作的志工不一定是同一群人。現在，青少年公益組織除了持續培養青少年志工服務外，也因為後來成立的善哉市集而多了對農業議題的關懷。

向這樣眾人以組織形式長期而規律進行利社會行為展現了志願主義（volunteerism）。[45] 遇到重大遭變，都有眾多志工投入救災，每個大型活動，更是少不了志工。例如：

- 2009 年臺北舉行第二十一屆聽障奧運，實際運用的志工超過八千人。
- 高雄市於 2009 年舉第八屆世界運動會（World Games），為台灣首度舉辦國際大型綜合運動賽會。招募 8,389 人，取得志工認證資格 4,653 人，實際服勤 4,443 人，另外還有服務貴賓、交通局、警察局、文化局等單位的志工超過 1,500 人。
- 2010 年 11 月至 2011 年 4 月長達 192 天的台北花博志工達三萬人，創下國內大型活動志工人數最多的紀錄。

世界大學運動會將於 2017 年 8 月 19 日至 8 月 30 日於台灣舉行，只有十二天。要在短時間之內招募及運用這麼多人力，是高難度的考驗。因此需要嚴謹規劃、有效行銷，善用資訊管理，志工扮演重要甚至是關鍵的角色。馬總統早在 2011 年宣示推動「百萬青年、百萬志工」，最重要的目的就是支持 2017 年世大運，成為最佳的儲備軍，在翻譯、引導、衛生與醫療各方面協助世大運，更藉此打造中華民國成為志工大國。有「小奧運」之稱的世界大學生運動會（Universiade，簡稱世大運、大運會）是一項供大學生運動員參加的國際綜合性體育活動，主辦組織為國際大學生體育聯合會）。"Universiade"（世界大學生運動會）一詞來自"University"（大學）和"Olympiad"（奧林匹克），意思是大學生的奧運會。

志工是全球化的，志願服務工作者的興起與非營利組織的興起習習相關，非營利組織代表著民間力量的崛起。世界各國皆認為志願服務是新興

重要的社會力量及思潮，聯合國在 1985 年先宣布設立國際志願服務日，2001 年為「國際志工年」，發表「全球志工宣言」，強調已邁入志工和公民社會的年代。[46] 世大運也可以說是以青年為主的全球化活動，世大運裡的志工活動，更是全球化的具體表現。

　　體育志工有不同的分類，政府將之分為「體育指導志工」及「體育服務志工」兩類，體育指導志工是協助體育知能諮詢、休閒運動推廣，須年滿十八歲，具備體育專業知能並持有相關證明，並分成 A、B 兩級。體育服務志工是協助辦理行政、庶務等相關事宜，須通過體育志工研習基礎訓練。依照服務性質分為：公立體育場志工、學校體育志工、社區體育志工、職場中體育志工及運動賽會志工等五種類型。[47]

　　大型運動賽會中志工不僅提供服務，同時協助許多方面之工作。體育志工也是各層級與各類型運動組織的第一線工作人員，傳遞服務給選手、觀眾或相關人員，如果沒有志工的存在，體育、運動或休閒的大型活動就難以運作。龐大志工團隊的協助，是使各項賽事能夠順利、圓滿舉辦的重要幕後英雄，所提供的各項服務，為大會撙節下龐大的經費。英國奧委會就把倫敦奧運的志工稱為 "Games Makers"，即「成就賽事的無名功臣」。根據奧運官方網站，每一位志工至少要提供十天的服務，主要做的事如：1.歡迎訪客；2.載運選手及教練；3.幫助科技運作，使資訊能順利且正確地傳達出去；4.引領觀眾入座；5.回答觀眾的詢問等。

　　志工實際上要做的事很複雜，以 2009 世運為例，服務的志工分為接機志工、隨隊志工、貴賓接待志工、駐點翻譯志工、行政志工、醫護志工、貴賓室志工、膳食志工、諮詢志工、倉儲志工、媒體志工、計時計分志工、競賽志工、頒獎志工、驗票志工、交通志工、認證志工、保險志工、迎賓志工、文化志工、旅館志工、博覽會志工等 22 類，顯示此列社會活動是異質、多元的。

貳、為何願意投身？

　　參與志願服務的人口特質大致是：1.以性別來看，女性較男性有較高參與率，參與時間較長，但參與頻率較不固定。 2.以年齡來看，40-64 歲

參與率最高。 3.教育程度高者參與率較高，且能投入較多時間。 4.家庭管理、學生、退休或高齡等之無工作者比支薪工作者有較高參與率，每週能投入較多時間。 5.以收入來看，高收入者的參與時間則較不固定。大專院校學生的確為大型賽會或活動的主要來源，聽障奧運大專院校志工的人數為 7,524 名，占報名訓練人數 9,768 名的 77%。2009 高雄世運學生志工的人數為 3,199 名，占該賽會所有志工的 69%。[48]

當被問及為什麼要加入志工組織時，顯示多重的參與動機，這些動機會隨著時間的改變，志工參與服務後，也可能改變了原來的參與動機。林勝義發現志工願意投入服務的常見原因有：建立人際關係、打發時間、學習新事物、參與社會活動或決策、獲得服務或社會資源、獲得心理支持等。[49] 一般或長期性的組織志工多強調內在的利他性、自我貢獻及社會融合等，而事件型志工則偏向外在動機之目的性、榮耀感與外在的連結機會。

Fischer 與 Schaffer 針對人們「參與」志工的動機進行說明： 1.利他的：助人、做好事與具有社會責任感是最常見的。 2.意識型態的：有些志工會因為一些特殊因素、意識型態或價值觀，有目的加入志願服務工作。 3.利己的：要滿足自我的需求。 4.實質回饋的：對自己或家人有益處，預期會得到實質的回饋。 5.資格取得的：希望得到相關的知識、技術、證照，有助於申請某些獎學金或入學資格。 6.社會關係的：認為去接觸一些人、交朋友，友誼關係是支持志願服務的重要因素。 7.打發時間的：某些志工有空閒的時間，為了打發時間而參與活動。[50]

Schindler 與 Lippit 提出與志工動機有關的五種對比的取向：[51]

1. 自我實現、責任或對昔日接受服務恩情的回報：以自我實現為動機取向者，認為擔任志工是一種學習、刺激和成長。以服務取向為動機者，視擔任志工為特殊的貢獻管道，可以滿足社會需求。

2. 內在取向或他人取向：內在取向者重視情境中「自我內在力量」，個人感受、個人感覺和價值為決定參與志工的主因。他人取向者較重視團體的規範、較高的社會地位、服務工作與社會關係的連結、社會支持等情境因素。

3. 直接互動或間接決策的影響力：直接互動者重視直接與服務對象
   接觸、因看到對象的成長上得到回饋、有分享的機會、喜歡和他
   人在團隊中一起工作。決策影響力重視間接層面，藉此獲得具有
   影響力、決策權和活動規劃的地位。

4. 更多社會的福祉或人際意義：更多社會的福祉指透過服務滿足社
   區的需求、社會的意義和社區的關連性。人際意義指參與的決定
   是由於共事者有良好的形象，參與可得到人際支持，會對於家
   庭、朋友及所屬團體帶來好處。

5. 自主、互賴、依賴或支持取向：自主取向強調有充分的自由去做
   想做的事、可以免除例行及令人厭倦的事、可以冒險和有新的刺
   激。互賴取向重視志工之間的關係、和同事之間的相互支持、工
   作關係的積極性。支持取向強調明確且適宜的工作內容、訓練、
   工作中的督導及協助，重視工作方針，遵循已發展完成的規範和
   程序等。

　　志工參與的動力，大致可分為三種導向： 1.自我導向（self-
directed）：主要考量是基於個人的感覺、判斷和價值觀，決定因素來自
於個人的內在。 2.他人導向（other-directed）：受到其他人的影響。主要
動力基於人際關係及所屬團體的認同，認為參加志願服務可以獲得親人、
朋友的讚賞。 3.情境導向（situation-directed）：來自所處的社會情境、參
與服務的機會。服務時間、服務地點、服務機會等情境因素的近便性，服
務需求與自己意願的相互配合是主要的考量。[52]

　　大學生參與志願服務的動機主要有學習成長、社會關懷、實踐理想及
人際關係。參與志願服務工作可提供大學生滿足感、瞭解自己、成長的機
會，讓生命更有意義。志願服務社團能滿足志工的人際需求，可藉由與社
員的交往、共事、彼此勉勵，體會經由人際合作來完成團體目標的歷程。
志工們對社會盡力、藉由服務表達對他人的關懷，進而覺得自己對社會有
價值。

　　志願服務還可以養成自己的專才、獲得他人的推崇、實踐自己的理
想。青年志工參與志願服務的動機大致有：學習實務經驗、獲得成長、幫

助他人、擴大生活圈、從互動中產生回饋，獲得開心和感動、使命感、成就感等。林欣諭研究高中生，發現：青少年從事志願服務可獲得更加多元的學習經驗，將所學與真實社會相結合，達到知識內化的成效。在從事志願服務、利社會行為表現之餘，不僅能夠滿足服務對象的需求，青少年亦能從中得到發展，反思於志願服務中的收獲。[53]

影響志工持續參與的主要因素包括個人自我與能力的成長、人際關係的強化及個人自我的實踐，能為社會發展奉獻、增加榮譽感並獲得實際成效。Ghazali 認為最感滿意的志工是其動機與獲得的獎勵相符者，有六種主要的滿意面向有助於志工投入事件型服務工作：工作性質、適時獎賞、良好督導、明確的操作程序、同事關係及有效溝通，涵蓋工作設定及心理層次。滿意度不僅是心理反應，對於志工的行政管理，尤其招募與留任關係重大。確認特定參與動機將可以便於管理者針對志工志趣進行工作安排，讓志工感到更高的參與滿意度，進而持續投入。[54]

Kemp 比較兩次奧運（冬季與夏季）之參與志工之特質後指出，雖然志工參與社會服務的動機與擔任奧運志工的動機有所類似，但在對國家或文化的光榮感、社會接觸與友誼、渴求被社會需要的感覺等方面是參與運動賽會中獨特的動機。[55] Slaughter 與 Home 的研究調查指出事件志工六大參與動機要素：團結性、目的性、外在連結、實質報酬、個人成長獲益及貢獻。[56] Fairley 則指出參與奧運的海外志工之動機包括：重溫舊地、友誼與同袍情懷、與奧運沾上關係、分享與認同專業。參與大型賽會的志工會產生「一生中僅有一次機會」的榮耀感，並可協助主辦城市的民眾團結，凝聚使命感。大型賽會的國際性也會促使志工從與外國人接觸、拓展生活或視野的角度衍生參與動機。[57]

以參加高雄世運擔任志工的對象做分析，參與最主要的原因依序是：[58]「可拓展我的視野與經驗」（90.2%認為重要）、「可參與這個一生一次的機會」（88.7%認為重要）、「可在日常生活中增加一些變化」（80.7%認為重要）、「可獲得一些教育或訓練經驗」（80.7%認為重要）及「擔任志工可以令我感到自己更好」（80.7%認為重要）。賽會的特殊性是最高的動機因素，此外透過志工參與提升內在成長亦為極大的動機成分；如能透過參與志工獲得教育及訓練等外在利益也為一大誘因。最

低三項志工參與的動機分別為「組織或他人要求我擔任世運會志工」（僅有 43.6%認為重要）、「平時我即在擔任志工」（48.1%認為重要）及「可參與我平日就喜愛的運動活動」（45.2%認為重要）。最不重要的參與動機顯示多數的世運志工並不把此次投入視為延續平常活動的工作，要自主性選擇而非受到組織或他人要求才擔任志工。

　　運動是一種文化活動，奧運或世大運是全球化的文化活動。從文化多元性的角度，文化的全球化不應該導致不同文化之間的差異性被抹殺，更不必用單一主流文化來淹沒其他各具特色的文化。世界各文化體系之間應並立互容，交流融合。秉持此種精神的文化全球化，不僅消極上可避免異質文化之間的敵對和衝突，積極上更可實現「文化地球村」的理想。

　　全球化製造了一個全新的舞台，每一個人都是這個舞台的演員。全球化的帷幕已經拉起，這場戲不會中途停止。人人都與世界接軌，更多地參與全球的互動。年輕人都成為全球經濟體之中的一員，更充分使用全球的各種產品，也必須因此有更多學習、更多付出、更多參與。各大學及年輕人幾乎都是全球化知識市場的更積極參與者，全球化的浪潮不但打破地理的疆界，也可打破人心的藩籬，更改變了就業市場的生態。愈來愈多人離開自己熟悉的地方，為了工作而遠赴他鄉。不少人出國去找工作，很多人準備到世界各地去學習去發展，希望成為全球化之中的貢獻者。

　　在全球化的年代更需要廣結善緣，常在他人的需要上看到自己的責任和自己的機會，「凝聚團隊」與「打開溝通、協調、互助」的大門，創造服務學習的環境。「參與大型國際活動擔任志工」是利他又是利社會還利己的行動。對無數年輕人來說，2017 世大運在我國舉行，是千載難逢的好機會。

第 **伍** 篇

知恨

第13章

社會仇恨

　　在多種人口群組成的社會，因為社會分化特別容易產生對其他人口群的負面態度。孔子以仁愛的觀念團結等級、家庭、宗親、氏族及國家內部。主張「同姓則同德，同德則同心……非我族類，其心必異」（《國語，晉語》）。這種想法原本只是為了相同背景的人能團結，卻可能演變成為對其他族群污名化，總是認為其他背景的人不比自己的族群。這其實也屬於「自我感覺良好」的心態。

　　社會學注意到不同人口群因為某種社會特質所出現的差異，社會心理學則注意進一步的心態，尤其是偏見、歧視與刻板化印象。由於錯誤的歸因，思考常走捷徑，又隨意歸類，我們有時不知不覺過於吹捧某些背景的人又看不起另一些人口群。會羨慕某個人又貶損另一個人，容易高估某種背景的人（如所謂的「高富帥」）又輕視甚至仇視另一群人。

　　友善的行動要從調整認知開始，避免產生權威型的性格，以科學的精神、縝密的思考、寬廣的視野、包容的心胸來面對不同背景的人。多接觸也是好辦法，在互動中，就知道「溝通有助於瞭解、瞭解有助於接納，合作有助於創造雙方更好的未來」。

▶ 第一節 ▶ 社會分化

壹、實例

美國密蘇里州 18 歲少年布朗（Michael Brown）2014 年 8 月 9 日在 Ferguson City 遭到白人警察擊斃。初步驗屍顯示，18 歲的布朗被警察打中至少六槍，其中兩槍命中頭部。警方宣稱，布朗和朋友夜間走在路上，被員警威爾森攔檢。威爾森表示，布朗探身到警車內奪槍，他因而開槍。布朗的朋友強生則表示，威爾森伸手到車外試圖抓住布朗，布朗逃避但舉起雙手，威爾森下車後朝布朗開了幾槍。

此事件挑動美國敏感的種族爭議，引發多個城市示威，抗議警方執法過當。抗議聚集成群，有的來自附近社區，有的遠從幾百里外的城市趕來，帶著嬰兒的年輕父母、大學生、退休與在職人士，紛紛加入。他們一邊高唱一邊遊行呼喊，還有人在車上跳舞。在黃昏國民兵抵達之時，非裔民權團體試圖冷卻示威者澎湃的情緒，要求淨空街道。示威者把抗議聚集當作一次民權行動，有人甚至視死如歸。抗議群眾一邊舉起雙手一邊高喊著：「手舉起來了！不要開槍！」他們在海報上與衣服上也都寫上同樣的文字。密蘇里州警逮捕數十人，有人中槍受傷。州長 Jay Nixon 簽署行政命令，派遣國民兵前往當地恢復秩序。從各處而來的眾多非裔人民倡議人士加入當地團體，呼籲抗議群眾保持冷靜，同時也譴責州長派出國民兵的決定會助長暴力情勢。

民調機構調查顯示多數非裔民眾認為此事件與種族問題有關，且不信任警方調查報告。根據 PewResearch Center for the People and the Press 民調指出，約 80%非裔受訪者認為布朗遭槍殺案、以及隨之引發的暴力抗議，都凸顯種族問題是亟待討論的重要議題。約 66%的非裔受訪者認為警方執法過當，卻只有三成的白人受訪者認為警方執法手段過於強硬，76%的非裔受訪者不信任或低度信任警方針對布朗案的調查。在白人方面，有 40%從種族問題的角度看待布朗案以及隨後的抗議活動；逾半白人受訪者表示，對執法調查相當有信心。

「拉斯穆森報導」公布調查顯示，57%的非洲裔認為這是謀殺，但認為是謀殺的白人和其他少數族裔，分別只占 17%和 24%。全國只有 23%的成年人認為威爾森是謀殺，26%的人認為是自衛，另有 51%的人不知道。大多數非裔認定威爾森是謀殺，而佛格森鎮爆發的抗議是合法的呼聲，并非犯罪。25%的美國人認為是合法的怒吼，52%的人認為是罪犯分子渾水摸魚。54%的白人和 53%的其他少數族裔認為佛格森的暴力是被壞人利用，但只有 35%的非洲裔這樣認為。41%的美國人認為佛格森鎮的暴力抗爭是合法的，但認為合法的白人和其他族裔分別是 24%和 21%。

　　美國人對警方處置佛格森暴力的看法不同，也對地方警察的軍事化表示質疑，27%的人認為警方的處置正確，28%的人認為處置不當。與婦女和年輕人相比，男子和四十歲以上者對警察的處置評價高。但是認為警方處置不當的非裔，比白人和其他少數族裔多出兩倍。

　　位於聖路易郊區的佛格森市居民有 2.1 萬人，多數為非裔人士，不過該市市長還是白人，6 名市議員中的 5 位是白人，在全鎮 53 名警員中，非洲裔只占 3 人。在連續 8 晚的衝突過後，多為黑人的示威者與多為白人的警方之間，對立更為激化。密蘇里州政府 15 日指派了出身佛格森的非裔警官 Ronald Johnson 負責維安事務，希望得到當地民眾認同。

　　至於美國第一位非裔美國人歐巴馬總統則呼籲軍、警、民冷靜，他也命令非裔的司法部長霍爾德前往瞭解。歐巴馬說：「我瞭解群眾因布朗之死產生的激情和憤怒，可是藉此搶劫或帶槍甚至攻擊警察，只會助長緊張和製造混亂。這樣會破壞而不是促進正義。警察沒有任何藉口過度使用武力，或阻撓民眾和平抗議的權利。」歐巴馬曾在 2004 年民主黨全國黨代表大會的主題演說指出「美國不是黑人及白人的美國，也不是拉丁裔及亞裔的美國，它是美利堅合眾（團結）共和國」（There is not a black America and white America and Latino America and Asian America – there's the United States of America）。歐巴馬想要塑造的是即使在民族大熔爐的美國，不同的種族能夠團結合一，但談何容易？

　　在歐巴執政期間，還有幾個與種族有關的執法過當事件。如 2012 年在佛羅里達州非裔青少年馬丁因「行跡可疑」，與社區巡守員發生衝突，而被槍殺身亡。2014 年 7 月，紐約市一名患有氣喘的非洲裔中年男子嘉

納，在排除別人打架糾紛後被警方盯上，遭鎖喉至死。在這些案子中，被害者的家屬及抗議人士都懷疑警方和巡守員對非裔青年存有刻板印象，認為他們不是幫派分子，就是無所事事，不是在吸毒販毒，就是在偷竊行搶，警方在「執法」過程中，使用「種族定性」（racial profiling）的辦案方式，將他們先視為嫌犯，認為如此做可提高查緝效率。

　　一位十八歲年輕人死於警察的槍下，再次挑起美國社會分化的神經，問題複雜難解。如同《X 戰警：未來昔日》裡的兩句台詞：「人們往往會懼怕與自己不一樣的人」、「我們是不是能彼此接納，向對方展現出一條更好的路？」彼此接納固然好，是可貴的態度，但常常是難以實現的理想。

貳、污名化

　　《小心，偏見》裡有篇短文〈公寓〉提到的三種偏見，首先是「職業的歧視」，租屋者必須帶他的著作才能找到房子，為的是讓房東知道，租屋人除了是一位演員外，還是一位作家。因為那裡的人對演員有偏見，認為演員是墮落與荒淫的，也不相信他們能保障自己的生活。其次是「反猶太主義」，好不容易找到房子，卻在最後一刻又告吹，原因是租屋者的姓氏看起來像猶太人的姓氏。接著，急忙解釋自己不是猶太人而是俄國人，房東驚叫：「俄國人，那更糟！」。[1]

　　社會分類的目的是區分「我們」與「他們」，分類自然會產生「分化」。偏見的第一步是製造團體，以某些特徵將某些人歸類為一個團體。從社會學、心理學、政治學到醫學，各種有關於偏見與污名的研究，經由污名界定了是「局內人」或屬於「局外人」。Best 在《社會分化導論》區分了許多種社會範疇，進一步整理如下：[2]

- 富人與窮人
- 公民與非公民
- 男性與女性
- 異性戀者與同性戀者
- 本地居民與移民者

- 本地勞工與國際移工
- 年輕與老年
- 外貌姣好與醜陋
- 守法者與犯罪者
- 健康的人與病人
- 身材適合與過胖過瘦
- 神智清楚與精神錯亂
- 入世與出世
- 合乎邏輯與不合邏輯
- 名人與無名小卒
- 知書達禮的人與行為乖張的人
- 中庸之道與基本教義派
- 受恐怖主義威脅者與恐怖主義者
- 教養良好與不學無術
- 都市人與鄉下人
- 節制儉樸與花天酒地

在這些分類中，先出現的通常被肯定，後出現的容易被排除、常被污名，人們容易對後者產生偏見。不同的分類，前者常以各種說詞與手段肯定自己的類別，有時封鎖後者獲取社會資源的管道，前者可能破壞後者的信心，使後者要爭取平等之路更為艱辛。原本強勢的一方設法產生「同類意識」以鞏固自己的利益，又避免弱勢一方團結起來。

從社會學或政治學的角度注意到社會組織與國家機器如何形成「社會分化」（social division），又使分化現象持續。從社會心理面，更注意到不同人口群如何各自產生集體意識，鞏固自己的群體又貶抑限制他人群體。當某種意識建立後，就不容易改變。[3]

社會分化是種種社會範疇的集合體，社會範疇不僅被簡單設定而成，也有固定的建構與維持方式。社會分化的共同特徵包括：1.立基於社會、歷史與文化的環境中；2.對個人生活有極大的影響力；3.由各種法令、規章、組織等建構；4.常造成不平等、非正義；5.可能促成社會變遷。[4]

　　為何處處有社會分化呢？「資源匱乏」存在於各社會，又是重要的議題。因此產生一種想法：「某些人口群具有優先分配資源的正當性。」資源不僅有限，某些人還主張自己應該擁有比其他人更多的資源。理由如：「因為我有較好的技術、因為我有更高的學位、因為我付出較多、因為我工時特別長、因為我家世好⋯⋯」接著認為「我應該獲得更多薪資、更好的居住環境、更高的聲望、更多的機會⋯⋯」。

　　從現實衝突理論的角度，資源有限會導致團體之間產生衝突，造成偏見和歧視。當環境困難、資源稀少時，外團體成員讓內團體成員感受到更多的威脅，進而可能製造更多的偏見、歧視，甚至是攻擊與暴力。[5] 偏見常源自經濟和政治力量，當資源有限，占優勢的團體可能壓制弱勢團體，以保有物質優勢。當情勢緊張、彼此目標衝突時，偏見態度也會提高。

▶ 第二節 ▶ 負面態度

、實例

　　「白人優越感」是世界近代史的主題，在很長的一段時間中，白人透過帝國主義和資本主義成為世界舞台的要角，而其他膚色的人處處被他們欺負。白人對曾在歷史中扮演要角的華人尤其有戒心，各處都有排華的行動。在美國，華人是被國會及聯邦政府正式立法排擠和禁止移民的民族。甚至通過了集種族歧視之大成的〈1882 年排華法案〉（這法案後來被列為美國歷史最重要的一百件文獻之一），重點是禁止華工赴美十年。該法通過後，到處都有白種工人攜帶武器攻擊辛苦工作的華工，許多華人被殺死或受傷，悲劇接二連三，他們遠方的親人因而失去了收入的來源，更加貧困。到了 1892 年該法案又延長十年，到 1904 年時甚至變成無限期延長。直到珍珠港事變後，中國與美國攜手對抗德國、日本、義大利，這項惡名昭彰的法案才在 1943 年走入歷史。

　　為何獨有華人被正式立法排擠呢？原本美國社會粗重的工作主要是黑

人或愛爾蘭人在做，但自從華人在 1840 年代起大批移民美西之後，華人的勤奮、認真、能幹活，漸漸成為無數老闆的最愛，加州州長在 1852 年曾經稱許華人是「最有價值的移民」。當南北戰爭結束，各種卑賤辛苦的事多由華人接手，成為美國社會底層的重要勞動力。但是嫉妒這些華工的白人設法排擠、凌虐、打劫，甚至屠殺華工，燒燬殺華人居住的地區，造成無數的悲劇。

19 世紀下半頁，源自於民族間嫉妒的敵意，加上種族暴力，形成美國社會一種濃厚的排華風，最後參眾兩院正式立法，澈底阻絕華人進入美國。理由之一是華人的飲食不夠衛生，各種流行疾病與此有關。美國在 1960 年代的民權法案已嚴禁種族歧視，但法律很難規範或改變人內心的想法。直到 21 世紀了，這種「華人比較髒」的觀念仍然存在，SARS 蔓延時，有些人抱著種族歧視的心態稱之為「中國肺炎」，柏克萊加州大學因此曾經禁止兩岸三地和新加坡的學生入學，這些心態反應對華人的敵意還沒有走入歷史。近年來，各種「中國威脅論」的說法仍不時在傳播著，當中國大陸的經濟表現日益突出後，此種思潮甚囂塵上。

在澳洲，為了執行「白澳政策」，長期限制華人的移民和發展。1850 年代的淘金熱吸引了各地人士奔向這個偏遠的地方，華人由於能吃苦並忍受炎熱的氣候，總是逆來順受，彼此間的合作情況也比白人好，因此在淘金方面獲利的情況還不錯。白人眼紅了，多處有排華暴動，用各種方法羞辱甚至殺害華人，殺害華人的犯罪者即使被審訊也無人被判刑。媒體對一位白種人的死大書特書，卻對華人的苦難隻字未提。

所謂的「白澳政策」充滿荒謬，它容許移民官員對移民者實施政府選定的任何歐洲語言來進行語文測驗，藉以排除「不被需要」的移民，甚至可以無情地將非白人移送出境。直到 1970 年代，澳洲才逐漸減少對華人的禁令。單獨為了膚色和種族就排斥，甚至殺害，實在太過分，但在歷史上，甚至在當今世界，依然存在。

貳、三大要素

一、偏見

歐巴馬剛入社會時，曾在餐廳外等人，有白人問都不問就將鑰匙扔給他，因為他們將他視為泊車小弟。這樣的經驗在非裔美國人的經驗中十分普遍。因文化、種族、性別等差異而對不同人口群污名、貼標籤，就是「偏見」。偏見是一種態度，對態度的探究，需掌握「情感」、「認知」與「行為」三大要素。在負面的態度中，偏見基本上是情感因素，刻板印象主要是認知要素，歧視則屬行為要素，例如出現攻擊的行為。依序說明如下；

首先是偏見，Farley 說明：Prejudice refers to a positive or a negative attitude or belief directed toward certain people based on their membership in a particular group. It is "a set of attitudes which causes, supports, or justifies discrimination. Prejudice refers to a tendency to over categorize." Prejudiced people respond to others in a more or less fixed way.[6]

Prejudice 也可翻為預先判斷（pre-judge），對人貿然作出判斷，此判斷沒有任何證據，只憑先入為主的成見。持有偏見的人堅持己見，即使事實證明他錯了，仍會堅持下去。持有偏見的人特別留意和記憶某個人的行動與他所持定見相符之處，卻拒絕與該形象相反的證據。

就算法令及規範反對歧視，受威脅的感覺還是會導致對外來者的偏見行為。偏見助長偏見，從而產生更加不良的後果，被偏見影響較深的人容易失去自尊心，壓迫之下的受害者可能變為充滿憤恨，對偏見更加敏感，以致有時在其實沒有偏見存在的地方也感到壓力。外族人士被不當的懷疑，甚至視為潛在的仇敵。偏見是對特定團體內成員所抱持的敵對負面態度，只因為他們屬於那個團體。偏見不只普遍，更是危險的。對一個團體單純的反感可能會令人無情，導致極端的仇恨，認為其成員不值得稱為人，進而加以折磨、謀殺，甚至施予集體屠殺。

內團體偏見是以正面情緒和好的待遇去禮遇內團體成員，又以負面情緒和不平待遇去對待外團體成員。人們藉由對特定社會團體的認同，以提

高個人自尊；然而自尊的提高只有在認為自己所認同的團體比其他團體優秀時才會發生。即使事前不認識，比較喜歡同背景的成員，認為他們比較好相處，會比外團體成員表現得更好。當自己所屬團體真的贏了，更加深了驕傲感，強化對團體的認同。

相對的概念是「外團體同質性」，認為外團體的成員彼此之間較為相似，而且相似性比內團體的成員更高。Quattrone 與 Jones 發現：如果標的人物是外團體成員時，參與者認為他們的選擇對於自己群體的決定，比起內團體成員更有預測性。接觸了具貶抑意味的族群標籤，可能使偏見成為具高度傳染性的社會疾病，接觸到這種評價會誘發從眾壓力，即人們必須融入他人的價值，並依據本身所理解的現存社會規範有所行動。[7]

馬丁路德金恩博士在「我有一個夢」的演說期待美國是一個不再以膚色而是以品格做為評量人標準的「色盲」（color-blind）社會。但人們對膚色的偏見仍然以一種含蓄、間接的典型方式表現各種歧視，內隱偏見是在意識覺察層次以下運作的負面刻板印象。Henderson-King 與 Nisbett 研究發現：只要黑人（事實上是實驗同謀）做出一個負面行為，就可以激發反黑人的負面刻板印象，而使參與者不願再與其他的黑人（正確說法是「非裔美國人」）互動。Christian Crandall 與 Amy Eshleman 提醒：大多數人會在「表達偏見的衝動」和「維持正向自我概念」（我不是心胸狹窄的人）之間掙扎。我們總是尋求某些訊息來說服自己：「抱持對特定外團體的負面態度是正當的。」[8] 偏見的危害既深且廣，偏見造成的結果如：[9]

1. 情緒後果：健康會受損。在被貶抑群體成員之間，對偏見傾向做外在歸因，而因此保護自尊。當另一個內在性的解釋與更多的情境或結果相關時，可能會把這個遭遇歸因到偏見之上，而對健康造成更大的傷害。

2. 認知後果：難以有好表現。可感知的偏見不但會影響心理健康，還會干擾學習與獲得新技能的能力。當人們害怕其他人發現自己屬於受貶抑的群體時，這種恐懼會對人們的學習能力帶來負面的影響。當注意力的重擔壓在某些群體上時，他們的認知能力會受損，表現也會變差。

3. 行為後果：刻板印象威脅。當人們相信自己會被用負面的社會身
　分對待時，易出現刻板印象威脅，造成焦慮。

從現實衝突（realistic conflict）的角度解釋產生偏見的主要原因，偏
見來自對土地、工作、居住需求等的爭奪。當競爭加劇，雙方都感受到損
失時，牽連在其中的群體成員便會以更為負面的方式看待其他群體。[⑩]

二、刻板印象

Farley 說明：A stereotype as a mental image, or an exaggerated belief,
which assumes that whatever is believed about a group is typical for the entire
group. Stereotypical thinking is unavoidable in social life and it is not
automatically bad. The essence of prejudicial thinking, however, is that the
stereotype is not checked against reality. It is not modified by experiences that
counter the rigid image.[⑪]

刻板印象處理一個人對某些群體的成員像什麼樣子的信念與期待，包
含身體特徵、活動偏好及可能行為等刻板印象的作用，引領人們的注意
力，並對自己如何處理社會訊息產生強有力的影響。形成「錯覺相關」，
解釋為何負面行為經常被歸因到各種弱勢群體的成員身上。絕對印象
（absolute impression）則是指對某一事物的認識或判斷時，不按其所具備
的客觀特質，也不根據某種明確標準去比較，而逕行決定其歸屬的心理傾
向，稱為絕對印象。[⑫]

對一個團體的全體成員的推論，常將相同的性格援用在團體每個成員
身上，無視他們之間的實際差異。刻板印象一旦形成，很難因為新資訊而
改變。Allport 形容刻板印象為「最不費力的規則」，他提醒：世界太複
雜了，人們很難對每一件事都有不同的態度，為了節省自己的認知時間與
精力，只對某些事發展出細微準確的態度，對其他事情則採簡單概括的想
法。[⑬]

態度的情感面是對偏見人物不易說服的主要原因，而邏輯的失效則強
化了認知面。偏見態度中的認知使嘗試減低偏見變得更加困難，對被標識
團體的相關資訊之中，那些和自己觀點一致的比起不一致的資訊，會受到
較多的注意、較常被複誦、較容易被回想起來。然而，人們確實可以改變

刻板印象，關鍵在於如何呈現駁斥訊息。當參與者被眾多不符合刻板印象
的例子連續說服時，也許會逐漸修正自己的信念。將正面或負面評價詞彙
與內群體或外群體相關連的反應時間，依負面情緒的類別而有所不同。我
們會認為比起自己群體的成員，其他群體的成員彼此特別相似。認為個人
群體外的其他群體的人都一樣的傾向，稱作外群體同質性（out-group
homogeneity）效應。內群體差異（in-group differentiation）則認為比起其
他群體的成員，自己群體內的成員彼此差異更大的傾向。內群體同質性
（in-group homogeneity）效應，則是把「我們」看成彼此相似。[14]

　　內群體對立於外群體的區隔，影響我們對分屬於不同社會類別的人群
行動做解釋。對自己的群體成員加以稱許與奉承的傾向，產生「終極歸因
謬誤」。刻板印象對既有社會安排加以合理化，只有當使用的價值觀與歸
類被改變，或是利害關係被改變，刻板印象才有可能調整。

　　以對性別方面的刻板化印象來看，人們普遍認為女性天生比男人溫柔
而不果斷。其實在多數社會，由於社會分工，女人一向是嬰兒早期的主要
照顧者，因為若缺乏母愛，小孩比較不容易存活。相對於男性，女性的行
為傾向於表現出較高的社交敏感度、友善度。許多人有內隱的性別歧視，
無數男性對女性產生愛恨交加的矛盾感受。Peter Glick 與 Susan Fiske 進
一步分為敵意性別歧視者（傳統刻板印象，認為女性比男性低劣）與慈善
性別歧視者（用正面的方式解釋對女性的刻板印象）。[15]

三、歧視

　　Farley 說明：Discrimination is a behavior (an action), particularly with
reference to unequal treatment of people because they are of a particular group
whether it be racial, ethnic, religious, or gender.[16]

　　歧視指對偏見對象的不歡迎，甚至有負面的行動。出現內隱連結
（implicit associations）心理，將群體成員身分與評價性回應之間做了連
結，用「內群體」與「外群體」歸類。當偏見以明顯的行動表現出來時，
使負面行動變成可接受。根據一群人的共同特徵，將其區分為不同的團體
稱為類別化（categorization），刻意進行「類屬的顯著」（category
salience），是在一種特定脈絡之中，使得某個社會類屬發生作用。接著

刺激「共同內團體認同」（common ingroup identity），這是一種群際接觸的模型，這一模型將內、外團體間較次級的顯著區別置換為較高階層次上的共同內團體認同，使新的團體認同包括了原先內、外團體的成員。接著產生「內團體偏私」（in-group favoritism），在對待內團體或是內團體成員時，相較於對待外團體或外團體成員來說，有更多的善意與偏愛。[17]

　　許多情況下，對各種群體成員抱著負面態度的人不直接表現出他們的觀點。原因是：法律、社會壓力、對報復的恐懼，在在都壓抑偏見行動，使有偏見者不易將其偏差的觀點付諸實行。反轉歧視（reverse discrimination）是在評價或對待一個作為目標的外團體成員時，系統性的給予相對於自身團體成員更正向的評價，這對於外團體成員的自尊會產生負面的影響。[18]

　　公開形式的歧視是對種族、性傾向、性別、族群與宗教等偏見對象採取負面行動。僅因一個人是某個團體的成員，便對其做出不公正、負面或傷害性的行為。無數的戰爭是由偏見而來，歷史上多次產生「讓某個種族滅絕」的悲劇。國際公益組織 Genocide Watch 的主席 Gregory Stanton 將種族滅絕的本質歸納出以下幾點：[19]

1. 分類 Classification：將人們分為你們與我們。
2. 符號象徵化 Symbolization：強制仇視被踐踏的族群團體。
3. 非人化 Dehumanization：將對立團體成員非人化，以降低殺害他們的罪惡感。
4. 組織化 Organization：種族絕滅通常是有組織的。
5. 分化 Polarization：推動分化與仇恨的宣傳。
6. 標籤確認 Identification：根據種族與宗教等身分確認及分隔被害者。
7. 終結 Extermination：加害者用暴力手段終結，因為他們不將被踐踏團體成員當作「人」。
8. 否認 Denial：加害者否認罪行。

　　攻擊的部分成因是挫折、不愉快或令人厭惡的狀況，遭受挫折的人可能攻擊挫折來源。導致挫折的原因可能是對方強大，因此人們難以直接報

復，反而轉向比較弱小的旁觀者，即使旁觀者並未造成自己的痛苦。這樣的現象稱為「代罪羔羊」（scapegoat），人們在遭遇挫折後怪罪弱小無辜者。

社會上有些人失業或因通貨膨脹而存款減少，不怪罪經濟體系，反而刻意尋找代罪羔羊，將攻擊轉向相對弱勢團體。例如一次世界大戰後德國必須付出大量的賠款，人們生活貧苦，使納粹得以掌權，希特勒將德國人的挫折歸咎給猶太人，說服德國人投票支持納粹。

大多數的人會發展出某種程度的偏見態度與歧視行為，稱為「制式歧視」。Kenneth Clark 與 Mamie Clark 在 1947 年的實驗發現：黑人小孩可以選擇和白人洋娃娃或黑人洋娃娃一起玩，大部分的小孩都不要黑人洋娃娃，因為他們都覺得白人洋娃娃比較漂亮也比較優秀，這個實驗 2014 年重做，結果還是一樣。對性別取向也常如此，Hebl、Foster、Mannix 與 Dovidio 的研究發現：相對於「非同性戀者」，雇主對同性戀求職者的言談較少正面內容，晤談時間較短，聊天時說的話較少，而且眼神接觸較少。[20]

責怪受害者與正義世界觀也常見。責怪受難者（victim-blaming）是將個人的受苦受難責怪到他們自己身上，對他們做「性情歸因」。原因是我們希望世界公平的，為了支持自己的公平世界信念，許多人都以重組情境、扭曲現實的方式來解釋事實。

許多文化有對他人行為做性格歸因的普遍趨勢，這些根本基本歸因謬誤，對各種社會問題（例如：貧窮、失業、暴動或疾病）常以偏向個人主義角度來解釋，強調個體有權決定他們自己的命運。針對這樣的現象，Lerner 歸納出「正義世界假設」（just world hypothesis）。此假設認為世界是正義的，好事應該會發生在「好」人身上、壞事則會發生在「壞」人身上。Lerner 說：「人相信他們所住的世界是『人普遍會得到他們應有的』，『相信世界是正義』。」正義世界的信念被防衛性的需求所激發，用以解釋他人的不幸屬於自作孽。經由把世界看成是穩定及有條理的，身在其中的我們不會隨便受影響，我們便保護了自己。[21]

正義世界信念有時會造成責備受害者的行為，例如責備窮人的懶惰且對金錢不在意、責備精神疾病患者欠缺嚴謹的生活習慣無法掌控自己、責

備受到強暴的婦女等等。這一類的信念提供了正當理由對受害者和邊緣團體進一步壓迫。

四、其他概念[22]

1. 錯覺相關：將實際上不相關的事視為相關或互有相關。類似的獨特性會導致錯覺相關，把標定物和他的行為加以關連，然後這個錯覺相關被引用到標定團體的所有成員身上。

2. 最終的歸因誤差：習慣對整個團體做性情歸因。

3. 社會排斥（social rejection）：不是基於說了或做了什麼，而是基於偏見、刻板印象、拒絕所產生的態度。社會排除會導致對人際訊息的敏感度升高，又會導致認知功能效率降低。

4. 從眾：許多人為了從眾，或是配合文化中優勢大眾的觀點，因此產生偏見態度與歧視行為。對某些人而言，偏見可能根植於接受了父母的偏見或順從次文化規範。

5. 自我辯護：當人們對某一團體做出殘酷行為時，傾向於貶抑受害者，以減少認知失調。自我辯護會強化後續的暴力行為，人們在追求維護自我形象時，對於他人的敵意同時增加。如果處於低社會經濟地位，有時會踐踏弱勢以強調優越感。

▶ 第三節 ▶ 減少仇恨

壹、培養寬容、調整認知

人類社會有很多很多問題，各種仇恨導致林林總總的攻擊、產生難以數算的不幸。種種宗教的、族群的、人際間的不寬容，一再讓人觸目驚心。期待更多人經由學習社會心理學與持續自我反省，能夠更加清醒去「認識昨天、善待今天、期盼明天」。如果人人懷有一顆寬容的心，這個世界必然會少一些猜疑和殺戮，少一些流血和犧牲。

1996 年 12 月聯合國大會決定每年 11月 16 日訂為「國際寬容日」（International Day of Tolerance），希望世人「力行寬恕，彼此以善鄰之道，和睦相處」。宗教史上的對立與融合、政治上的迫害與反迫害，是複雜而敏感的問題。歷史上的改革者常以改革之名，對不利於自己權力擴張者加以迫害，種種精神上不寬容導致的恰是他們的「敵人」犯下更多錯誤。大部分信仰的出發點原本樸素甚至浪漫，一旦和世俗權利相結合，難免會落入功利主義的陷阱而不能自拔，上演出一幕幕慘絕人寰的不寬容悲劇。

　　由於信仰、道德、風俗等的不同，人們形成了大大小小的集團，每個集團習慣居住在壁壘森嚴的城堡裏，用偏見和固執這些堅固的屏障抵禦外界和外來的影響。這種不寬容源自於對人類生存的恐懼。房龍（Van Loon）在《寬容》裡提醒：「恐懼，是所有不寬容的起因。人們在沒有恐懼籠罩的時候，是傾向於正直和正義的。但到現在為止，人們很少有機會實踐這兩個美德。」「我讀過不少關於各種奇蹟的書。但有一種奇蹟卻漏掉了：人類得以倖存的奇蹟。」「人類精神體現貴在寬容，可是為什麼每一個時代都有那麼多無辜者死於不寬容的屠刀或是戰火之下？」[23]

　　從心理面加以改善，最重要的是「培養寬容的態度」。寬容是什麼呢？《不列顛百科全書》關於寬容的定義是：允許別人自由行動或判斷；耐心而毫無偏見容忍與自己的觀點或公認觀點不一致的意見。《現代漢語詞典》對寬容的解釋是：「寬大有氣量，不計較、不追究」。房龍的定義是：寬容是在不同社會，文化和宗教信仰背景下，對於持不同意見的人表示一定的理解。

　　每個人都有權利選擇自己所認可的信仰、政治立場，但不應該把自己認為是正確的觀念強加給別人，我們應該寬容對待與自己不相同的觀點。房龍樂觀認為寬容的實現是可能的，但寬容是一種美德，更是一種奢侈品，購買它的只會是智力發達的人。在知識和理性統治的時代，人類戰勝了自己的恐懼，寬容便會大行其道了。他希望：「總有一天，寬容將會成為法則。」

　　對關於人的訊息若自動化處理易引發刻板印象，而控制意識有助於駁倒及減少刻板印象。當人們遇到一個外團體成員，刻板印象常自動激發，

此種刻板印象能夠經由意識處理而避免。大多數人會在表達偏見的衝動和維持正向自我概念（如我不是心胸狹窄的人）的需求之間掙扎，總是尋求某些訊息來說服自己抱持對特定外團體的負面態度是正當的。研究顯示：[24]

1. 在沒有經濟衝突的狀況下，平等地位的接觸有助於增進瞭解、降低偏見。
2. 多接觸有助於降低偏見，有助於學校裡不同族群間的融合。
3. 如果出現經濟衝突時，偏見態度通常會提高。

　　人們能夠改變刻板信念嗎？確實可能！家庭的影響是重要因素。持有平等態度和價值觀的父母，親子間在平等尊重的相似程度明顯高於持有偏見態度和價值觀的父母。Webber 與 Crocker 研究發現：當參與者持續接觸不符合刻板印象的例子時，會逐漸修正自己的信念。例如在台灣，當學生接觸到成功新住民的角色楷模之後，認知可能調整。[25]

　　理性溝通尤其重要，法蘭克福學派哈伯馬斯強調：「溝通理性必須透過關於事實、規範及經驗的言語溝通達到相互理解後，才能確立行動主體所共同遵循的行動及價值規範。任何社會對話的溝通行動，都必須使參與者都有相等的機會，探取陳述的、表意的和規約性的言語行動。在沒有任何不公平或強制的條件下，進行平等真誠的溝通與對話，需排除只對單方面具有約束力的規範和特權。」[26]

　　社會中成員表面特質的差異（如膚色或性別）常和政治傾向有關連，建立在民族、種族淵源、性別、宗教、社會階級和年齡的基礎上所做的分類，對不同人群給予不同假定，同時也標誌了人們在社會中的地位和機會。Alcoff 寫道：「一個人在這些身分社會歸類中的定位，對一個人的生活有巨大影響，決定了工作的前景、生涯發展、可居住的地方、可來往的朋友及愛人、員警的對待、陪審團的信任狀況，以及根據老師、學生、鄰居和同事來推測的可信度。」[27]

　　有些公共政策有如門面主義（tokenism），對於社會少數團體施以小惠，以藉此為其更大規模的負面歧視賦予正當性。但這顯然不足夠，進一步的作法是「調整認知、採取積極行動」，針對認同的壓迫進行最廣泛的

補救方法是「防止族群與性別歧視的積極行動」（affirmative action），此種積極行動的政策最常見於教育、社工機構，而通常是為補償一些不利的條件的低地位成員或其他團體。如採取定額的形式（如在某個層次上僱用了某個百分比的人，或能夠進入大學上某種課程的人有一定比例限定須來自某某團體），或對於少數團體成員採用較為寬鬆的篩選標準。

積極行動也可用來補償某些身分的團體成員，在個人層次上讓一些邊緣團體的成員較容易進入教育及獲得工作，在團體層次上則透過宣導個別團體成員的成功來促成刻板印象的改變。這種積極行動和認同政治尚未在擁有「人人平等」想法的自由民主國家被廣泛接受，因為積極行動根據團體成員的身分，而對待不同人口群有不同的方式，難免惹爭議。批評者認為政策本身有差別對待是不公平的（對於高地位團體的成員），並主張確保一個對所有成員皆公平的社會，應該使所有的政策都「膚色盲」。也就是說，讓人們僅僅根據個人才能來獲得成功或避免失敗的機會，而不要設計其他的保護政策。[28]

具有「膚色意識」的政策倡導者認為基於身分認同在機構和社會中根深柢固；若沒有明顯認可和積極努力，承認不同認同身分的成員所擁有經驗和機會還是有明顯差異。「膚色盲」政策企圖去呈現團體差異是膚淺又不合理的：表面的外罩可以解除，達到去除偏見和歧視的結果。「膚色盲」政策主張必須採取積極行動，才能真正避免邊緣團體持續處在不利位置。[29]

貳、檢視偏見的起因

一、權威型人格

不寬容是自我保護法則中不可少的一部分，「自戀、自我感覺良好、至尊男」等是難免的，「自我中心」的思考也普遍，但不應躲在「自以為是」的外衣裡，喪失理性的腦與包容的心。尤需檢視自己的人格是否屬於「權威型」？

仇恨傾向存在個別差異，權威型人格（authoritarian personality）的歧

視行為較多，某些人更容易有偏見。具有權威性格的人信念僵化、抱持傳統僵化的價值觀、無法忍受他人的弱點、偏好嚴刑重罰、迷信、極端看重權威。認同下列指標顯示具有權威人格：1.強暴和攻擊兒童的罪犯不僅需要坐牢，而且應該處以公開鞭刑。2.就是有一些人不知道自己的生活該如何安排。3.服從和尊敬權威是兒童最應當學習的美德。[30]

權威型人格表現出堅持己見、有自信、堅強。但可能只會保護自己、主觀、不接受意見、愛控制別人、控制環境、害怕受傷害。呈現出不健康的個性，如主張以武力解決問題、無情、容易煽動、有毀滅性。

二、分析族群意識

族群間無法整合助長了族群意識，主因包括：1.因對政治危機事件的焦慮，產生混合與混淆的反應。2.抱持族群意識的人士，經由結社、團體增強，擴大了對立。3.政治人物在競爭之中、做為奪取權力的一種策略運用，故意利用仇恨情緒，製造某些對立。[31]

刻板印象反映著文化信念，普林斯頓大學在 1933-1969 年做了一系列研究，學生們被要求圈選不同種族與國籍的團體特性，持續顯示各種刻板印象。在二十五年後的一項實驗裡，Patricia Devine 與 Andrew Elliot 證實了刻板印象並不是真的完全消失了。參與者仍顯示各種對非裔美國人的負面刻板印象，只是偏見程度較低的人不願意公開把它講出來。[32]

人們的偏見以一種含蓄、間接的典型方式表露。Treiman 在 1960 年代，曾經對美國「群族整合」進行研究，發現是否存在族群意識，可由 8 個題目的量表判別，括弧內答案顯示比較沒有族群偏見：[33]

1. 不同族群的人應有平等就業的機會嗎？（是）
2. 公車上不同族群的人座位區應該分開嗎？（否）
3. 任何族群的人有權去任何公園、餐廳、旅館嗎？（是）
4. 不同族群的學童應該同校嗎？（是）
5. 你反對邀請不同族群的人來你家用餐嗎？（否）
6. 你同意不同族群的人無權遷入自己的住宅區嗎？（否）

7. 你反對不同族群的人聯姻嗎？（否）

8. 不同族群的人不可以去他們不受歡迎的地方嗎？（否）

　　有一些團體特別容易產生對某些族群不受歡迎的感覺，這樣的團體經由「團體增強」的作用，形成對某種族群排斥的象徵，擴大了族群意識。

三、社會支配傾向

　　Pratto 等人發展出「社會支配傾向」量表。受試者被詢問對以下每個題目的反應，以七點量表來表示，從 1 代表強烈同意到 7 代表強烈不同意。贊同前五項及反對後兩項者，顯示有強烈的社會支配傾向。[34]

- 某些群體的人就是無法和其他人有一樣的地位。
- 如果我們不在乎所有人的公平性，那麼國家會變得較好。
- 有些人就是比別人更值得拿到他所得到的。
- 假使有些人真的比其他人有更多機會，這並不是嚴重的問題。
- 為了讓生活更好過，有時就必須踩在別人頭上。
- 所有人都應該被平等對待（反向計分）。
- 在理想的世界中，所有國家都會是平等的（反向計分）。

進一步看，可以透過下列問題加以檢視：

1. 你認為社會支配是否應該被當成是一個人格傾向？
2. 你認為如將社會支配概念化的話，會遇到什麼樣的困難？
3. 你認為階層式的社會系統中，優勢團體壓迫附屬團體這種無法避免的情形，是因為優勢團體比較適應環境嗎？

　　Genocide Watch 的主席 Gregory Stanton 簡要說明預防種族對立的措施有：1.建立超越族群劃分的普世機制。2.立法禁止各種仇恨的符號與言語。3.禁止宣傳仇恨，懲罰仇恨的罪行與暴行。4.經由立法將暴力團體非法化。5.保護立場中立的領導者與人權團體。6.提出與種族絕滅有關的警訊。7.迅速又強勢的國際武力介入，以建立難民避難區與通道。8.以國際法庭懲罰屠殺者。[35]

　　增加接觸能減少仇恨嗎？不一定！並非所有類型的接觸都能減輕偏見

與增加自尊。要減少偏見的接觸須具備以下條件： 1.處於相互依賴的情境中：兩個或兩個以上的團體為了達成對他們都重要的目標而必須相互需要、相互依賴的情境。 2.追求共同目標。 3.地位的平等。 4.接觸須發生在「友善」與「非正式」的環境中，經由友善與外團體成員非正式接觸，一個人能夠體會自己對外團體成員有些看法是錯誤的。 5.平等提倡並支持的社會規範。㊱

　　合作歷程可促進同理心的發展。在競爭氣氛重的教室裡，學生的目標常是讓老師知道自己有多聰明，因此不容易注意其他同學的優點。如果班上每位同學都可以配合彼此的需求，就可以達到比較好的結果。活動的設計如「拼圖教室」，以降低兒童偏見、提高兒童自尊為目的。學生被安置在非隔離式的小型團體中，每個學生都必須依賴團體內其他成員來學習課程內容，以提高課堂上的表現。如此容易注意到其他同學的長處，減少偏見，調整刻板化印象。㊲

第 **14** 章

社會攻擊

　　無所不在的攻擊使人與人、團體與團體、校園裡、職場中、政黨與政黨、人民與政府、國家與國家之間出現不計其數的悲劇。親人或情人之間的謀殺、隨機殺人、屠殺等令人不寒而慄的行動往往來自仇恨的心，對人的敵意使犯罪者為所欲為。受害的不僅是被殺的人，還有整個社會、整個人類。

　　每次重大的悲劇發生，社會各界忙著追究原因，歸咎於兇手，有時他的家人、師長、警方等也跟著被責怪。媒體指責兇手「變態」、「性格違常」，又怪罪他身邊的人。但，問題絕不是這麼簡單的，總是包含複雜的多元因素。

　　很多專業都在處理因為攻擊所造成的問題，如犯罪偵防、司法矯治、醫療護理、精神醫學、社會工作、心理輔導等，在這些領域裡的工作可能得面對來自案主的攻擊與壓力。不同領域的學者對種種攻擊提出解釋，生理面、心理面、社會面、政治面乃至哲學、天文等。在當代社會，來自媒體、網路所產生的攻擊，產生不少新的問題。至於因為酗酒而製造的攻擊，則是人類社會的老問題。要預防及處理各種社會攻擊，需控管造成攻擊發生的因子，需掌握的因素十分複雜。

▶ 第一節 ▶ 悲劇行動

、案例

一、北捷事件

2014 年 5 月 21 日發生了北捷隨機殺人事件，鄭捷在三分多鐘時殺死了 4 人，砍傷了 24 人。兇殺案發生後，不少民眾情緒激昂，網路出現兇手「怎麼不死」、「應該要曝屍荒野」等辱罵公審字眼。人人臆測悲劇發生的成因，莫衷一是。從犯罪心理學的觀點而言，此次不同於傳統的犯罪類型，鄭捷並不是為財、為錢或為情，此種犯罪類型不易預測、也很難掌握。再加上這種沒有殺人動機的隨機殺人行為並非典型犯罪，特別難預防。有些人以「反社會人格」、「精神障礙」將之標籤化，反而可能造成社會對立，造成社會排除，甚至形成社會對立。瘋狂殺人者的犯罪成因很多，例如媒體模仿、沉迷電玩、性格孤僻、人際關係不良，甚至某方面疾病，都可能導致他思緒激烈。以「一般緊張化理論」解釋，可能是當他遇挫折時無法適度化解，又缺乏父母或同儕支持，導致認知失調、道德信念弱化，進而選擇犯罪。

鄭捷犯罪時，似乎腦袋「停格」，靜止在外人難以理解的恐怖場景之中。他殺人的過程很長，殺的人很多，犯案時在想什麼？沒有特定的人物激怒他，無須向同夥展現勇氣。從未殺過人的他行兇時可能「停格」，這幾分鐘，腦中可能充滿著格鬥遊戲裡的畫面。

很少打格鬥遊戲的人剛上手，容易頭暈目眩、反胃想吐。但若常練習，更強烈的畫面都能適應。遊戲中不能多想，只有拼！真實的人生裡，鄭捷沒有機會練習殺人，但在電腦裡已經進行無數次，也許作夢都夢過很多次。他還寫成文字，精心描述殺人的場景，在腦海裡反覆演練連續殺人的情節。在捷運上他殺人，就像是停不下來的電玩。一位沒有前科紀錄的大學生砍殺二十多人還繼續往前走，絕對是有強大的趨力在主導意識。

在被捕後，鄭捷對警方清楚陳述案發前後的狀況，顯示並未喪失意識。如果問他，重點應包括是：「你覺得自己像是在哪一個電玩遊戲裡？

或在自己所寫的那一段文字之中？你在扮演什麼角色？」有什麼刺激，使他決定開始按照模擬已久的進行殺人動作，某些刺激出現，增加攻擊的力道。

持續接觸電玩裡的暴力訊息升高了仇恨的心理、降低了自我思考的能力。暴力畫面使兇手誤以為「既然他們能做，我也能！」產生了「哦，原來殺人沒那麼難！」或「在別人制止我之前，我一定要先撂倒他！」等想法。電玩的內容成為學習與練習的材料，因為反覆看到兇殘的畫面，強化了行動的力量，連續殺人的悲劇攻擊因而在強大內在驅力中產生。

命案產生後兩個月，在被檢察官求處死刑的前幾天，鄭捷向台北看守所表示「希望有室友」。這兩個月獨居房的日子，讓這個年輕人受不了。鄭捷害怕孤獨，逐漸明顯。人本心理學家佛洛姆（Erich Fromm）以《孤立無援的現代人》為學說的核心，孤立無援是被逮捕後，鄭捷的處境。他殘忍殺人，所以大家都不理他，連家人都不去探望。從早到晚生活在不到兩坪的獨居房，沒有人可以說話，這已經是一種懲罰了。

早期監所的獨居房更小，是一間長、寬、高都一百四十公分的空間，讓人站也不是、坐也坐不好、躺也躺不正。許多人在那裡都覺得難以呼吸，反應是「寧可被上腳鐐，也不要被關獨居房！」腳鐐很重，戒護人員用大鐵鎚釘腳鐐。鄭捷殺人後，很多人的心都上了鎖鍊，無數家庭因他而哭泣、無數親友因他而蒙羞、無數乘客因他而恐懼、無數員警因他而忙碌，整個台灣，都失去了一些自由。尤其是受害者的家人，一輩子都不可能忘記這種痛苦，這些家都破碎了，長期承受千斤重擔，如同腳鐐纏身。

但鄭捷也在自己的人生釘下永遠打不開的腳鐐，又生活在無人可以對話的囚禁空間。他的父母與家人，不敢面對外人，都失去自由。5 月 21 日的破壞行動，永遠無法彌補。佛洛姆在《人類破壞性的心理分析》中，檢視無數的兇殘史蹟，提醒：「破壞與殘忍具有強大的動能，無數戰爭都因此產生。」但人為何要破壞呢？原因不一定是衝著其他人，反而常常是為了「自己」。佛洛姆還寫了《逃避自由》及《為自己的人》等巨著，整體反省人類的困境。

從檢方的起訴書來看，鄭捷在國小五六年級時立下殺人報復的誓言，從此生活有一個主題，就是「逃避約束」，非常自我中心，只要自戀特質

受到傷害，立刻被認為遭遇不公平對待。十年來，他澈底做一個「為自己的人」。在不同學校，自我意識強、不願意與同儕互動，殺人的誓言成為生活目標。結果呢？「永無自由」、「澈底獨居」！

獨居的英文可以用"Solitaire"，這個字也帶有隱士、遁世者的意思，指一個人過著隱居的生活。監獄裡即將面對死刑的人，是澈底的隱士，絕望無援。這英文單字也指「一個人玩的遊戲」，鄭捷酷愛殺人電玩，或許曾希望過著隱居的獨行俠生活。如今，卻恐懼獨居、渴望有室友。這樣的心態，很多人都有吧！因為自己心中痛苦，拒絕與人互動，卻害怕孤獨。

很多人都在問：「如何避免有第二個鄭捷？」從人類歷史與人心人性來看，很難避免！請看佛洛姆的忠告，他還寫了《愛的藝術》這本經典，提醒大家：「人與人之間的隔離是所有罪惡和羞愧的根源。對於這一隔離的解決方法是發展人性愛和理性的力量。」

二、校園裡的攻擊

攻擊常導致犯罪，犯罪一直都是嚴重的社會問題。惡性累犯有些源自兒童時期，有些孩童自小就有較多攻擊行為，長大後也屢屢犯案。青春期追求獨立，渴望自由自主，行為上容易叛逆、反抗、不服管教等特質，常出現三類偏差行為：[1]

1. 違抗攻擊行為：講髒話、說謊或欺騙、跟老師頂嘴、不聽老師指示、上課大聲說話、考試作弊、上課干擾同學、破壞學校東西、和同學打架、肢體攻擊、拿器械傷人、打傷別人、故意拿東西打人。
2. 偷竊搶劫行為：偷商店東西、偷同學東西、向同學勒索財物、搶奪別人東西、偷機車或腳踏車。
3. 玩樂類的違規行為：飆車、玩賭博性電玩、放學後在外遊蕩、逃學或逃課、抽菸、結交不良朋友、在校外成群結夥玩樂。

在預測以後的違犯行為方面，攻擊傾向是一項重要的指標，攻擊行為是指發生於日常生活中與其他人之間含有傷害意圖的外顯行為，包括肢體

攻擊和語言攻擊。

三、職場裡的攻擊

美國職場暴力研究所（The Workplace Violence Research Institute）認為職場暴行指任何攻擊職員的行動，使工作環境增加敵意，並對工作人員身體上或心理上造成負面影響。行動類型包括所有肢體或語言攻擊、威脅、強迫、恐嚇和各種形式的騷擾，言語的攻擊有時比身體更具殺傷力。[②]

美國加州職業衛生與安全部門（California's Branch of the Occupational Safety and Health）依據施暴者與被害人的關係，將職場暴行分為以下四種類型：[③]

1. 第一類型：攻擊者與組織、工作人員沒有任何關連，主要目的為進入職場搶劫或從事其他犯罪行為。尤其在公眾場所與他人互動或有金錢交易的工作承擔較高的風險，例如便利商店、販售酒類的酒店、檳榔攤或計程車司機。

2. 第二類型：攻擊者是機構服務的接受者，很少殺害被害人，大約有 60%屬於非致命攻擊。提供服務、照護、教育等工作者有較高被攻擊的風險，尤其當他們的案主、病人、顧客面臨強大挫折或壓力時，如護士、社會工作者、教師等。

3. 第三類型：攻擊者是目前任職或曾任職於該組織的員工，通常鎖定的目標是同僚或督導，尤其是所犯的錯誤被發現之後。這類型犯罪並不限定於某些職業。

4. 第四類型：基本上屬於家庭暴力類型，施暴者是與目前任職組織的員工有法定的或親密的關係。

四、網路裡的攻擊

打開電腦、連上網路，就能接觸到全世界；Facebook、Twitter、Line等社群網站的影響力愈來愈大！相較於傳統的大眾媒體和溝通管道，人們透過網路媒介，可以讓許多謠言、潮流或者廣告流竄的速度更快、更廣，群體更容易被組織起來，力量不容忽視，也產生了新的攻擊形式。在網路

時代，匿名性更明顯，影響更大。2006 年 1 月，《華盛頓郵報》網站因被憤怒的讀者怒罵和羞辱的評論所淹沒，不得不暫時關閉網站上的部落格。網際網路提供了人們以匿名方式溝通，比較敢說出一些平常所不敢說的話。2006 年 2 月底，國內最大 BBS 批踢踢上面的 Hate 板爆發的事件登上中國時報頭條。全文出自於 PTT 網友文章的，擷取 PTT 恨版網友發洩文章，小題大作，該報主編更為求聳動，將此訊息置於頭條，因而加強內容偏頗的描寫。

五、國家與文化間的攻擊

20 世紀初，無數世人對世局充滿樂觀的期待，但接連發生了兩次世界大戰。出現像列寧、希特勒、史達林這樣殘忍的國家元首，甚至發生屠殺六百萬猶太人、坑殺波蘭人等悲劇事件。已經 21 世紀第二個十年，這個世界仍然充斥著以國家機器之名對人民攻擊折磨的悲劇。

20 世紀末，奧姆真理教沙林毒氣事件、蓋亞那叢林裡天堂聖教的集體自殺等如此邪惡又盲從的現象，無法輕易歸咎於「那些人瘋了」。其實，國家機器與群眾都可能出現陰暗面。無論是希臘或凱爾特神話都包含著一個著名的神祕意象「黑色太陽」，是從一個又濃又黑的中心點發射出來的巨大能量。在黑色太陽這個古老意象的背後，代表的是黑暗持續散發出能量與生命，但黑色太陽又可能是一種隱藏的資源，情勢看似黑暗、混沌不清。

九一一事件，大眾對伊斯蘭教的認知多數停留在恐怖分子、極端主義、封建保守、反現代、反女權、反多元等負面的印象。伊斯蘭自七世紀興起於阿拉伯半島，歷經一個世紀即建立起橫跨歐亞非的帝國，締造強而有力的文明繁盛。長達數百年的時間，伊斯蘭象徵世上最強大的軍事力量。伊斯蘭軍隊曾侵入歐洲與非洲、印度與中國，曾是世界上首屈一指的經濟強權，經由遍佈亞洲、歐洲和非洲的廣大商務網及交通網，交易種類繁多的商品。在文藝復興之前，歐洲人在文明藝術方面才開始有顯著的進步，才領先伊斯蘭世界。[4]

但是對伊斯蘭，西方充斥深根蒂固的偏見與鄙視，偏執和狂熱占據導致封閉恐懼，讓恐怖主義無止盡的蔓延。如此人們永遠無法掙脫怨毒與仇

恨、憤怒與自憐、貧窮與壓迫的旋渦。唯有放棄怨憤和受害者心態，不再歸究其他族群，更多的溝通和交流，化解彼此間的歧異，結合才能、活力和資源，朝有創造力的共同目標而努力，才有可能減少攻擊。

貳、定義與類型

一、定義

　　aggressiveness 是「進取性」，指自信心強、力圖奮發、追求成功者的人格特徵。攻擊（aggression）是普遍存在於日常生活中，是普遍發生的社會心理現象。在一般互動中（人與人、團體與團體、國家與國家）若產生摩擦，很常見的一種表現方式就是攻擊行為。攻擊是企圖去傷害別人身體的行為，還包括損害物品。攻擊行為經常伴隨著情緒（生氣）及認知（敵意），三者之間形成複雜的關係。攻擊不僅是自己的本能，也是別人的本能。人人都有攻擊性，有些人把這種攻擊性轉化了，用言論的精神攻擊代替了行動的具體方式，批評、譴責、諷刺、嘲笑、咒罵等等都是言論的表現形式，這些表現形式無處不在。所以，我們常受到別人不同形式的攻擊性。[5]

　　個體之間經常存在緊張狀態，所有社會性動物都是「社會地位的追求者」。兩個動物在階級次序中愈接近，緊張度就愈高，階級遠遠分開，緊張度就減弱。在職場上，每個人都在努力爭取自己想要的，難免做出一些不恰當的行為，在明顯的階層之中，人人都想有更好的生活，都希望可更上一層以得到更好的福利，因而可能會對別人採取一些具攻擊性的行為。

　　社會文化有一些降低攻擊性的機制和儀式，儀式的原始功能是促使同一族群內個體間的互相瞭解，以避免攻擊。例如，笑的原型可能是一種求諒解或歡迎的儀式。微笑和大笑是同一行為不同程度的表現，是對同樣性質的刺激，以不同的心理狀態應答。笑固然是抑制攻擊的一種儀式，但它與攻擊的本能相關。微笑可以隱藏意圖，例如「笑裡藏刀」，分不清對方是真笑還是假笑。「伸手不打笑臉人」，笑通常可以降低攻擊發生的機率。[6]

　　老鼠在自己的族群裡是愛社交且和平的生物，但是對待不屬於自己團體的同類種族，就換一副嘴臉。人類生生不息的創造源自攻擊本能中熱情的轉化，所以無法一勞永逸地剔除攻擊本能。剔除了，人類的進化就停止了。雖然社會上存在着許許多多不如意的事情，發生很多惡劣的事件，但往往因為這樣，人類才會變得更進步。攻擊不一定是負面的，它在某些情況下，也有正面的意義，使人擁有奮鬥的動力。

　　攻擊無所不在，不一定都是壞的。在 NBA 有一支很強的球隊——2014 年的總冠軍：聖安東尼馬刺隊。馬刺（spurs）也稱為靴刺，是騎馬者催趕馬匹向前奔跑的工具。有些情境如同馬刺，產生了攻擊力道。情境中如果目睹他人的攻擊行為，跟著學習模仿，會產生更大的力量，有些是負面的，有些則具備正面功能。

二、類型

　　暴力（violence）依照韋氏第三版新國際字典的定義包含：任何身體力量運用所造成的傷害或虐待；一種暴力處置或程序的狀況；吊銷、拋棄、扭曲、侵犯等形式的傷害，或對事情、觀念、品質的不敬；強烈、混亂或狂暴的行動、力量或感受；強烈的感受或表達等。從社會心理學角度分析，暴力攻擊是以惡意的口語或行為意圖引起他人身體、心理的傷害，故意威脅、嘗試或實際以武力傷害他人的行為。主要有實際身體攻擊（actual physical attack）、意圖身體攻擊（attempted physical attack）、威脅（threat），以及財產損害（property damage）的故意事件等。人的內心既已為暴力預留空間，虐待、刑求、武器、戰爭、大屠殺就在人類歷史層出不窮，暴力來自潛能與文化，是人性天生動力。在殺戮中享受權力與快感，看到弱者無助呻吟卻產生同情之心，戰爭、暴力既是生物的也是文化的。[⑦]

　　《攻擊與反抗》一書中指出，由於著重的層面不同，從動機、目的、對象、表現方式等，分類的方式也顯現多樣性，主要可分為反社會攻擊、利社會攻擊和制裁性攻擊等。若以引起他人身體或心理痛苦為目的而故意從事，可分為幾大類：[⑧]

1. 敵意攻擊（hostile，或譯為敵對性攻擊），是源於憤怒感，為表達
   憤怒或敵意的情緒而驅使的攻擊行為。目的在將痛苦加諸於他人
   的攻擊行為，是因憤怒而造成傷害的舉動。若並不清楚傷害是意
   外引發或刻意造成時，將敵意的意圖歸因於某一個造成傷害的
   人，稱為「敵意歸因偏誤」（hostile attribution bias）。
2. 工具性的攻擊（instrumental，或譯為手段性攻擊）是想要達到某
   種目標，以攻擊為手段來達成，並非以造成傷害為主要目的。常
   見目標包括：自我防衛、獲得個人利益如團體中的地位、物質報
   酬等。
3. 替代性攻擊（displaced）：對於挫折的攻擊反應，並非針對挫折
   的來源，而是針對另一個不相關但容易接近的目標。

　　按照英文字母順序，攻擊的類型還有：利他性（altruistic）、憤怒性
（angry）、防禦性（anticipatory）、反掠奪（antipredatory）、反社會性
（antisocial）、直接的（directed）、替代性（displaced）、支配的
（dominance）、恐懼性（fear-induced）、敵對性（hostile）、誘導性
（induced）、工具性（instrumental）、雄性（intermale）、母性
（maternal）、操作性（operant）、掠奪性（predatory）、利社會性
（prosocial）、守衛性（territorial）、性（sexual）、內向（turned
inward）、斷奶性（weaning）等。利他性攻擊指為了保護別人或為了伸
張正義而表現出的攻擊行為。例如：母性攻擊（maternal aggression）即屬
此類。[9]

　　攻擊製造的狀況太多了，無數犯罪事件都與攻擊有關，社會工作處遇
的對象如約會暴力、性侵害、婚姻暴力、兒童虐待、老人虐待等，都與人
際之間的攻擊高度相關。無數的「非自願性案主」都因為攻擊肇禍。

　　攻擊信念支持一個人採取攻擊行為，主要包括「負面思考」、「報復
信念」、「自我中心」、「責備他人」等四項。攻擊發生之時，攻擊者必
定伴隨著強烈的負面情緒，此負面情緒包括個人認知、情緒、性情等因
素，情意的攻擊是由認知導致攻擊的，任何因情緒導致的攻擊行為可稱之
情意的攻擊。

攻擊勢必產生反應，Berkowitz 整理出因情感激發的（affectively generated）攻擊，包含的要素有：1.造成挫折（frustration）；2.有令人反感的情境（aversive condition）；3.情境中的壓力因子（situational stressors）；4.參與者有敵意的宣洩（hostility catharsis）；5.可能出現攻擊意向的自我規範（self-regulation of aggressive inclinations）。[10]

攻擊行為是否真正表現出來？受到複雜的因素所影響，包括內在的天生傾向、各種學習到的抑制經驗、社會情境的真正狀況等。不同文化對攻擊的規範也不同。攻擊刺激指一個與攻擊反應有關的事物，此種事物只要一出現，就增加攻擊的可能性。Leonard Berkowitz 與 Anthony LePage 的研究發現：在有槍的房間中被激怒的參與者所施予的電擊，比在有羽球拍房間中被激怒的參與者所施的電擊強烈得多。世界各國的謀殺率都與槍枝流通率呈現高度相關，例如禁止槍枝的英國，其人口約為美國的四分之一，謀殺案件數量卻只有美國的十六分之一。致命的暴力，特別是涉及槍枝的暴力，一直是美國社會的一個重要問題。這種現象被歸納為「武器效應」（weapons effect），指已受挫的個人，會在看到武器時比起看到中性物品時，容易採取更強的攻擊行為。[11]

社工員可能在工作中遭受案主攻擊，Newhill 與 Wexler 將案主的攻擊行為區分為三種類型：首先是財產的損害，包括案主故意破壞辦公室的桌椅、門窗、其他設備或個人物品；其次是威脅，指口語的威脅或威脅性的肢體動作；第三類是身體攻擊，又可分為案主直接以手、以工具、以武器對工作人員施以身體的傷害。[12]

社工受到的攻擊可整理為以下三類：[13]

1. 心理的攻擊——指會談或家訪時不以身體為目標的暴力行為，例如：威脅要傷害對方、詛咒、吼叫、直接叫名字、咒罵或粗俗的髒話、挑逗性的言語等。另外，跟蹤、打不回應的電話騷擾等也造成心理的威脅。

2. 企圖攻擊——不讓社工員離開辦公室、會談室或家裡；握緊拳頭做勢攻擊；拿起物品準備擲向工作人員；用力敲打桌面或推倒椅子等。

3. 直接的身體攻擊——像是毆打、摑掌、向人丟擲物品、抓傷、推
撞等。

　　Newhill 研究指出：缺乏判斷能力、無法控制衝動、有藥物濫用紀
錄、有暴力攻擊紀錄及持有武器者，都是較容易暴力攻擊的案主。具有反
社會人格傾向或不喜歡與人交往的案主易於爆發攻擊行為。Newhill 與
Wexler 的研究顯示案主的性別、年齡是影響暴力發生的因素，通常男
性、年紀較輕的案主比較容易有暴力的行為。Lantos 與 Levinson 指出：
無經驗的工作人員、因藥物或酒失去自制力、嚴重精神疾病患者，特別容
易發生暴力行為。[14]

　　陳麗欣對社會工作員被害與被害恐懼感研究中發現：語言侮辱占
41.7%，當面口語威脅占 36.8%，肢體被害經驗占 15.1%，但肢體被害恐
懼感達 52.3%。另有相當高比例之社會工作員認為其主管不重視或處理他
們的人身安全問題（33.5%及 42.3%）。[15] 某些情境比其他情境容易有攻
擊行為，針對容易引起案主暴力行為危險的特性整理如表 14-1：[16]

表 14-1　容易引起案主暴力行為的特性

環境特性	工作者特性	案主特性
1. 空間設計	1. 年輕	1. 有暴力或犯罪紀錄
2. 光亮度不足	2. 缺乏經驗和訓練	2. 年輕／男性
3. 隱密性	3. 臨時或短期約聘僱人員	3. 文化背景
4. 噪音	4. 缺乏社交技巧	4. 神智不清／精神異常
5. 窘迫程度	5. 濫用權威	5. 與工作人員、同事關係差
6. 過度刺激或缺乏刺激	6. 喜歡爭辯	

資料來源：整理自 Chan Kwok Tung

▶ 第二節 ▶ 成因

壹、生理層面

攻擊無所不在，嘗試解釋攻擊的學理眾多。關於攻擊的成因，最常見的辯論是：「攻擊源自天生的或學習來的？」大師的看法不同。17 世紀政治哲學家霍布斯認為人性是自私自利的，容易攻擊他人。但盧梭認為霍布斯的攻擊本性觀點受限於當時的社會類型，並非人類真正的本性。佛洛伊德歸因於人類天生具有生之本能與死之本能，攻擊行為可以幫助釋放能量，也就是宣洩（catharsis）。佛洛伊德也認為：除非人們可以表達攻擊性，攻擊能量若被攔阻會產生壓力，可能藉由暴力行為或精神疾病的症狀來尋求出路。[17]

解釋攻擊的理論有偏向生理的，如動物行為學（ethology）、行為起源（behavioral genetics）、荷爾蒙解釋（hormonal explanations）。也有偏向心理面與社會情境面，如挫折─攻擊假設（frustration-aggression hypothesis）、認知新聯結模型（cognitive neo-association's model）、學習理論（learning theory）、社會資訊過程模型（social information processing models）。[18]

Berkowitz 在分析有關攻擊的社會心理學研究時做了這樣的歸納：20 世紀上半葉的主要理論有三派：1.本能教義（instinct doctrines）；2.正統的精神分析（orthodox psychoanalysis）；3.動物行為學。20 世紀後半葉之後的主要理論有：學習理論；認知過程（cognitive processes）；認知一致性（cognitive consistency）；歸因理論（attribution theory）；評價（appraisal）；知識結構（knowledge structure）；社會認知理論（social cognitive theory）等。[19]

綜合整理來看，從生理到心理、從社會到政治、從天文到哲學，都提供思考的角度。本節先解釋生理及心理面，下一節說明其他層面。

Krahe 歸納攻擊的理論觀點及該觀點是否獲得研究證實，進一步整理在表 14-2 中呈現：[20]

表 14-2　解釋攻擊理論彙整表

	取向	攻擊原因	能否獲得實證研究證實
生理取向	動物行為學	外在的線索產生內在的衝動，攻擊可能降低內在要爆炸的壓力	有關動物研究無法獲得足夠的證據
	行為起源	基因塑造攻擊	經由雙胞胎與領養的差距研究獲得證實
	荷爾蒙解釋	雄性荷爾蒙與可體松影響	比較暴力與非暴力犯的差距可獲得證實
心理取向	挫折—攻擊假設	由於挫折導致攻擊，挫折的線索愈明確，攻擊行為愈多	獲得實驗研究的證實
	認知聯結模型	攻擊與憤怒是被令人反感的刺激所引導出來的	獲得實驗研究的證實
	學習理論	因為直接的刺激或看到的狀況製造了強化的力量，攻擊因而產生	獲得實驗研究及觀察研究的證實
	社會資訊過程模型	由於接收到負面的社會訊息，產生了劇烈的反應	獲得實驗研究及追蹤研究的證實

資料來源：修正自 Krahe（2013）

　　在生理及生物成因方面，主要有四種觀點：1.演化論；2.行為學——因外在的線索而產生內在的衝動，攻擊可能降低內在的壓力；3.行為起源——由基因塑造出來；4.荷爾蒙解釋——受到雄性荷爾蒙與可體松所影響。[21]

　　從演化論觀點，男性有更多的攻擊基因，理由是為了建立比其他男性更多優勢，Wrangham、Wilson 與 Muller 發現黑猩猩彼此殘殺的速度，與人類在古代狩獵社會時彼此殘殺的速度相近。攻擊可能是演化的行為，為了使物種生存，男性的暴力在高繁殖期時最容易發生，所以自古即有「少年，戒之在鬥」的提醒。男性的攻擊具有「高度嫉妒性」，以確保伴侶不會紅杏出牆。嫉妒是男性產生攻擊的主要原因。[22]

男女之間有生物化學差異，但是生物化學差異不是攻擊有別的唯一原因。Eleanor Maccoby 與 Carol Jacklin 證明男孩的攻擊性並非處處都超過女孩。在一般日常生活情境，沒什麼特別事情時，男性的確比女性更具攻擊性；但當人們受到挫折或侮辱時，女性幾乎與男性同樣具有攻擊性。年輕男性比女性更傾向於以暴力解決衝突。雖然男性顯示出比女性更高的攻擊性，但文化也扮演重要角色。成人觸犯暴力罪名的大多是男生。女性主要因為財產罪（順手牽羊、偽造、詐欺和竊盜）而被逮捕，而不是暴力罪（謀殺和加重攻擊）。女性比男性容易採取社會意義的攻擊，也就是所謂的關係攻擊（relational aggression）。女性較可能以破壞同儕關係的方式來傷害他人，刻意排斥、散布不實謠言都是常見的例子。關係攻擊也可能帶來嚴重後果。[23]

約會強暴是重要的攻擊議題。常出現的情況是：女性回應「不要」時，男性卻不當真。青少年們所接觸到的性腳本暗示「女性角色會抗拒男性的性要求是傳統的想法，而男性的角色則是堅持追求」。1998 年時，3,419 位女性在美國被殺，32%死於丈夫、男友、前夫或前男友之手。親密伴侶間謀殺的性別差異，可能起因於睪固酮，也可能因社會既有的性別偏見。儘管攻擊行為必然含有本能成分，但並非完全受本能所控制。文化可以塑造對情境和社會事件的反應，減少攻擊行為。攻擊行為可能因情境和社會因素而修正，減少攻擊確實有可能。[24]

從生理面看，某些化學物質與攻擊行為有關，例如血清素此種天然存在於腦的化學物質，可抑制攻擊衝動。攻擊行為與大腦中央「杏仁核」的區域有關。如果以電流刺激杏仁核，溫馴的動物也會變得兇暴；同樣地，如果該區域的神經活動被抑制，兇暴的動物會變得溫馴。神經機制的影響力受到社會因素所調節，如果公猴跟地位較低的猴子在一起，其杏仁核受到刺激時會攻擊其他猴子。但是如果牠跟地位較高的猴子在一起，並不會攻擊，反而可能逃跑。

人類的爭鬥、攻擊等行為是演化適應的結果嗎？從生物學的角度看，應該如此。爭鬥行為這麼普遍存在又容易引發的特性，在人類這個物種身上，必然與個體存活及繁殖有關。但是公開表露爭鬥性，卻又不被大多數文化所鼓勵。在某些食物不足且人口密度高的社會，爭鬥行為是常見的。

若想減少爭鬥行為，就應該充實資源，把社會系統設計成不適合爭鬥，使行為減少。㉕

　　以動物行為學來看，《攻擊與人性》的作者勞倫茲觀察野生動物，獲得許多有趣的發現。他提到人和獸都有四種基本的動物本能——饑餓、繁殖、恐懼和攻擊。這些衝動都是生存的要素，但以多種不同的形式表現出來。人像動物一樣，生來就具有一些本能和行為模式，是經過多年進化而來的。攻擊性是動物的本能，攻擊性也可能是人的本能。低等動物的攻擊性行為是生存本能的表現，進而與人類攻擊性行為和暴力行動相比較，攻擊性本能更是人類的天性。勞倫茲由對魚和鳥的觀察與實驗中，證明攻擊是生物進化的原始動力，也就是「同類相斥」、「適者生存，不適者淘汰」。達爾文則觀察到雌雄淘汰的作用，為了繁殖而淘汰以培養出最好的雄性。

　　異種競爭比同種競爭產生的效果更明顯。捕食者與被食者的競爭，絕不致引起被食者的滅種，總是保持一種雙方都能忍受的均勢。捕食者與被食者之間的爭戰並不是真正的鬥爭。相對於同類競爭，高等脊椎動物的群居生活進化出階級次序，在這種次序下，每個個體明白哪個比較強，遇強者可以選擇離開，弱者習慣於屈服。㉖

　　某些化學物質會影響攻擊行為。例如，男性荷爾蒙及睪固酮可能增加動物的攻擊行為。男性荷爾蒙睪固酮過多會增加攻擊行為。動物注射睪固酮，變得更具攻擊性。有些人經由調整其睪固酮來「變性」，男性須降低其睪固酮來變為女性，女性提高其睪固酮來變為男性。變成男性者更具攻擊性，變成女性者則比較不具攻擊性。James Dabbs 等人發現：暴力犯的平均睪固酮濃度高於非暴力犯。睪固酮濃度較高的受刑人較常違反監獄規定，尤其是公然反抗。素行不良青少年的睪固酮濃度高於一般大學生。比較同一所學校的兄弟會，較常惹麻煩、不付責任、粗魯的兄弟會成員平均睪固酮濃度較高。然而，睪固酮和攻擊性可能互相影響：攻擊行為也可能提高睪固酮的濃度及釋放機會。㉗

　　痛苦和不舒適感受通常是攻擊的前兆，如果有機體感到痛苦，又無法逃離，幾乎都採取攻擊。動物可能攻擊同類或不同類的其他動物，人類也如此嗎？尖銳、無法預期的痛苦很容易激怒自己，因此容易激烈攻擊最近

的目標。Berkowitz 經由一系列實驗證實，當學生將手放入冷水當中，感到疼痛時，對其他學生的攻擊行為也增加。一些年輕女性在工作面試中被要求傾聽一名女性說話。半數在過程中將左手騰空前舉，另一半則將手臂舒服的靠在桌面上。在面談過程中經歷疼痛，卻沒有機會加以處理的參與者，對面試者的感覺最為負面。基於此實驗提出「不同時期取向」（time periods approach）的結論，比較各地方冷熱時期中的暴力比例，藉以測試高溫假說（heat hypothesis）的正確性。[28]

讓人感到不適的其他刺激（像是高溫、潮濕、空氣汙染、臭味）也可能提高攻擊行為的機會，痛苦、不適與攻擊也增加攻擊的可能性。Carlsmith 與 Anderson 發現在悶熱天氣所發生的暴動，遠遠超過在涼爽天氣所發生的。[29]

貳、心理層面

心理層面主要有幾個角度： 1.挫折—攻擊假設——由於挫折導致攻擊，挫折的線索愈明確，攻擊行為愈多； 2.認知聯結模型——攻擊與憤怒是被反感的刺激所引導，將攻擊行為解釋為負面情緒的結果，負面情緒歷經認知過程，並激發了攻擊相關的思考和感覺的網絡； 3.學習理論——因為直接的行為或看到的狀況而強化，攻擊因此產生； 4.社會資訊過程模型——接收到負面的社會訊息，產生了劇烈的反應。[30]

從挫折—攻擊假設來看，當一個人意識到自己受到阻礙，無法達成目標，做出攻擊反應的可能性將提高。愈接近目標，則獲得目標的預期愈高；預期愈高，若受到阻礙時便愈可能攻擊。當挫折不在意料之中時，也會提高攻擊行為的機率。如果環境中有其他事情助長攻擊行為，挫折會造成憤怒或苦惱，使人準備攻擊。如果挫折被解釋為合理並且是無意的，比較不會導致攻擊。

蒸氣鍋模式（steam-boiler model）是 Konrad Lorenz 攻擊理論的一部分，該模式假設，攻擊能量在生物內不斷被累積，直到外在的刺激出現，便導致能量的釋放。如果能量的累積超過一定的程度卻沒有因外在刺激而被釋放，它將滿溢，造成自發性的攻擊行為。認知新連結模式（cognitive neo-associationist model）是將攻擊行為解釋為負面情緒的結果，負面情緒加入認知過程，激發了攻擊相關的思考和感覺。[31]心理學的困境（psychological impasse）也提供一種解釋，如失業時、一段感情結束時、當小孩念大學出現空巢期時，或者某個一直認可自己、深愛自己和欣賞自己的人過世時。

內心、人際、宇宙都有需要挑戰的黑暗力量，在19世紀跨越到20世紀時，佛洛伊德所著《夢的解析》帶領世人進入潛意識的豐富。每個人內在的宇宙是多麼特別，又多麼重要，總是默默地影響著。

人心有意識與潛意識，意識像是海洋上的波浪，潛意識則是無垠、無底的大海。從社會科學的角度，目前已知的一定比不上未知的，有太多的力量是難以瞭解的。因此，放到人生哲理方面，也有各種對比，而且可以確定：生命裡不能解釋的比能解釋的多、弄不清楚的比弄懂得多，無法預測或掌握的比可以預測掌握的多。還有更重要的，失敗比成功多、挫折比成就多、逆境比順境要更頻繁。許多時候，有些人找到發洩途徑，例如砸毀不太貴重的東西或言語上的攻擊。應努力防止攻擊產生的不利後果，以避免導致殺人事件。人在心情不好的時候，最好找一些方法抒發內心的不滿。

參、社會層面

Robert Baron 的研究發現：參與者在實驗中為一個新產品製作一個廣告，然後由一位實驗同謀來評論這些廣告。當參與者有機會報復時，受到侮辱的比起受到溫和對待的參與者，更會採取報復行為。[32] 被激怒不一定會導致報復，通常被激怒時會自問：對方是刻意激怒嗎？如果確信是無意的，則大部分的人都不會報復。如果情境有轉圜餘地，人們也不一定反擊。對別人進行公開攻擊行為會改變自己對此人的看法，增加對他的負面感覺，因而提高進一步攻擊對方的可能性。當攻擊目標是無辜人士時，這種情況特別常見。

人們常透過觀察和模仿他人來學習社會行為（包括攻擊）。例如目睹成人攻擊的孩童，會使用與成人相近的攻擊行為和辱罵字眼；甚至有許多

孩童不只模仿，還進一步做出自創的攻擊行為。衝突中的關鍵要素包括：
互斥的利益、確認對立的狀態、雙方都認定對方會採取行動干預自己的利
益，也會有干預自己的行動。影響衝突的社會因素包括：1.不完善的歸因
（faulty attributions）：錯誤認定他人行為背後動機；2.不完善的溝通
（faulty communication）：儘管自己無意，仍然以憤怒的方式溝通；3.現
狀偏誤（status quo bias）：將自己的觀點視為客觀且反映現實，而其他人
則被意識形態所誤導。[33]

　　衝突理論解釋因為不同人口群在權力、財富與社會上的不平等，造成
群體間的衝突。因為衝突，帶來各種攻擊、革命，也帶動政治變遷及社會
變遷。衝突理論強調群體之間的衝突是造成社會變遷主要動力，有三個主
要概念：[34]

1. 競爭：競爭是發生在社會關係中資源（如金錢、休閒、性伴侶
   等）較為缺乏之時。所以，競爭是人與人之間常見的狀況。
2. 社會結構的不平等：不平等產生在社會結構之內。
3. 革命：社會結構的變動發生於競爭的衝突之間，並非經由適應來
   完成，常常是突然且意外的，大幅度變革而不是緩慢演變。

　　衝突理論強調社會衝突的正面功能，認為衝突具有社會整合的作用，
衝突透過不同的機制推動變革，有助於防止社會系統的僵化，促成社會變
遷。穩定本身固然意味存在良性的秩序，也可能顯示保守、滯後、不公
平、醞釀著危機的秩序。表面的穩定可能導致激烈的社會動盪，醞釀爆發
力。「安全閥」是衝突論的重要概念，認為社會應該保持開放、靈活、包
容的狀態，透過可控制的、合法的、制度化的機制，使各種社會緊張得以
釋放，社會訴求得以回應，社會衝突得以消解。[35]

　　衝突理論的重點是對社會變遷的解釋，它是針對功能論的整合均衡觀
點做出的批判和反省，認為社會變遷不僅是必然的，而且也是急遽的，衝
突變遷的後果是破壞而非建設。馬克思認為物質力量是決定歷史過程的最
主要因素，思想是物質的反映，社會的變動源自於擁有生產物質的資產階
級和沒有物質的無產階級間的鬥爭。[36]墨頓（Robert Merton）主張社會應
該利用方法減少衝突，而不應該一味強調衝突。但價值衝突說認為，「解

組」並不是壞事，不同團體的利益和相互摩擦也是常態，不同團體的成員本來就有不同的出發點，當然會有不同的價值觀念和利益，同時也有追求對自己團體較有益的權利。多數人都爭取自己團體的利益，因而會造成不同人口群間的攻擊。[37]

　　不少人充滿無力感（powerlessness）、無意義感（meaninglessness）、社會孤立（social isolation）、自我疏離（self-estrangement），挫折感更加強烈。往往是「價值衝突」的結果，社會價值日益強調成功，自己成功的機會卻愈來愈少，因而充滿挫折感。又如「一寸光陰一寸金，寸金難買寸光陰」。用時間去換取金錢，不一定做得到，有時連工作都找不到。用金錢去換生命與時間，在某些情況可以實現，另一些情況則窒礙難行。

　　綜合衝突論的觀點可歸納為四：1.透過衝突可以瞭解社會中不同團體的利益差別及關係中的控制與剝削。2.既得利益者對其他人的壓迫，因而產生衝突。3.不僅是階級有衝突，各種團體都可能有所衝突，衝突是人類社會生活的普通現象。[38]

肆、其他層面

　　從政治層面來看，仇外心理有助於凝聚內部的力量。穩定的階層外表看似平靜，其中卻隱藏著攻擊的種子。新加入者對於群中原有成員的地位都可能構成威脅，群內份子也許會合作驅逐外來者。以加拿大雁為例，只要有一隻外來雁進入視線，整群雁都抖擻起精神，擺出威嚇炫示，反覆大舉衝前再退回。養雞業者清楚仇外症候群的影響，有組織的雞群如果來了新的成員，會一連數天攻擊，將之逼入最低的位階。新來的雞如果不是體能特別旺盛，往往抵抗無力甚至送命。要刺激獼猴群加強攻擊行為，最有效的就是放入外來份子，而敵意的攻擊行為大部分會以外來者為目標。非我族類幾乎都引起緊張，如果確實構成威脅，如果對方可能危及己方領域完整性，就會把他們視為巨大惡勢力，繼而把他們打進低於人類的層次，以便問心無愧地處置。用各種名詞加以差辱，如：gook（指東方人），wog（指非白種人），kraut（指德國人），commie（指共產黨員）——他們和我們不一樣，他們一心一意只想消滅我們，所以我們要毫不手軟地打

擊他們，這樣我們才能生存。[39]

　　身在自由民主國家的人們，或許把一切視為理所當然，對不滿的政策會怒罵，對不喜歡的官員會批評……都來得那麼自然。或許法律不完美，但我們也未必覺得有什麼大問題，日子都照樣過。但法律也有誤判的時候，只是沒有發生在自己身上而已。但是，如果你最愛的人被殘忍的傷害了，兇手逍遙法外……你會怎麼做？如果這機率非常微小的不公平、制度的不完美，剛好發生在自己身上，你會怎麼做？默默的接受？還是盡一切努力去反抗、去攻擊兇手？

　　從天文角度，21 世紀初，天文學家提醒人們注意另一股更大的力量，也就是「操控宇宙的幕後黑手」，占了宇宙一部分的成分是「暗能量」，這股神秘未知的能量一直輕輕地拉扯著人際間的互動。在 2007 年 3 月的〈科學人〉封面故事中報導：「暗能量難以發現，因為它無所不在，依照其特有性質，均勻的四處散布。它有相同的密度，大約等於一個氫原子的質量，很輕很輕，但宇宙裡的暗能量加起來，是強大的力量。它雕琢了物質中最具特徵性的細部圖樣，又減緩星系之間的拉扯，使宇宙維持穩定。」該專題的結論中提醒：「暗能量對宇宙裡許多不同且看似不相干的事物，有著深遠的影響。」同樣的道理，每一個人內在的小宇宙是複雜又需要探索。人人都不能完全掌握自己的內心，不論是夢或下意識，都有太多值得探索。我們向外看，從所處的家庭、公司、社會、國家、地球、太陽系、銀河系到大宇宙，對無數的力量都不夠瞭解，更無法掌握。[40]

　　從哲學角度，承受攻擊者可能「反抗」的原因複雜。卡繆說：「在荒謬經驗中，痛苦是個體的；一旦產生反抗，痛苦就是集體的，是大家共同承擔的遭遇。反抗，讓人擺脫孤獨狀態，奠定人類首要價值的共通點。我反抗，故我們存在。」反抗一詞其實充滿矛盾，例如為了反抗不義，是不是可以用盡手段？所以，思索反抗很重要，如何反抗但卻不致於造成全面毀滅，避免反抗之後，卻又建立起另一座牢籠。

　　在思考反抗行為是「對」或「錯」之前，總是要想為何要反抗，反抗會帶來甚麼後果？在危機之時應不應該反抗以保護自己呢？以犯罪學的觀點看，受攻擊後反抗不是一種安全的行為。雖然每個人未必會成為被害者，但是犯罪本身以及犯罪被害恐懼感所產生的恐慌，早已充斥了整個社

會。因此，正確解決人際衝突的方式須培養多角度的思考習慣，修正經驗以降低敵意，對人際攻擊行為的降低應有所助益。

▶ 第三節 ▶ 避免攻擊

、控管風險因素

　　台北捷運隨機殺人事件衝擊社會，剛發生後北捷運量一天遽減七萬人次，當外界不停指責兇嫌、指責家屬、指責校方、指責捷運局時，最好能換個角度思考，試著讓自己處於事件中其他人的角色，例如想想「如果我就是兇嫌或家屬或學校的老師，悲劇發生後心情會是如何？」面對這樣的事件，過多的指責沒有太大幫助，應學習用「治療傷口」的方式對話。唯有冷靜思考與同理心，才能試著理解兇嫌做出這樣舉動的成因，試著對家屬及師長的處境感同身受。不斷透過指責他人發紓解情緒，過度辛辣的情緒用詞，只會讓社會的傷口愈來愈深，無助於防止下一名殺手出現。

　　捷運喋血案發生後，東海大學發表對師生公開信，強調鄭捷也是家人，希望師生都能「多走一步、多看一眼、多聊一句」，給彼此一個開始的機會。發生血案的捷運江子翠站，有網友發起「一人一朵小白花」活動，希望找回「台灣還是我們熟悉溫暖島嶼」的感覺。有許多民眾響應，也有民眾留言，呼籲多關心周遭的人事物。這些努力都有助於彌補傷痛，避免新的攻擊出現。

　　然而，攻擊的行為並不是平均分配或隨機出現的，某些人比其他人容易攻擊。有些人即使注意到敵意的情境，但不急著做回應。有些人不在乎環境中的敵意，一旦遇到卻有激烈反應；有些人對環境的負面刺激十分敏感，又容易衝動回應，採取攻擊反應及犯罪的機率都比較高。例如在學校中適應不佳的學生長期承受外在的壓力，比一般同學容易出現攻擊的行動。

　　Newhill 將與人際暴力行為有關的風險因素分為三個主要領域，說明

如下：[41]

表 14-3　與人際暴力有關的風險因素

領域	因素	類型
個人及臨床風險	1. 人口統計學的風險因素	1. 年輕 2. 男性 3. 低社經地位
	2. 臨床風險因素	1. 心理失調 2. 精神病徵（妄想、幻覺、暴力幻想） 3. 人格特質（憤怒、情緒失調、衝動性） 4. 人格失調（反社會、邊緣性） 5. 物質濫用（尤其是酗酒者）
	3. 生理風險因素	1. 低智商 2. 神經損傷
歷史風險	1. 暴力歷史	1. 對他人加諸暴力的經驗 2. 有被逮捕的犯罪史 3. 入獄的頻率與晚近性
	2. 社會與家庭歷史	1. 無悔意的殘忍行為、過度懲罰、對孩童虐待、目睹家庭內的暴力 2. 失去父母、剝奪、忽視、愛恨交加或排斥 3. 父或母患有心理疾病 4. 父母對虐待的默許
	3. 工作歷史	1. 經濟不穩定 2. 失業
	4. 精神治療與入院史	

環境與脈絡風險	1. 社會支持不足	
	2. 同儕壓力	1. 暴力次文化 2. 羞愧感
	3. 流行文化的影響	1. 媒體暴力 2. 暴力電玩、漫畫 3. 網際網路
	4. 暴力工具	1. 接近致命武器 2. 使用知識的機會不足
	5. 潛在受害者的易接近性	是否存在情感關係；可靠近潛在受害者的地理位置，行兇者的機動性

資料來源：修正自陳圭如、孫世雄等合譯

Kassin、Fein 與 Markus 綜合整理實證研究，發現能減少攻擊與暴力的力量有：[42]

1. 增加能夠獲得社會認可價值目標（如社會聲望、財務成功）的機會
2. 獎勵非攻擊性的行為
3. 提供和平行為的模式
4. 減少社會中各種攻擊的行為
5. 減少生活中的挫折
6. 提供舒適的環境（如在悶熱的天氣開冷氣）
7. 避免接觸到攻擊的武器（尤其是刀槍）
8. 願意在犯錯時道歉，也樂意接受他人的歉意
9. 當感覺到自己有怒氣時，停止想下去
10. 注意自己是否飲酒過量
11. 與家人、鄰居、朋友、同事等發展好的關係
12. 多關心青少年、社會邊緣人、弱勢團體

因此，從個人、團體到社會，還有一些減少攻擊的具體作法，整理如下：

1. 訴諸理性：擬出一套說帖，詳述攻擊的風險及後果。
2. 懲罰：對一般人來說，想要減少攻擊最顯而易見的方式就是給予懲罰，像是將罪犯繩之以法、重罰攻擊者。假定是：懲罰是為了給攻擊者一個教訓，讓有意攻擊時三思而後行，所以懲罰愈重愈有效。然而嚴厲懲罰只有暫時效果，長期而言會造成反效果。實驗室研究的確顯示：在非常迅速且確定的理想狀況下，懲罰具有嚇阻效果。但現實世界的刑事司法體系中，嚴厲懲罰無法達到如同實驗室那樣的嚇阻效果。
3. 注意到攻擊者受到懲罰：當看到其他攻擊者被處罰，經由替代性懲罰的歷程，減少攻擊行為。
4. 獎勵非暴力行為：忽略或淡化攻擊行為，並且獎勵非攻擊行為。讓人們接觸非攻擊的楷模，也就是那些被激怒時能以自制、理性、友善方式表達感受的人，如此一來，這些人激怒時所表現攻擊反應的頻率，比起那些沒有接觸非攻擊楷模的人要低了許多。
5. 培養溝通與解決問題的技巧：訴諸暴力來解決人際問題常常源於缺乏適當社會技巧。減輕暴力的方法之一是教導人們以建設性的方式來表達憤怒與批評，一旦發生衝突時設法主動化解，增加妥協性。
6. 建立對他人的同理心：大多數人不至於刻意傷害他人，除非將受害者去人性化。去人性化導致更多攻擊，相反的歷程則可以減少攻擊，也就是建立對受害者的同理心。例如曾被訓練建設性行為的小孩，和其他組別的小孩相比，表現出更多建設性活動及更少的攻擊行為。假定許多車輛停在十字路口，當綠燈亮起後，第一輛車卻靜止不動。排在第二位的車輛有 90%按喇叭。如果行人拄著拐杖蹣跚走過街道，只有 57%的駕駛會按喇叭，按喇叭的比例大幅度降低。如果駕駛體認到對人生氣會犯下和對方一樣「魯莽」的錯誤，便能夠減少糾紛。[43]

若是有攻擊的唸頭，應先控制自己的情緒、積極地化解怒氣，最好能進行另一項活動（玩拼字遊戲、聽聽可以舒緩情緒的音樂、騎腳踏車、做一件善事）來分散注意力。正面的行動有助於控制負面的情緒、減少攻擊。觀賞他人涉入攻擊行為因而涉入攻擊的幻想，有時能減輕積累的攻擊能量，或許因此降低進一步攻擊行為的機會，可以幫助釋放能量。佛洛伊德認為，除非人們可以表達攻擊性，否則攻擊能量會被攔阻而產生壓力，藉由暴力行為或精神疾病的症狀來尋求出路。著名的精神科醫生梅寧格（William Menninger）指出：「競賽遊戲為攻擊本能提供最佳出口。」但是，目睹大量的攻擊畫面也可能產生不好的影響！

貳、媒體與酒精的破壞性

　　Kassin、Fein 與 Markus 歸納影響攻擊產生的重要因素和情境裡線索（situational cues）的前三位是敵意的情境、傳播媒體、酒精。[44]

　　人們不會做出腦海裡未曾儲存的行為，記憶中如果沒有印象，就不會做出攻擊行為。在媒體的影響方面，媒體中的暴力訊息確實會強化觀眾的攻擊行為。人們觀看媒體暴力可能增加攻擊性的理由包括：

1. 觀看人物表現暴力時，降低對暴力行為的抑制力。
2. 觀看暴力時，可能模仿和學習攻擊行為。
3. 觀看暴力使人們更容易發怒，因而產生攻擊反應，將輕微的煩躁轉換成激烈的憤怒，更容易做出攻擊行為。
4. 觀看大量暴力行為降低對暴力的恐慌以及對受害者的同情，容易接受及同意暴力，也更可能做出攻擊行為。

　　看暴力電視為主題的電視節目確實會提高兒童的攻擊行為頻率，兒童時期在電視上看到的暴力行為愈多，到青少年階段的暴力行為也就愈多。經常觀賞了暴力警匪劇的兒童對玩伴所表現出來的攻擊行為，遠超過看運動節目的。當然，原本不具攻擊傾向的孩子不會因為看了一部暴力影片就表現攻擊舉動，但大量接受暴力的畫面，比較容易施暴。

　　暴力電玩與孩童的攻擊或犯罪行為有正向相關，對有暴力傾向的孩子

來說，影響更大。Phillips 審視了美國的謀殺率，發現在重量級拳擊賽剛舉行後，謀殺率幾乎都上升，競爭比賽通常會使參賽者和觀眾更具有攻擊性。在比賽過程中，觀眾變得非常好鬥，比賽接近尾聲時，敵意更劇烈。觀看暴力電視節目，還會麻痺人們面臨真正攻擊事件時的反應。玩暴力電玩比起未玩暴力電玩的參與者也要花上更長的時間去回應。青少年和成人重度電視用戶（一天看超過四小時）比輕度電視用戶（一天看少於兩小時）更容易誇大暴力的程度。接收暴力色情訊息也會大幅提高對女性性暴力的接受度。[45]

以「電擊實驗」來看，當先前對實驗同謀施行過電擊的人再次獲得攻擊機會時，對實驗同謀採取更強烈的攻擊。先前觀看暴力色情影片的人，使用的電擊尤其強烈；相對的，觀看非暴力純色情影片的人，所施的電擊最低。以攻擊暴力手段懲罰的父母，教養出來的小孩，長大後也容易傾向使用暴力。[46]

為什麼媒體暴力或色情暴力會影響觀眾的攻擊傾向？常見的理由有： 1.既然他們能做，我也能； 2.哦，原來應該這麼做； 3.這種感覺就是憤怒，不只是日常壓力； 4.嗯，又是毆打； 5.在他打倒我之前，我最好先撂倒他！其他人即使提醒威脅對犯罪行為進行相對較嚴的懲罰，仍然難以減輕犯罪的慾望。

酒精與攻擊有高度的關連性，即便沒有被挑釁或清醒時鮮少有攻擊行為者，一旦喝酒仍可能出現攻擊行為。飲酒充滿社會心理意義，但飲酒的影響力卻被低估。酗酒人格（alcoholic personality）的特質是衝動易怒、低挫折忍受力、被動依賴、自戀、自我功能脆弱、情緒不穩定、自我意識強烈且緊張性較高。簡言之，酒精依賴患者往往缺乏對現實的認知力，人格常不成熟。[47]

喝酒對他人的攻擊性被大眾所低估，大家都注意到喝酒的人在馬路上所產生的傷害，對喝了酒的人回到家裡所產生的傷害卻被忽略，也少有人關切「酒」與性騷擾、性侵害等的關連性。在我國，「113」的加害者，包括在家庭裡虐待或疏忽子女的、對配偶施暴者，許多不幸都源自喝酒惹的禍。「酒後亂性」，有許多性騷擾甚至性侵害事件都因酒而起。在應酬的場合出現的性騷擾機率遠高於其他地方，開黃腔甚至成為應酬裡頻繁發

生的語言。平日道貌岸然的人在酒精的刺激下，說出了各種黃色笑話。應酬之外的「續攤」，出現更濃厚的性意味，「喝花酒」的參與者主要是男人，「113」的受害者可能是因為加害者飲酒而受虐。其實，很多的貧困者、低收入戶、身心障礙者、有偏差行為的青少年，都是酒精濫用所直接間接促成的。[48]

近年來，酒駕的議題經常被媒體報導。酒駕惹事的新聞讓大眾惱怒也讓政府官員痛心，紛紛主張嚴懲肇事者，並且對喝酒還開車的人多加以限制，但也有人從人權與社會文化的角度，認為不必過於拘束。其實，酒駕傷財、傷人、傷感情，因為酒駕車禍用掉的健保醫療資源非常可觀。因為酒醉駕車十分危險，駕駛如同開著殺人武器在馬路上橫行。喝酒會造成人的視覺系統、運動神經反應變慢，如眼睛看到路況、腦子判斷踩煞車、腳步動作採下煞車板都需要快速的反應，如果喝酒，會使這些動作慢半拍因而造成事故。「喝酒」與「苦悶」有關，是重要的社會心理現象，在高失業率的時候，喝酒的人增加，酗酒的更多。

第 **15** 章

重建信任

　　社會心理學探究人們在社會裡的心理，此種心理與自己獨處時有差別。人們在互動之後的社會行為，與個別的行為處處截然不同。例如個人對自己要有信心，但對其他人要培養信任，對不同職業的人乃至對社會大眾要產生信任感。這絕對是高難度的考驗，在無數人有心機行惡的環境中，坦誠信任越來越難，可是社會的運作就得有足夠堅強的信任做基礎。如同諺語「成家有如肩挑土，敗家有如浪淘沙」所描述的，信任的建立與維持不易，傷害與毀滅卻很快。台灣社會的信任機制，近年明顯鬆動。

　　聯合報要我為 2014 年的台灣選出一個代表字並簡要說明，我選了「沉」，說明是：

　　雙十節海獅五號沉沒，高雄氣爆地基下沉，黑心業者道德沉淪。千萬民眾感嘆：「生活担子，無比沉重。」

　　部會首長沉不住氣，總統閣揆沉下臉來，政府聲望沉落谷底。有為之士感嘆：「公理正義，石沉大海。」

　　在台灣，整體的社會信任分數並不低，願意從事友善行動的人不斷增加，社會福利、宗教關懷、社區服務乃至網路捐款等，都使社會少了些對立、仇恨，避免了攻擊等不幸的發生。但是對司法體系的信任分數卻逐漸下降，要改善此種狀況，可以借重社會心理學的知識及技巧。

▶ 第一節 ▶ 社會信任

壹、實例

台灣社會之中，人們彼此信任嗎？從 2010 年起，媒體常有一個說法「台灣最美的風景是人」，也有各種描述台灣人正面作為的故事。但如果以為這是完整的事實，存在著「自我感覺良好」的心態。先看幾個數據與幾個例子。

首先是高雄氣爆後的捐款，氣爆造成嚴重死傷，道路及房屋受損嚴重。事件發生後，台灣人再度發揮人飢己飢、人溺己溺的大愛精神，踴躍捐輸，意外發生不到一週就湧進二十多億的捐款，滿兩個月時更突破四十億。一時之間，捐款成為集體行為。其中有許多企業大筆捐款，但是部分媒體把焦點放在某家企業捐太少，某位政治人物沒捐款等等。有人因此批評樂捐成了「勒」捐，塑造「人家都捐我不能不捐或不能捐太少」的氛圍，如此報導踐踏愛心的意義。

高雄氣案不是「天災」而是「人禍」，該負責的人（包括廠商與政府）該賠償的，不應由大眾的善心給付。「公歸公、私歸私」，民眾的捐款主要是幫助災民，協助災戶重建，而不是拿去修路、裝路燈、弄管線，那是政府的責任。政府做災後重建的花費該支出就儘速支出，但日後責任追究，若屬廠商的責任應向廠商索賠。

在捐助對象方面，災民的死亡或受傷所造成對家庭經濟的傷害各有不同，不應該給每一個死者固定的費用又給每一位傷者另一筆固定的費用。高雄市府應請保險專業人士、法院有經驗的事務官參與鑑定。每個災戶的家庭組成與家人狀況都不同，應由社工人員詳查，按照高雄市社會救助金專戶設置管理及運用作業要點，由專戶管理會依照個案狀況有所安排。

高雄市的社政業務對於不同屬性背景已累積相當資訊，還應與衛生所、中小學幼稚園等聯繫，將資料納入研討，儘速彙整。如具備低收入戶、中低收入戶、高風險家庭、身心障礙、老人等資格，可以納入補助時加權考慮。開會時，應該邀請區長、里長、鄰長等列席，補足相關資訊。

在具體服務方面，日後可委請民間非營利組織依照不同專案，配合政府社工追蹤訪視。對於受傷而在不同醫院救治的，建議各醫療院所善用內部的募款機制及志工人力，錢到人到關懷到。

在處理機制方面，捐款金額龐大，應以公益信託方式進行，透過受託人執行信託目的。公益信託不像財團法人須設專職人員及固定事務所，有助於節省運營費用，而使來自大眾捐助的信託財產盡量集中於濟助災民身上。公益信託設立手續簡便，在期間上並不要求具備永續性或長期性，即使短期間之營運亦可。

這次氣爆是「管線」出問題，善款的「管線」不能再「氣爆」了，需理性將大眾的善心善意全數順利、合理、合法輸送到災民的手上。

Levine 等人研究世界各地 23 個城市的居民是否願意幫助陌生人，發現「台北市」屬於最不願意幫助的城市之一。研究者以三種行為來辨識：

1. 幫忙對面走過來的人撿起掉在地上的筆。65%的台北人願意，居 15 名。
2. 一位在外觀上看得出來腳已經受傷的人，手上的雜誌掉落而願意幫忙撿。62%的台北人願意，居 15 名。
3. 幫忙一位盲人過馬路。台北人只有 50%的人願意，只比曼谷人好，居 22 名。

整體來看，台北在 23 個城市中居 18 名，只比索菲亞、阿姆斯特丹、新加坡、紐約、吉隆坡好一些。[1]

「路見不平，你會拔刀相助嗎？」，國內《看雜誌》在 2012 年 7 月曾進行一個調查，題目是「路上看到搶劫或交通事故，你的反應是？」答案依序是：

1. 先確認自己有沒有能力協助，有能力就幫。沒能力就通知警方或幫忙呼救。
2. 打 119 或 110 通知警方或消防人員，然後默默閃人。
3. 當然事先幫人再說。
4. 幫人有時候反而會被告，所以還是小心為上。

其他的答案都只有非常少的人選擇，如「太危險了，先跑再說。」、「如果時間不趕就會協助，趕時間就閃人。」、「落跑」、「裝作沒看到」等。

但是，近年台灣社會的友善逐漸強化，種種友善行為也被世界所認識。2014 年 7 月 10 日聯合報報導：美國網站「Lifestyle9」根據美國 FBI 的數據，列出全球 10 大最安全的國家，台灣僅次於日本，83.74 分的高安全值位居全球最安全國家第 2。「Lifestyle9」認為，雖然每個人對於「安全」的定義不同，但不可否認的是自然災害、貪污程度、經濟情況與犯罪率都是造成社會動盪的因素，其中又以犯罪率的影響最大，台灣的犯罪率值低。「Lifestyle9」指出，在台灣，不用提心吊膽擔心暴力犯罪或搶劫事件，人民也非常友善、熱心，多半誠實；不管在台灣何處，觀光客碰到難題開口詢問，總是能碰到主動上前來幫助的熱心民眾，讓許多外國遊客感覺「就甘心」。

以各國旅遊的人數來分析，依照亞洲政經風險報告指出，2014 年一到五月亞洲區旅遊趨勢與 2013 年同期相比，入境旅遊人數成長最多的前五名為日本、台灣、越南，中國、泰國。台灣與日本旅遊日益頻繁，2014 年一到五月日本旅客遊台人數突破 66 萬人，台灣赴日旅遊人數也大幅增加至 120 萬人，兩者均比去年顯著增加。

信任因為對象而有不同，《遠見雜誌》持續進行「社會信任度調查」，分析社會裡各種角色與職務獲得信任的情況。在 2013 年 7 月的結果顯示：歷年調查下來，最顯著的變化是對「社會上大部分的人」，也就是陌生人的信任分數增加最多，顯示台灣對集體人際關係看法大致上是正面的。2001 年調查中，34%的民眾信任「社會上大部分的人」，此後逐步提升，2013 年調查指出，有高達 64.5%的人信任。[2]

2014 年整體絕對值雖然比前一次調查略增，但民眾給整體社會信任的評分還是只有不及格的 59.85 分。針對民眾對其他各種社會角色及職務的信任度，「家人」連六次蟬聯第一，醫生及中小學老師則居前二、三名。政府官員取代民意代表，淪為墊底。2013 年新加上的兩種職務：房屋仲介及理財專員，則分居倒數第三及第四。

另外，台灣指標民調於 2012 年 7 月 27 日所做「台灣民心動態調查、

政治信任與司法民調」。在詢問民眾「台灣司法能否維護社會公平與正義」時，只有 24.3%認為能夠，63.3%認為不能夠。對照趨勢調查結果，與 2006 年、2009 年時民眾的看法相近，大多數民眾認為台灣司法不足以維護社會的公平正義。

最值得注意的是「中華民國群我倫理促進會」所做關於經濟發展、社會變遷、人民對特定對象與一般對象的信任感。自 2001 首次舉辦「台灣社會信任調查」，2002 年舉辦第二次，其後每兩年舉辦一次，已經舉辦七次。在表 15-1 呈現 2001 年至 2013 年調查台灣社會信任的變化。

表 15-1　台灣歷次社會信任調查結果的比較

年度／角色	2013	2008	2006	2004	2002	2001
家人	4.75	4.78	4.79	4.79	4.73	4.77
醫生	4.05	4.10	4.09	3.98	3.77	3.78
中小學老師	4.03	3.95	4.08	3.95	3.78	3.76
鄰居	3.82	3.90	—	3.88	3.70	3.62
基層公務員	3.55	—	—	3.49	3.13	—
社會上大部分的人	3.47	3.39	3.44	3.18	2.84	2.80
企業負責人	3.12	3.06	3.22	3.00	2.94	2.52
警察	3.07	3.39	3.44	3.18	2.84	2.80
律師	2.90	2.99	2.95	—	—	2.84
總統	2.57	3.01	2.73	3.25	3.01	3.51
法官	2.50	2.88	3.06	3.23	2.85	3.05
新聞記者	2.48	2.36	2.32	2.59	2.56	—
理財專員	2.48	—	—	—	—	—
房屋仲介	2.39	—	—	—	—	—
民意代表（立法委員）	2.32	2.24	2.12	2.25	2.21	2.29
政府官員	2.27	2.49	2.45	2.64	2.28	2.63

資料來源：群我倫理促進會，〈2013 年社會信任調查結果報告書〉。

最重要的項目是對「社會上大部分的人」的信任；「社會上大部分的人」就是第六倫所說的「陌生大眾」。台灣社會對陌生大眾也就是不認識的人信任度的分數，最高分是 5 分，從 2001 年的 2.80，一路提升到 2013 年的 3.47，只有 2008 年得分略降。社會對陌生大眾信任度的排名則從 2001 年 12 個項目中的第九，提升到 2013 年 16 個項目中的第六，其前依次是「家人」、「醫生」、「中小學老師」、「鄰居」和「基層公務員」。

根據這份資料，孫震認為對陌生人信任是台灣社會倫理的重大進步，這樣顯著的進步只有在國民素質大幅提升、社會資本大量蓄積的情形下才會得到。在表中，總統的信任排名從 2001 年 12 個項目中的第五名降至 2013 年 16 個項目中的第十名，「政府官員」則從第十名降至第十六名，取代過去五次信任調查持續倒數第一名的「立法委員」。另一個表現完全相反的項目是「企業負責人」，2001 年在 12 個項目中排名倒數第二，得分 2.52，2013 年晉升到 16 個項目中的第七名，得分 3.12，略高於 2008 年的 3.06。[3]

貳、解釋

從重大災變之後無數人捐款、擔任志工，顯示台灣人願意從事利他、利社會的一面，這些現象是否存在「城鄉差距」呢？都市人比鄉村人冷漠嗎？假如屬實，可能是什麼原因造成的？是人格或情境因素？從人格差異的觀點，都市人比較可能冷漠；小鎮居民則普遍具有樂於幫助陌生人的個性。Milgram 進行「遺失信件實驗法」，將一些信件貼好郵票，放在郵筒附近，看看有多少人會幫忙丟進郵筒。他依照研究目的，改變收信人單位或性別等變項，也可以將信放在不同地點（城市或鄉村）。最後寄回的地址都一樣，以便進行統計。他因此提出「都市過度負荷假說」（urban-overload hypothesis），解釋都市人之所以冷漠，因都市生活容易使人因為資訊過多而封閉自己，並非都市居民樂於如此，主要是環境因素使然，並非人格因素。都市居民到了鄉間也會樂於助人，鄉村居民來到都市也容易變得冷漠。環境的情況必然會影響助人的行為是否普遍，如果社會規範鼓

勵人們做好事，做好事的人容易獲得社會認可，多數人認同人與人之間應多互助，則助人的行為容易出現。這樣的現象通稱為「助人的文化與社會規範」（culture and social norms of helping）。居民流動性也很重要，長期住在相同地方的人，比較可能參與社區利他活動。都市的居民流動性高，因而可能減少持續的助人行為。④

助人行為有文化差異嗎？個人主義文化比集體主義文化還冷漠或熱心？集體主義文化中，內團體與外團體的區分通常比個人主義文化明顯，人們也更重視內團體的需求。相較於個人主義文化，集體主義文化中的人更可能去幫助內團體，而且更不會去幫助外團體成員。內團體（in group）是個人所認同，覺得自己屬於其中一份子的團體。外團體（out group）是個人認同以外的團體。一般而言，所有文化中，人們都比較願意幫助內團體成員（自己人），而較少幫助外團體（外人）。⑤

人不見得總是希望被人幫助，如果接受幫助反而顯得自己不夠好，可能保持沈默而不求助，即使這樣做會導致失敗。助人的目的應是鼓勵對方，強調對他的關心，而非凸顯自己的能力或技術，否則可能反使對方感到自尊受威脅，甚至變得自暴自棄。

採取間接幫助，聯絡專業人員協助反而是比較符合現代社會的做法。例如：見人受傷，聯絡專業醫護人員處理；郊區看到他人車子拋錨，聯絡拖吊人員；即使受過 CPR 訓練，施救前也應先打 119。發生急難事件時，以視線、手指或直接請求他人幫助，能有效責任分散。心肺復甦救生課中，除了學習急救技術之外，還要學會如何控制急難現場。例如，遇到有人溺水時，要學習在現場指派不同的人負責特定任務，包括打電話叫救護車、拿救生設備等。控制現場的方式能夠幫助旁觀者介入救助，避免旁觀者效應。透過學習，瞭解阻礙助人的情境因素，也有助於克服這些障礙。

由表 15-1 發現一個可怕又令人遺憾的訊息：「政府官員所獲得的社會信任位居最後一名」。倒是「基層公務員」的分數不算太低，民眾為什麼不信任政府官員，是因為公務員無法講理嗎？這個現象需好好思考。2013 年 7 月 5 日，公務員普考登場，第一堂考國文，作文題目有些長：「社會中的分子能否理性溝通、討論，是這個社會是否進步、文明的關鍵。請以『講理』為題，作文一篇。」考選部長董保城解釋這個題目，強

調：「與民眾溝通時，最重要的是要有同理心。」

　　既然要甄選的是基層公務員，作文題目應該配合公務員的角色去探究。公務員的首要工作是「依法行政」，執行國家法令。如果「法令」與「理性」一致時，「講理」不難。但如果不一致，要以「法」優先還是以「理」優先？如果法令已經充分考慮不同民眾的心態，執行時不難。偏偏「法律總是一概而論」，要「同理」不同的民眾，就很難了！

　　「有理走遍天下，無理寸步難行」，人人知道「講理很重要」，但比「法」或「情」更重要嗎？幾千年來，中華民族的文化主題是「情、理、法」，情總是優於理，而法經常排最後。近幾十年法治當道，政府體系的運作主軸是「法、理、情」，人情不能高過法律，即使是高官也得守法，不能濫情。

　　無論是「法、理、情」或「情、理、法」，「理」從來都不是最優先的考慮。這正是中華民族長久以來的困境，也是不夠進步的癥結。德國社會學大師韋伯終身探究「西方何以成為今日的西方？」他的結論是：西方致力追求「合理」。理性化是近代西方能領導全球的最根本動能，無論是政治、經濟、城市管理，甚至是音樂的五線譜，都「講理」。幾千年來，不同地區，只有近代的西方各國以「理性」為各種決策最優先的準繩。

　　「理性」按照《韋氏大字典》的解釋，就是「精密地深思熟慮」。又要深思、又要熟慮、更要精密。無論是科技產品、服務方案乃至政府運作，都得如此。政府體制是經過精密、深思、熟慮的規劃過程，仔細建立的，這制度稱為「科層體制」，特徵是職有專責、分層統屬、規章治事、專門化、能者在位、規則管理等。韋伯分析說：「科層組織得以迅速發展的主要原因，在於其純粹的技術性優越，超出任何其他的組織形式。精確、速度、不含糊、檔案知識、連貫性、自行決斷、一致性、嚴格服從、減少摩擦──凡此種種，在嚴格的組織行政格局裡，均被提升到最適當的高度。」

　　韋伯是德國人，鐵血首相俾斯麥接受了他的理念，建立了現代德國的政府體制。德國澈底執行這套體制，因而強盛。因為政府堅持理性，公務員落實講理的信念，即使兩次世界大戰都戰敗，總是能迅速復興，當今還是歐盟的靈魂。

世界各國都有公務員,公務員只是龐大體系的小角色,如果體系的設計未能深思熟慮,如果制度開始時就欠缺精密規劃,個別公務員所能發揮的功能勢必有限。假如制度處處「不講理」,公務員怎麼「講理」?

普考作文題目一開始就說:「社會中的分子能否理性溝通、討論,是社會能否進步的關鍵……」社會若要進步,政府必須進步,政府體系裡必須先理性溝通。政府之中,有不計其數的會議,卻未必都產生理性的決議。近年來公務人員普遍士氣低落,原因很多,直接的因素包括:中央政府規劃不周延的組織改造、地方直轄市紛紛設立但財源有限、立法院的議事運作經常出狀況、監察委員約談頻繁等。在無數單位,高級文官如跑馬燈、中級幹部無所適從、基層人員業務繁瑣……,因而難以落實法令政策。個別成員即使有心,在社會大環境中,仍難以改變情勢。

許多人批評台灣「理盲而濫情」,政府理盲,民眾濫情。忙碌不堪的公務員如何有好心情在討論中講理?天天應付四面八方批評的公務員如何對民眾「用同理心講理」?不斷應付組織變動與上司更迭的人員如何「精密地深思熟慮」?

▶ 第二節 ▶ 司法信任

壹、實例

棒球被台灣民眾稱為「國球」,中華職棒是所有競賽中最受歡迎的,但是屢次發生「打假球事件」,職棒開打超過四分之一世紀,1996 年發生時報鷹「黑鷹事件」、2005 年有 La New 熊球員的「黑熊事件」、2007 年出現中信鯨「黑鯨事件」、2008 年又有米迪亞「黑米事件」以及 2009 年「黑象事件」。

涉案人數最多的「黑象事件」假球案終於在 2014 年 8 月 13 日宣判,包括多位的前中職球星判刑確定,但不用坐牢,都可易科罰金。中華職棒聯盟表示遺憾,認為「判刑過輕,司法判決無法達到嚇阻不肖球員的目

的」，司法機構對於職棒環境，以及賭博案所造成的傷害，理解不足。這五次涉及打假球放水案，有上百名教練、球員曾經接受調查，其中 84 人遭起訴，但沒有一個涉案球員坐牢。這樣的判決結果，也在網路上引起球迷討論，有些網友認為法院輕判，變相鼓勵球員打假球。

除了職棒黑球之外，有許多法院的判例，都讓大眾質疑。所以法官的社會信任不斷下降，如上表 2013 年調查指出，民眾信任陌生人的程度還超過信任法官，法官所得到的分數也低於律師。「恐龍法官」等說詞，都是對司法的質疑。

貳、辨識證詞

為何如此呢？單以「證人的證詞」來分析。為保護刑事案件及檢肅流氓案件之證人，使其勇於出面作證，以利犯罪之偵查、審判，或流氓之認定、審理，並維護被告或被移送人之權益，政府在 2006 年制定有「證人保護法」。證人是「法院或檢察官所命，對自己過去所經驗的事實予以陳述之人，屬訴訟主體外的第三人」，而證人所為的陳述為證言。證人願在檢察官偵查中或法院審理中到場作證，陳述自己見聞之犯罪或流氓事證，並依法接受對質及詰問。

證據能力指證據具有形式上得為證據之資格，證明力指證據的實質的價值。前者通常由法律加以規定，而後者是由法官依自由心證來判斷。證據能力所針對的是程序面的制度，而證明力則是實體面的制度。[6]

證言的證據能力必須具備：1.證人適格；2.證言任意性；3.與待證事實的法律上關連性；4.合法調查程序等要件，證人若為不實的陳述則屬於無證明力。影響證人適格的因素之一是證言能力與利害關係。前者受生理或心理因素影響，可能因認知記憶偏誤，欠缺陳述的能力。後者則可能因為涉入案件太深或利害關係的糾葛，易生偏見。在利害關係部分，首先是共同被告的問題，共同被告倘不行使拒絕證言權，得衡量訴訟成本與發現真實，以分離程序的方式，使之在不同程序中具有證人適格，目的在使具有共同被告身分的證人可以接受共同被告的對質詰問。[7]

證據應經合法調查才具有證據能力，證言亦有其合法調查程序。但並

非所有違反調查程序的結果都使該證言喪失證據能力，須視該違法程度與是否惡意加以判斷。由於我國證據的證明力為法官自由心證，證言因為人的知覺、記憶與陳述方式不完整，具有不實的危險性，而導致誤判。針對確保證言的真實性和信用性，應建立健全的證人指認程序、以科學方式調查證言、並確立物證優先原則。對於特殊證人的證言，其證明力亦有重新省思之必要，如被害人之證言、有共犯關係共同被告之證言、兒童證人之證言、未經具結證人之證言等應以補強證據為宜，最重要的，該種證言不應作為被告有罪判決的唯一證據。⑧

「證人錯誤指認」的危害極大，Garrett 在 *Convicting the Innocent: Where Criminal Prosecutions Go Wrong* 針對全美因 DNA 證據而確立錯誤的 250 件案例判決進行系統分析，檢視冤獄成因。冤獄形成主因之一是證人的錯誤指認，在所有的案件中，有 76%涉及證人的錯誤指認，是誤判形成的最大因素。證人的記憶不只是不可靠，甚至可被操縱。在涉及錯誤指認的案件中，大多數都與警察使用具有暗示性的指認程序有關。在33%的案件中，警方使用的是單一指認；在34%的案件中，警方使用的是具有偏見的列隊或照片指認；在44%的案件中，警方在指認過程中曾給予證人暗示性的反應。⑨

單一指認並非完全不能使用，在案發後數小時內，證人記憶猶新還是可以採用。然而，在多數案件中，警方並未遵守此準則，他們大都要求證人在經過相當時間後才進行單一指認。另外，具有偏見的照片指認相較於其他被指認人更為醒目。暗示性回應是當證人指出警方所中意的人選時，警方給予鼓勵的反應，而當證人未指出嫌犯時，警方則給予懷疑的反應。警察這些充滿暗示性的指認過程不只造成錯誤指認，也容易形成證人的錯誤自信心。證人原本對於指認結果不甚確定，很有可能因為警察的一句肯定或鼓勵的話轉為確信。

要避免暗示性最有效的做法是採取所謂的「雙盲法則」，應由不知案情的員警進行指認程序，並且告知證人嫌犯未必在指認列中，如此即可避免多數的暗示行為。指認時也應該儘量避免被指認人之間有重大差異。⑩

目擊證人對證詞的把握度和證詞的正確性並無多大的關連。執法者很自然地依照目擊證人的信心來判斷其正確性，目擊證人在指認後如果發現

其他目擊證人也指認同一人為嫌犯，他的信心將會增加；相反的，如果其他目擊證人所指認的對象不同，他的信心將會降低。⑪

正確指認者可能會說，他們也不知道自己到底是如何辨認出來的，只不過那名嫌疑犯的臉就很清楚「浮現」在他們面前。結合反應速度與信心有助於評估提高正確性。人們在十秒鐘之內做出選擇，而且對其判斷表達高度信心，可能較為正確。使用語言情境下的受試者只有 38% 的人正確指認出搶匪，而非使用語言情境下的受試者卻有 64% 的人做出了正確指認。當目睹到一件刑案時，不應該將犯人的長相訴諸文字；同樣的，如果聽到誰說他寫下了一段關於某個人長相的描述，並且花了很長時間進行指認工作，反而應該懷疑此人指認的正確性。⑫

有些謊言無傷大雅，但最令人頭痛的是「與國家司法體系、專業介入有關領域」的謊言，如法庭、警界、社工處遇。專業人士面對律師等對手，如何能辨識所言的真偽呢？司法體系比起其他社會制度更強調「誠實之必要」及「嚴謹的程序」，司法程序特別重視事實的發現、重建及決斷，在法庭內說謊比在法庭外說謊更嚴重。法院與其他社會領域相當不同的是在經常使用強調誠實必要性的正式程序。但是，法庭內的謊言會比較少嗎？許多專業人士在此謹慎陳述證詞，這些證詞與書面聲明，可能比當眾詢答更容易扯謊。因為在提出之前，必然檢查內容是否連貫，是否合理。⑬

進了法庭，多數人會覺得嫌疑犯容易說謊以脫罪。的確，原告與被告出於自我的利益並夾雜情感因素而偽造證據，原告誇大自己遭受的損失以便要求更多賠償，被告則設法推卸責任，以增加無罪開釋的機會。⑭

美國在過去 20 年間，透過 DNA 證據的輔助，已推翻了許多錯誤的判決。Garrett 列出了五項冤獄形成之主因，除了「證人的錯誤指認」之外，還有四方面，簡單介紹如下：⑮

1. 錯誤的自白

錯誤自白是一般人難以理解的誤判形成原因。在 250 個錯誤判決中，有 16%，也就是 40 件案件涉及錯誤自白。這些錯誤自白的案件中，除了 2 件以外，被告都在自白書中陳述了只有真正的行為

人才可能知道的細節。合理的解釋是警察在訊問過程中有意無意將案件細節洩漏給被告，再逼迫被告承認，此種臨時編造的自白必然漏洞百出。在這 40 份自白書中，有 30 份內容都出現了錯誤的資訊，顯示當警察沒有告知被告完整的情節時，被告只能自行想像，填補犯罪情節的空缺。

錯誤自白的殺傷力強大，不只因為自白本身就具有很強的證明力，更是因為自白的瑕疵容易擴大污染其他證據。例如在一個案件中，被告 5 人中的 4 人都在壓力下錯誤自白，這 4 份自白書在審判中必然影響陪審團對未自白那位共同被告所為證言的評價。

在這些涉及錯誤自白的案件中，有 97% 的案件都曾在審判時爭執自白的任意性，但是沒有一件成功。一方面是因為這些自白都充滿細節而「貌似真實」；另一方面則是制度上的缺陷。通常法院會考量以下幾點因素：被告的年齡、知識程度、是否履行告知義務、拘留及訊問時間的長短、是否剝奪被告的飲食或睡眠、被告訊問過程的行為舉止。若事後依各點因素來看，許多誤判案件的自白都應予以排除。例如，有 33% 的被告是未成年人；有 43% 的被告心智有所欠缺；有 90% 的案件訊問時間超過 3 小時；更有被告在一個禮拜中被陸續訊問了 30-40 小時，然而這些自白在審判時都被採納為證據。

訊問過程中可能出錯，引發錯誤的自白。在許多案件中，DNA 證據證明被告曾經被錯誤定罪，其原因是被告自白的方法之一是將詢問過程錄影，讓陪審團審視記錄，法官也可以判斷被告是否被強制承認未曾做過的事。

2. 科學鑑識的失誤

在所有的 250 個案件中，共有 153 個案件涉及刑事鑑識證據，其中在 93 個案件中，鑑識人員所提供的是有瑕疵的刑事鑑識資料。最常見的是鑑識人員提供錯誤的，或透過粗糙的方法比對咬痕、毛髮、鞋印或聲紋。以毛髮比對為例，兩個毛髮樣本是否相符完全是鑑識人員的認定，沒有明確的客觀標準。不同的鑑識人員有可能會針對同樣的樣本，產生不同的結論。所謂「相符」或「類

似」這些用語沒有固定的法律定義。同樣的，咬痕、鞋印或聲紋比對並不具有科學上的依據，因為沒有證據顯示這些資訊具有獨特性。

在某些案件中，鑑識人員會有意或無意誤導事實，例如在一個案子中，鑑識人員作證說現場採集到的樣本「符合」被告的血型，卻故意不揭露被害人血型與被告血型其實完全相同。該樣本有可能與被害人的血液混和，也有可能根本就是被害人的血液。

3. 不可靠的線民

在 21%的案件中，檢方曾使用線民的證詞作為打擊被告的方法。典型的情況是該線民為被告在獄中的室友而出庭作證，表示被告曾經在獄中向他自白。事後，檢方再以特定的利益作為交換。

4. 不適任的辯護律師

許多案件的辯護律師顯然不適任。例如，在一個死刑案件中，被告的辯護律師完全沒有處理死刑案件的經驗，整個審判過程僅為期 2 天，辯方僅花了 40 分鐘草草傳喚兩個證人，而陪審團在 50 分鐘內就定了被告死罪。辯護律師忽略了被告自白中許多前後不一之處、被告心智上的缺陷影響自白的任意性、檢方所提出的刑事鑑識有缺失等問題。

有些律師的職業倫理應被質疑。例如有律師在看到被告的自白後，不僅沒有針對自白的任意性加以抗辯，反而回過頭來勸被告認罪；有律師在短短的一個小時內，就迅速要求被告認無期徒刑的重罪。有時因警察與檢方隱匿或銷毀了有利於被告的證據，導致律師不知道應該爭執什麼。有 29 個被告曾在上訴過程中認為檢警隱匿證據。

因 DNA 證據而獲得平反的 250 位受刑人只是冤錯案的冰山一角而已。250 個平反案例有許多共通的特色：重罪（絕大多數涉及性侵害犯罪且被害人不認識行為人）、證據有被保存下來、有進入審判程序、被處以重刑、被告尚未服刑期滿且仍有求生的慾望。[16]

要正視這一類問題，須認清冤錯案不只是少數不肖執法人員造成的，冤錯案應該被定位為系統化的錯誤。就算是心存善念的執法人員也有可能

會冤枉無辜的人。例如，警察的訓練常常會導致「隧道視野」（tunnel vision），使警察在辦案時僅看得到不利嫌疑犯的證據，卻對於有利的證據視而不見。[17]

　　外科醫生動手術前有一定的消毒步驟以避免感染，執法人員也應該要建立起一套標準程序以避免誤判。建置標準程序的目的是維持證據的可信性，無論刑事訴訟制度如何設計，如果事實的認定者無法接觸到正確而客觀的證據，誤判的風險永遠存在。證據的保存機制必須在案件初期就加以啟動，因為從過去這些誤判的經驗來看，一旦證據在初期遭受到「污染」，就不太可能回復，甚至會產生不同證據間的交互污染。因此，對於基層執法人員的教育訓練也非常重要。[18]

▶ 第三節 ▶ 終身學習

　　社會心理學是值得終身學習的一門學科，依照聯合國教育科學文化組織的分析，終身學習最重要有四個要點：

1. 學習去知道（to know）
2. 學習去與人相處（to live together）
3. 學習去執行（to do）
4. 學習發展「獨特的存在」（to be）

以下針對社會心理學領域，分別簡要說明：

一、知道及學習

　　這四個重點，都要學習，學習的效果如何持續，包括特意的（intentional）也包括無意的（incidental）。本書經過作者精心撰寫整理編排，幫助讀者特意學習。希望這些知識能在每一位的腦海之中，能夠持續學習，有時外在一點刺激就能產生學習的效果。學習者要大量的、多元的、持續的，然後運用記憶，成為自己知識系統的一部分。

　　這本書已經提供了許多知識，在參考書目及附錄中還有好幾百筆資料提供給讀者，有助於繼續學習。各種背景的朋友不妨按照自己的興趣與專業，找尋適合研讀下去的材料。例如社會系、心理系、社會心理系等系的師生，多研讀導論方面的書，尤其是英文教科書。至於社會工作系、社會教育系、大眾傳播系、廣告系、犯罪防治系、休閒運動系、企業管理系等系的師生，可多找應用色彩高的書籍。對全球化議題有興趣的，多讀暢銷書。對社會大眾的心理有興趣的朋友，多找台灣學者或新聞工作者所寫的，也可以參考各報章雜誌的社論。

　　社會對你我產生很多刺激，有些是充滿驚奇的意外，每一點都有深遠的影響，都可能產生不同層面的效果。如何瞭解、因應這麼多的不可測，有賴一套知識架構，社會心理學是分析社會事件的有利線索，更是良好架構。我們必須學習更多、更廣泛的知識，尤其需要有彈性開放的心胸，以歡喜的態度迎接種種考驗。

二、與人相處

　　攜手過馬路的經驗你我都有，人生的重要功課是「攜手」，需持續「學習去與人相處」（to live together），建立、經營、維繫各種關係，需具備區分關係的能力，關係有很多向度，如緊密的（intense）或浮面的（superficial）；友善的（friendly）或敵意的（hostile）；平等的（equal）或不平等的（unequal）；任務取向的（task）或社交取向的（social）。[19] 例如某個上班族與同事，工作關係是浮面的、大致友善的、平等的、任務取向的。

　　建立關係的核心動機是「自我擴展」（self-expansion），想要與另一人有所重疊或交融，自己因此觸及到多方面的知識、想法和經驗，擴展並深化自己的生活經驗。[20] 人們在心態上，都厭惡孤獨（agony of loneliness），孤獨產生強烈的剝奪感（feeling of deprivation），又都有建立聯結的渴望。[21]

　　英國文豪魯益師（C. S. Lewis）寫《四種愛》，說明不同關係在本質上的差異，人生有四種最重要的關係需持續經營。第一種愛的希臘文有如英文的 philia，最相近的英文是 friendship，中文是友愛。第二種愛的希臘

文是 eros，英文是 sexual or romantic love，中文是情愛。第三種愛的希臘文是 storge，英文是 affection，中文是親愛。第四種愛的希臘文是 agape，英文是 selfless love，中文是無私的大愛，尤其是上帝的聖愛和耶穌的犧牲。每一種愛在心頭彷彿積木，有不同的形狀，不能互相替代。[22] 相互作用（reciprocity）存在於每一種關係之中，相愛的雙方在給與取（give and receive）產生相互交換，喜歡和愛情充滿給與取的互動，因此產生彼此更強的關係。[23]

三、執行行動

致力於發展本土心理學，對於國內社會科學界「全盤西化」現象有極為深刻感受的國家講座講授黃光國博士，在擔任亞洲本土及文化心理學會會長之時，特別呼籲非西方國家的心理學者致力於建構以「關係主義」作為預設的心理學理論，取代目前西方心理學大多數以「個人主義」作為「預設」的理論。他表示：「長久以來一直希望能夠整合多年來本土心理學的研究成果，寫一本《社會心理學》的教科書。然而，因為自己手頭上的研究工作實在太忙，對於這項耗時費力的心願，始終無法付諸實現。近年來在國際 SSCI 期刊上出版論文的壓力更迫使年輕一代的學者難以投入這項工作。久而久之，國內學術界也始終無法出現一本「本土的」《社會心理學》教科書。當然我更希望：年輕一代的學者有人願意發心，整理本土心理學的研究成果，撰寫一本「本土的」《社會心理學》教科書，為本土社會科學的發展奠立厚實的基礎。」[24] 黃教授也強調：心理學是要由「渴望」到「行動」的。[25]

我強烈認同黃教授的論點，雖然已經快要六十歲，不算是年輕的學者，也不是正統的社會心理學博士，但我對台灣社會心理現象的論述不少，努力達成黃教授的心願，將從「渴望的知」落實為「真實的行」。心理學無處不在，社會心理學議題更是無處不在。我任教社會工作系超過四分之一世紀，深刻體認：社會心理學與社會工作在學術領域上是近親，社會心理學的核心是「學」，社會工作的核心是「工作」，前者偏重「知道」，後者看重「行道」，結合兩者，就能「知行合一」。許多應用色彩重的學科，也都能善用社會心理學的知識去從事更有效的行動。

　　就算是社會心理學本身，也愈來愈重視社區的行動，關注個人與生活社區間的相互關係，探討在不同脈絡中的社會行為，以有效提升個人安適、幸福感，也提高社區生活品質。在美國，受到經濟大蕭條、第二次世界大戰、社會運動等對整體社會所造成衝擊，又受到風起雲湧各項社會與政治改革浪潮的影響，民眾心理衛生逐漸被看重。

　　社區心理學特別關注影響個人心理的外在環境和多元脈絡，也留意社會地位及脈絡的特殊性、社會行動與改變，在研究方面，常在真實的社會環境中進行相關的研究。核心價值與概念包括：[26]

1. 預防重於治療：強調「早期發現早期治療」，預防優於治療復健。看重初級預防，也稱為「全面性預防」（universal prevention）或「心理衛生預防」（primary prevention in mental health），主要目標在維持個人心理健康的狀態，降低問題或疾病的發生率。初級預防方案的對象是整個團體而非少數的個人，重點是增加人格強度、強化社會支持、減少社會壓力、增加物理與環境資源、減少物理與環境的壓迫等。

2. 凝聚社區心理意識能強化社區精神的展現：某一團體居民所共同產生的社會凝聚與情緒連結感覺，如歸屬感、地方依附、相互支持等。方法包括社區復原、測量社區心理意識、降低犯罪被害恐懼等。

3. 生態系統分析與介入：逐漸發展生態分析層次的理論模式，從「個人」乃至「組織」、「地域」等「鉅視系統」。

4. 個人、組織與社區的充權：個人、組織與社區都可藉由學習、參與、合作等過程，獲得掌控本身相關事務的力量，提升個人生活、組織功能與社區生活品質。

5. 尊重多元價值：尊重不同的性別、種族、文化傳統、語言、宗教、國籍、性取向、智能、社經地位、收入、年齡等。為了順利及有效進行社區介入的工作，社區心理學者須接受多元文化相關訓練，累積不同於原本社會文化背景的實務經驗，培養高度的文化敏感度，如此可以避免歧視、偏見或社會分化。

如同社會工作有「基進社會工作」，社會心理學更進一步的行動是帶
著批判的角度。近年來，批判社會心理學（critical social psychology）及
批判社區心理學（critical community psychology）日益重要，因為無數人
的生活狀況直接受到全球化、失業率上升與歧視偏見攻擊等影響。特別被
關注的議題有：社會行動（social action）、倡導（advocacy）、社會改變
運動（social change movements）、貧窮與反貧窮組織（anti-poverty
organizations）、草根社區組織（community organization）、人權（human
rights）、永續社區（sustainable community）、社會政策（social policy）
等。在表 15-2 中呈現了批判社區心理學的重要理念及元素：[27]

表 15-2　批判社區心理學的重要元素

重要元素	實務意涵
公正社會與基本價值	包含正義、關懷社區，社區心理學的實務取向應具備這些條件
看重生態及背後隱喻	注意人們對社會經驗與解決的解釋，又能洞察出所隱含的動機與目的
全系統觀點	能辨識出系統觀點的內在矛盾，提升系統的支持作用，協助人們找出被壓制的原因
科際整合	實務工作應致力於科際間的整合，以瞭解有關壓制是如何產生的，進而作為採取適當行動的依據
人與系統之間的辯證關係	提供機會去強化人們的創造力與判斷的潛能
對人的看法	盡可能地深入人群，共同參與，以挑戰現況，促成社會改變

資料來源：Rudkin, Jennifer Kofkin

表 15-3 則更進一步說明社區心理學的介入策略及重點：[28]

表 15-3　社區心理學的介入策略及重點

介入策略	內容說明
透過教育推廣批判意識	社區心理學家提升團體的覺察，激發改變的可能性。社區心理學家必須願意分享想法，保持開放的學習態度
創造新的社會關係形式及新的社會情境	社區心理學家能促使有共同利益的人結盟，協助參與者連結到其他更多的改變力量
結盟的發展	社區心理學家致力於發展結盟，挑戰現況，成為廣泛社會運動的一環
導引心理學到另一個方向	社區心理學家有機會將心理學的知識與專業運用在使相關概念與實務能結合，發展成參與式的工作關係

資料來源：Rudkin, Jennifer Kofkin

四、自省獨特存在

　　為了寫本書第三章研究倫理的部分，我在 2014 年 7 月 31 日去中國醫藥大學上了四個半小時的課。回程時，遇到一位年紀相仿的老師，我分享自己的收穫。他說：「我好羨慕你，一把年紀還有如此的熱情。」的確，三十多年來，我對社會工作及社會科學一直充滿熱情。社會心理學就是一門有熱情的學科，無數開創與延續社會心理學領域的學者都充滿熱情。熱情來自於學術傳承，不只是要做「科學研究」，更重要的是能社會實踐，影響別人。[29]

　　社會心理學有一種界定是：一門瞭解與解釋個人思考、感覺與行為如何受到「實際存在」、「想像存在」或「隱含存在」之他人影響的科學嘗試或企圖。[30] 這個定義提到三次「存在」，經由整理這本書，我反省了「存在」，有非常豐富的收穫。我彷彿回到二十歲第一次接觸到社會心理學之時，持續開開心心分享及介紹一門很棒很有趣又很有用的知識。我想到有好多年輕學子會因為我的努力，可以更瞭解社會心理學，也更認識台

灣社會及在其中生活的人民，就覺得充滿熱情。

我常想自己該在學術圈如何「存在」？我希望別人如何看待我的「存在」？以及我如何將自己、他人、同事、學生及大學的存在結合在一起，創造更好的「存在」？這些問題都值得在學術界中打拚的人靜下來三思。更是我隨時在思考、在反省、在提醒自己的。

哲學家笛卡爾說：「我思故我在」，意思是一個人能夠思考時就存在了，不一定要做些什麼豐功偉業，甚至不必成為什麼重要人物。有些具影響力的評鑑機制往往只從教職員「做什麼」來衡量，忽略他們「是什麼」，做（to do）的重要性高過了存在（to be）。結果呢？許多學者努力去刻意做些什麼，而常常不能快快樂樂努力，無法依自己本性和生活的環境共榮共存。

「存在」的相對是「虛無」，先「有」才可能去「做」，「不存在」就等於「無」。希望這本書能使許多讀者進入社會心理學的領域，在這個有趣的知識之中「存在」，都有一席之地。

「存在」的第二步是必須面對「選擇」，法國哲學家沙特認為：「在自由這個問題上，目的與動機是次要的，最後成功與否也無關緊要，重要的是去進行選擇。」[31] 思考問題的焦點是：選擇什麼呢？選擇會產生哪些影響？選擇又該考慮什麼呢？存在於哪一種情境之中？但要如何選擇呢？選擇一定是在處境中做選擇。選擇是「自由」，是現代人最可貴的資產，是每位大學生與大學老師擁有的最重要籌碼，應該有權選擇做與不做，如何做、用哪些方法做、做到什麼程度、該採取哪些手段、該做哪些準備……。

每一位讀者已經「成為」社會心理學世界裡的成員，但要如何「做」，還是必須不斷學習。如何好好學習，運用第三章所提到各種科學的方法，持續研究和記錄，就能強化存在的價值。

任何選擇都有影響，都有後果，後果就是「責任」和「生活方式」。近年我選擇重拾對心理學及社會心理學的熱情，開始教、努力研究、仔細寫作，扛下了責任，就有了新的挑戰與新的生活作息。寫教科書瑣碎、辛苦、疲累不堪，屢次覺得自己當初簡直是選擇去「自找麻煩」；有時寫得有收穫，又體會當初的選擇是對的。「責任與辛苦」是成套成組的，必須

一起擁有，不能光挑開心的而不做辛苦的事，也不該只有痛苦沒有成就。

　　沙特說：「自由的人，把整個世界的重量擔在自己的肩上。做為存在的形式，他願對世界也對自己負責。」[32]肩負重責大任，反而是證明自己真正是一個自由人的手段。選擇是可貴的，因為在說「是」的同時，也必須說「不」。當我對寫教科書「點頭」，表明接下來要花大量時間，付出精神體力，也因而必須對某些享樂、休閒、興趣「搖頭」，有所割捨。甚至對自己原有的專長、個性也說了「不」。以往能瀟灑地過日子，隨性地安排生活，因為有個新的「存在」，舊有的角色都得變成過去式，都得放棄，以集中心力扮演好新的角色。

　　我深深期盼有更多讀者能放下一些對終身學習沒有益處的活動，集中精神來學習社會心理學，一定會持續有豐富的收穫。

▶出　處◀

　　說明：本書撰寫，廣泛蒐集中英文書籍與學術研究報告。註釋超過三百個，如果都呈現在內文中，使用大量版面，又不美觀。也由於書中諸多論述都參考了不同資料再重新撰寫，所以用「註」的方式先列出參考書目的代號。若是好幾項的資料，對最重要的來源加以註記。有興趣查閱者請依照提示先找註釋出處，再依出處在參考書目欄中找到。參考書目分為中文及英文，以中文撰寫的，按照姓氏筆畫排序，然後在同樣筆畫中再依序排列。如果是翻譯的，則在譯者姓名後面加上（譯），然後在書名後面加上原作者的名字。以英文撰寫者，以作者名字的英文字母順序排列，在同樣字母中，依序排列。如果是引自雜誌或網站，只在出處說明，在參考書目不再呈現。

｜第一章｜

1. 倪亮、蕭世朗、張肖松、湯冠英（1958）
2. 瞿海源（2004）
3. 瞿海源（2004）；劉惠琴（2006）
4. 劉惠琴（2006）
5. 瞿海源（2004）
6. Shaw, M. E. and P. R. Costanzo（1970）
7. Baron, Robert A. and Branscombe, Nyla R.（2011）
8. 盧俊宏、廖主民、季力康（譯）（2008）
9. Chadee, Derek（2011）
10. Sanderson, Catherine A.（2009）
11. Cross, J. A. and Markus, B.（1991）
12. Parker, I. and Shotter, J.（1990）
13. 周海娟、郭盛哲、黃信洋（譯）（2013）
14. Rosenberg, M. and R. H. Turner（1981）
15. 劉惠琴（2006）
16. 瞿海源（1989）
17. 瞿海源（2004）
18. 張春興（1989）；林崇德、楊治良、黃希庭主編（2003）
19. Myers, D. G.（2012）；Kruglanski, Arie W. and Stroebe, Wolfgang（2012）
20. 彭懷真、彭駕騂（2013）
21. Hewitt and Shulman（2010）
22. 蘇國賢（2004）
23. 彭懷真（2012）
24. 吳惠林（2010）；余引（譯）（2012）；薛絢（譯）（2013）
25. Krupat, Edward（1982）
26. Kimball, Young（2013）
27. Aronson, Elliot, Wilson, Timothy D, and Akert, Robin M.（2012）
28. 周海娟、郭盛哲、黃信洋（譯）（2013）
29. 陸洛教授網站資料
30. 林仁和（2013）

｜第二章｜

1. Huppert, Felicia A. and P. Alex Linley（2011）

2. 曾鈺婷等（2014）
3. Lazarus and Folkman（1984）
4. 張春興（1989）
5. 馮觀富（2005）
6. 柯永河（1990）
7. 張春興（1989）
8. Cockerham（2013）
9. 何長珠、何真譯（1990）
10. 張春興（1989）
11. 汪慧君（2008）
12. 季瀏（2006）
13. 黃東治、邱金松（總校譯）（2008）；盧俊宏、廖主民、季力康（譯）（2008）
14. 季力康、卓俊伶、洪聰敏、高三福、黃崇儒、廖主民、盧俊宏（譯）（2008）
15. 衛生福利部愛滋防治及感染者權益保障會 103 年度第一次會議資料
16. 衛生福利部網站
17. Aronson, Elliot, Wilson, Timothy D., and Akert, Robin M.（2012）
18. Aronson, Elliot, Wilson, Timothy D., and Akert, Robin M.（2012）
19. 黃俊英（2004）
20. 張春興（1989）
21. 張春興（1989）
22. 郭蕙琳（2008）
23. 林泖瑩（2008）
24. Sternberg, Robert J. and Sternberg Karin（2012）
25. Paisley（1989）
26. 洪賢智（2004）
27. 黃俊英（2004）
28. 林泖瑩（2008）
29. Rothschild（1987）
30. 洪賢智（2004）
31. 陳彥希、林嘉玫、張庭譽（譯）（2003）
32. 轉引自郭蕙琳（2008）
33. 彭懷真（2007）
34. 潘敏（譯）（2010）
35. 潘敏（譯）（2010）
36. 潘敏（譯）（2010）

| 第三章 |
1. 張至璋（譯）（2006）
2. 陳向明（2002）
3. 馬家輝（2014）
4. 蕭瑞麟（2006）
5. 蕭瑞麟（2006）
6. 潘淑滿（2003）
7. 胡幼慧（2008）
8. Babbie（1998）
9. 邱皓政（2000）

10. 簡春安、鄒平儀（2007）
11. 楊中芳（1997）
12. 簡春安、鄒平儀（2007）
13. 楊中芳（1997）
14. 瞿海源（2004）
15. 王雲東（2012）
16. 簡春安、鄒平儀（2007）
17. 張春興（1993）
18. 簡春安、鄒平儀（2007）
19. 梁家瑜（譯）（2009）
20. 余伯泉、陳舜文、危芷芬、李茂興（譯）（2011）
21. 王雲東（2012）
22. 楊國樞、余安邦、葉光輝（1996）
23. 梁家瑜（譯）（2009）
24. 邱皓政（2000）
25. 吳明隆（2012）
26. 張春興（1993）
27. Milgram, Stanley（1974）
28. Milgram, Stanley（1974）
29. 李是慰譯（2009）
30. 李是慰譯（2009）
31. 楊國樞、文崇一、吳聰賢、李亦園（2012）
32. 台灣心理學會「心理學專業人員倫理準則」網頁

│ 第四章 │
1. 余伯泉、陳舜文、危芷芬、李茂興（譯）（2011）
2. Aronson, Elliot, Wilson, Timothy D., and Akert, Robin M.（2003）
3. 余伯泉、陳舜文、危芷芬、李茂興（譯）（2011）
4. Aronson, Elliot, Wilson, Timothy D., and Akert, Robin M.（2003）
5. 李玉琇、蔣文祁譯（2010）
6. 黃秀瑄譯（2008）
7. 陳烜之（2007）
8. 王慶福、洪光遠、程淑華、王郁茗（合譯）（2006）；陸洛等譯（2007）
9. 陳皎眉、王叢桂、孫蒨如（2003）
10. 余伯泉、陳舜文、危芷芬、李茂興（譯）（2011）
11. 梁家瑜（譯）（2009）
12. Aronson, Elliot, Wilson, Timothy D., and Akert, Robin M.（2003）
13. Harwood（2007）
14. 張春興（1989）
15. 梁家瑜（譯）（2009）
16. 彭聃齡、張必隱（2000）
17. 陳李綢（1992）
18. 劉安彥（1993）
19. 張春興（1989）
20. 許元平（2012）
21. 許元平（2012）

22. 鄭麗玉（2002）
23. Muraven, Baumeister, and Tice（1998）
24. 李玉琇、蔣文祁（譯）（2010）
25. 王甦、汪安聖（2004）
26. 余伯泉、陳舜文、危芷芬、李茂興（譯）（2011）
27. 張春興（1989）；梁家瑜（譯）（2009）
28. 張春興（1989）
29. 葉肅科（2012）
30. 黃安邦（譯）（1991）
31. 趙慧芬（譯）（2012）
32. Petty and Cacioppo（1986）
33. 梁家瑜（譯）（2009）
34. 張毓如（譯）（2011）
35. 張毓如（譯）（2011）
36. 林驥華（譯）（2009）
37. 張滿玲譯（2006）
38. 周海娟、郭盛哲、黃信洋（譯）（2013）
39. Aronson, Elliot, Wilson, Timothy D., and Akert, Robin M.（2003）（2012）
40. 張毓如（譯）（2011）
41. 張毓如（譯）（2011）
42. 張毓如（譯）（2011）
43. Schneider, Frank W., Jamie A. Gruman, and Larry M. Coutts（2012）
44. Shariff and Norenzayan（2007）
45. 余伯泉、陳舜文、危芷芬、李茂興（譯）（2011）
46. 梁家瑜（譯）（2009）
47. Wegner（1994）
48. Fiske and Neuberg（1990）
49. 張春興（1989）
50. Macrae and Bodenhausen（2000）
51. Wegner（1994）

| 第五章 |

1. 周海娟、郭盛哲、黃信洋（譯）（2013）
2. 梁家瑜（譯）（2009）
3. 余伯泉、陳舜文、危芷芬、李茂興（譯）（2011）
4. Bion, Wilfred R.（2001）
5. 胡榮、王小章（譯）（1995）
6. 陸洛、吳珮瑀、林國慶、高旭繁、翁崇修（譯）（2007）
7. 張春興（1989）；周海娟、郭盛哲、黃信洋（譯）（2013）
8. Hodgson, R. and Miller, P.（1982）
9. 馬康莊（譯）（1992）
10. 張美惠（譯）（1995）
11. 郭為藩（1975）
12. 馬康莊（譯）（1992）
13. 胡榮、王小章（譯）（1995）
14. 顧淑馨（譯）（2010）

15. Kashima, Kashima, and Aldridge（2001）
16. Shinobu Kitayama and Dov Cohen（2010）
17. 余伯泉、陳舜文、危芷芬、李茂興（譯）（2011）
18. Heine et al.（2008）轉引自余伯泉、陳舜文、危芷芬、李茂興（譯）（2011）
19. 余伯泉、陳舜文、危芷芬、李茂興（譯）（2011）
20. 馮觀富（2005）
21. Klein and Schwarg（2001）
22. 陸洛、吳珮瑀、林國慶、高旭繁、翁崇修（譯）（2007）
23. 余伯泉、陳舜文、危芷芬、李茂興（譯）（2011）
24. Tesser（1988）
25. 周海娟、郭盛哲、黃信洋譯（2013）
26. 梁家瑜（譯）（2009）
27. 吳緯疆（譯）（2014）
28. 吳緯疆（譯）（2014）
29. 姜雪影（譯）（2011）
30. 姜雪影（譯）（2011）
31. 余伯泉、陳舜文、危芷芬、李茂興（譯）（2011）
32. 余伯泉、陳舜文、危芷芬、李茂興（譯）（2011）
33. 周宜芳（譯）（2007）
34. 周宜芳（譯）（2007）
35. 周宜芳（譯）（2007）
36. 潘震澤（譯）（2004）
37. 周曉琪（譯）（2014）
38. 余伯泉、陳舜文、危芷芬、李茂興（譯）（2011）
39. Sakai, H.（1999）
40. 趙慧芬譯（2012）
41. 林茂昌（譯）（2014）
42. 林茂昌（譯）（2014）
43. 周宜芳（譯）（2007）
44. 林茂昌（譯）（2014）

｜第六章｜

1. Krupat, Edward（1982）
2. 鍾玉玨、許恬寧（譯）（2012）
3. 洪慧芳（譯）（2013）
4. 馮克芸、黃芳田、陳玲瓏（譯）（1999）
5. 梅靜（譯）（2011）
6. 梅靜（譯）（2011）
7. 謝佩宸（2009）
8. 梅靜（譯）（2011）
9. 胡海國、林信男（譯）（1996）
10. 何瑞麟、葉翠蘋（譯）（1987）
11. 梅靜（譯）（2011）
12. Seligman, Martin（1991）
13. Seligman, Martin（1991）
14. 趙崴（2003）

15. 張春興（1989）；梁家瑜（譯）（2009）
16. Seligman, Martin（1991）
17. 鄭雅芳（譯）（2009）
18. 鄭雅芳（譯）（2009）
19. 閻紀宇（譯）（2005）
20. 鄭雅芳（譯）（2009）
21. 洪蘭（譯）（2001）
22. 李明（譯）（2002）
23. 洪蘭（譯）（2001）
24. 鄭雅芳（譯）（2009）
25. 李素卿（譯）（2004）
26. 錢卓（2007）
27. 瞿錦春、張芬芬（譯）（2012）
28. 李明（譯）（2002）；賴其萬（2005）
29. 李明（譯）（2002）
30. 李明（譯）（2002）
31. 馬家輝（2014）
32. 鄭雅芳（譯）（2006）
33. 彭懷真（2007）
34. Loftus, G. R. and Busey, T. A.（1992）

| 第七章 |
1. Dutton and Aron（1974）
2. 洪蘭（譯）（2012）
3. 周曉琪（譯）（2014）
4. Myers, D. G.（2012）
5. Robbins, S. P.（2005）
6. Kimball, Young（2013）
7. Gilbert, D. T.（1998）
8. Kelley 引自 Robbins, S. P. and Decenzo, D. A.（2005）
9. 引自周海娟等（譯）（2013）
10. 閻紀宇（譯）（2005）
11. 余伯泉、陳舜文、危芷芬、李茂興（譯）（2011）
12. Hoffman, Lau and Johnson（1986）
13. 齊若蘭（譯）（2013）
14. Myers, D. G.（2012）
15. 轉引自余伯泉、陳舜文、危芷芬、李茂興（譯）（2011）
16. 楊玉齡（譯）（2011）
17. 楊玉齡（譯）（2011）
18. 黎士鳴（編譯）（2005）
19. 黃秀瑄（2009）
20. 莊安祺（譯）（2007）
21. 莊安祺（譯）（2007）
22. 莊安祺（譯）（2007）
23. Brinol, Pabol and Petty, Richard E.（2012）
24. Myers, D. G.（2012）.

25. Baumeister, Roy F. and Bushman, Brad J.（2013）
26. Myers, D. G.（2012）.
27. 轉引自余伯泉、陳舜文、危芷芬、李茂興（譯）（2011）
28. Brinol, Pabol and Petty, Richard E.（2012）
29. 引自周海娟等（譯）（2013）
30. Brinol, Pabol and Petty, Richard E.（2012）
31. Brinol, Pabol and Petty, Richard E.（2012）

｜第八章｜

1. 轉引自余伯泉、陳舜文、危芷芬、李茂興（譯）（2011）
2. 王甦、汪安聖（2004）
3. 張芄、褚耐安（譯）（2010）
4. 轉引自薛絢（譯）（2013）
5. 張芄、褚耐安（譯）（2010）
6. 張殿興（譯）（1987）。
7. 莊安祺（譯）（2007）
8. 轉引自余伯泉、陳舜文、危芷芬、李茂興（譯）（2011）
9. Susskind et al（2000）
10. 石學昌譯（2009），肖聿（譯）（2011）
11. 張芄、褚耐安（譯）（2010）；郭志亮（2012）
12. 轉引自余伯泉、陳舜文、危芷芬、李茂興（譯）（2011）
13. 齊若蘭（譯）（2013）
14. 高忠義（譯）（2002）
15. 郭志亮（2012）
16. 閻紀宇（譯）（2005）
17. 宋瑛堂（譯）（2006）
18. 轉引自吳偉疆（譯）（2014）
19. 吳偉疆（譯）（2014）
20. Carter, Stephen（1996）
21. Belsky, R.（1989）
22. 轉引自吳偉疆（譯）（2014）
23. 潘敏（譯）（2010）
24. 吳偉疆（譯）（2014）
25. 潘勛、葉子啓（譯）（2002）
26. 張雅梅（譯）（2007）

｜第九章｜

1. 彭懷真（2013）
2. 桑田草（譯）（2008）
3. 余伯泉、陳舜文、危芷芬、李茂興（譯）（2011）
4. 曾華源、劉曉春（譯）（2004）
5. 侯玉波（2003）
6. 李宗吾（2013）；張分田（2002）
7. 余華青（1994）
8. 余引（譯）（2011）
9. 張穎琦（譯）（2003）

10. Deutsch, M. and Krauss, R. M.（1965）
11. Madson（1967），轉引自 Sanderson, Catherine A.（2009）
12. 引述自陳秉璋（1991）
13. 孫非（譯）（1998）
14. 蔡文輝（2008）
15. 曾華源、劉曉春（譯）（2004）
16. 李美枝（1987）
17. 王重鳴（譯）（2001）
18. Emerson（1981）
19. 林奕伶（譯）（2013）
20. 曾華源、劉曉春（譯）（2004）
21. 孫隆基（2005）

第十章

1. 孫佩妏、陳雅馨（譯）（2008）
2. 周海娟、郭盛哲、黃信洋（譯）（2013）
3. 曾華源、劉曉春（譯）（2004）
4. Hollander, Edwin（2006）
5. 曾華源、劉曉春（譯）（2004）
6. 余伯泉、陳舜文、危芷芬、李茂興（譯）（2011）
7. 陳定夷（譯）（1973）
8. Milgram, Stanley（1974）
9. 余伯泉、陳舜文、危芷芬、李茂興（譯）（2011）
10. 余伯泉、陳舜文、危芷芬、李茂興（譯）（2011）
11. 洪蘭（譯）（2012）
12. 林奕伶（譯）（2013）
13. 梁家瑜（譯）（2009）
14. 余伯泉、陳舜文、危芷芬、李茂興（譯）（2011）
15. Hatoum and Belle（2004）
16. 何宜蓁（2012）
17. 陳韻如（2012）
18. 林添貴譯（2014）
19. 傅建中（2010）
20. Zajonc, Heingartner, and Herman（1969）
21. 曾華源、劉曉春（譯）（2004）
22. Krupat, Edward（1982）
23. 余伯泉、陳舜文、危芷芬、李茂興（譯）（2011）
24. Baron and Branscombe（2011）；陳韻如（2012）
25. 曾華源、劉曉春譯（2004）
26. 齊若蘭（譯）（2014）
27. 齊若蘭（譯）（2014）

第十一章

1. 陳怡君（2012）
2. 余伯泉、陳舜文、危芷芬、李茂興（譯）（2011）
3. Feldman, Robert S.（2000）

4. 余伯泉、陳舜文、危芷芬、李茂興（譯）（2011）
5. 轉引自 Brehm, Sharon S, Kassin, Saul, and Fein, Steven（2005）
6. 轉引自余伯泉、陳舜文、危芷芬、李茂興（譯）（2011）
7. 梁家瑜（譯）（2009）
8. 曾華源、劉曉春譯（2000）；Kimball, Young（2013）
9. 陳乃瑜（2004）
10. 轉引自余伯泉、陳舜文、危芷芬、李茂興（譯）（2011）
11. 周婷（譯）（2011）
12. 梁永安（譯）（2008）
13. 轉引自余伯泉、陳舜文、危芷芬、李茂興（譯）（2011）；Brehm, Sharon S., Kassin, Saul, and Fein, Steven（2005）
14. 轉引自周海娟、郭盛哲、黃信洋（譯）（2013）
15. 趙慧芬（譯）（2012）
16. 廖月娟（譯）（2012）
17. Chadee, Derek（2011）
18. 趙慧芬（譯）（2012）
19. 小野等（2014）；何榮幸（2014）
20. 周婷（譯）（2011）
21. 蔡文輝（2008）
22. Smelser, Neil（1965）
23. 蔡文輝（2008）
24. 廖月娟（譯）（2012）
25. 轉引自余伯泉、陳舜文、危芷芬、李茂興（譯）（2011）
26. 蔡文輝（2008）
27. Smelser, Neil（1965）

｜第十二章｜

1. 張志成（譯）
2. Dovido et al（2006）
3. Jon Jecker and David Landy（1969）
4. Williamson, Clark, Pegalis, and Behan（1996）
5. 姜雪影（譯）（2011）
6. 張春興（2007）
7. 周海娟等（譯）（2013）
8. Williamson, Clark, Pegalis, and Behan（1996）
9. 薛絢（譯）（2013）
10. 陳秉璋（1991）
11. Dovido et al（2006）
12. 林仁和、黃永明（2009）
13. Carlo and Randall（2002）
14. 轉引自黃文勸（2014）
15. Synder and Omoto（2009）
16. Karlis, G.（2008）
17. 張春興（1992）
18. 黃文勸（2014）；林欣諭（2014）
19. Carlo and Randall（2002）

20. 余伯泉、陳舜文、危芷芬、李茂興（譯）（2011）
21. 余伯泉、陳舜文、危芷芬、李茂興（譯）（2011）
22. 曾華源、劉曉春（譯）（2004）
23. Lyubomirsky, Sheldon, and Schkade（2005）
24. 轉引自侯玉波（2003）
25. Kassin, Fein, and Markus（2011）
26. Carlo and Randall（2002）
27. 許碧真（2010）
28. Malt, Gummerum, Keller, and Buchmann（2009）
29. 林玉萍（2006）
30. 鄭淑俐（2001）
31. Barry and Wentzel（2004）
32. Eagly and Crowley（1986），轉引自余伯泉、陳舜文、危芷芬、李茂興（譯）
    （2011）
33. Penner, L. A., Dovidio, J. F., Piliavin, J. A., and Schroeder, D. A.（2005）
34. 曾華源、劉曉春（譯）（2004）
35. 梁家瑜（譯）（2009）
36. 彭懷真（2012）
37. 轉引自陳建丞（2008）
38. 楊梵妤、張文哲（2010）
39. 梁家瑜（譯）（2009）
40. Myers（2008）
41. Baron and Branscombe（2011）
42. 周海娟等譯（2013）
43. Levine, Norenzayan, and Philbrick（2001）
44. Pearce, J. L.（1993）
45. 彭懷真（2012）
46. 劉照金（2003）
47. 劉兼銘（2010）
48. 林勝義（2006）
49. 轉引自林欣諭（2014）
50. 轉引自林欣諭（2014）
51. 林勝義（2006）
52. 林欣諭（2014）
53. Ghazali（2003）
54. Kemp（2002）
55. Slaughter and Home（2004）
56. Farley（2005）
57. 方信淵、陳敏弘（2009）

| 第十三章 |

1. 薛文瑜（2004）
2. 何哲欣、林育如（譯）（2009）
3. 桑田草譯（2008）；拉嘉戈帕爾（譯）（2012）
4. Klein, Melanie（2001）
5. Klein, Melanie（2001）

6. Farley（2005）

7. Quattrone and Jones（1980）

8. 轉引自徐光國（1997）

9. Brehm, Sharon S., Kassin, Saul, and Fein, Steven（2005）.

10. Chadee, Derek（2011）

11. Farley（2005）

12. 梁家瑜（譯）（2009）

13. 張華葆（1992）

14. Garvin, C.（1987）

15. Peter Glick and Susan Fiske（2001）

16. Farley（2000）

17. 周海娟等（譯）（2013）

18. 周海娟等（譯）（2013）

19. Brinol and Petty（2012）

20. 轉引自余伯泉、陳舜文、危芷芬、李茂興（譯）（2011）

21. Leyner（1980）

22. 曾華源、劉曉春譯（2004）；吳惠林（2010）

23. 朱振武、付遠山、黃珊（譯）（2013）

24. Farley（2005）

25. 轉引自余伯泉、陳舜文、危芷芬、李茂興（譯）（2011）

26. 曾慶豹（1998）

27. Alcoff（2003）

28. 桑田草（譯）（2008）

29. Chadee, Derek（2011）

30. Pruitt, Dean G.（2012）

31. 何哲欣、林育如（譯）（2009）

32. 轉引自余伯泉、陳舜文、危芷芬、李茂興（譯）（2011）

33. 楊中芳（1997）

34. 楊中芳（1997）

35. 湯淑君譯（2003）

36. Sherif et al（1988）

37. 轉引自余伯泉、陳舜文、危芷芬、李茂興（譯）（2011）

│第十四章│

1. 莊耀嘉（1991）

2. 引自楊士隆（2004）

3. 轉引自王慧雯（2004）

4. 湯淑君譯（2003）

5. 王守珍等譯（1979）

6. 肖聿（譯）（2011）

7. 邱慈貞（譯）（2006）

8. 莊耀嘉（1991）

9. 張春興（2007）

10. Berkowitz（2011）

11. 轉引自余伯泉、陳舜文、危芷芬、李茂興（譯）（2011）

12. Newhill and Wexler（1997）

13. 陳圭如、孫世雄（譯）（2007）
14. 轉引自王麗馨（2008）
15. 陳麗欣、李自強（譯）（2002）
16. Chan Kwok Tung（2004）轉引自王麗馨（2008）
17. 柯清心（譯）（2007）
18. Krahe（2013）
19. Berkowitz（2012）
20. Krahe（2013）
21. Berkowitz（2012）
22. 薛絢（譯）（2013）
23. Eleanor Maccoby and Carol Jacklin（1974）轉引自余伯泉、陳舜文、危芷芬、李茂興（譯）（2011）
24. 轉引自Whitney and Packer（2002）
25. 王守珍等（譯）（1979）
26. 繆詠華（譯）（2011）
27. Berkowitz（1983）
28. Carlsmith and Anderson（1979）轉引自余伯泉、陳舜文、危芷芬、李茂興（譯）（2011）
29. Krahe（2013）
30. 周海娟等（譯）（2013）
31. Baron and Branscombe（2011）
32. 周海娟等（譯）（2013）
33. Pruitt（2012）
34. 馬康莊、陳信木（譯）（1989）
35. 陳秉璋（1991）
36. 蔡文輝（2008）
37. 蔡文輝（2008）
38. Goodwin（2008）
39. 洪士美（譯）（2007）
40. 陳圭如、孫世雄等（譯）（2007）
41. Kassin, Fein, and Markus（2011）
42. 轉引自余伯泉、陳舜文、危芷芬、李茂興（譯）（2011）
43. Kassin, Fein, and Markus（2011）
44. 柯清心譯（2007）
45. 周海娟等（譯）（2013）
46. 楊美珍（2008）
47. 彭懷真（2013）

| 第十五章 |

1. Levine et al（2001）
2. 《遠見雜誌》2013年7月
3. 孫震（2014）
4. Milgram（1970），轉引自余伯泉、陳舜文、危芷芬、李茂興（譯）（2011）
5. 曾華源、劉曉春（譯）（2004）
6. 林志潔（2000）
7. 林志潔（2000）

8. 高忠義（譯）（2002）

9. Garrett（2012）

10. 金孟華（2012）

11. 余伯泉、陳舜文、危芷芬、李茂興（譯）（2011）

12. 金孟華（2012）；林明傑、沈勝昂（主編）（2004）

13. 宋瑛堂（譯）（2006）

14. 齊若蘭（譯）（2014）

15. 金孟華（2012）

16. 潘敏（譯）（2010）

17. 金孟華（2012）

18. 大淵憲一、戴伸峰（2012）

19. Argyle, Henderson and Fumham（1985）

20. Aron, Aron, and Norman（2004）

21. Kassin, Fein, and Markus（2011）

22. 梁永安（譯）（2012）

23. 曾華源、劉曉春（譯）（2004）

24. 黃光國（2011）

25. 黃光國（2012）

26. Rudkin, Jennifer Kofkin（2003）

27. Rudkin, Jennifer Kofkin（2003）

28. Rudkin, Jennifer Kofkin（2003）.

29. 劉惠琴（2006）

30. Brehm, et al（2005）；李展（譯）（2011）

31. 陳宣良、杜小真（2012）

32. 陳宣良、杜小真（2012）

▶參考書目▶

一、中文部分

丁祖蔭，強贛生（譯）（1988）。社會心理學（原作者：J. L. Freedman, D. O. Sears. and J. M. Carlsmith）。台北：五洲。

丁興祥、李美枝、陳皎眉（1980）。社會心理學。台北：空大。

小野等（2014）。從我們的眼睛看見島嶼天光：太陽花運動，我來，我看見。台北：有鹿。

大淵憲一、戴伸峰（2012）。犯罪心理學。台北：雙葉。

內政部、中華民國志願服務協會編（2002）。志願服務基礎訓練教材。內政部。

方信淵、陳敏弘（2009）。2009 高雄世運志工人力分析。2009 教育行政與管理學術研討會論文集。

王甦、汪安聖（2004）。認知心理學。台北：五南。

王介文（譯）（1997）。把害羞藏起來（原作者：Franklin Schneier and Lauarence Welkowitz）。台北：平安。

王文科（譯）（1989）。學習心理學——學習理論導論（原作者：B. R. Hergenhahn）。台北：五南。

王守珍等（譯）（1979）。攻擊與人性（原作者：Konrad Zacharias Lorenz）。台北：遠景。

工重鳴（譯）（2001）。社會心理學（原作者：E. R. Smith & D. M. Mackic）。台北：桂冠。

王雲東（2012）。社會研究方法。台北：威仕曼。

王祖望、張田英（譯）（1995）。嫉妒與社會（原作者：Helmut Schoeck）。台北：時報。

王勇智、曾寶瑩、陳舒儀（譯）（2012）。社會認知：一種整合的觀點（原作者：Martha Augoustinos, Iain Walker and Ngaire Donaghue）。台北：心理。

王琳（譯）(2013)。圖解：歷史的寬容（原作者：Hendrik Willem Van Loon）。台北：海鴿。

王慶福、洪光遠、程淑華、王郁茗（合譯）（2006）。社會心理學（原作者：Sharon S. Brehm, Saul Kassin and Steven Fein）。台北：雙葉。

王慧雯（2004）。《警察人員遭受暴力攻擊相關因素之研究》。嘉義：中正大學犯罪學研究所碩士論文。

王麗馨（2008）。《公部門保護性業務社會工作人員關於案主暴力攻擊類型、因素及因應對策之探討》。台中：東海大學社會工作系碩士論文。

王薇（譯）（2004）。影響人類的行為奧秘（原作者：Best Schaller）。台中：晨星。

石學昌（譯）（2009）。一見面，就看穿人心（原作者：澀谷昌三）。台北：立村。

申荷永（1995）。充滿張力的生活空間／勒溫的動力心理學。台北：貓頭鷹。

危芷芬（譯）（2011）。社會心理學概論（原作者：Elliot Aronson）。台北：雙葉。

肖聿（譯）（2011）。笑的研究（原作者：James Sully）。北京：中國社會科學出版社。

朱振武、付遠山、黃珊（譯）(2013)。寬容（原作者：Hendrik Willem Van Loon）。上海：譯文出版社

何長珠、何真（譯）（1990）。你不快樂——合理情緒治療法（原作者：A. Ellis and R. A. Harper）。台北：大洋。

何瑞麟、葉翠蘋（編譯）（1987）。精神疾病診斷與統計手冊。台北：合記。

何宜蓁（2012）。《探討「網路口碑的資訊從眾對於消費者衝動購買之影響，以及商品需要

和購買制約因素構成的干擾效果》。台北：政治大學資訊管理研究所碩士論文。

何道寬等（譯）（2010）。裸猿（原作者：Morrism, Desmond）。上海：復旦大學出版社。

何明宗、劉鈐佑（2014）。人間社會學：24則關於溫拿、魯蛇、大小確幸的生命12故事。台北：群學。

何榮幸（2014）。學運世代：從野百合到太陽花。台北：時報。

何哲欣、林育如（譯）（2009）。社會分化導論（原作者：Shaun Best）。台北：韋伯。

何斐瓊（譯）（2013）。醫療社會學（原作者：William C. Cockerham）。台北：雙葉。

余引（譯）（2011）。大哉問：為何常識會說謊（原作者Steven E. Landsburg）。台北：時報。

余引（譯）（2012）。社會動物（原作者：David Brooks）。北京：中信出版社。

余引（譯）（2012）。社會動物——愛、性格和成就的潛在根源（原作者：David Brooks）。北京：中信出版社。

余伯泉、李茂興（譯）（2003）。社會心理學（原作者：E. W. Aronson et al）。台北：弘智。

余伯泉、陳舜文、危芷芬、李茂興（譯）（2011）。社會心理學（原作者：Elliot Aronson, Timothy D. Wilson and Robin M. Akert）。台北：揚智。

余德慧（譯）（1999）。孤獨世紀末（原作者：Wieland-Burston）。台北：立緒。

余華青（1994）。政壇兵法。台北：新新聞。

吳明隆（2012）。論文寫作與量化研究。台北：五南。

吳惠林（2010）。從凡人到大師——諾貝爾經濟學家的故事。台北：博雅。

吳緯疆（譯）（2014）。自戀時代：現代人，你為何這麼愛自己？（原作者Jean M. Twenge and W. Keith Campbell）。台北：八旗。

吳書榆（譯）（2013）。幸福經濟學——究竟是什麼值得我們活下去？（原作者：Carol Graham）。台北：漫遊者。

李玉琇、蔣文祁（合譯）（2010）。認知心理學（原作者：Robert J. Sternberg）。台北：雙葉。

李明（譯）（2002）。記憶七罪（原作者：Daniel L. Schacter）。台北：大塊。

李明（譯）（2002）。蘋果橘子經濟學（原作者：Steven D. Levitt, Stephen J. Dubner）。台北：大塊。

李宗吾（2013）。厚黑學大全。台北：文經閣。

李展（譯）（2011）。心理學無處不在（原作者：Charles I. Brooks and Michael A. Church）。北京：新華出版社。

李彥達（譯）（2005）。上癮的秘密（原作者：Dieter Ladewig）。台中：晨星。

李長貴（1973）。社會心理學。台北：中華。

李是慰（譯）（2009）。研究倫理：以人為受試對象（原作者：Bruce Dennis Sales and Susan Folkman edited）。台北：五南。

李政賢（譯）（2009）。社會心理學（原作者：Richard Crisp and Rhiannon Turner）。台北：五南。

李素卿（譯）（2004）。認知心理學（原作者：Michael W. Eysenck and Mark T. Keane）。台北：五南。

李美枝（1987）。社會心理學。台北：大洋。

李茂政（譯）（1980）。影響態度與改變行為（原作者：Zimbardo, P. G. et al）。台北：黎明。

宋瑛堂（譯）（2006）。作弊的文化（原作者：David Callahan）。台北：木馬。

汪慧君（2008）。《臺北縣某高中學生知覺生活壓力、自尊、社會支持與自殺意念之相關研

　　究》。台北：臺灣師範大學健康促進與衛生教育學系在職進修碩士論文。

周正舒、呂銀鳳（1998）。遊說的絕招。台北：雙語。

周幸（譯）（2010）。反恐專家教你讀心術（原作者：苫米地英人）。台北：大是。

周宜芳（譯）（2007）。至尊男症候群：最常見的經理人性格（原作者：Kate Ludeman and Eddie Erlandson）。台北：天下。

周佳蓉、高明瑞、李伶娟（2010）。高雄世運會志工參與經驗及志工管理運作模式探討，城市發展專刊，127-147。

周海娟、郭盛哲、黃信洋（譯）（2013）。社會心理學：歐洲的觀點（原作者：Miles Hewstone, Wolfgang Stroebe, Klaus Jonas）。台北：學富。

周學雯（2002）。《大學生參與運動志工之動機與意願研究》。台北：臺灣師範大學運動休閒與管理研究所士論文。

周婷（譯）（2011）。烏合之眾：為什麼「我們」會變得瘋狂、盲目、衝動？（原作者：Gustave Le Bon）。台北：臉譜。

周曉琪（譯）（2014）。專注的力量（原作者：Golemann, Daniel）。台北：時報。

周業謙、周光淦（譯）（2005）。社會學辭典（原作者：David Jary and Julia Jary）。台北：貓頭鷹。

季力康、卓俊伶、洪聰敏、高三福、黃崇儒、廖主民、盧俊宏合（譯）（2008）。競技與健身運動心理學（原作者：Robert S. Weinberg and Daniel Gould）。台北：禾楓。

季瀏（2006）。體育心理學。高等教育出版社

東籬子（2007）。綿羊愛告狀老闆怎麼辦：137則寓言學管理。台北：高寶。

金孟華（2013）。從冤獄救援到社會運動──美國冤獄救援運動的啟示。司法改革雜誌，94，62-63。

林仁和（2000）。與情緒共舞──掌握與開發你的情緒潛力。台北：新視野。

林仁和（2002）。社會心理學。台北：揚智。

林仁和（2013）。社會心理學：掌握現代生活的必修課程。台北：心理。

林仁和、黃永明（2009）。情緒管理。台北：心理。

林玉萍（2006）。《國小高年級兒童情緒能力、父母管教方式與利社會行為之相關研究》。台南：台南大學教育學系輔導教學碩士班碩士論文。

林志潔（2000）。《證言之證據能力與證明力──以避免誤判與保障人權為中心》。台北：台大法律學研究所碩士論文。

林奕伶（譯）（2010）。FBI教你讀心術：看穿肢體動作的真實訊息（原作者：Joe Navarro and Marvin Karlins）。台北：大是。

林奕伶（譯）（2013）。訂價背後的心理學：為什麼我要的是這個，最後卻買了那個？（原作者：Leigh Caldwell）。台北：大是。

林明傑、沈勝昂（主編）（2004）。法律犯罪心理學。台北：雙葉。

林崇德、楊治良、黃希庭（主編）（2003）。心理學大辭典。上海：上海教育出版社。

林欣諭（2014）。《台中市高中生志願服務與利社會行為之研究》。台中：東海大學社會工作系碩士論文。

林茂昌（譯）（2014）。黑天鵝效應（原作者：Nassim Nicholas Taleb）。台北：大塊。

林泇瑩（2008）。《非營利組織與廣告公司進行公益廣告合作歷程之探討》。台中：東海大學社會工作系碩士論文。

林添貴（譯）（2014）。政府正在監控你：史諾登揭密（原作者：Glenn Greenwald）。台北：時報。

林祐聖、葉欣怡（譯）（2005）。社會資本（原作者：Nan Lin）。台北：弘智。

林義男（1991）。社會學詞彙。台北：巨流。

林勝義（2006）。志願服務與志工管理──做快樂的志工及管理者。台北：五南。

林驤華（譯）（2009）。集權主義的起源（原作者：Hannah Arendt）。台北：左岸。

林慧亭、林明宗、邱翼松（2006）。參與體育志工動機之初探。輔仁大學體育學刊，5，276-286。

柯永河（1990）。心理衛生學。台北：大洋。

柯永河（1993）。臨床心理學──心理診斷。台北：大洋。

柯永河（2001）。習慣心理學──辨識篇（上）。台北：張老師。

柯永河（2001）。習慣心理學──辨識篇（下）。台北：張老師。

柯永河（2004）。習慣心理學・應用篇：新的治療理論與方法。台北：張老師。

柯清心（譯）（2007）。誰正在攻擊我的孩子？（原作者：Jim Taylor）。台北：新手父母。

拉嘉戈帕爾（譯）（2012）。活著，這件事 II：關於嫉妒和孤獨...等等（原作者：J. Krishnamurti）。台北：親哲。

侯玉波（2003）。社會心理學。台北：五南。

俞國良、雷靂、張登印（譯）（2000）。社會心理學導論（原作者：William McDugall）。香港：昭明。

姜振宇（2014）。微反應。台北：出色。

姜雪影（譯）（2011）。不理性的力量──掌握工作、生活與愛情的行為經濟學（原作者：Dan Ariely）。台北：天下。

殷文（譯）（2005）。第 8 個習慣（原作者：Stephen Covey）。台北：天下。

洪士美（譯）（2007）。挑戰黑色太陽──生涯困境的創造性力量（原作者：Timothy Butler）。台北：天下。

洪光遠、程淑華、王郁茗（2012）。社會心理學（原作者：Saul Kassin, Steven Fein and Hazel Rose Markus）。台北：雙葉。

洪賢智（2004）。廣告原理與實務。台北：五南。

洪慧芳（譯）（2013）。拖延心理學（原作者：Jane B. Burka and Lenora M. Yuen）。台北：漫遊者。

洪蘭（譯）（2001）。透視記憶（原作者：Larry R. Squire）。台北：遠流。

洪蘭（譯）（2012）。快思慢想（原作者：Daniel Kahneman）。台北：天下。

胡榮、王小章（譯）（1995）。心靈、自我與社會（原作者：G. H. Mead）。台北：桂冠。

胡幼慧（2008）。質性研究──理論、方法及本土女性研究實例。台北：巨流。

胡海國、林信男（譯）（1996）。ICD-10 精神與行為障礙之分類：臨床描述與指引。台北：中華民國精神醫學會。

苗延威（譯）（1996）。人際關係剖析（原作者：Michael Argyle and Monica Henderson）。台北：巨流。

迮衛、靳翠微（譯）（2009）。人類的不寬容（原作者：Hendrik Willem Van Loon）。台北：好讀。

唐元瑛（譯）（1976）。社會心理學（原作者：Kinch, J. W.）。台北：幼獅。

孫本文（1986）。社會心理學。台北：臺灣商務。

孫非（譯）（1998）。社會生活中的交換與權力（原作者：Blau, Peter）。台北：桂冠。

孫震（2014）。緬懷李國鼎先生──再談第六倫。聯合報（2014/06/01）。

孫佩妏、陳雅馨（譯）（2008）。路西法效應（原作者：Philip Zimbardo）。台北：商周。

孫隆基（2005）。中國文化的深層結構。台北：花千樹。

孫繼民、姚溫青、胡學平（2014）。聲音情緒的跨文化識別。心理科學進展，225，802-809。

徐子婷等（譯）（2008）。正義的界限（原作者：Martha C. Nussbaum）。台北：韋伯。

徐子婷、楊雅婷、楊濟鶴（譯）（2010）。權利批判導論（原作者：Tom Campbell）。台北：韋伯。

徐光國（1997）。社會心理學。台北：五南。

徐江敏、李姚軍（譯）（1991）。日常生活中的自我表演（原作者：Erving Goffman）。台北：桂冠。

時容華（1996）。社會心理學。台北：五南。

高忠義（譯）（2002）。刑事偵訊與自白（原作者：Fred E. Inbau, John E. Reid and Joseph P. Buckley）。台北：商周。

馬家輝（2014）。村上的提醒。聯合報專欄（2014/05/27）。

馬康莊（譯）（1992）。社會學理論的結構（Jonathan H. Turner）。台北：桂冠。

馬康莊、陳信木（譯）（1989）。社會學理論（原作者：George, R.）。台北：巨流。

倪亮、蕭世朗（1958）。國軍不適現役人員檢定組暖暖中心受檢士兵智力衰退之研究。台灣大學理學院心理學研究報告，1，1-47。

桑田草（譯）（2008）。嫉妒的世界史（原作者：山內昌之）。台北：麥田。

秦汝炎等（1971）。社會心理學。台北：國家。

梅靜（譯）（2011）。難以啟齒的怪癖心理學──放屁原來是為了征服別人？（原作者：Ann Godd）。台北：和宇。

邱天助（2002）。布爾迪厄文化再製理論。台北：桂冠。

邱金松、黃東治（校譯）（2008）。運動世界的社會學（原作者：Joseph Maguire, Gramt Jarive and Louise Mansfield, Joe）。台北：學富。

邱慈貞（譯）（2006）。暴力十二章（原作者：Wolfgang Sofky）。台北：玉山社

邱則堯（2012）。《大型活動志工參與動機之研究──以 2010 台北國際花卉博覽會志工經驗為例》。台北：淡江大學未來學研究所碩士論文。

邱皓政（2000）。量化研究與統計分析 SPSS（PASW）資料分析範例。台北：五南。

游伯龍（2009）。習慣領域＝HD：影響你一生成敗的人性軟體。台北：時報。

馮克芸、黃芳田、陳玲瓏（譯）（1999）。時間地圖（原作者：Robert Levine）。台北：商務。

馮觀富（2005）。情緒心理學。台北：心理。

張文哲、邱發忠、黃俊豪、洪光遠（2014）。社會心理學導論（原作者：Graham M. Vaughan, Michael A. Hogg）。台北：學富。

張分田（2002）。中國政治思想通史。北京：中國人民大學出版社。

張至璋（譯）（2006）。當教授變成學生（原作者：Rebekah Nathan）。台北：立緒。

張肖松、湯冠英（1958）。國軍不適現役人員檢定組暖暖中心受檢士兵情緒失常因素之分析〉。台灣大學理學院心理學研究報告，1，48-84。

張志成（譯）（2008）。少子化：我們社會的災難與危機（原作者：Frank Schirrmacher）。台北：博雅。

張芃、褚耐安（譯）（2010）。讀人：10 秒鐘看穿他／她在想什麼！（原作者：Jo-Ellan Dimitrius, Mark Mazzarella, Wendy Patrick Mazzarella）。台北：中國生產力中心。

張承漢（譯）（1974）。社會心理學（原作者：O'Hara, Albert R.）。台北：開明。

張春興（1989）。張氏心理學辭典。台北：東華。

張春興（1993）。現代心理學。台北：東華。

張美惠（譯）（1995）。EQ（原作者：Daniel Goleman）。台北：時報。

張美惠（譯）（2003）。破壞性情緒管理（原作者：Daniel Goleman）。台北：時報。

張美惠（譯）（2008）。瘋足球、迷棒球（原作者：Stefan Szymanski and Andrew Zimbalist）。台北：時報。

張華葆（1984）。社會心理學。台北：三民。

張華葆（1992）。社會心理學理論。台北：三民。

張穎琦（譯）（2003）。嫉妒所未知的空白（原作者：Annie Ernaux）。台北：大塊。

張殿興（譯）（1987）。肢體語言（原作者：Allan Peas）。台北：世茂。

張雅梅（譯）（2007）。藉口，這樣說就對了！（原作者：口裕一）。台北：麥田。

張嚶嚶（譯）（1999）。孤獨（原作者：Storr, A.）。台北：知英。

張毓如（譯）（2011）。小心，別讓思考抄捷徑！（原作者：Wrey Herbert）台北：漫遊者。

張滿玲（譯）（2006）。社會心理學（原作者：S. E. Taylor, L. A. Peplau and D. O. Sears）。台北：雙葉。

梁永安（譯）（2010）。孤獨（原作者：P. Koch）。台北：立緒。

梁永安（譯）（2008）。狂熱份子：群眾運動聖經（原作者：Eric Hoffer）。台北：立緒。

梁永安（譯）（2012）。四種愛（原作者：C. S. Lewis）。台北：立緒。

梁家瑜（譯）（2009）。社會心理學（原作者：Robert A. Baron and Donn Byrne Nyla R. Branscombe）。台北：心理。

莊安祺（譯）（2007）。感官之旅——感知的詩學（原作者：Diane Ackerman）。台北：時報。

莊耀嘉（1991）。攻擊與反抗。台北：法務部。

許正平（2012）。《青少年戀愛基模之發展》。高雄：樹德科技大學人類性學研究所碩士論文。

許凱翔（2012）。《劈腿經驗、華人心理特徵、承諾態度與嫉妒情緒之關係研究》。台北：國防大學政治作戰研究所碩士論文。

許碧真（2010）。《父母教養行為對於中高年級學童利社會行為之影響》。嘉義：中正大學心理學研究所碩士論文。

陳乃瑜（2004）。《大專學生從眾行為對外食購買決策影響之研究》。台北：世新大學觀光系碩士論文。

陳定夷（譯）（1973）。社會心理學（原作者：Newcomb, Theodore M.）。台北：正中。

陳圭如、孫世維（譯）（2007）。案主暴力與社會工作實務（原作者：Christina E. Newhill）。台北：心理。

陳向明（2002）。社會科學質的研究。台北：五南。

陳宣良、杜小真（譯）（2012）。存在與虛無（原作者：Jean-Paul Sartre）。台北：左岸。

陳李綢（1992）。認知發展與輔導。台北：心理。

陳秉璋（1991）。社會學原理。台北：三民。

陳烜之（2007）。認知心理學。台北：五南。

陳昌文、鍾玉英、奉春梅、周瑾、顏炯（2004）。社會心理學。台北：新文京。

陳信宏（譯）（2003）。非暴力抗爭——一種更強大的力量（原作者：Peter Ackerman and Jack Duvall）。台北：究竟。

陳怡君（2006）《台灣醫院場域麻醉護理人員工作情緒與能力之探討》。台北：臺北護理健康大學醫護教育研究所碩士論文。

陳建丞（2008）。員工正向情感對助人行為與退卻行為的效應：知覺組織支持的干擾角色。國家科學委員會補助專題研究計畫。

陳彥希、林嘉玫、張庭譽（譯）（2003）。宣傳與說服（原作者：Jowett G. S. and O'Donnel V.）。台北：韋伯。

陳皎眉、王叢桂、孫蒨如（2003）。社會心理學。台北：空中大學。

陳皎眉、王叢桂、孫蒨如（2014）。社會心理學。台北：雙葉。

陳皎眉、鄧美芳（2009）。人際關係與溝通。台北：弘揚。

陳雅汝（譯）（2003）。偷窺狂的國家：媒體、隱私權，與現代文化中的偷窺現象（原作者：Clay Calvert）。台北：商周。

陳榮華（2008）。行為改變技術。台北：五南。

陳韻如（2012）。《從眾因素、產品因素與從眾行為對衝動性購買行為之影響——以女性面

膜購買行為為例》。台北：淡江大學國際企業學系碩士論文。

陳麗欣、李自強（譯）（2002）。矯治服務（原作者Kidmore, R. A et al）。台北：學富。

陳寶蓮（譯）（2004）。嫉妒的香氣（原作者：十仁成）。台北：時報。

郭志亮（2012）。微表情——識謊術。北京：台海出版社。

郭為藩（1975）。自我心理學。台南：開山。

郭蕙琳（2008）。健康傳播。台北：華杏。

蒙光俊、簡君倫、郭明仁（譯）（2010）。勇氣心理學（原作者：Julia Yang, Alan Milliren and Mark Blagen）。台北：張老師。

陸洛（譯）（1996）。日常生活社會心理學（原作者：Michael Argyle）。台北：巨流。

陸洛、吳珮瑀、林國慶、高旭繁、翁崇修（譯）（2007）。社會心理學（原作者：John D. DeLamater and Daniel J. Myers.）。台北：心理。

齊若蘭（譯）（2012）。誰說人是理性的！（原作者：Dan Ariely）。台北：天下。

齊若蘭（譯）（2013）。誰說人是誠實的！（原作者：Dan Ariely）。台北：天下。

湯淑君（譯）（2003）。哪裡出了錯？／論西方與伊斯蘭世界的衝突（原作者：Lewis, B.）。台北：商周。

程知遠（2011）。學會寬容。台北：華志。

蔣慶慧、王雅芬（譯）（2001）。嫉妒的藍圖（原作者：Milan Fust）。台北：先覺。

彭聃齡‧張必隱（2000）。認知心理學。台北：五南。

彭懷恩（2012）。人際關係與溝通技巧。台北：風雲論壇。

彭懷真（2007）。非自願性案主與社會工作教育。社區發展，120，191-207。

彭懷真（2009）。高科技後的校園人際關係。嶺東科技大學「生涯、群己、人倫」專輯，23-40。

彭懷真（2009）。21世紀社會學。台北：風雲論壇。

彭懷真（2012）。工作與組織行為。台北：巨流。

彭懷真（2012）。社會學。台北：洪葉。

彭懷真（2012）。多元人力資源管理。台北：巨流。

彭懷真、彭駕騂（2013）。老人心理學。台北：威仕曼。

彭懷真（2013）。喝酒——被低估的雄性暴力。社區發展，120，191-207。

彭懷真（2013）。全球化趨勢下的關懷與學習——對台北舉辦2017世界大學運動會志工管理體系的建議。朝陽學刊，17，1-17。

彭懷真（2013）。社會問題。台北：洪葉。

彭懷真（2014）。非營利組織：12理。台北：洪葉。

曾華源、劉曉春（譯）（2004）。社會心理學（原作者：Robert A. Baron and Donn Byrne）。台北：洪葉。

曾鈺婷等（2014）。「別讓無感壓力殺了你」專題報導。健康兩點靈，32，30-53。

曾端真等（譯）（1996）。人際關係與溝通（原作者：Rudolph F. Verderber and Kathleen S. Verderber）。台北：揚智。

曾慶豹（1998）。哈伯瑪斯。台北：生智。

黃文勤（2014）。《政府社福人員從事志願服務的社會影響與社會交換之研究——以中部地區政府社會救助科及社會工作科工作人員為例》。台中：東海大學社會工作系碩士論文。

黃光國（2011）。余伯泉、陳舜文、危芷芬、李茂興（譯）（2011）。社會心理學校閱序。

黃光國（2012）。由「渴望」到「行動」：論心理學的科學革命。本土心理學研究，38，131-149。

黃安邦（譯）（1991）。社會心理學（原作者：Sears, David O., Jonathan L. Freedman and Letitia Anne Pepau）。台北：五南。

黃秀瑄（譯）（2008）。認知心理學（原作者：John B. Best）。台北：心理。

黃俊英（2004）。行銷學的世界。台北：天下。

黃東治、邱金松（總校譯）（2008）。運動世界的社會學（原作者：Joseph Maguire, Gramt Jarive, Louise Mansfield and Joe Bradley）。台北：學富。

黃囇莉（2006）。人際和諧與衝突：本土化的理論與研究。台北：揚智。

賈士蘅（譯）（1996）。無限影響力（原作者 Robert L. Dilenschneiber）。台北：天下。

傅士哲、謝良瑜（2004）。6個人的小世界（原作者：Duncan J. Watts）。台北：大塊。

傅建中（2010）。深喉嚨與吹哨子的人。台北：商周。

賴其萬（2005）談「記憶之羅」。當代醫學雜誌，32(2)，376，152-156。

繆詠華（譯）（2011）。攻擊（原作者：Yasmina Khadra）。台北：木馬。

黎士鳴（譯）（2005）。心理學概要（原作者：Benjamin B. Lahey）。台北：美商麥格羅希爾。

楊士隆（2004）犯罪心理學。台北：五南

楊中芳（總校譯）（1997）。性格與社會心理測量（原作者：Robinson et al）。台北：遠流。

楊玉齡（譯）（2011）。為什麼你沒看見大猩猩？教你擺脫六大錯覺的操縱（原作者：Christopher Chabris and Daniel Simons）。台北：天下。

楊玉齡（譯）（2013）。群眾的智慧：如何讓整個世界成為你的智囊團（原作者：James Surowiecki）。台北：遠流。

楊秀君（譯）（2012）。內向心理學：享受一個人的空間，安靜地發揮影響力，內向者也能在外向的世界嶄露鋒芒！（原作者：Marti Olsen Laney）。台北：漫遊者。

楊美珍（2008）。《中部某醫學中心酒精依賴患者自覺壓力與因應之相關研究》。台中：東海大學社會工作系碩士論文。

楊明華（2010）。有關心理的100個現象。台北：驛站。

楊國樞、余安邦、葉光輝（1996）。心理學論著摘要彙編：人格及社會心理學（1954-1995）。台北：中央研究院民族學研究所自建資料庫。

楊國樞、文崇一、吳聰賢、李亦園（2012）。社會及行為科學研究法。台北：東華。

楊梵好、張文哲（2010）。心情與自我覺察對助人意向及助人行為之影響。教育心理學報，423，339-358。臺灣師範大學教育心理與輔導學系。

楊語芸（譯）（1997）。九〇年代社會心理學（原作者：Kay Deaux, Francis C. Dane and Lawrence S. Wrightsman）。台北：五南。

楊麗麗（2013）。假裝心理學。台北：同心。

廣梅芳、丁凡、楊淑智（譯）（2002）。打開戀物情節（原作者：Jane Hammerslough）。台北：張老師。

游琬娟（譯）（1999）。邪惡心理學——真實面對謊言的本質（原作者：M. Scott Peck）。台北：張老師。

歐陽趙淑賢（1988）。社會心理學。台北：三民。

葉蕭科（2012）。社會心理學。台北：洪葉。

董樹籓（1982）。社會心理學。台北：國家。

詹昭能（2000）。群眾心理學，教育大辭書。

廖月娟（譯）（2012）。你要如何衡量你的人生？哈佛商學院最重要的一堂課（原作者：Clayton M. Christensen and James Allworth and Karen Dillon）。台北：天下。

鄧明明（2009）。魔鬼心理學。台北：海鴿。

網路與書（2003）。一個人—Alone。台北：網路與書。

趙居蓮（譯）（1995）。社會心理學（原作者：Ann L. Weber）。台北：桂冠。

趙葳（2003）。《婚姻暴力受虐婦女的「依附」及「習得的無助感」之研究》。台中：東海

大學社會工作系碩士論文。

趙慧芬（譯）（2012）。大難時代（原作者：Margaret Heffernan）。台北：漫遊者。

劉文榮（譯）（2012）。裸猿（原作者：Desmond Morris）。上海：文匯出版社。

劉安彥（1993）。社會心理學。台北：三民。

劉惠琴（2006）。社會心理學中的熱情傳承。應用心理研究，31，141-155。

劉淑華（1995）。《愛滋病公共宣導訊息策略之研究——以平面媒體為例》。台北：中國文化大學新聞研究所碩士論文。

劉照金（2003）。志工在體育運動推展的應用，國民體育季刊，324，17-26。

劉兼銘（2010）。《2009 年臺北聽障奧林匹克運動會志工管理資訊系統之規劃研究》。台北：體育學院休閒產業經營學系碩士論文。

劉錦秀（譯）（2012）。一張價值千萬的名片：初次見面，就讓人想主動聯絡你（原作者：新田龍）。台北：大是。

薛文瑜（譯）（2004）。小心！偏見（原作者：Peter Ustinov）。台北：左岸。

薛絢（譯）（2002）。上癮五百年（原作者：David T. Coutwright）。台北：立緒。

薛絢（譯）（2013）。社會生物學：新綜合理論（原作者：Edward Osborne Wilson）。台北：左岸。

簡春安、鄒平儀（2007）。社會工作研究法。台北: 巨流。

潘淑滿（2003）。質性研究。台北：心理。

潘敏（譯）（2010）。錯不在我？（原作者：Carol Tavris and Elliot Aronson）。台北：繆思。

潘震澤（譯）（2004）。基因煉獄（原作者：John Medina）。台北：天下。

潘勛、葉子啟（譯）（2002）。一派謊言——關於說謊的社會學（原作者：John A. Barnes）。台北：時報。

閻紀宇（2005）。決斷兩秒鐘（原作者：Malcolm Gladwell）。台北：時報。

謝定中（2007）。《非營利組織志工人力資源管理之研究——以 2009 高雄世運會招募志工為例》。高雄：中山大學企業管理學系高階經營碩士學程在職專班碩士論文。

蔡文輝（2008）。社會學理論。台北：三民。

蔡明璋（譯）（2002）。親密關係——現代社會的私人關係（原作者：Lynn Jamieson）。台北：群學。

蔡瑞娜（2010）。《高雄世運志工人力資源整合、運用與管理之研究》。台中：東海大學行政及政策學系碩士論文。

鄭雅方（譯）（2006）。打開史金納的箱子（原作者：L. Slater）。台北：張老師。

鄭淑俐（2001）《幼兒遊戲與其角色取替能力、正負向社會行為與同儕關係之相關研究》。台北：台北市立師範學院國民教育研究所碩士論文。

鄭瑞澤（1980）。社會心理學。台北：中國行為科學社。

鄭麗玉（2002）。認知心理學——理論與應用。台北：五南。

盧俊宏、廖主民、季力康（譯）（2008）。運動社會心理學（原作者：Jowett, S. and Lavallee, D.）。台北：師大書苑。

蕭照芳（譯）（2005）。拿著行動電話的猴子（原作者：正高信南）。台北：天下。

蕭瑞麟（2006）。不用數字的研究。台北：培生教育。

錢卓（2007）。記憶的 0 與 1。科學人雜誌，66，36-47。

錢基蓮（譯）（2013A）。寬容，讓自己更好——接受不完美的心理練習（原作者：Kristin Neff,）。台北：天下。

鍾玉玨、許恬寧（譯）（2012）。為什麼我們這樣生活，那樣工作？（原作者：Charles Duhigg）台北：大塊。

顧淑馨（譯）（2010）。與成功有約（原作者：Steven Covey）。台北：天下。

瞿海源（1989）。社會心理學新論。台北：巨流。

瞿海源（2004）。台灣社會心理學的發展──本土心理學研究，21，163-231。

瞿錦春、張芬芬（譯）（2012）。視覺心理學（原作者：Richard L. Gregory）。台北：五南。

羅敏學（譯）（2010）。行為經濟學：誰說有錢人一定會理財？（原作者：Belsky Gary and Gilovich Thomas）。台北：寶鼎。

蘇國賢（2004）社會學知識的社會生產：台灣社會學者的隱形學群。台灣社會學，8，133-192。

羅耀宗（譯）（2014）。隨機騙局：潛藏在生活與市場中的機率陷阱（原作者：Nassim Nicholas Taleb）。台北：大塊。

二、英文部分

Aloff, L. M. (edited) (2003). *Identities; Race, class, gender, and nationality*. Wiley & Sons.

Anastasi, A. (1976). *Psychological testing*. MaCmilan.

Aronson, Elliot., Wilson, Timothy D. and Akert, Robin M. (2003). *Social psychology*. Addison-Wesley.

Aron A., Aron, E.N and Norman, C. (2001). Self expansion model of motivation and cognition inclose relationships and beyond. in M. clark and G. Fletcher (eds) *Blackwell's handbook of Social psychology.* Vol (2) Blackwell.

Aronson, Elliot., Wilson, Timothy D. and Akert, Robin M. (2012). *Social psychology*. Pearson College Div.

Aspinwall, L. G. and Ursula M. Staudinge edited (2003). *A psychology of human strengths: fundamental questions and future directions for a positive psychology*. APA Books.

Babbie, Earl. (1998). *The Practice of Social Research*. Wadsworth Publishing Company.

Baron, Robert A. and Branscombe, Nyla R. (2011). *Social Psychology*. Pearson College Div.

Barry, Carolyn Mcnamara and Wentgel, Kathryn R. (2011). Friend influence on prosocial behavior. *Developmental psychology*. 42(1) 153-163.

Baumeister, Roy F. and Bushman, Brad J. (2013). *Social Psychology and Human Nature*. Cengage Learning

Baumeister, Roy F. and Kathleen D. Vohs edited (2012). *New directions in social psychology*. SAGE.

Belsky, R. (1989). *Psychology*. Harper.

Berkowitz, Leonard (2011). A history of social psychological research on aggression. In Chadee, Derek (edited) *Theories in social sychology*.Wiley-Blackwell. Pp.265-282.

Bion, Wilfred R. (2001). *Attention and interpretation*. Routledge.

Brehm, Sharon S. et al. (2005). *Intimate relationships*. McGraw-Hill.

Brehm,Sharon S., Kassin, Saul and Fein, Steven (2005). *Social psychology*. Houghton Mifflin.

Brinol, Pabol and Petty, Richard E. (2012). A history of attitudes and persuasion research. In Chadee, Derek (edited) *Theories in social psychology*. Wiley-Blackwell. Pp.283-320.

Cameron, P. (1975). *Psychology*. McGraw-Hill.

Garvin, C. (1987). *Contemporary group work*. Prentice Hall.

Carlo, G., and Randall, B. A. (2002). The development of a measure of prosocial behaviors for late adolescents. *Journal of Youth and Adolescent*, 31, 31-44.

Carter, Stephen (1996). *Integrity*. Harper Perennial

Cassidy J. (1999). The nature of a child's ties. In Cassidy J, Shaver PR. (edited *Handbook of attachment: Theory, research and clinical applications*. Guilford Press. Pp.3-20.

Chadee, Derek edited (2011). *Theories in social psychology*. Wiley-Blackwell.

Cockerham, William C. (2013). *Medical Sociology*. Pearson.

Corcoran, Katja, Crusius, Jan, and Mussweiler, Thomas (2011). Social comparison: Motives, standard, and mechanisms. In Chadee, Derek (edited) *Theories in social psychology*. Wiley-Blackwell. Pp.119-139.

Covey, S. R. (1989). *The 7 Habits of Highly Effective People*. A Fireside.

Cross, J. A. and Markus, B. (1991). *Social psychology*. Books/Cole.

Delamater, John D., Myers, Daniel J., and Collett, Jessica L. (2014). *Social psychology*. Perseus Books.

Deutsch, M., and Krauss, R. M. (1965). *Theories in Social Psychology*. Basic Books.

Dovido, F. J., Piliavin, J. A., Schoroeder, D. A. and Penner, L. A. (2006). *The social psychology of prosocial behavior*. Lawrence Erlhaum Associates.

Dunn, Dana S. (2013). *Research methods for social psychology*. Wiley & Sons.

Dutton, D. G and Aron, A. P. (1974). Social evidence for heightened sexual attraction under condition of high anxiety. *Journal of Personality and social psychology*. 30 Pp. 510-517.

Engamder, E. K. (2006). *Understanding violence*. Lawrence Erlbaum Associates.

Ester, E. H. et al. (1988). *Sociology and Daily Life*, Prentice-Hill Inc.

Farley, John E. (2005). *Majority - Minority relations*. Prentice Hall.

Fairley, S., Kellett, P., & Green, B. C. (2007). Volunteering abroad: Motives for travel to volunteer at the Athens Olympic Games. *Journal of Sport Management*, 21, 41-57.

Feldman, Robert S. (2000). *Social psychology*. Taipei Publications Trading Company.

Fiske, S. T., and Neuberg, S. L. (1990). A continuum of impression formation, from category-based to individuating processes: Influences of information and motivation on attention and interpretation. In M. P. Zanna (edited) *Advances in experimental social psychology*, 23, 1-74. Academic Press.

Fletcher, Garth and Margaret Clark edited (2001). *Interpersonal processes*. Blackwell Publishers.

Garrett, Brandon, L. (2012). *Convicting the Innocent: Where criminal prosecutions go wrong*. Harvard University Press.

Ghazali, R. M. (2003). *Motivational factors of volunteerism: A case study of Warrens Cranberry Festival 2002*.Unpublished Master Thesis of Graduate College of Hospitality and Tourism, University of Wisconsin-Stout.

Gilbert, D. T. (1998). Speeding with Ned: A personal view of the correspondence bias. In J. M. Darley and J. Cooper edited, *Attribution and social interaction: The legacy of E. E. Jones*. APA Press

Giles, B. (2005). *Thinking and Knowing*. The Brown Reference Group.

Goodwin. C. James. (2008). *A history of modern psychology*. Wiley & Sons,

Graham, Koo & Wilson (2011). Conserving energy by inducing people to drive less. *Journal of Applied Social Psychology*, 411, 106-118.

Harlow, Harry (1958). The Nature of Love. *American Psychologist*, 13, 573-685.

Harwood, Jake (2007). *Understanding communication and aging developing knowledge and awareness*. SAGE.

Hewitt, J. P. and Shulman D. (2010). *Self and society: A symbolic interactionist social psychology*. Allyn and Bacon.

Hewstone, Miles, Stroebe, Wolfgang and Jonas, Klaus edited (2012). *An introduction to social psychology*. BPS Blackwell.

Hochschild,A. (2003). *The managed heart*. University of California Press.

Hollander, Edwin (2006). "Influence processes in leadership-followership: inclusion and the idiosyncrasy credit model". In Douglas A. Hantula. *Advances in Social and Organizational Psychology: a Tribute to Ralph Rosnow*. Lawrence Erlbaum Associates Publishers. Pp293-312.

Hodgson,R. and Miller, P. (1982). *Self watching*. Book Club Associates.

Hoffman, Curt, Ivy Lau and David Randy Johnson (1986). The linguistic relativity of personal cognition. *Journal of personality and social psychology*. 51 (6) 1097-1105.

Holmes, Jeffrey D, Singh, Sheila K.and Beins, Bernard C.edited (2012). *Social psychology: Facts on File*. Sears.

Huppert, Felicia A. and P. Alex Linley edited (2011). *Happiness and well-being*. Routledge.

Hatoum Ida Jodette and Deborah Belle (2004). "Mags and abs: media consumption and bodily concerns in men." *Sex Roles* 51, 397-407;

Kalish, R. A. (1973). *The psychology of human behavior*. Brooks/Cole Publishing Company.

Karlis, George. (2008). Volunteerism and multiculturalism: A linkage for future Olympics. *The Sports Journal*, 6, 3.

Kashima, Y., Kashima, E. S., and Aldridge, J. (2001). Toward cultural dynamics of self-conceptions. In C. Sedikides and M. B. Brewer (edifed.), *Individual self, relational self, collective self*. Taylor and Francis. Pp.277-298.

Kassin, Saul, Fein, Steven and Markus, Hazel Rose (2013). *Social psychology*. Cengage Learning.

Kemp, S. (2002). The hidden workforce: Volunteers' learning in the Olympics. *Journal of European Industrial Training*, 26, 109-116.

Kenrick, Douglas T., Neuberg, Steven L. and Cialdini, Robert B. (2009). *Social psychology*. Pearson College Div.

Kimball , Young (2013). *Handbook of social psychology*. Taylor and Francis.

Klein, Melanie (2001). *Envy and gratitude :a study of unconscious sources*. Routledge.

Korn, James H. (1997). *Illusions of reality :a history of deception in social psychology*. State University of New York Press.

Krahe, Barbara (2013). *The Social psychology of aggression*. Taylor and Francis.

Kruglanski, Aric W. and Stroebe, Wolfgang (2012). *Handbook of the history of social psychology*. Psychology Press.

Krupat, Edward edited (1982). *Psychology is social: readings and conversations in social psychology*. Scott, Foresman.

Latane, B and Darley, J .M. (1970). *The unresponsive bystander: Why doesn't help?* Appleton-Century-Crofts.

Lazarus, R. S. (1976). *Patterns of adjustments*. Oxford University Press.

Lazarus, R. S. and Folkman,S. (1984). *Stress, appraisal, and coping*. Springer.

Leyner, M. J. (1980). *The belief in a just world: A fundamental Delusion*. Plenum.

Levine, Robert V., Norenzayan, Ara and Philbrick, Karen (2001). Cross-cultural differences in helping strangers. *Journal of Cross-cultural Psychology*, 325, 543-560.

Lippa, Richard A. (1994). *Introduction to social psychology*. Brooks/Cole Publishing Co.

Loftus, G.R. & Busey, T. A. (1992). Multidimensional models and Iconic Decay. *Journal of Experimental Psychology: Human Perception and Performance*, 18, 356-361.

Lyubomirsky, S., Sheldon, K. M., and Schkade, D. (2005). Pursuing happiness: The architecture of sustainable change. *Review of General Psychology*, 9, 111-131.

Macrae, C. Neil and Galen V. Bodenhausen (2000). Social cognition: Thinking Categorically about

Others. Annu. Rev. *Psychology* 51: 93-120.

Malti, T., Gummerum, M., Keller, M., and Buchmann, M. (2009). Children's moral motivation, sympathy, and prosocial behavior. *Child Development*, 802, 442-460.

Martin, B. (1977). *Abnormal Psychology*. Holt, Rinehart and Winston.

Marvasti, Amir B. (2004). *Qualitative research in sociology*. SAGE.

McGinley, M., and Carlo, G. (2006). Two sides of the same coin? The relations between prosocial and physically aggressive behaviors. *Journal of Youth and Adolescence*, 36, 337-349.

Milgram, Stanley. (1974). *Obedience to authority: An experimental view*. Harpercollins.

Misener, L., and Mason, D. S. (2008). Regimes and the sporting events agenda: A cross-national comparison of civic development strategies. *Journal of Sport Management*, 22, 603-627.

Muraven, M., Baumeister, R. F., & Tice, D. M. (1998). Longitudinal improvement of self-regulation through practice: Building self-control strength through repeated exercise. *Journal of Social Psychology*, 745, 1252-1265.

Mussen, P. and Rosenzweig, M. R. edited (1973). *Introduction to psychology*. 台北：雙葉代理。

Myers, D. G. (2012). *Social psychology*. McGraw-Hill.

Newhill, C., and Wexler, S. (1997). Client violence toward children and youth service workers. *Childern and Youth Services Review*, 19 (3), Pp 195-212.

Nezlek, John B. (2011). *Multilevel modeling for social and personality psychology*. Thousand Oaks.

Olson, James M. and Zanna, Mark, P. edited (2014). *Advances in experimental social Psychology*. Elsevier Science Serials.

Parker, I. and Shotter, J. (1990). *Deconstructing social psychology*. Routledge.

Peacock, Gretchen Gimpel et al. edited (2010). *Practical handbook of school psychology: effective practices for the 21st century*. Guilford Press.

Pearce, J. L. (1993). *Volunteers: The organizational behavior of unpaid workers*. Routledge.

Penner, L. A., Dovidio, J. F., Piliavin, J. A. and Schroeder, D. A. (2005). Prosocial behavior: Multilevel perspectives. *Annual Review of Psychology*, 561, 365-392.

Petty R. and Cacioppo J. (1986). *Communication and persuasion: central and peripheral routes to attitude change*. Springer-Verlag.

Potter, J., and Wertherel, M. (1987). *Discourse and social psychology: Beyond attitudes and behavior*. SAGE.

Pruitt, Dean G. (2012). A history of social conflict and negotiation research. In Kruglanskietal (2012) *Handbook of the history of social psychology*. Psychology Press. Pp.431-452.

Ritzer, George (1983). *Sociological theory*. Alfred A. Knopf.

Robbins, S. P. (2005). *Organizational behavior*. Pearson Educational International.

Robbins, S. P. and Decenzo, D. A. (2005). *Fundamentals of management: Essential concepts and Applications*. Prentice Hall.

Rohall, David E., Milkie, Melissa A. and Lucas, Jeffrey W. (2013). *Social psychology*. Pearson College Div.

Rosenberg, M. and R.H. Turner (1981). *Social psychology－Sociological perspectives*. Basic Books.

Rothschild, Michael (1987). *Advertising: From fundamentals to strategies*. D. C. Health Co.

Rudkin, Jennifer Kofkin. (2003). *Community psychology: Guiding principles and orienting concepts*. Prentice Hall.

Russell, A., Hart, C. H., Robinson, C. C., and Olsen, S. F. (2003). Children's sociable and aggressive behavior with peers: A comparison of the U.S. and Australia and contributions of temperament and parenting styles. *International Journal of Behavioral Development*, 231, 74-86.

Salovey, P. (1991). *The psychology of jealousy and envy.* Guilford Press.

Sakai, H. (1999). A multiplicative power-function model of cognitive dissonance: Toward an integrated theory of cognition, emotion, and behavior after Leon Festinger. In E. Harmon-Jones, and J. Mills (edited), *Cognitive dissonance: Progress on a pivotal theory in social psychology.* American Psychological Association. Pp.267-294

Sanderson, Catherine A. (2009). *Social psychology.* Wiley & Sons.

Schiffman, H. R. (1990). *Sensation and perception.* Wiley & Sons.

Schneider, Frank W., Jamie A. Gruman, Larry M. Coutts edited (2012). *Applied social psychology: understanding and addressing social and practical problems.* SAGE.

Seley, H. (1956). *The stress of life.* Longmans.

Seligman, Martin (1991). *Learned optimism: How to change your mind and your life.* Knopf.

Shaw, M. E. and P. R. Costanzo (1970). *Theories of social psychology.* McGraw-Hill Company.

Shariff, Azim F. and Ara Norenzayan (2007). God is watching you priming God concepts Increases prosocial behavior in an anonymous economic game. *Psychology Sciences,* 189, 803-809.

Shelley, E. T., Letitia, A. P. and David, O. S. (2000). *Social psychology.* Prentice-Hall.

Sherif, Mugafer et al (1988). *Intergroup conflict and cooperation.* Wesleyan.

Shinobu Kitayama and Dov Cohenl (2010). *Handbook of cultural psychology.* Guilford Publications.

Slaughter, L., and Home, R. (2004). Motivations of long term volunteers: Human services vs. events. *Journal of Hospitality, Tourism and Leisure Science,* 2(4) 1-22.

Silvia, P. J. (2006). *Exploring the psychology of interest.* Oxford: Oxford University Press.

Smelser, Neil (1965). *Theory of collective behavior.* Free Press.

Smith, M. D. (1975). *Educational Psychology.* Allyn and Bacon.

Solomon, B. and Garaner, H. (1999). *Educational Psychology.* Scott Foresman Co.

Sterling-Folker, Jennifer edited (2006). *Making sense of international relations theory.* Lynne Rienner Publishers.

Sternberg, Robert J. and Sternberg Karin (2012). *Cognitive psychology.* Wadsworth.

Stito, A. (2006). *Mental health.* Harper.

Susskind et al (2008). Expressing fear enchances sensury acqusition. *Nature Neuroscience,* 11 (7) 843-850

Sutton, Robbie and Douglas, Karen (2013). *Social psychology.* Palgrave Macmillan.

Synder, Mark and Allen M. Omoto (2009). Who gets involved and Why?— The psychology of volunterrism. *Procedia - Social and Behavioral Sciences,* 84 (9) Pp 584-588.

Terman, J. (1972). *Psychology and daily life.* Books/Cole.

Turner, Jonathan H. (1988). *A Theory of social interaction.* Stanford University Press.

Van Vugt, M. and Samuelson, C. D. (1999). The impact of metering in a natural resource crisis: A social dilemma analysis. *Personality and Social Psychology Bulletin,* 25, 731-745.

Webster, A. (2007). *Health,Techology and Society.* Palgave.

Wegner, D. M. (1994). Ironic processes of mental control. *Psychological Review,* 101, 34-52.

Whitley, B. E. and Kite, M. E. (2010). *The psychology of prejudice and discrimination.* Wadsworth/ Thomson Learning.

Whitney, J. O. and Packer, T. (2002). *Power plays.* Simon & Schster.

Tesser, A and Schwarg N. (eds) (2001). *Intraindividual processes. Blackwell Handbook of Social Psychology.* Blackwell.

Zajonic, Robert B. (1965). Social facilitation. *Science,* 149 (3681), 269-274.